本报告的编写与出版得到

国家社会科学基金
国家重点文物保护专项补助经费　资助

澧县城头山

新石器时代遗址发掘报告(上)

湖南省文物考古研究所

主 编　何介钧

文物出版社

北京·2007

封面题签　严文明

封面设计　周小玮
责任印制　张道奇
责任编辑　张庆玲

图书在版编目（CIP）数据

澧县城头山：新石器时代遗址发掘报告／湖南省文物考古研究所．
－北京：文物出版社，2007.1

ISBN 978-7-5010-1751-5

Ⅰ．澧…　Ⅱ．湖…　Ⅲ．新石器时代－古城遗址
（考古）－发掘报告－澧县　Ⅳ.K878.05

中国版本图书馆 CIP 数据核字（2005）第 052150 号

澧　县　城　头　山

——新石器时代遗址发掘报告

湖南省文物考古研究所

*

文 物 出 版 社 出 版 发 行

（北京市东直门内北小街 2 号楼）

http://www.wenwu.com

E-mail:web@wenwu.com

新 华 书 店 经 销

北京美通印刷有限公司印刷

889×1194　1/16　印张：71.5　插页：2

2007 年 1 月第 1 版　2007 年 1 月第 1 次印刷

ISBN 978-7-5010-1751-5　定价：980.00 元

Chengtoushan in Lixian

Excavation Report of a Neolithic Site

(I)

Hunan Provincial Institute of Archaeology and Cultural Relics

Editor-in-chief   He Jiejun

Cultural Relics Publishing House

Beijing · 2007

目　次

表 格 目 次

插 图 目 次

绪　论

第一章 城头山古城址所在
地区的地理环境

　　城头山城址的地理位置为东经111°40′，北纬29°41′，东南距澧县县城直线距离约10公里，属车溪乡南岳村（图一）。

　　澧县位于湖南省西北部，东连津市、安乡，南接临澧，西邻石门，北抵湖北松滋、公安。县境介于东经111°12′30″至112°0′5″，北纬29°16′至29°57′之间。城头山城址所在的澧阳平原属洞庭湖平原的一部分，它与江汉平原连成一片，呈喇叭形扇形带。东起洞庭湖西北岸，西至石门县新关，跨今石门、临澧、澧县及津市市等县市，东西长约100多公里，南北最宽约50公里。

　　"澧"最早见于《尚书·禹贡》："岷山导江，东别为沱，又东至于澧。"三国吴置澧阳县，隶天门郡。西魏恭帝二年（555年）罢天门郡置澧州。隋开皇九年（589年）改为松州，旋复澧州。1913年废州改县，名澧县，沿用至今。

　　澧县位处武陵山余脉向洞庭湖盆地过渡的地带，地貌演变经历了武陵、雪峰、印支、燕山、喜马拉雅和新构造六个大的构造运动期，以印支、燕山运动对境内现代地貌的形成影响最大。在印支运动期，县境出海成陆，结束内海海浸的历史。在燕山运动期，震旦纪和侏罗纪地层发生变位和变形。印支运动后形成的古陆局部下陷，演变成西北高、东南低，由西北向东南倾斜的现代地貌轮廓，依次出现山、丘、平、湖四种自然区。县境西北部为山地，海拔一般为150～550米。位于澧、石、松三县边界处的太青山脉，属武陵山余脉，其最高峰鸭母尖，海拔1019.5米，是全县最高峰。太青山脉分左、右两支逶迤东南行，呈阶梯状等降，进而延伸演变为丘陵岗地，一般海拔50～120米。太青山脉右支结束于临澧县九里，再往东即进入中东部平原区。该区地势低平开阔，河流、湖泊、水渠众多。这一区又可分为澧阳江河冲积平原亚区和红湖滨湖冲积平原亚区。城头山城址所在的车溪乡，就位于澧阳江湖冲积平原中心偏西部位，距九里的直线距离在5公里左右。澧阳江河冲积平原属喜马拉雅期洞庭湖断陷盆地边缘，地面高程34～52米，相对高差20米以下，地面坡度小于3°。北依涔水，南靠澧水，地势由西北向东南微倾于澧水河道，地表平坦开阔。地表组成物质为澧、涔两水及其支流的河流冲积物，地下水位较低。红湖滨湖冲积平原亚区位于县境东部。该区地势低平，海拔为32～35米。境内河网湖泊密布，地面微向洞庭湖湖心倾

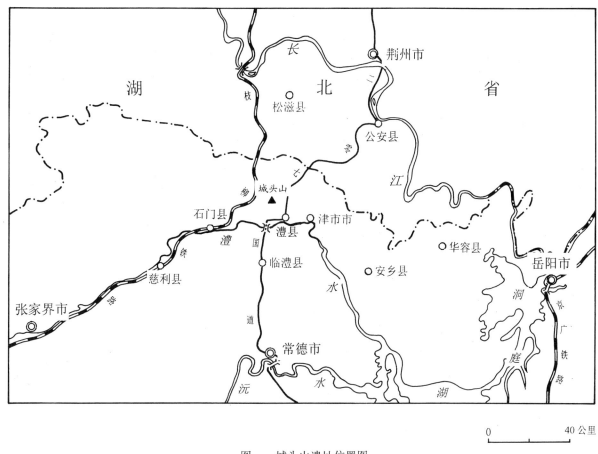

图一　城头山遗址位置图

斜，地下水位高。地表组成物质为滨湖冲积物、湖积物。县境南部、澧水以南有小面积岗地，海拔为50～150米，坡度8°～12°，比高20～40米，与平原区界限分明（图二）。

澧县境内有大小四十七条河流，澧、涔、澹、道四水贯穿全境。松滋河自鄂南南流，沿县境北缘而去。

城头山城址坐落在徐家岗南部东端。徐家岗平均海拔高程为45.4米，高出两侧河床2米多。城址东、南、北三方分别为高程43米和44米的平原地带。澹水河的一条支流从徐家岗西边由北向南流，再沿岗的南端转向东，经城址东门外，再向东流去，至大河口汇集几条澹水支流，成为澹水的主干道之一后，向南贯入澧水。澹水系澧水的一级支流，其主源源出石门县尖峰山女儿垭，流经干溪沟、河曲、临澧县孟家岗、谭家坪，在御史桥进入澧县县境，东流经宝宁桥、徐家岗、桃花滩，至县城西澧阳桥，再东南分岔。南支经多安桥，出黄沙湾注入澧水。东支经十回港、樟柳河、邓家滩、蔡口滩，在伍家嘴与澹水合流。1957年，临澧县在官亭塔修建蓄水5412立方米的中型水库，拦截澹水集雨面积109.5平方公里。1973年，澧县堵塞澧水多安桥分支。1975年临澧县灭螺填河，将官亭水库以下澹水河平废11.8公里，官亭水库以上来水经水库溢洪道南撤，从新安注入澧水。澧县境内澹水中游澧阳桥以上河段亦被填平。至此，澹水河已面目全非，名存实亡。因此，在城头山城址附近仅能隐隐约约见到澹水零零星星的残迹了（图三）。

澧县属中亚热带北缘内陆季风气候区，其特征为春秋温和，夏热冬冷，四季分明，光照充足，

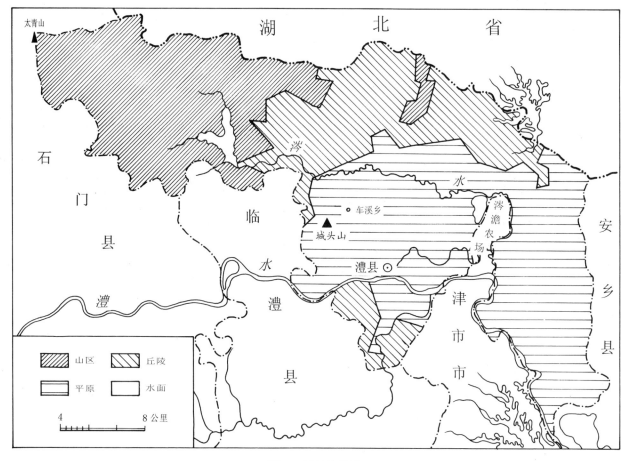

图二　澧县地貌图

雨水丰沛。年平均气温 16.5℃，一月平均气温 4.2℃，七月平均气温 28.5℃，年降水量 1272 毫米，年日照 1771 小时，无霜期 265 天。土壤多系水稻土、红壤、潮土，富有机质，涵养水分，适种粮、棉、油、林、桑、蚕等，是湖南省商品粮、棉、油的重要基地。

按《中国植物》对全国植被的划分，澧县属中亚热带常绿阔叶林北部亚地带。西北山区属三峡、武陵山地栲类、阔楠林区，滨湖地带属两湖平原栽培植被、水生植被区。县境植被可分为马尾松、杉木林，常绿阔叶林，落叶阔叶林，常绿落叶阔叶混交林四种植被类型。常绿阔叶林类型主要有海桐、川桂、青冈栎群落，黄栀子、石栎、苦槠群落，豺皮樟、樟、大叶楠群落。落叶阔叶林类型主要为化香、白栎、枫香纯林。常绿落叶阔叶混交林类型主要有黄松、山樱桃、青冈栎群落和白栎、枔木、石栎群落。水生植被主要有芦、荻，其次是水烛、水蓼和其他水草植物。人工栽培水生植物有以产莲为主的湘莲和以产藕为主的荷、多系莲群落。

根据中国科学院研究专题《中国气候与海面变化及其趋势和影响》所提供的研究成果，可以将洞庭湖区全新世气候变化过程分为全新世早期前段（10500～9000aBP）、早期后段（9000～8000aBP）、中期前段（8000～6000aBP）、中期后段（6000～4000aBP）、晚期前段（4000～2500aBP）和晚期后段（2500aBP 以降）六个阶段。与城头山城址存在时间相对应的是全新世中期。全新世中期，江汉平原和洞庭湖平原丰富的栎—青冈孢粉组合反映出常绿落叶阔叶混交林植

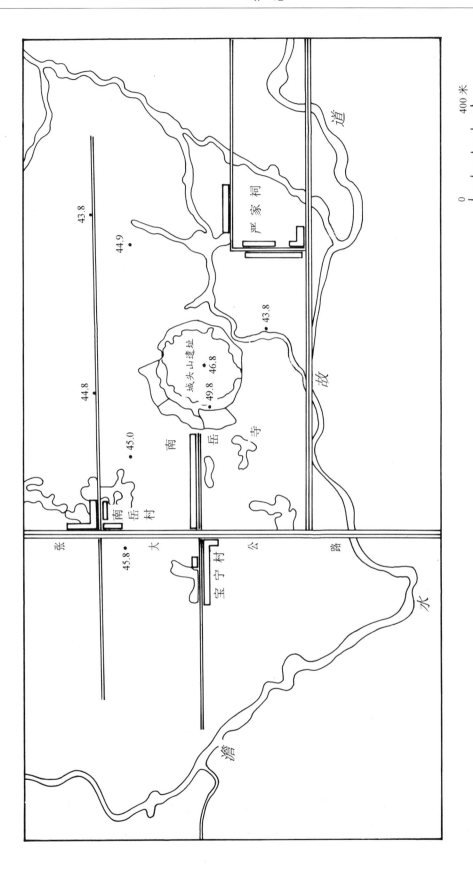

图三　城头山遗址环境图

被，该时期处于全新世气候最宜期：孢粉绝对数量和种类都出现了峰值，反映了热量、水分条件非常适宜，各类植物繁茂生长。阔叶树除优势种青冈、栎外，还见有木兰、冬青、卫矛、芸香、五加等科属孢粉，有的钻孔取样中还出现了棕榈科。蕨类中有许多暖热属，如鳞毛蕨、燕尾蕨、海金沙等，反映出亚热带至南亚热带类型特征，比现今湿热。城头山所在的澧县，当时年平均气温可达19℃，年降水量在1300毫米以上。本阶段水生草本花粉以眼子菜、黑三棱、香蒲为主，其次有泽泻、木鳖等科属。它反映了适宜气候不仅有利于陆生植被生长，也使得水域扩大，水生植物繁盛。全新世中晚期，江汉平原和洞庭湖平原以松—栎—青冈为特征的孢粉组合，表现了含常绿阔叶树的针阔混交林植被，蕨类比例增加，可反映松栎被下蕨类生长，温湿条件有所改变。阔叶树中既有鹅毛栎、桤木、榆、枫杨、栗等温带树种，又有枫香、卫矛、盐映木、山核桃、木兰等亚热带属。蕨类除大量水龙骨、蕨属外，还有金粉蕨、凤尾蕨等，它们可能代表一个北亚热带气候类型，年平均气温较全新世中期低3℃~4℃。本阶段中的水生草本和水生蕨类集中在前段

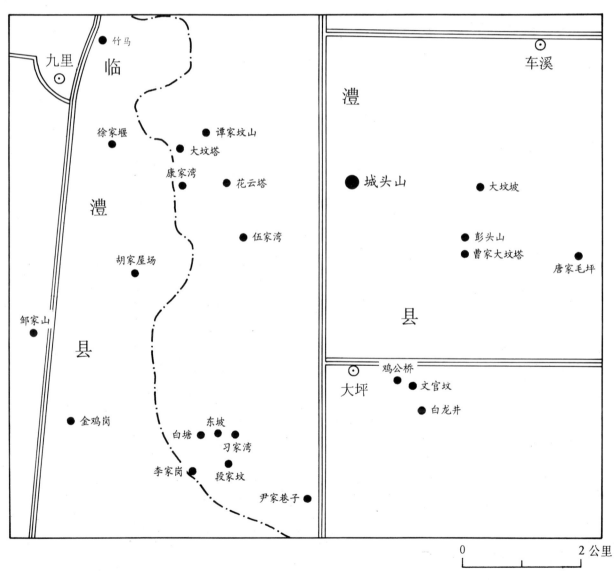

图四　城头山遗址邻近地区新石器时代遗址分布图

（约5000aBP以前），后段则出现草本（以蒿为主）的峰值。它反映了该区水生草木繁茂的湖泊环境变得较为干燥，这个转变时期约在5000aBP前后。

密集的史前时代遗址，证明澧阳平原的自然条件极其适宜人类的生存。在澧阳平原上发现的旧石器时代遗址和石器地点有七八十处之多，已正式发掘的有津市市虎爪山、澧县鸡公垱、乌鸦山，石门县大圣庙、石子坪、胡家堡、燕儿洞等，其中虎爪山、鸡公垱和乌鸦山分别代表了早、中、晚不同阶段的旧石器文化。目前湖南最早的新石器时代露天遗址也出现在澧阳平原，那就是距城头山仅1公里的彭头山遗址。而在旧石器与新石器时代之间的过渡时期，也就是距今2至1万年时间内，在澧阳平原及其边沿还发现了临澧竹马台式房基，澧县十里岗遗址则系出土细小燧石石器、尚不见陶器和磨制石器、时代有可能属于中石器时代的遗址。新石器时代早期的彭头山文化（距今9000～7000年）时期已形成了定居聚落，出现了稻作农业；澧县八十垱、李家岗，临澧县金鸡岗等十多处遗址均属于彭头山文化。皂市下层文化紧随彭头山文化之后，时代为距今7400年至6800年，澧阳平原上的津市罗家台、临澧胡家屋场、澧县黄家岗等近二十处遗址均属这一考古学文化。澧县丁家岗、安乡汤家岗等遗址中较早的遗存属汤家岗文化，其时代在距今6800年至6500年左右。这三个以澧阳平原的遗址命名的新石器时代中期考古学文化，其时代和面貌分别与湖北城背溪遗址早期、城背溪遗址晚期和秭归朝天嘴A区一期相当。在澧阳平原，继汤家岗文化之后，依次为大溪文化三元宫类型、屈家岭文化划城岗类型和石家河文化划城岗晚期类型。澧阳平原上这三个新石器时代晚期考古学文化的遗址现已发现三百至四百处之多，仅在城头山周围5公里范围内，文物普查中发现的大溪文化和屈家岭文化遗址即达二十余处，表明城头山古城在这一地区的出现有着深厚的考古学文化发展的基础（图四）。

第二章　城头山古城址的发现、调查、发掘、资料整理和报告编写

一　发现、调查与田野发掘

　　城头山所在的徐家岗是一个较平整的台地，因此，村民又将城头山称作平头山，但城头山更是早就远近闻名。村民经常如数家珍地指点着哪里是城门，哪里是水门。1994 年在城址内发掘时，于城内中间偏西部位，也就是统一布方发掘的二区，出土一座明代万历十三年（1585 年）的女性墓葬，其墓志明确记载"葬于城头山"，可见"城头山"的名称由来已久。

　　城头山的城垣大部分保存至今。只是 20 世纪 70 年代，在东城墙和南城墙取土平整城外的护城河以作农田，从而使城墙高度降低，西城墙和北城墙则因农户建筑房屋、取土烧砖和修建晒谷场将城垣顶部挖低，但整体仍保留外观基本呈圆形的土城（彩版一）。70 年代后期，南岳村从城墙上取土烧砖，在城墙西南部位发掘出东周时期的青铜剑，当即由湖南省博物馆和澧县文物管理所制止。1979 年，澧县文物管理所派人对该城址进行了调查。之后，湖南省博物馆也曾会同澧县文物管理所一道进行调查踏勘，确认这是一座古城。但因未进行试掘，不能确定其时代。1980 年，当时在北京大学任教的俞伟超先生在湖南省博物馆何介钧、澧县文物管理所曹传松陪同下仔细观察了城头山的城墙，发现在城墙断面中有大溪文化和屈家岭文化的陶片，因此当时俞伟超先生认为其很可能是屈家岭文化时期的古城。但同样由于未进行科学的试掘，这些陶片与城墙筑土究竟是什么关系还不能最后确认，因此城墙的时代仍存疑。由于当时全国范围内史前古城发现不多，经过发掘的更少，且都集中在黄河流域，因此，长江流域会不会有早到史前时期的古城，考古工作者仍觉心中不踏实。要作试掘和更大面积的发掘，又深感经验不足。因此此后十余年，一直未做进一步的工作。直至 1991 年，湖南省文物考古研究所决定对城垣进行试掘，以确定其筑造时代。这样，从 1991 年冬开始，至 2002 年春，连续发掘了十二年，发掘面积 6064 平方米。整个发掘由湖南省文物考古研究所何介钧任总领队。

　　1991 年 11 月至 12 月的发掘，田野工作主要由湖南师范大学副教授单先进和澧县文物管理所所长曹传松担任。这年的工作有两项：一项是实测城址，第二项是在城墙西南处切一条长 26 米、宽 15 米的探沟，解剖城墙，以确定城的建筑和使用时代。城墙实测的结果是外垣直径南北 315 米、东西 325 米，面积约 8 万平方米。城内西南部位最高点高程 47.34 米，一般高度为 46～46.5 米，城内南部和北部较低，北部低凹处为 43.2 米，南部低凹处为 45.2 米。城墙的高程：西城墙 49 米，西北城墙 47.89 米，东北城墙 48.2 米，东城墙 47.7 米，东南城墙 47.81 米，西南城墙 48.76 米。西城墙上因修有现代陶窑，所测数据为 52 米。城外高程：西墙外一般高程为 44.7～44.8 米，南墙外一般高程为 43～44 米，东墙外一般高程为 42.8～43.4 米，北墙外一般高程为 44 米左右。城内中心点高程 46.39 米，较东墙外农田高 3 米有余。经钻探，城墙仅东面和南面较中间部位有通道。东门通道方向为偏南 4°，南门通道为偏西 13°。东、南门豁口均宽 30 米左右，北墙豁口现存宽度 32 米，其内是一个东西 37 米、南北 32 米、略呈圆形的大堰，堰水通过北墙豁口水道与护城河相通，故尔村民称其为水门，方向为偏东 13°，但究竟是否当时即为"水门"，尚难证实。西墙外形看似有豁口，但经钻探，未发现通道或城门痕迹（彩版二，1、2）。

　　城墙外环绕有护城河，现保存西南至北墙豁口一段长约 460 米、宽约 35 米、深约 4 米的河道。这段护城河宽窄规整，它汇集了徐家岗的来水，终年不干，人称庙大堰。从北墙豁口至东墙南端的护城河在 70 年代已填平，但仍可见宽 35 米左右、高程为 42 米左右的低洼水田从东北向东南连成一片。整个东墙外与低洼水田之间形成一条 50～90 米宽的缓坡地，坡地西高东低，似淤积而成的河漫滩。南墙外的护城河也已平整，辟为农田，形成一片高 43 米左右的开阔地带（彩版二，2；彩版三，1、2；彩版四）。

　　城墙试掘选择了西南角因烧砖和建房而挖出的一条东西走向、贯穿城墙内外的大剖面为基础布方，探沟宽 1.5 米，计划发掘长 26 米，但当年未能全部贯通，仅发掘了城墙内坡的墙脚部分，即整个计划 26 米长探沟的 5～7 米段，另发掘了墙外坡墙脚长 3 米，即计划发掘 26 米长探沟的 23～26 米段，两段均未发掘到生土。这次探掘，根据城墙内坡上直接叠压有屈家岭文化中期的地层堆积，推断城墙修筑时代下限为屈家岭文化中期，即距今 5000 年至 4800 年。这次发掘的资料整理为《澧县城头山屈家岭文化城址调查与试掘》，发表于《文物》1993 年 12 期。

　　1992 年，由湖南省文物考古研究所主持，开始对城头山古城址进行多年性正式发掘。为了长期发掘编方的方便，以城址中心为基点，拉东西和南北两根轴线，将城内范围划分为 1、2、3、4 四个象限：中心东北为第一象限，将整个范围按 5 米×5 米预定探方编号，沿轴线往北，从西往东，第一排为 1001 至 1050，第二排为 1051 至 1100，第三排为 1101 至 1150，依此类推，可一直编排至第 2000 号探方。到第 21 排则从 2001 开头，排至 2050，第 22 排由 2051 开头排至 2100，依此类推，可排至 3000。中心东南为第二象限，从第 1 排到第 20 排 3001 至 4000，第 21 排至第 40 排为 4001 至 5000。中心柱西南为第三象限，排的顺序由北向南，每排探方编号顺序由东向西，可从 5001 直排至 7000。而第四象限排的顺序由南向北推移，每排探方编号顺序由东向西，可从 7001 直排至 9000。依此方法，可以排足 8000 个探方（因无 0001 至 1000 的探方号）而不致重复，多年发掘也不需每年重新编排探方号。这样，根据探方号可立即找到其所在的具体位置（图五）。1992 年的发掘选在东门内第二象限范围，探方编号为 T3025～T3028、T3075～T3078、T3125～T3128、T3175～T3178，共 16 个探方，包括隔梁共 400 平方米，但多数探方结束时未打隔梁。这次的发掘

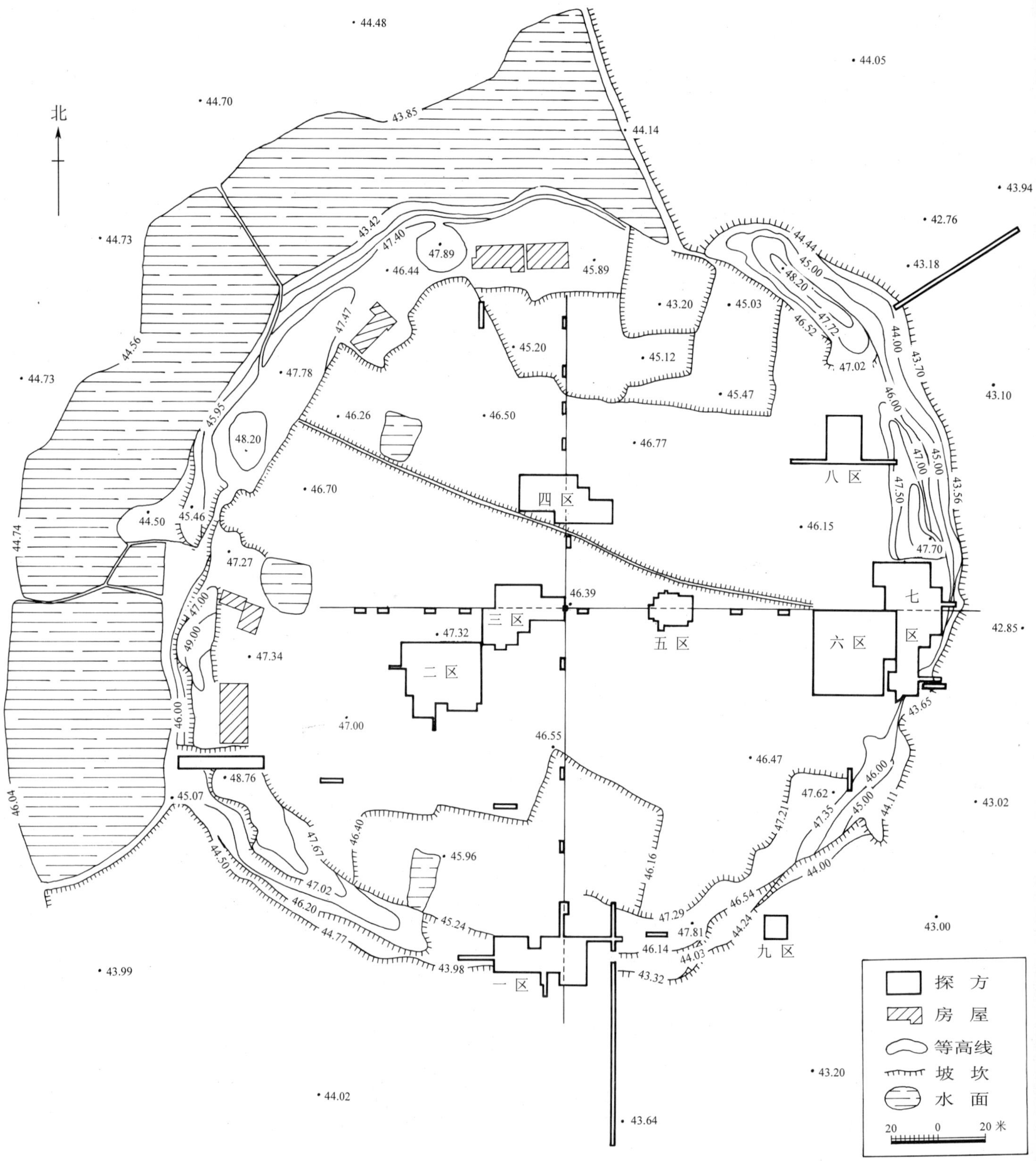
北
一区
二区
三区
四区
五区
六区
七区
八区
九区
探方
房屋
等高线
坡坎
水面
20 0 20 米

图五 城头山遗址发掘区分布图

区和 1998、2000 年发掘的相邻区块,合称为六区。这年的发掘从 10 月 29 日开始,至 12 月 26 日结束。收获是清理了大溪文化一、二、三期的屈肢葬土坑墓和瓮棺葬墓 61 座,灰坑 38 个,灰沟 3 条,房基 1 处,另有多处红烧土遗迹,并接触到汤家岗文化时期聚落的环壕,了解到城内文化堆积经历了汤家岗文化、大溪文化、屈家岭文化和石家河文化四个时期。1992 年参加发掘的有湖南省文物考古研究所何介钧、向桃初、刘劲,湖南师范大学单先进,常德市文物处龙潮彬,澧县文物管理所曹传松、杨振明、何建明、曹毅,津市市文物管理所谭远辉,湖北省沙市市博物馆文必贵、朱远志。1992 年,城头山因发现屈家岭文化时期的城垣被国家文物局评列为当年全国十大考古发现。

1993 年的发掘工作从 11 月 14 日开始,至 12 月 30 日结束。主要工作为两大项:第一项是为了选择今后多年发掘的部位,沿东西和南北两条轴线,开了 36 条 2×5 米的探沟(图五),所开探沟位处 T3002、T3010、T3015、T3019(中心点往东)、T5005、T5009、T5012、T5016、T5018(中心点往西)T5201、T5401、T5651、T5951、T6201(中心点往南)、T1251、T1401、T7351、T7651、T7801(中心点往北)、T7153、T7152(第一和第四象限)、T5309、T5310、T5605、T5720、T5721、T6403、T6404(第三象限)。其中 T6201 接触到南城墙,因此将探沟向南延伸,除 T6201 外,还发掘了 T6251、T6301、T6351、T6401、T6451、T6501 等 6 条探沟。在 T3009 探沟发现大片红烧土,疑为房屋建筑,故扩大范围,跨 T1009、T1010、T3010 和 T1008 的各一部分。在 T1401、T7401 探沟内发现墓葬,因而将发掘范围扩大至 T1351、T7351。1993 年所开众多探沟,为以后的大面积发掘找准了目标。在 T1401、T7401、T1351、T7351 范围内发掘出墓葬 57 座,后经多年扩大发掘,证明这里是从大溪文化四期至屈家岭文化晚期的一处大型墓地,清理墓葬 57 座。在 T5309、T5310 发现的红烧土面,后经多年发掘证明是一处从大溪文化至石家河文化长期延续的大型房屋建筑区。T6251、T6301、T6351、T6401、T6451、T6501 所构成的南北向大探沟,不仅从城内坡到外坡全面解剖了古城址的南城墙,而且发现了第二期城墙的环壕。第二项工作是对城墙东门豁口进行发掘,主要为弄清暴露于耕土层下的大面积卵石面的时代、范围和性质。所开 T3278、T3228、T3229、T3279、T3329、T3180、T3330 等 7 个探方和跨 T3281、T3282 两个探方的 2 米宽探沟,不仅基本弄清了以上问题,而且揭露出第一期城墙外环壕的内坡,但因塌方,未能挖到外坡。1993 年参加发掘的有湖南省文物考古研究所何介钧、郭伟民、周能、郑元日、张双北、吴仕林,湖南师范大学单先进,常德市文物处潘能艳、席道合,澧县文物管理所曹传松、杨振明,张家界市文物处吴建国,湘潭市文物处肖国光,慈利县博物馆吴贤能,临武县文物管理所龙碧林和当时在美国哈佛大学学习的王文建等。

1994 年的发掘工作从 10 月 28 日开始,至 12 月 29 日结束,共开探方 83 个,编号为 T1351(1993 年已发掘外的部分)～T1354、T1401(1993 年探沟外的部分)～T1404、T1451、T1452、T1501、T7351(1993 年已发掘外的部分)、T7401(1993 年已发掘外的部分)、T7451、T7501、T1008～T1010(此四个探方 1993 年已发掘外的部分)、T1011、T3008、T3010、T3011、T3059～T3061、T1059～T1061(后六个探方均发掘一部分)、T4352、T4402、T4452、T6352、T6401、T6451(后三个探方 1993 年已各开 2×5 米探沟)、T6354、T6356、T6406、T6456、T5208～T5211、T5258～T5261、T5308～T5311、T5358～T5361(其中 T5309、T5310 在 1993 年已各开一 2×5 米探沟)、T5408～T5410(各发掘 3×5 米)、T5001～T5007(其中 T5005 在 1993 年已发掘 4×5 米)、T5054～T5057、T5105～U5107、T5156(发掘一部分)、T7001～T7006、T7053～

T7056，总发掘面积 1545 平方米。其中 T1352～T1354、T1402～T1404、T1452、T1501、T7401、T7451、T7501 探方被确认为大型墓葬区，发掘出主要为屈家岭文化时期的墓葬 340 座，为表述方便，当时将其定为四区。由 T3009 扩大发掘，包括 T1059～T1061、T1008～T1011、T3008～T3011、T3059～T3061 各探方的发掘区，当时称为五区，主要清理了数座屈家岭文化时期的房基。T5156、T5105～T5107、T5054～T5057、T5001～T5007、T7001～T7006、T7053～T7056 中的 T7001、T7002、T5001、T5002、T5105、T5106、T5107、T5156 等探方因各种原因未能发掘到底，其余各探方的主要收获是发现大溪文化三期的制陶作坊区，包括陶窑 9 座，另有和泥坑、贮水坑、取土坑道和简易工棚基址，当时称为三区。T4352、T4402、T4452、T6352、T6354、T6356、T6406、T6456、T6401、T6451 所处发掘区主要清理了一、二期城墙外环壕，当时定为一区。参加 1994 年发掘的工作人员有湖南省文物考古研究所何介钧、裴安平、贺刚、郭伟民、柴焕波、吴顺东、张春龙、储有信、郑元日、顾海滨、张双北、尹检顺、李利人、刘澜、张令鸥、吴仕林、李德生、严华平、方芳，湖南师范大学单先进、黎石生，当时在美国哈佛大学学习的王文建，常德市文物处董国安、席道合、文智，长沙市文物工作队邱东联、王立华，益阳市文物处潘茂辉，湘潭市文物处肖国光，岳阳市文物处符炫、罗仁林，张家界市文物处尚巍，邵阳市文物处曾家柱、曾晓光，娄底市文物处朱梅一、宋建波，湘西自治州文物处龙京沙，澧县文物管理所封建平、杨振明、熊浩，津市市文物管理所谭远辉，鼎城区文物管理所徐小林，零陵县文物管理所唐青刁，慈利县文物管理所吴贤能，南县文物管理所谈国鸣，岳阳县文物管理所易立勤，岳阳市云溪区文物管理所胥卫华，石门县文物管理所刘波，湖北省沙市市博物馆文必贵、文昌明、朱有富。

　　1995 年的发掘从 3 月 20 日开始，至 4 月 25 日结束。主要任务是清理 1994 年四区已开探方下层未及清理的墓葬，另在 T7402、T7403 各开 2×5 米探沟，追寻墓葬区的西部界限。收获是清理了 49 座大溪文化四期和屈家岭文化早期的墓葬，证明此处墓地西部墓葬时代较早，往东时代渐晚。参加发掘的工作人员有湖南省文物考古研究所裴安平、郑元日、尹检顺，澧县文物管理所封建平。

　　1996 年的发掘从 10 月 28 日开始，至 12 月 15 日结束。所做的工作是从 T1028 至 T1034 开 2 米宽的探沟，目的是解剖东城墙，以进一步确定城墙的始筑时代。同时在城墙西南部位将 1991 年开始进行的解剖城墙的探沟从城墙内坡至外坡全线贯通，并一直发掘到原生土。这样不仅从剖面上观察到东城墙和西南城墙四次筑城清晰的地层关系，而且探沟向外延伸，均接触到第一期城墙外的环壕。这一年另有一项极重要的发现即是在探方底部、第一期城墙之下，发现了早到汤家岗文化时期的古稻田。1996 年参加发掘的工作人员有湖南省文物考古研究所何介钧、张春龙、严华平、方芳、李福平，澧县文物管理所曹传松、曹毅、熊浩。山东省文物考古研究所所长张学海也专程到工地一道工作，对城墙的解剖提了很多指导性的意见。

　　1997 年的发掘工作从 9 月 21 日开始，至 11 月 30 日结束。本年的工作是将东城墙探沟向南北扩张，以求更清楚准确地划分四次筑城的地层，更大面积揭露古稻田。此次共开 T1078～T1082、T1028～T1032（后五个探方中部分 1996 年已开挖探沟），T3029～T3032 共 14 个探方。另外在一区发掘 T4351、T4401、T4451、T6351、T6402 等探方的一部分，目的是为了进一步清理二期城墙外环壕及探寻其向西的走向。面积 58 平方米。前一地点和 1996 年对东城墙解剖的探沟，加上 1998 年向南、1999 年向北增开的探方、2000 年 T3331～T3333 探沟，合称为第七区。该年在第七区的发掘较清楚地展现出三丘古稻田以及配套的引水灌溉设施——水塘、水沟，发现城墙上的栅栏和城墙外坡筑城时使用的竹、木筋；清理了主要属于大溪文化一、二期的墓葬 52 座；发现东城墙内坡附近的大溪文化早期大型祭坛的一个局部。东城墙和西南城墙的完整解剖，确证了城头山古城城墙有四次筑城行为：第一次筑城早至大溪文化一期，距今超过 6000 年；同时又发现距今 6500 年，属于筑城之前汤家岗文化时期聚落所开垦的稻田。这两项重要发现，使城头山得以被国家文物局评列为 1997 年全国十大考古发现。1997 年参加发掘的工作人员有湖南省文物考古研究所何介钧、张春龙、张双北、顾海滨、刘澜、张令鸥、严华平、方芳、李福平，湘潭市文物处肖国光，澧县文物管理所曹传松、曹毅、熊浩，津市市文物管理所谭远辉，岳阳县文物管理所易立勤，临湘市文物管理所阎勇，汨罗市文物管理所胡铁南，慈利县文物管理所吴贤能、孙凯。

1998 年的发掘工作从 10 月 26 日开始，至 12 月 28 日结束。本年度在第一区开 T4501、T4502、T6403、T6404 共 4 个探方，在六区开 T3225～T3227、T3275～T3277、T3325～T3327 共 9 个探方，在七区开 T3079～T3082、T3129～T3131、T3179、T3180 共 9 个探方，全部发掘面积共 500 平方米。主要收获是：第一，全面揭露了 1997 年已露头的大溪文化早期大型祭坛，并发现数十个祭祀坑；第二是对东门内文化堆积有了更新的认识，发现城内偏东部位大溪文化堆积最为丰富，而屈家岭文化和石家河文化地层较薄；第三是在六区发掘各探方最西的部位，发现了明确的汤家岗文化的地层。1998 年 5 月，国务院批准湖南省文物考古研究所与日本国国际日本文化研究中心签订的《中日关于澧阳平原环境考古和相关高科技考古合作协议》。协议确定合作期限为三年（1998 年 10 月～2001 年 9 月），由中方的湖南省文物考古研究所所长何介钧研究员担任队长，主持全面工作。由日方的日本国国际日本文化研究中心所长河合隼雄教授担任副队长。由于河合教授不可能到现场，指定由日本国国际日本文化研究中心安田喜宪教授为发掘调查现场日方负责人。中国著名考古学家严文明和日本著名学者梅原猛被邀请担任该项目顾问。日本国开始派多学科的学者结合中方在城头山的田野考古工作进行环境考古方面的取样、分析，并进行遥感、低空航测与航拍、探地雷达探测等工作。本年参加田野考古工作的人员有湖南省文物考古研究所何介钧、郭伟民、向桃初、储有信、张双北、袁伟、刘颂华、李德生、严华平、方芳、李福平，常德市文物处王永彪，长沙市文物工作队黄浦华，怀化市文物处田云国，邵阳市文物处周东峰，郴州市文物处龙福廷，衡阳市文物处陈默，湘西自治州文物处梁莉莉，澧县文物管理所曹传松、封建平、曹毅，津市市文物管理所谭远辉，安乡县文物管理所张秀云，湘阴县文物管理所周晓赤，芷江县文物管理所张涛、江洪，汨罗市文物管理所胡铁南，鼎城区文物管理所徐小林等。

1999 年的发掘工作从 10 月 26 日开始，至 12 月 28 日结束。本年的发掘主要在三个区域进行：一是在一区，开 T6402、T6405、T6452～T6455、T6359 共 7 个探方；另由 T6452 向南延伸，发掘 T6502、T6552 两个探方的一部分；以及 T6403、T6404 和 T6406 在 1994 年、1996 年和 1998 年未发掘的部分。二区发掘 T5162、T5163、T5212～T5214、T5262～T5264、T5312～T5314、T5362、T5363、T5412、T5413 等 15 个探方和 T5462、T5364、T5215 的一部分。七区发掘 T1127～T1131、T1177～T1181 等 10 个探方。本年共计发掘面积为 806 平方米，发掘的重要收获是发现二期城墙南墙外环壕在 T6452、T6502 部位有一正南北向通道，将环壕分为东西两段，且在通道的南端有一道墙，以后证明它既不与第一期城墙，也不与第二期城墙连通，直至 2002 年春做补充发掘，才将这一通道和这一段城墙的时代、性质与作用基本搞清楚。二是在二区 1994 年发现的二座屈家岭文化时期大型房基的西边，又发现了重叠着的屈家岭文化时期大型台基式房屋基址，从而更显示出屈家岭文化时期这一区域居址的较高档次。因考虑到将重要遗迹保留以供展示，故整个二区未继续全面下挖。1999年参加发掘工作的有湖南省文物考古研究所何介钧、郭伟民、柴焕波、尹检顺、刘颂华、袁伟、周治、徐炼、严华平、方芳、李福平、张双北、李德生、莫立恒，长沙市文物工作队马代忠，益阳市文物处潘茂辉、邓建强，怀化市文物处杨志勇，衡阳市文物处向新民，澧县文物管理所曹传松、封建平、熊浩、曹毅，津市市文物管理所谭远辉、彭佳、罗敏华，石门县博物馆余学群、覃智勇，沅陵县博物馆杨良家，鼎城区文物管理所徐小林，汉寿县文物管理所李绍南，芷江县文物管理所张涛、江洪，平江县文物管理所吴承翟，张家界市永定区文物管理所唐忠，岳阳市云溪区文物管理所胥卫华等。日本国参加田野考古发掘的专家学者有大阪府教育委员会文化财保护科尾上实，财团法人大阪府文化财调查研究所驹井正明，京都大学文学院大贺克彦，立命馆大学文学院河角龙典，广岛大学文学院槙林启介和中国旅日学者、日本国国际日本文化研究中心黄晓芬（图六、七）。

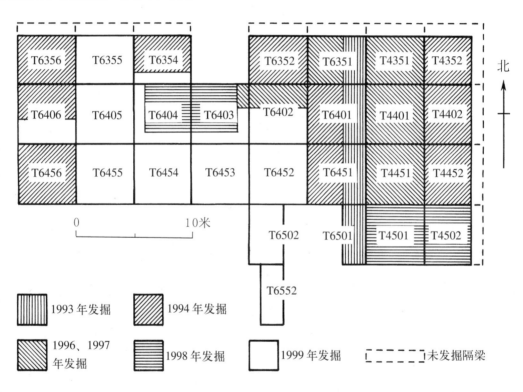

图六　一区主要探方分布图

2000年的发掘开始于10月26日，结束于12月16日。本年发掘集中在五个区域：一是在二区，包括T5158～T5161、T5164、T5214。二是在四区，包括T7502～T7504、T7452～T7454、T7402～T7404。三是在六区，包括T3022～T3024、T3072～T3074、T3122～T3124、T3172～T3174、T3222～T3224、T3272～T3274、T3322～T3324。四是在第一象限，即城内东北部位，这一发掘区定为八区，包括T1773～T1775、T1723～T1725、T1673～T1675、T1623～T1625。另外在T1626～T1628开宽2米、长15米的探沟（2000年完成）。五是在城墙外东南部位开探方YT01～YT04，新定此区为第九区。另外，在七区，与1993年所开解剖东城墙外一期环壕的探沟平行，在其南1米，跨T3331～T3333三个探方，开2米宽探沟1条，长15米。本年总计发掘面积1227

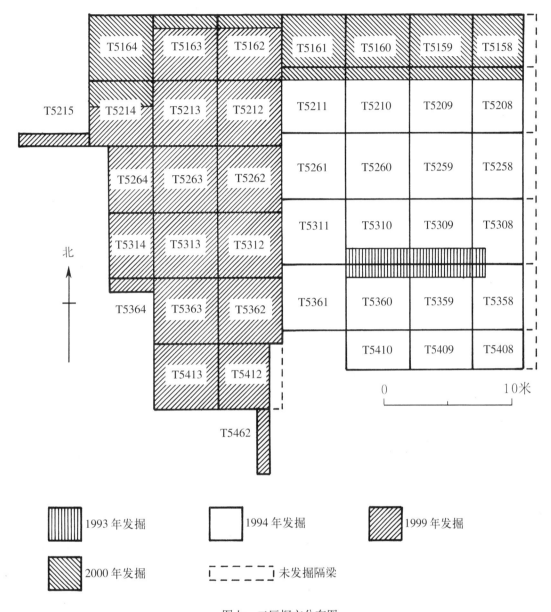

图七　二区探方分布图

平方米。二区发掘的目的是为了更充分揭示这一重要居住区，但主要的发现不是在新开的探方，而是两个继续以前工作所取得的进展：一是进一步搞清了1999年已大体弄清规模的台基式大房屋F87的内部结构；另一是将1994年清理揭露的两座屈家岭文化一期的台基式房址F57和F23清除，继续下挖，结果是清理出虽同属屈家岭文化早期、但较上两座房屋略早且结构更复杂的F88。四区发掘的主要目的是尽可能多地清理揭露这一集中墓地的主体部分，重点是在原已发掘探方以西，发现这里集中分布着大溪文化四期和屈家岭文化早期的墓葬，总共清理墓葬101座。由于1998年在六区发掘各探方的西部发现有汤家岗文化的地层，因此2000年在六区发掘的目的是希望能更多地取得城头山汤家岗文化的资料，尽可能弄清汤家岗文化时期聚落的规模，结果是发现和清理了 30 个汤家岗文化灰坑和 2 座汤家岗文化墓葬。在六区共发现各时期灰坑 181 个，其中大溪文化灰坑占多数，且大多为祭祀坑。八区的收获是解剖了第一期环壕和第二期环壕，并清理了压在一期环壕之上的大溪文化三期的大型房屋建筑。第九区发掘的目的是解剖这一段落的一期环壕并探寻一期环壕注入自然河道的入口。前一目的得以实现，但未能在不到 100 平方米的发掘区内找到注入自然河道的入口。参加 2000 年发掘的有湖南省文物考古研究所何介钧、郭伟民、柴焕波、向桃初、尹检顺、刘颂华、张双北、李德生、莫立恒、周治、严华平、方芳、李福平，常德市文物处文智、王永彪、龙潮彬，长沙市文物工作队宋少华、邱东联、李鄂权、黄朴华、马代忠、何佳，邵阳市文物处周东峰、杨志钦、曾海平，衡阳市文物处陈默，郴州市文物处肖军勇，怀化市文物处杨志勇，澧县文物管理所曹传松、熊浩、曹毅，津市市文物管理所谭远辉、彭佳，临澧县文物管理所侯玉梅，石门县博物馆袁建、马宏，桃源县文物管理所张纯、郭志刚、袁辉，临湘市文物管理所李小鹏，望城县文物管理所凌浩，沅陵县文物管理所杨良家、廉清浪，芷江县文物管理所江洪，城步县文物管理所严杰英，武冈县文物管理所肖志高，新宁县文物管理所杨俊鹏，临武县文物管理所龙碧林，桂东县文物管理所李智明，兰山县文物管理所甘卫华，永兴县文物管理所易晓帆，湘阴县文物管理所刘彬，衡东县文物管理所秦光正，衡山县文物管理所曹支邻，南岳区文物管理所颜勇，张家界市永定区文物管理所唐忠，吉首市文物管理所龙明泉，永顺县文物局鲁卫东、江建平，保靖县文物管理所彭运锐，花垣县文物管理所张静等（图八～一四；彩版五，1、2；彩版六，1、2）。

2001 年秋冬，按照城头山遗址保护方案，开始疏理、恢复 20 世纪 70 年代被掩埋平整成为农田的从东北—东—南—西南的护城河，由湖南省文物考古研究所主持，配合这一工程挖了多条探

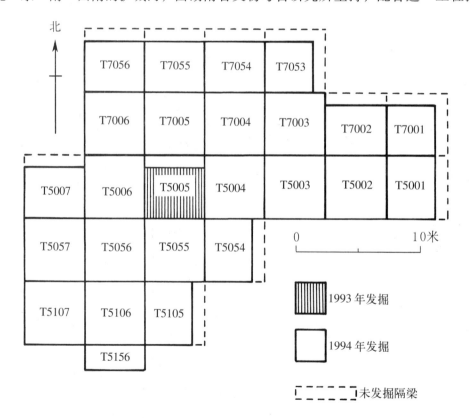

图八　三区探方分布图

沟。工作时间从 2001 年 8 月开始，时断时续直至 2001 年年底。此次发掘是在 1991 至 1996 年对西南城墙，1996 年对东城墙、1993 至 1997 年对南城墙和环壕，1993、2000 年对东城墙外第一期环

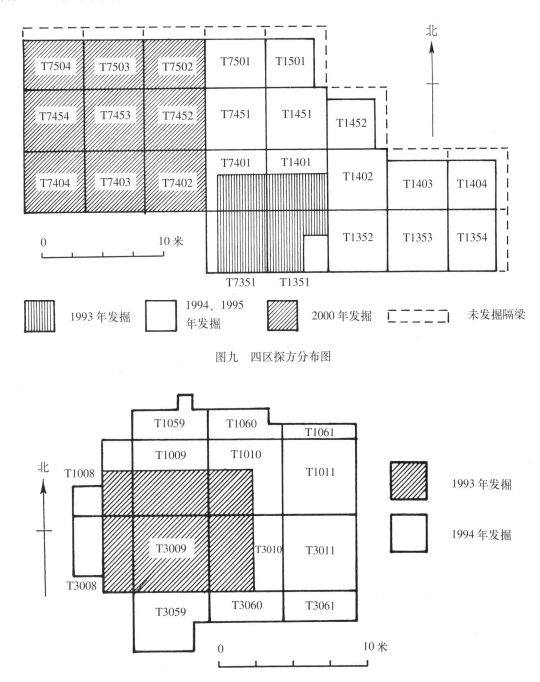

图九　四区探方分布图

图一〇　五区探方分布图

壕，2000 年对东南城墙外一期环壕解剖的基础上，配合护城河的复原开挖，采取开探沟和钻探相结合的方式，对各期城墙和环壕、护城河多处进行解剖。所开探沟共 4 条，位置分别为：1. 解剖南城墙和城墙外环壕、护城河的探沟跨 T4205、T4255、T4305、T4355、T4405、T4455、T4505、T4555、T4605、T4655、T4705、T4755、T4805、T4855、T4905、T4955 及继续向南延长的

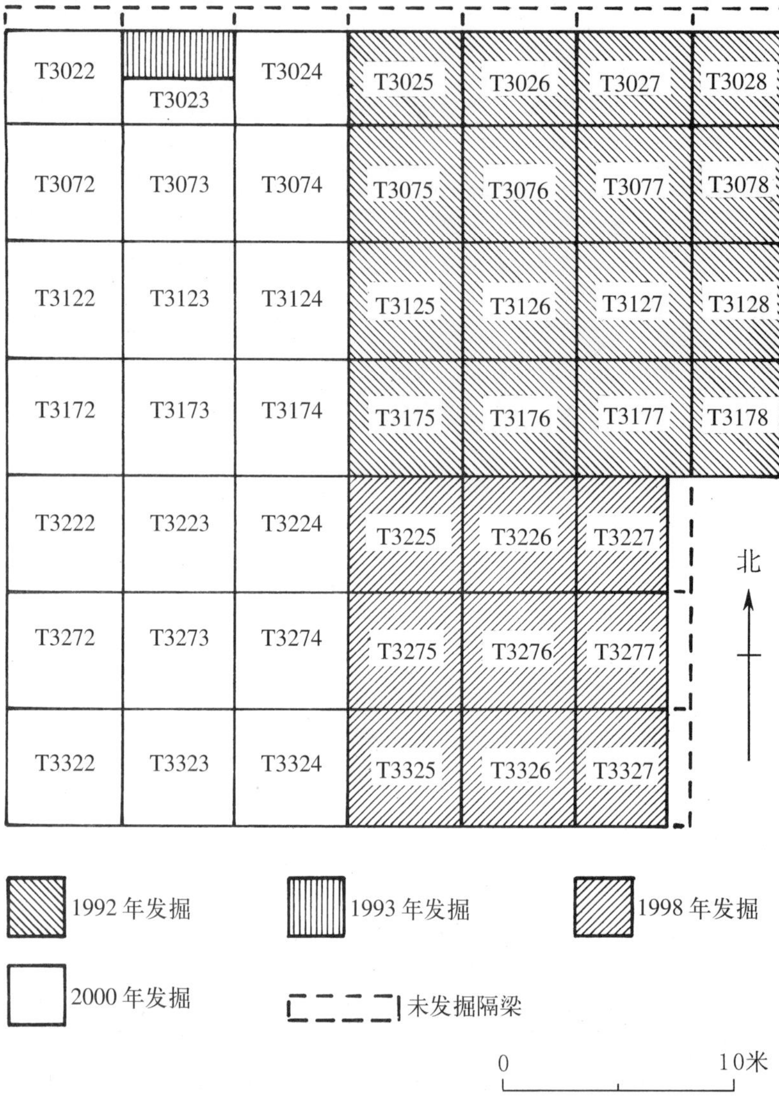

图一一　六区探方分布图

YT05、YT06、YT07、YT08，探沟宽 2 米、长 99 米，但因探沟过长、太深，下压环壕、护城河淤泥的基础松软易垮，故跳过 T4405 未发掘，因此实际发掘长度 94 米。这条长探沟十分完整地提供了一、二、三、四期城墙，城壕，护城河的相对位置和地层堆积；显示与早先解剖的西南城墙和东城墙互相叠压不同、相对位置存在位移的现象（参见图一〇八）。2. 沿 2000 年冬发掘而未到底的 T1623、T1624、T1625 三个探方南壁 2 米宽范围下挖到生土。将 T1625 向东、2000 年冬已挖一定深度的 T1626～T1628 继续下挖。沿八区整个发掘区南壁朝西，在 T1622～T1620 方内开 2 米宽探沟，这样构成一条宽 2 米、长 45 米的长探沟。与南城墙部位所开长探沟一样，准确地提供了一、二、三、四期城墙和城壕在此一部位的准确位置（参见图一〇八）。3. 在城内正北 T8158、T8208 方内开正南北向、宽 2 米的探沟，目的是寻找早已平毁的一、二期城的北城墙，此处距现仍保留在地面的三、四期城墙（即屈家岭文化早期和中期的城墙）约 30 米。探沟长 9 米，结果在地下发现了残存的一、二期城墙的基部和其外的环壕内坡。4. 在东北城墙外开 55.75 米的探沟，编号为

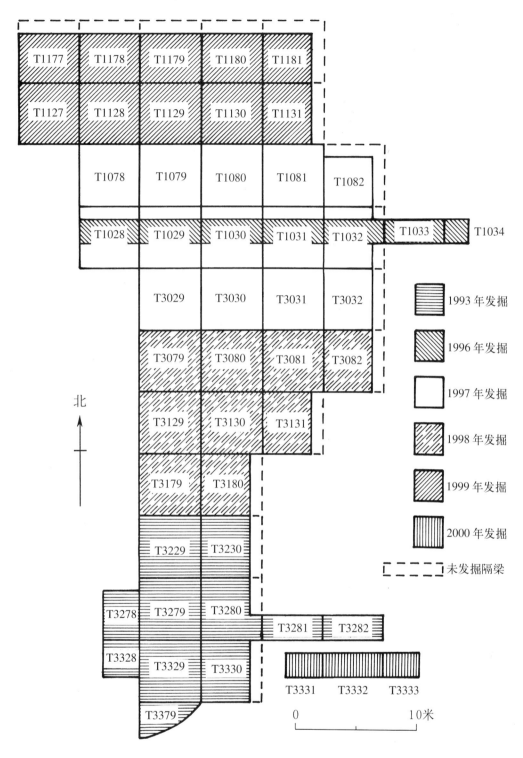

图一二　七区探方分布图

YT09，基本查明了被填平的护城河的内外坡和深度以及三、四两期护城河的关系。本发掘季度进行的另外一项重要工作是将多年来探沟、探方所查清的各期城墙段落之间尚不清楚的部分，用钻探的方法实现其科学、准确的连接，从而复原了各期城墙和护城河、环壕在平面上的位置。事实证明

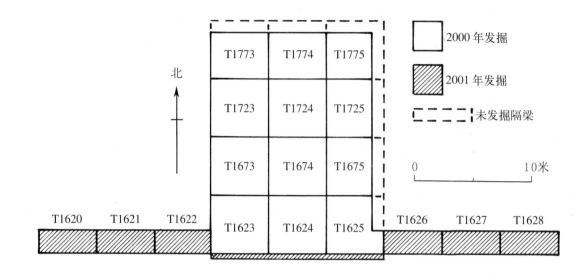

图一三　八区探方分布图

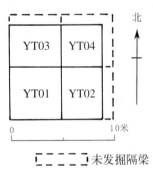

图一四　九区探方分布图

这是一项对研究城头山古城规模和平面形状演变的十分必要而有重大价值的工作。参加本季度发掘的有湖南省文物考古研究所郭伟民、尹检顺、严华平，澧县文物管理所曹传松、熊浩、曹毅、任爱平，津市市文物管理所谭远辉。本季度发掘之后，经领队何介钧布置，由澧县文物管理所曹传松、曹毅，津市市文物管理所谭远辉，湖南省文物考古研究所严华平将一区 T4352、T6452、T6502 的地层联通，并通过与 2001 年冬所解剖的一、二、三、四期南城墙、护城河和环壕所提供的明晰的地层关系重新观察分析一区多年存留的地层不清问题，观察分析位处 T6402、T6452、T6502 方内界于东、西两段二期环壕之间的通道以及横列于通道南端的墙体，确定其年代和性质。将一区现仍保存的东西向剖面中不明晰处用开小探沟的方法加以澄清和联通，继而将北剖面与通道、通道南端墙体的剖面（包括现仍观察到的剖面和原始图中的剖面）联通。这样对上述存留问题基本搞清楚了。2001 年冬和 2002 年春补充发掘所提供的详实的地层关系将在遗迹部分城墙、环壕和护城河相关章节中详细介绍。2001 年冬至 2002 年春两次补充发掘面积共 192 平方米。

十二个发掘年度，总计发掘面积 6064 平方米。即 1991 年西南城墙解剖探沟（包括以后历年加长、展宽）140 平方米。1992 年在六区发掘 400 平方米。1993 年开 36 条探沟，在七区布方，加上在第一区向南延伸的探沟、第七区向东开的探沟以及在房屋区和墓葬区探沟扩大发掘的部分，共 727 平方米。1994 年在一、二、三、四、五区共发掘 1568 平方米。1995 年在四区（即墓葬区）除将 1994 年所开探方未挖到底的部分继续下挖外，新发掘 40 平方米。1996 年和 1997 年在一区和七区共发掘 430 平方米。1998 年在一区、六区、七区共发掘 500 平方米。1999 年在一区、二区、七区共发掘 806 平方米。2000 年在二区、四区、六区、七区、八区、九区共发掘 1261 平方米（不包括二区范围内将 1994 发掘区继续下挖的部分探方）。再加上 2001 年冬和 2002 年春补充发掘的 192 平方米。

二　资料整理和报告编写

　　资料整理工作正式开始于 2001 年 3 月 5 日。主要内容有：1. 对所有出土陶器、陶片、石器、骨器、木器、玉器等依探方和地层单位进行统计，对陶器、陶片进行陶质、陶色、纹饰的统计，并选取标本；2. 对完整和已复原的器物、可看出器形的陶片进行分型分式；3. 对历年清理和发掘的各类遗迹的原始资料进行梳理归类；4. 对十多年发掘的各处探方探沟在田野工作中所划定的地层进行统一、对照和必要的修正；5. 在以上几项工作的基础上确定各个地层和各个遗迹单位的时代及应归属的考古学文化及期别。参加整理工作的有湖南省文物考古研究所何介钧、郭伟民、柴焕波、向桃初、尹检顺、刘颂华、李福平。长沙市文物工作队马代忠，津市市文物管理所谭远辉，澧县文物处曹毅、任爱平，石门县博物馆马宏，集中整理工作至六月底完成。在此之前，在哈佛大学学习的王文建，湖南省文物考古研究所尹检顺，澧县文物管理所杨振明于 1994 年曾对 1992、1993 年的田野资料和 1992 年出土陶片进行过初步整理、清对。1997 年冬湖南省文物考古研究所何介钧曾对 1994 年发掘出土的陶片进行分类统计，并对 1996、1997 年发掘的探方地层进行对勘统一。

　　2001 年 6 月以后进入报告的编写阶段。

　　考虑到城址的特殊情况，即城墙和环壕、护城河在遗迹中占有特别重要的地位，因此不便将其拆散置于各个时代中去叙述，于是采取了将城墙、护城河、壕沟为主的遗迹单独列为一大部分，分别按城墙、护城河、环壕、墓葬、灰沟、房屋、灰坑、陶窑、祭坛、稻田等分类进行叙述，在分类之下，再依时代先后。而遗物则按时代，即依汤家岗文化、大溪文化、屈家岭文化、石家河文化的先后顺序叙述，其子目再细分为陶器、石器、玉器、木器、骨器、其他。各类遗迹的附表如墓葬、灰坑、房址、灰沟、陶窑的登记表，总的是依考古学文化归拢，但各种遗迹的处理方式略有不同，如墓葬是按汤家岗文化，大溪文化一、二、三、四期，屈家岭文化一、二、三期，石家河文化一、二期的时代顺序排列，在同一期中，则按墓号顺序排列。房址、灰坑、灰沟的登记表，按汤家岗文化、大溪文化、屈家岭文化、石家河文化的时代顺序排列，而各个考古学文化之下的不同期别则打乱了，纯粹按遗迹编号顺序排列。陶窑因总共只有十个，则完全依编号顺序。为查检方便起见，墓葬、灰坑、房址、灰沟另造具了一览表，其排列顺序完全依编号。如墓葬从 M1、M2 一直编到最后一个墓号 M906，其后栏目则仅列出发掘年代、所在区域、所在探方、墓葬类型（土坑或瓮棺）、时代和期别，这样更有利于在登记表、地层与遗迹关系示意图、各发掘区遗迹总平面图中去寻找和阅读更详细的材料。在《地层单位与文化分期》一章中，花费了数月的时间编造了《地层遗迹关系示意图》，这将极有利于检索各遗迹的准确地层及时代，在编造的过程中发现有些遗迹原来时代确定不准，或地层不清楚，或开口层位错误，也通过这个对应图得以校正，读者将会发现这一示意图十分必需，十分有用。

　　《澧县城头山》全书共分四册。第一、二册为《考古发掘报告》，第三册为《考古发掘报告》的图版，第四册为《中日合作澧阳平原环境考古与有关综合研究》。《澧县城头山》考古发掘报告第一、二册各篇章执笔分别为：

　　　绪　　论　　　　　　　　　　　　　　　　　　　　　　　　　　　　何介钧

工地现场照片部分为田野考古人员拍摄，因牵涉人员较多，恕不一一列举姓名。

全书由何介钧进行修改和审定。

城头山遗址的发掘和整理得到澧县县委、县政府、县文物局的大力支持，得到车溪乡和南岳村的领导与社员的参与和协助，以及省内各地、市、县文物工作者的热情参与。国内诸多考古学界老前辈和同辈同行的指教，保证了发掘和整理研究取得了重大成果，谨此表示衷心的感谢。1998～2000年的发掘，得到日本京瓷株式会社和日本国国际文化研究中心的经费资助，并派数十位学术造诣高深的学者参与发掘、取样、分析和相关学科的研究，为城头山遗址的发掘和研究增添了光彩，谨此对参与城头山发掘和研究的日本友人表示敬意。

第一部分

地层堆积和文化分期

从 1991 年发掘开始，至 2000 年冬大面积发掘结束，十年的时间在城头山城址中共开探方 225 个，根据探方分布方位划分为八个区，另外在城墙东南外另开一区，编为第九区，揭露面积 6042 平方米。其中一、二、四、六、七等区进行过多年的发掘，而另外一些区如三、五、八、九区，仅做过一次性发掘（不包括 2001 年冬和 2002 年春补充发掘所开探沟）。因为城头山城址面积比较大，发掘区分散，各个区的地层堆积不同，且同一区各年发掘所划分的地层不尽统一，因此有必要对各区的地层堆积选其典型进行介绍。由于多数区的探方都在十个以上，甚至多达数十个，即使在一个发掘区内一年所开探方也常超过十个，仅选某个探方作为典型往往不能反映全貌，因此我们尽量选择各个发掘区每年所开探方总剖面加以说明。第一发掘区（彩版七，1）因为主要任务是解剖南城墙和城墙外的几期环壕（护城河），其地层将在第二部分即遗迹部分的第一章（城墙和环壕）中详细介绍。

一　第二发掘区

第二发掘区（彩版七，2）共经过 1994、1999 和 2000 年三次发掘（不包括 1993 年在二区范围内所开探沟）。1994 年发掘的探方为 T5208～T5211、T5258～T5261、T5308～T5311、T5358～T5361、T5408～T5410 等 19 个方。1999 年发掘的探方为 T5162、T5163、T5212～T5214、T5262～T5264、T5312～T5314、T5362、T5363、T5412、T5413 等 15 个方和 T5215、T5364、T5462 等 3 条探沟。2000 年除将 1994 年所开 19 个方继续下挖外，另新开 T5158～T5161、T5164 等 5 个方，但三年所开 39 个探方和 3 条探沟，均仅发掘到屈家岭文化早期地层，为了保存已揭露的 F87、F88 等重要房址，未能继续下挖到原生土。2000 年发掘时将 1994、1999 年所开探方、探沟的地层重新进行了统一。现举 T5210、T5260、T5310、T5360、T5410 西壁，T5162、T5212、T5262、T5312、T5362、T5412 西壁和 T5258～T5263 南壁等三个总剖面作为典型。选择的理由是：

T5210、T5260、T5310、T5360、T5410 西壁剖面可以全面反映 1994 年和 2000 年两年发掘 19 个探方地层堆积的整体情况，并能对几个重要遗迹如 F23、F57、F88、L、G27、G33 的地层关系作清楚的交代。T5162、T5212、T5262、T5312、T5362、T5412 西壁剖面可以全面反映 1999 年发掘的 15 个探方地层堆积的整体情况，并能对这一区域内的重要遗迹 F86、F88 和 L 的地层关系作清楚的交代。而 T5258～T5263 南壁剖面则可将 1994、1999、2000 年三年发掘的地层相互对应。

整个二区各探方的地层如果全部俱有的话，应为 1A、1B、1C、1D、2A、2B、2C、2D、3A、3B、3C、3D、4A、4B、4C、4D、4E、5A、5B、5C、6A、6B、6C、6D、7 等 7 大层 24 小层，但几乎所有探方均缺其中的若干层。

（一）T5210、T5260、T5310、T5360、T5410 西壁剖面

此排探方自北向南有 2000 年发掘的 T5160 和 1994、2000 年两年都做过发掘的 T5210、T5260、T5310、T5360 和 T5410（仅宽 2 米），但 T5160 由于被后代水沟严重破坏，无法取得完整的西壁剖面，因此仅限于 1994、2000 年两年都做过发掘的 T5210、T5260、T5310、T5360 和 T5410（仅宽 2 米）5 个探方西壁连续的剖面（图一五）。

此剖面上可以见到 1A、1B、2A、2B、3A、3B、4A、4B、4C、5A、6A、6B 层，但各探方不一定同时具有这些层次。

第 1 层　农耕层。分 1A、1B 两小层。

1A 层　灰黑土，土质松软，含粉沙。厚约 15～20 厘米。

1B 层　灰黄土，含细沙及铁锰结核，稍显板结。厚 12～18 厘米。出有现代陶瓷片。

第 2 层　分 2A、2B 两小层。

2A 层　灰白色花斑土，含大量褐黄斑颗粒，为扰乱层。厚 10～26 厘米。出土少量青花瓷片。

2B 层　局部分布。棕灰色花斑土，含密集的铁锰结核，较硬，为历史时期水淋层。甚薄，不超过 8 厘米。

第 3 层　石家河文化晚期堆积。分 3A、3B 两小层。

3A 层　浅灰土，含少量褐黄斑及红烧土颗粒，土质较疏松。T5210 该层分布于中部和东部。T5310 该层在东北端未见分布，而 T5360 和 T5410 全方均有该层分布。此层在各方中厚薄不一，最薄处 6 厘米，最厚处达 33 厘米。本层出土陶片以红陶为主，灰陶次之，少量黑陶。纹饰可见绳纹、网格划纹、方格纹、弦纹等。可辨器形有罐、鼎、碗、鬶、盆、钵、缸等，鼎足多施麻面纹。在 T5360 的 3A 层下压石家河文化晚期灰坑 H107、H112、H127。

3B 层　浅灰土，含炭末，质地较硬。T5210、T5360、T5410 全方均有分布。T5260 仅分布在北部，T5310 分布在除东北角的其他区域。厚 10～60 厘米。与 3A 层比较，出土陶片中红陶明显减少，灰陶、黑陶增多，器壁普遍减薄。纹饰有篮纹和粗绳纹。可辨器形有大型圈足盘、盆、釜、罐、缸、豆、鼎等，并有麻面鼎足。T5360 的 3B 层下压石家河文化早期灰坑 H122 和 H124。

第 4 层　石家河文化早期堆积。分 4A、4B 两小层。

4A 层　深灰土，含炭末，质地疏松。T5210 仅局部有分布，T5310 仅分布在西南部，延伸至

T5360 和 T5410 全方，T5260 无该层分布。厚 0～50 厘米。出土陶片多为泥质，少量夹砂。陶色有红、褐红、红胎黑衣、灰胎红衣、灰胎橙黄衣等。纹饰可见细绳纹、附加堆纹、方格纹等。可辨器形有罐、缸、豆、盘、鬶、杯、器盖等。T5310 的 4A 层下压石家河文化早期灰坑 H125，T5360 的 4A 层下压石家河文化早期灰坑 H149。

4B 层　主体为灰褐土，含少量红烧土，土质较紧密。T5410 和 T5260 全方、T5310 大部、T5360 和 T5210 西南部有分布。厚 10～55 厘米。T5260 内最厚。出土陶片以泥质陶为主，陶色以灰、黑居多。器形有高领罐、圈足杯、钵、豆、大口缸、鬶等。T5310 的 4B 层下压石家河文化早期灰沟 G41。

4C 层　浅灰土，较松软。仅 T5260 西部和 T5310 西北局部分布。厚 10～20 厘米。

第 5 层　屈家岭文化晚期堆积。分 5A 和 5B 两小层。

5A 层　褐黄土，含红烧土颗粒，质地疏松。T5410 全方、T5360 除东北角外、T5210 东部、T5260 东南角均有分布。T5260 因仅分布在东南角，因此剖面图无反映。厚 0～30 厘米。出土陶片以灰陶为主，少量红陶和夹砂褐陶。纹饰仅见凹弦纹和凸弦纹。彩绘多饰于薄胎器表，一般为橙红地黑彩或红地黑彩。可辨器形有罐、碗、双腹豆等。

5B 层　浅灰土，含红烧土颗粒，较板结。仅分布在 T5210 东部、T5310 东南角和 T5360 东南角等局部区域。最厚处 15 厘米。T5310 的 5B 层下压屈家岭文化晚期土坑墓 M206、M212。西壁剖面不见此层。

第 6 层　分 6A、6B 两小层，分别为屈家岭文化中期和屈家岭文化早期堆积。

6A 层　深灰土，含炭末及少量红烧土，土质较疏松，甚薄。仅分布在 T5210 中西部，T5260 大部，T5310、T5360 东部。最厚处在 T5260，厚近 20 厘米。所出陶片多灰陶和黑陶，也有红陶。黑陶表面多磨光。可辨器形有外卷沿罐、浅凹口盆、簋、平底黑陶圈足杯、平沿直肩斜腹内收黑陶杯和钵、扁形鼎足等。T5310 和 T5260 的 6A 层下为屈家岭文化早期房址 F23 的废弃堆积。T5360 和 T5410 的 6A 层下为屈家岭文化早期房址 F57 的废弃堆积，但剖面上无法反映。T5360 的 6A 层下压屈家岭文化早期灰坑 H487 和 H531。T5260 的 6A 层下压屈家岭文化早期灰坑 H530。G27 和 G33 及红烧土路面（L）均压在 T5210 的 6A 层下。

6B 层　普遍分布在 T5260、T5310、T5360 和 T5410 方内。为包括屈家岭文化早期房址 F23、F57 的废弃堆积和居住面。居住面为黄黏土，夹较多红烧土块，比较平整，厚约 10 厘米。将其清除后即露出屈家岭文化早期前段房址 F88 的居住面和基槽。T5410 的 6B 层下压屈家岭文化一期灰沟 G95。

为保留 F88，其下的第 7 层未发掘，但从 H530 和 G95 的壁上可观察到 7 层为浅黄土层，能采集到大溪文化时期的陶片。

（二）T5162、T5212、T5262、T5312、T5362、T5412 西壁剖面

此排探方自北向南为 T5162、T5212、T5262、T5312、T5362 和 T5412 等 6 个探方，均为 1999 年发掘（图一六）。

此剖面中可以见到 1A、1B、2、3、4A、4B、4C、5A、5B、6A、6B 等层，但各探方不一定同时具有以上所有层次。

第 1 层　现代堆积。分 1A、1B 两小层。

1A 层　各探方均普遍分布。为 1994 年在二区发掘的堆土和杂土。厚 4～60 厘米。

1B 层　近现代耕土层。分布在这六个探方的西半部，而东半部不见分布。青白色黏土，土质松软。厚 0～48 厘米。出土近现代砖瓦、瓷片及少量新石器时代陶片。

第 2 层　历史时期水淋层。分布于 T5162 大部，T5312、T5362、T5412 东部，T5312 北部、T5262 东北角。部分探方 2 层分为 2A、2B 两小层。浅灰白色花斑土，含大量黄褐色铁锰结核。厚 15～40 厘米。T5362 的 2B 层下压石家河文化晚期灰坑 H394。T5262、T5312 的第 2 层下压石家河文化晚期灰沟 G69。

第 3 层　石家河文化晚期堆积。分布于 T5162 全方，T5212 北半部，T5262、T5312 东部，T5362 西部和 T5412 除东北角以外的部分。浅灰土，含少量黄褐斑，土质较松软。厚 10～68 厘米。出土陶片不多，均为石家河文化晚期遗物，可辨器形有红陶钵。

第 4 层　石家河文化早期堆积。可分 4A、4B、4C 三小层。

4A 层　仅零星分布于 T5312 和 T5362 的西部，其他各探方均不见此层。灰黑色松软土，土中有清晰的微孔。此层较薄，仅厚 5～10 厘米。出土陶片多为红陶和灰陶，可辨器形有折沿罐、澄滤器残片和细而扁的鼎足。

4B 层　分布于 T5162、T5212 全方，T5412 除东北角外的其他区域均有分布，而 T5362、T5312 则仅有零星分布。灰褐土，土质较松软，包含少量红烧土。在 T5162 最厚处达 20～25 厘米，其余各方厚度均在 20 厘米以下。出土一定数量的石家河文化陶片。T5212 的 4B 层下压石家河文化早期瓮棺葬 M787。

4C 层　分布于 T5162、T5212、T5262、T5362、T5412 的局部。深灰土，土质松软，含一定数量的炭末和红烧土。厚 10～20 厘米。出土陶片较多，多属石家河文化早期遗物，如长颈冲天流鬶颈部和甗、红陶高领罐、大圈足盘的残片；也有极少量的屈家岭文化晚期陶片。T5262 的 4C 层下压屈家岭文化晚期灰沟 G73、G74 和 G78，T5212 的 4C 层下压石家河文化早期灰坑 H433。

第 5 层　屈家岭文化晚期堆积。可分 5A 和 5B 两小层。

5A 层　分布在 T5162 和 T5412 大部，T5212、T5262 和 T5362 的局部。浅灰土，土质较硬，内含少量深褐色斑块。厚 10～55 厘米。出土陶片多为泥质灰陶，有少量黑陶和红陶。可辨器形有双腹豆、红陶高圈足杯、灰陶钵和鼎足等。T5412 的 5A 层下压屈家岭文化晚期灰沟 G80。

5B 层　分布于 T5212 和 T5262 交接处、T5362 和 T5412 局部，均压在 F86 台基的南北坡上。灰黑土，较 5A 层土略松软。厚 10～26 厘米。T5362 的 5B 层下压屈家岭文化晚期灰坑 H412 和灰沟 G87、土坑墓 M783、M784 和 M789。F86 的居住面在黄土筑造的台基顶部。

6A 层　屈家岭文化中期堆积。分北、南两段分布。北段分布在 T5212 与 T5262 交接处的 5B 层下，大部分压在 F86 黄土台的北坡上。南段在 T5362 的 5B 层下，北端压着黄土台基的南坡。为疏松的浅灰白土，包含有一定数量的细碎红烧土。厚 8～35 厘米。出土许多屈家岭文化陶片，可辨器形有薄胎红陶小罐、灰陶盆、纺轮等。在 T5212 方内有较为集中成片的红烧土面。

6A 层下为屈家岭文化早期房址 F87 的居住面和台基，仅清理了居住面上的遗迹基槽和柱洞，未继续下挖。

（三）T5258～T5263 南壁剖面

这一排探方从东往西为 T5258、T5259、T5260、T5261、T5262 和 T5263，原本往西还有 T5264，但因发掘深度很小，故剖面图上没有绘出（图一七）。这六个探方，有 1A、1B、1C、1D、2A、2B、2C、3A、3B、4A、4B、4C、5A、5B、6A、6B 等层，但在六个探方南壁的总剖面上缺 4A 和 5B 两层。

第 1 层　堆土和现代农耕层。可分为 1A、1B、1C、1D 四小层。

1A 层　堆土和表土层。布满各个探方。土质松软。厚 12～20 厘米。T5262 和 T5263 因堆放 1994 年发掘的泥土厚达 60 厘米。

1B 层　耕土层的上部。布满各个探方。灰黄土，土质稍硬，无包含物。厚 7～36 厘米。从 T5262 至 T5263 的西壁逐渐加深，形成洼陷。

1C 层　耕土层的下部，即历史时期的水淋层。仅分布在 T5259 靠近南壁宽 30 厘米范围和 T5258 西南极小区域内。灰土，有较多铁锰结核颗粒，土质稍硬，无包含物。厚 13～40 厘米。打破 2A 层和 5A、6A、6C 诸层。

1D 层　耕土层下部，亦为历史时期水淋层。仅分布在 T5258 近南壁和 T5259 东南角。黄灰土，土质较硬。最厚处 20 厘米。和 1C 层一道构成这两个探方南部的洼陷。

第 2 层　扰乱层。可分为 2A、2B、2C 三小层。

2A 层　分布于 T5258 全方及 T5259、T5260、T5261 大部。灰白色花斑土，含褐黄颗粒，结构疏松。厚 0～26 厘米。出土有近代砖瓦、青花瓷片，也出有石家河文化时期的夹砂红陶和灰白陶陶片。

2B 层　分布于 T5258 南部、T5261 西部、T5262 东部、T5263 北部，而 T5259、T5260 不见此层。灰白色花斑土，含大量褐黄颗粒，结构紧密。厚 8～30 厘米。出土近代砖瓦和瓷片。T5211 的 2B 层下压石家河文化晚期墓葬 M203，T5262 的 2B 层下压石家河文化晚期灰坑 H394，T5263 的 2B 层下压石家河文化晚期灰坑 H427 和 G69。

2C 层　仅分布于 T5258 方内。土质土色近似于 2A 层，底部有极薄的红烧土面。厚 2～10 厘米。出有宋代薄型青砖，证明 2C 层以上均为历史时期的扰乱层。同时出有石家河文化时期的黑陶杯。

第 3 层　石家河文化晚期堆积。可分为 3A、3B 两小层。

3A 层　分布在 T5258 西部、T5259 东部、T5260 中部和东部、T5261 西南部、T5262 中部。T5263 无此层。浅灰土，含少量褐黄斑土和红烧土。厚 6～35 厘米。出土陶片较多，以夹砂红褐陶和泥质灰陶为主，常见纹饰有方格纹、弦纹、粗篮纹，可辨器形有麻面纹鼎足、钵、釜、杯、豆等。

3B 层　分布在 T5258 西北角，T5259 和 T5260 北部，T5261 大部以及 T5262 近南壁，仅 T5263 不见该层。土色较 3A 层颜色深，含少量红烧土和炭末。厚 5～35 厘米。出土陶片较多，以泥质红陶和灰陶为主，并有部分泥质黑陶。常见纹饰有方格纹、篮纹、刻划纹和按窝。器形有红陶碗、器盖、杯、壶形器、扁平鼎足、高领罐、器盖、纺轮和环。T5259 的 3B 层下压石家河文化

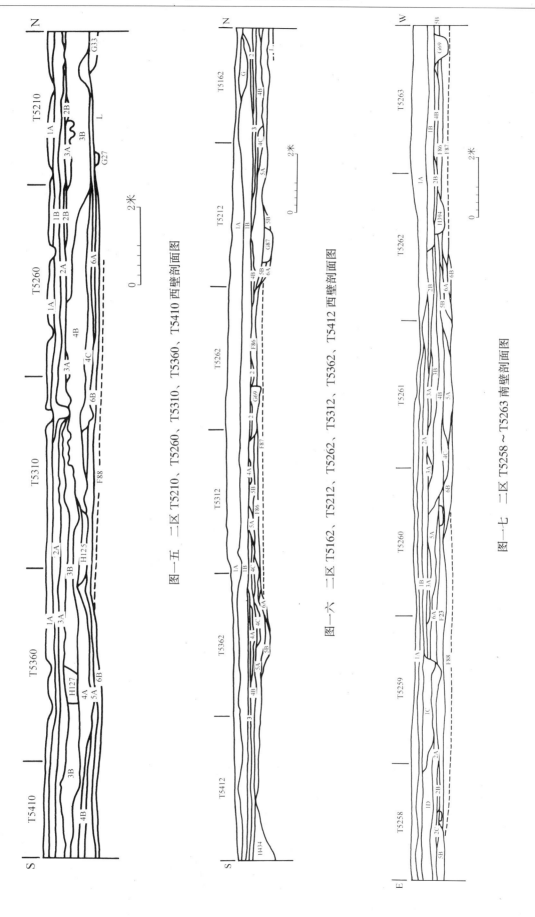

图一五　三区 T5210、T5260、T5310、T5360、T5410 西壁剖面图

图一六　三区 T5162、T5212、T5262、T5312、T5362、T5412 西壁剖面图

图一七　三区 T5258~T5263 南壁剖面图

早期 H123。

第 4 层　石家河文化早期堆积。可分为 4A、4B、4C 三小层。

4A 层　仅分布于 T5261 东北角。深褐土，含炭末，土质较松软。厚 5～10 厘米。出土泥质灰陶和黑陶杯、壶等。

4B 层　分布于 T5260 西南部、T5261 除西北角外的全部、T5262 西北部和近南壁处、T5263 南部。灰褐土，含少量红烧土，土质紧密坚硬。厚 5～40 厘米。出土陶片较多，以夹砂褐陶、泥质红陶、红胎黑皮陶为主。可见纹饰以方格纹、篮纹、弦纹为主。可辨器形有釜、高领罐、高足杯、豆、鬶、鼎足和纺轮等。T5261 的 4B 层下压石家河文化早期墓葬 M209、M214。

4C 层　除 T5262 外，其余各方均有分布。T5260 分布在西南角，T5261 分布在东南角，T5263 分布在北隔梁。深灰土，含炭末与红烧土，土质较 4B 层松软。厚 5～35 厘米。T5260 和 T5261 出土陶片较多，除石家河文化早期陶片外，还可见到少量屈家岭文化陶片。以泥质红陶和黑陶为主。多见方格纹、篮纹、绳纹。可辨器形有鬶、鼎、碗、瓶、豆、盘、罐、花边纽器盖等。T5258 的 4C 层压着石家河文化早期房址 F55。T5212 的 4C 层下压着屈家岭文化晚期 G78。除 T5260 和 T5261 外，其余各探方南壁剖面均无法体现。

5 层　屈家岭文化晚期堆积。分 5A、5B 两小层。

5A 层　主要分布在 T5259 西部，并越过隔梁分布到 T5260、T5261 方内。另外，T5262 东部和西北角、T5263 东北角也有分布。黄褐土，含红烧土颗粒，土质较硬。厚 5～30 厘米。所出陶片不多，以泥质红陶、灰陶和磨光黑陶较多，纹饰有绳纹和贴弦纹，但难辨器形。

5B 层　分布在 T5258 东部，T5261、T5262 交界处，T5263 东北部也有零星分布。灰黑土，夹红烧土块，土质较疏松。厚 5～25 厘米。出土陶片以黑皮陶为主，多素面。可辨器形有豆、折腹碗等。T5263 的 5B 层下为 F86 的废弃堆积和居住面。其余探方的 4B 层下为 F86 的废弃堆积。

6 层　屈家岭文化中期堆积。可分为 6A、6B 两小层。

6A 层　分为两段。东段，东端（T5258 全方和 T5259 大部分）被 2C、2B、2A、1C 等层次打破，西端（T5260 东部）被 4B、4C 层打破，因此仅在 T5259 西部和 T5260 大部保存着 6A 层原有堆积。西段，仅 T5262 东部有小面积坡状堆积，大部为石家河文化堆积所破坏。浅灰白色土，包含少量红烧土末，土质较疏松。厚 0～15 厘米。在 T5260 和 T5259 西部的 6A 层下压屈家岭文化早期房址 F23，而 T5259 东部和 T5258 的 2 层下压 F23。

6B 层　分布极为有限，仅见于 T5260 与 T5261 交接处和 T5262 东部。前面一段的东端压在 F23 下，主体和西端分别压在 4C 层和 5A 层下。后面一段压在 6A 层下，其西端压着屈家岭文化早期前段房址 F87 的极小部分。厚 0～12 厘米。

F23 下直接压着 F88。

因城头山拟建遗址博物馆，需保留一批各时期的重要遗迹以供现场展示，因此整个二区仅清理到 F87 和 F88 的居住面而未继续向下发掘。但 1993 年 T5301～T5308 探沟剖面显示，在 F88 之下有大溪文化三期墓葬和房屋建筑存在。

二区已清理的遗迹包括灰坑 44 个，依时代从晚至早排序，有 H485、H389、H427、H383、H394、H107、H110、H111、H112、H127、H129、H133、H139、H147、H122、H123、H124、H163、H440、H441、H442、H443、H447、H448、H125、H149、H148、H164、H434、H430、

H433、H116、H60、H117、H432、H412、H108、H484、H486、H487、H530、H531、H533、H621 等。灰沟 16 条，依从晚至早的时序排列，有 G69、G41、G84、G85、G32、G72、G73、G74、G78、G79、G80、G27、G28、G33、G86、G95 等。墓葬 19 座，以从晚至早时序排列，有 M203、M216、M217、M209、M214、M787、M198、M199、M206、M210、M211、M212、M218、M219、M783、M784、M789、M790、M791。房址 8 座，从晚至早有 F10、F55、F103、F86、F23、F57、F87、F88。另清理出道路 1 条（L），未编号。

　　地层和遗迹的关系见表一。遗迹的平面分布见图一八。

表一　　　　　　　　　1994、1999、2000 年二区地层与遗迹关系示意表*

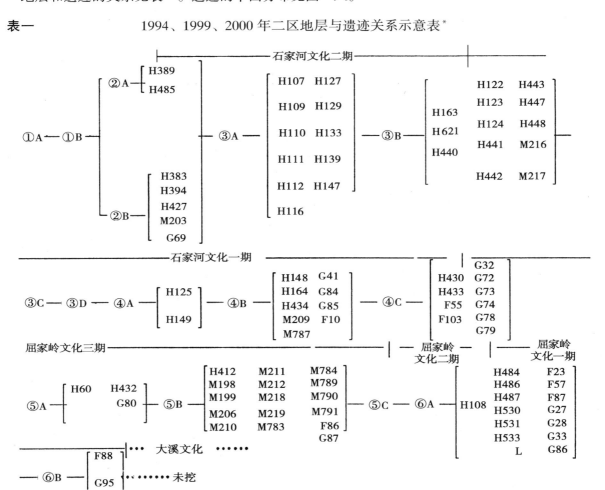

*　　M198、M199 所在的 T5409 缺 5A、5B 层，因此它们虽压在 4B 层下，但直接打破 5C 层。H389、H485 所在探方无 2B、2C、2D 等层，H383、H394、H427 和 G69、M203 所在探方无 2C、2D 等层，因此，它们虽分别压在 2A、2B 之下，但直接打破 3A 层，故表上作如此表述。

二　第三发掘区

1993 年曾在 T5005 开 2 米×5 米的探沟，后扩大为探方。1994 年连同 T5005 共开探方 25 个。

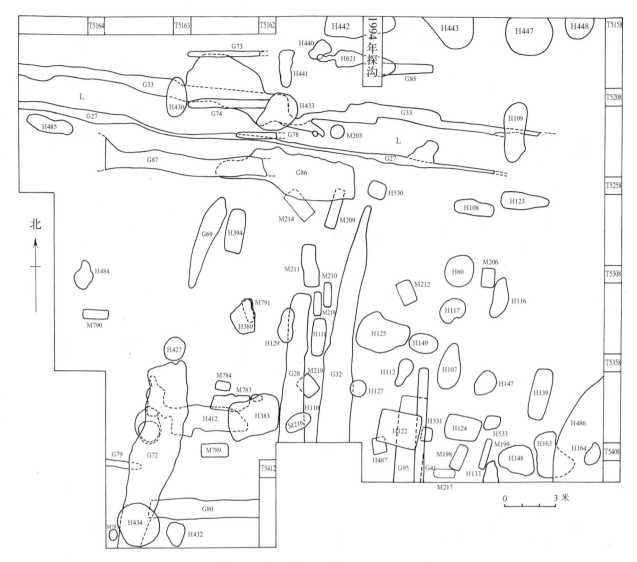

图一八　二区遗迹（除房址外）分布图

由北至南共五排，由东往西的编号依次为 T7053～T7056、T7001～T7006、T5001～T5007、T50
54～T5057、T5105～T5107，另开 T5156（彩版八，1）。后因发掘力量限制，T7001、T7002、
T5001、T5002、T5105～T5107、T5156 中止发掘。因此现在三区探方分布图和四壁剖面图均不包
括中止发掘的诸探方。由于各探方发掘完结后，曾统一分层，中途停止发掘的各方层次无法与最
后统一的层次比照。因此在各种遗迹的登记表和一览表中，凡以上中止探方所属，其层次可与统
一后的层次视作等同。

　　本区在各个剖面图上均只见 1、2、3、4、5、6、7、8 等层，也有的探方在发掘时将 4 层分解
为 4A、4B、4C、4D 四小层，将 5 层分解为 5A、5B、5C 三小层。这种情况在剖面图上均合并为
4、5 两大层，但在各种表格和地层关系中仍反映出了该探方所分各个小层。

（一）T5056、T5006、T7006、T7056 西壁剖面

　　因 T7007 和 T7057 未发掘，因此不可能产生整个发掘西壁的完整剖面，只得选取从西往东第二纵排探方（T5056、T5006、T7006、T7056）西壁剖面对地层关系加以说明（图一九）。

第 1 层　耕土层。各方普遍分布。黄灰土，土质疏松，黏性砂土。厚 15～20 厘米。包含物为近现代瓷片。

第 2 层　扰乱层。各方普遍分布。黏性砂土，色杂，含大量木屑、草根等杂质，土质疏松。厚 10～35 厘米。包含有明清时期的瓷片。T7006 的 2 层下出土一明代砖室墓，有砖质墓志，记载"葬于城头山"，下葬时间为明万历十三年（1585 年）。T7056 第 2 层下压石家河文化晚期墓葬 M213，因下缺数层，故直接打破第 8 层。

第 3 层　历史时期扰乱层。仅分布在 T5056 和 T5006。黏性砂土，土质较杂。厚 0～30 厘米。出土唐宋时期瓷片，也有石家河文化陶片。

第 4 层　石家河文化晚期堆积。黄褐色花斑土，含较多铁锰结核和少量红烧土。该层在 T5056 分布最普遍也最厚，西南角厚达 70 厘米，往北逐渐减薄，至 T7006 仅南部有堆积，至 T7056 则不见有第 4 层堆积。4 层包含物主要是石家河文化陶片，且越往底部陶片越多。以夹砂红褐陶、灰陶居多。纹饰有大方格纹、细绳纹、篮纹、弦纹。可辨器形有扁平侧装鼎足、器盖、豆柄、澄滤器等。T5056 的 4 层下压石家河文化早期灰坑 H128。

第 5 层　T5055 的 4 层下有石家河文化早期房址 F22。石家河文化早期堆积。浅黄褐土，土质较紧硬板结，内含少量红烧土。厚 20～50 厘米。出土物以石家河文化陶片为主，也有屈家岭文化晚期陶片。T7006 的东北角和西南角各有一块红烧土面，并向相邻探方延伸。在剖面上可见 T5056 第 5 层下压石家河文化早期 F30、F31、F40。

本剖面所示四个探方均不见屈家岭文化中、晚期地层。

第 6 层　屈家岭文化早期堆积。除 T7056 西北部无此层分布外，其余各方均有此层分布。褐色土夹较多红烧土，土质坚硬板结。厚 0～40 厘米。出土陶片以薄胎黑陶为多，另有泥质灰陶和泥质红陶。可辨器形有篙、钵、豆、鼎足等。T5006 的 6 层下压大溪文化三期灰沟 G26、陶窑 Y2、Y3。T7056 的 6 层下压大溪文化三期灰沟 G34。

第 7 层　大溪文化三期堆积。分布于 T7053～T7056 北部和 T7006、T7056 西部。深黄土夹红烧土颗粒，土质坚硬板结。厚 0～60 厘米。

第 8 层　大溪文化二期堆积。各探方普遍分布。浅黄土夹少量红烧土末，土质较 7 层土疏松。厚 15～60 厘米。出土大溪文化陶片，多泥质红陶，有红色陶衣，并有极少薄胎橙黄彩陶片。纹饰中多见粗弦纹和刻划纹。可辨器形有厚胎内卷沿大盆、单耳杯、碗、圈足盘等。除 T7056 北部 8 层下露出一些柱洞，疑为房址（但居住面已破坏）外，其余地域 8 层下为原生土。此处的原生土为结构细腻的浅黄土。

（二）T7053～T7056 北壁剖面

此排探方为三区最北一排探方的北壁剖面，其土质、土色与 T7056、T7006、T5006、T5056 各层诸多接近，故两者的相同之处尽量避免重复（图二〇）。

第 1 层　耕土层。各探方普遍分布。厚 10～20 厘米。

第 2 层　扰乱层。各探方普遍分布，厚 8～25 厘米。出土青花瓷片。T7055 的 2 层下压石家河文化晚期灰坑 H120。T7056 的 2 层下压石家河文化晚期墓葬 M213。

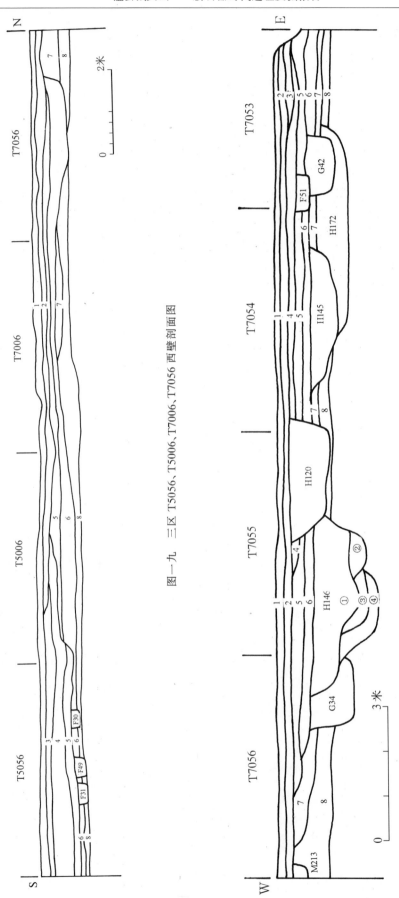

图一九　三区 T5056、T5006、T7006、T7056 西壁剖面图

图二○　三区 T7053~T7056 北壁剖面图

第3层 扰乱层。由 T7053 东部开始，呈东北—西南走向，延伸至 T7054。厚 0～30 厘米。偶有青瓷片和石家河文化陶片出土。

第4层 石家河文化晚期堆积。分布于 T7053 至 T7055 东部，T7056 不见第 4 层。厚 0～30厘米。

第5层 石家河文化早期堆积。各探方普遍分布，唯 T7056 西部和北部不见该层。厚 20～40厘米。F7053 的 5 层下压石家河文化早期房址 F51 和屈家岭文化二期灰沟 G42。

第6层 屈家岭文化早期堆积。除 T7056 西北部外，其余各方均普遍分布。厚 0～30 厘米。T7055 的 6 层下压大溪文化三期灰坑 H146 和灰沟 G34。

第7层 各探方普遍分布。厚 15～60 厘米。其下为原生土。T7054 的 7 层下压大溪文化三期灰坑 H172。

三区发现的遗迹有灰坑 17 个，从晚至早排序为 H120、H128、H144、H162、H141、H131、H161、H135、H126、H142、H146、H171、H165、H145、H168、H173、H172。灰沟 4 条，从晚至早排序为 G23、G42、G26、G34，墓葬 2 座，依次为 M213、M197。房址 11 座，从晚至早排序为 F22、F24、F25、F30、F31、F49、F51、F27、F28、F64、F56。陶窑 6 座，为 Y2～Y7。年代均为大溪文化三期。

地层和遗迹的关系见表二，遗迹的分布情况见图二一。

表二　　　　　　　　　　1994 年三区地层与遗迹关系示意表*

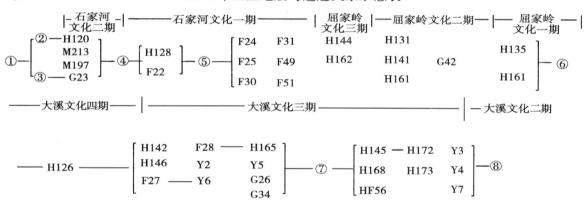

* 有些探方第 2 层下直接为第 4 层。

三　第四发掘区

1993 年在 T1351 北部开探沟时发现有密集的墓葬，包括土坑墓和瓮棺葬。当年发掘了 T7351、T7401、T1401、T1351 的大部分区域，发现更多的墓葬。1994 和 1995 年扩大发掘面积，新开 T7501、T1501、T7451、T1451、T1452、T1402～T1404、T1352～T1354 等 11 个探方，并继续清理了 1993 年未发掘完结的 T7401、T1401、T7351、T1351 探方。1995 年在 T7402～T7404 南部开 2 米宽的探沟，发现四区较西的部位多出大溪文化墓葬。因此，2000 年在 1993、1994、1995 年所开 15 个探方的西面开方 9 个，编号为 T7502～T7504、T7452～T7454、

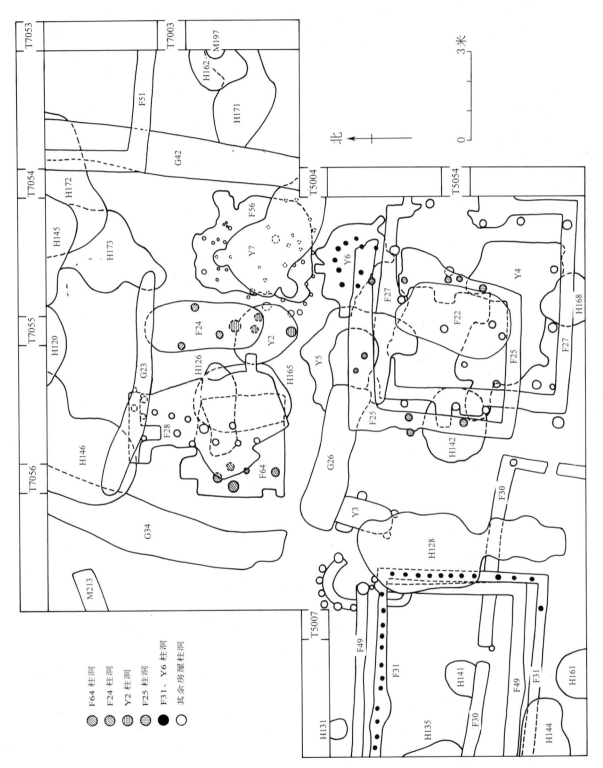

图二一　三区遗迹分布图

T7402～T7404。四个年度在四区共开探方 24 个，但 T1404、T1354 因绝大部分已超出墓葬分布范围，T7502～T7504 墓葬稀疏，且发掘到第 3 层下再未发现墓葬，因此中途停止了发掘（彩版八，2）。

1993 年所开 T7401、T1401、T7351、T1351 四个方当年均未发掘到底，且均只发掘了每个方的一部分，层次又分得过粗，仅分了四个层次，发掘到第 4 层层面即行停止。1994 年将这四个方原来发掘的部分从地表开始一直清理到底，并重新划分了层次，统一划作 17 层。17 层下为纯净黏土的黄土台，或为原生土。这样，很难将 1993 年所出墓葬和其他遗迹准确地按 17 个层次来确定其上下层位关系，因此这部分墓葬和其他遗迹仍依 1993 年所划的层次（仅发掘到当年所划的 4 层层面，其上分为 1、2A、2B 和 3A、3B）来标记层位（包括文字记述、墓葬和其他遗迹登记表、一览表）。但为了读者能与 1994 年统一的层次相对应，需要加以说明：1993 年所编第 1 层，实际包括了 1994 年统一划分的第 1、2、3 层。1993 年所编 2A 层，相当于 1994 年统一编定的 4～10 层。1993 年所编 2B 层相当于 1994 年统一编定的 11～12 层。1993 年所编 3A 层相当于 1994 年统一编定的 13～15 层。1993 年所编 3B 层相当于 1994 年统一编定的 16 层。1993 年所编第 4 层相当于 1994 年的 17 层。

T7351 的 2A 层下压石家河文化晚期灰坑 H54 露头，T1351 的 2A 层下压石家河文化晚期灰坑 H55。

在 T1351 的 2B 层下压屈家岭文化晚期瓮棺葬 M81、M82、M92～M94、M108～M112、M117、M120、M130、M132、M141、M161～M163 等。在 T1401 的 2B 层下压屈家岭文化晚期土坑墓 M113、M115、M143、M144、M148 和瓮棺葬 M102、M105～M107、M114、M129、M137、M138、M139、M142 等。T7401 的 2B 层下压屈家岭文化晚期瓮棺葬 M134、M135、M150、M152、M153、M172 等。T7351 的 2B 层下压屈家岭文化晚期土坑墓 M123 和瓮棺葬 M121、M122、M124、M128 等。T1401 的 3B 层下压屈家岭文化中期瓮棺葬 M140。T7401 的 3B 层下压屈家岭文化中期瓮棺葬 M151、M191 和屈家岭文化早期土坑墓 M154。T7351 的 3B 层下压屈家岭文化早期土坑墓 M84、M158、M160 和瓮棺葬 M125～M127 等。

另外，在 1993 年所开探沟 T7651 内出土屈家岭文化晚期瓮棺葬 M95～M99 等 5 座（见附表一九），这样 1993 年在四区共出土墓葬 59 座。

（一）T1403、T1402、T1401、T7401 南壁剖面

剖面图依 1994 年统一编定的层次共分 17 层（图二二）。1994 年和 1995 年在这几个探方内清理了大量墓葬，也有少量灰坑、灰沟、房屋和陶窑。由于各个探方或一个探方内的区块往往缺失一些层次，因此各遗迹上所压层次有可能不能作为判断该遗迹的依据，而遗迹所压和打破的地层却更能准确地确定该遗迹的时代。故此，在表述各遗迹的地层关系时，将主要交代其所压和打破的地层。

第 1 层　农耕层。厚约 30 厘米。

第 2 层　扰乱层。T7401、T1403 整个探方都有分布，T1402 的东南部、T1401 的北部也有分布。黄褐土。厚 0～25 厘米。出土有近现代陶瓷片。

第 3 层　扰乱层。分布在 T1401 近南壁、T1402 东南部、T1403 除西北角外的大部。T7401

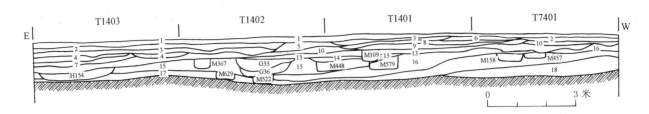

图二二　四区 T1403、T1402、T1401、T7401 南壁剖面图

无此层分布。灰褐色黏土，土质疏松，颗粒细。厚 0～40 厘米。出土有近现代陶瓷片和少量石家河文化陶片。

第 4 层　石家河文化晚期堆积。T1403 除西北部外均有分布，而 T7401、T1401、T1402 缺此层。黑褐土，土质松软较纯。厚 0～20 厘米。出土石家河文化晚期陶片。

第 5 层　石家河文化晚期堆积。除 T1401 和 T1402 南壁有零星分布外，其余探方均未见分布。浅褐土，质地松软，含少量炭末。厚 0～20 厘米。出土少量石家河文化陶片。

第 6 层　石家河文化晚期堆积。T1402 除东南角外的大部、T1403 西南部和 T7401 东南部有分布。淡黄褐土，颗粒较粗较杂，含少量红烧土。厚 0～30 厘米。出土较多石家河文化晚期陶片。纹饰有方格纹和篮纹。可辨器形有高领罐、麻面鼎足等。

第 7 层　石家河文化晚期堆积。在剖面所示的四个探方中仅分布于 T1403 东南部。灰褐土，土质疏松，颗粒较细，含沙和红烧土块。厚 0～20 厘米。出土少量石家河文化陶片。

第 8、9 层在剖面所示四个探方内均无分布。

第 10 层　石家河文化晚期堆积。T1401 方内该层分布在北部，T1402 方内分布在除东北角外的其他部位，西部露头较高，东南部较低。T1403 除西北部外，其余地方都有分布。T7401 分布在西部。黄灰黏土，含少量红烧土末，有的地方略显灰白。厚 0～30 厘米。出土陶片较多，有宽扁麻面鼎足，鬶口沿，罐、豆、红陶杯、澄滤器的残片和纺轮等。多见方格纹和篮纹。T1401 的 10 层下压石家河文化早期房址 F37，T1402 第 10 层下压石家河文化早期灰沟、灰坑 H159。T1403 第 10 层下压石家河文化早期灰坑 H156、H157 和石家河文化早期房址 F33。

第 11 层　石家河文化晚期堆积。仅分布在 T1402 东北部和 T1403 西北部，因此在南壁剖面上无法反映。黄褐土，夹砂和红烧土末，质地疏松。厚 0～50 厘米。出土陶片以泥质红陶为主，有少量泥质灰陶。纹饰有方格纹和篮纹。可辨器形有麻面鼎足。

第 12 层　石家河文化晚期堆积。仅分布在 T1402 北部、东北角和 T1403 西北部，在南壁剖面上无法反映。深褐土，内含烧土末，土质较黏较紧。厚 0～35 厘米。出土陶器有麻面鼎足、高领罐口沿，并见篮纹陶片。

第 13 层　石家河文化晚期堆积。仅分布于 T1402、T1401、T7401 南部。浅黄土，土质疏松，色杂，内含较多的红烧土块。厚 0～40 厘米。出土方格纹陶片。除泥质红陶外，还有较多的泥质灰陶。可辨器形仅有罐口沿。

第 14 层　石家河文化早期堆积。零星分布于 T1402 与 T1401 交接处的南壁附近。褐土，土质较疏松，土色杂。厚 0～40 厘米。出土泥质灰陶片，可辨器形有罐、壶、豆等。此层下压多座墓葬，现将在其开口（被直接打破）的层次交代。

第 15 层　屈家岭文化晚期堆积。T1401～T1403 方内有分布。黄色土，土质细密较紧，内含少量红烧土。厚 5～85 厘米（在 T1402）。出土有双腹豆、长颈壶、圈足盘等陶片。在 T1401 内有屈家岭文化晚期土坑墓 M302、M448、M507、M558、M579、M581 和瓮棺葬 M231～M235、M284～M286、M303、M304、M306、M308～M312、M324、M351、M505、M506、M509、M523～M527、M537、M538、M546～M549、M564、M566、M567、M571 等打破 15 层。在 T1402 内有屈家岭文化晚期土坑墓 M338、M339、M341、M342、M383、M384、M420、M421、M422、M465、M544、M633 和瓮棺葬 M239、M366、M413、M423、M510、M528～M532、M543 等打破 15 层。

第 16 层　屈家岭文化早中期堆积。除 T1403 近南壁、T1402 东南角不见该层外，其余探方均普遍分布。深褐色黏土，内含烧土块。T1401 方内最厚，达 55 厘米。出土陶片以黑陶和灰陶为主，有少量红陶。纹饰极少，多为凸弦纹、凹弦纹和镂孔。典型器物有凹沿高领罐、双腹豆等。在 T1401 内，有屈家岭文化晚期土坑墓 M305、M307、M368、M430、M432、M477、M480、M481、M534、M545、M609、M622、M627 和瓮棺葬 M228～M230、M236、M294、M295、M305、M307、M319、M321、M331、M344、M346、M350、M379、M380、M434、M436～M440、M479、M492、M560～M562 以及屈家岭文化中期土坑墓 M323、M347、M617 等打破 16 层。在 T1402 内有屈家岭文化晚期土坑墓 M343、M428、M464、M559、M578、M629、M632，瓮棺葬 M282、M283、M340 和屈家岭文化中期土坑墓 M367、M634，屈家岭文化中期瓮棺葬 M266 打破 16 层，在 T1403 内有屈家岭文化晚期土坑墓 M365 和瓮棺葬 M240～M243、M245、M297、M385～M387、M403、M414、M415，屈家岭文化中期瓮棺葬 M244、M246、M265 打破 16 层。在 T7401 内有屈家岭文化晚期土坑墓 M622、M627，瓮棺葬 M221～M224、M270、M280、M333、M407、M502、M503、M518、M519、M572、M573 以及屈家岭文化中期土坑墓 M418、M536、M574，瓮棺葬 M322、M446、M501、M520 打破 16 层。

第 17 层　大溪文化晚期堆积。各探方普遍分布，由东向西逐渐抬高，至 T7401 最厚处达 60 厘米，在 T1403、T1402 及 T1401 东部厚约 20 厘米。深黑褐色土，内含红烧土块。出土大溪文化三、四期的泥质红陶片，但难辨器形。T1401 第 17 层下压屈家岭文化中期土坑墓 M478、M569、M582、M595、M628 和瓮棺葬 M563；屈家岭文化早期土坑墓 M450、M451、M482 等 3 座、瓮棺葬 M433、M483。T1402 17 层下压有屈家岭文化中期土坑墓 M449、大溪文化四期土坑墓 M557。T7401 第 17 层下压屈家岭文化中期土坑墓 M300、M301、M602、M606，屈家岭文化早期土坑墓 M271、M390、M394、M496、M497、M521、M554、M613，瓮棺葬 M225～M227、M269、M500，大溪文化四期土坑墓 M388、M389、M406、M444、M445、M447、M457、M499、M616、M619、M620、M623、M626。

第 17 层下压黄土台，仅分布在 T1401 西部和 T7401，为纯净的灰黄色黏土，无包含物。呈坡状由东向西抬高，至 T7401 近西壁至最高点，然后露出向下降低的态势。但因 2000 年发掘的 T7402 东隔梁未挖，故而不知到何处完结。最厚处 80 厘米，层面上不见有遗迹现象。黄土台和其他探方的 17 层下即为原生土。

第四区中，1994 和 1995 年发掘的遗迹，除以上交代的 T7401、T1401～T1403 四个方内发现的遗迹外，其余各探方发现的遗迹还有石家河文化晚期灰坑 H114、H115、H150、H152、H153、H155；石家河文化早期灰坑 H154、H158，石家河文化晚期房址 F32，石家河文化早期房址 F34～F37，石家河文化晚期灰沟 G24，屈家岭文化晚期灰沟 G36，屈家岭文化中期陶窑 Y1，屈家岭文化晚期墓葬 M237、M238、M251、M253～M255、M259、M279、M287～M292、M325～M330、M334～M336、M352～M354、M358、M369～M378、M409～M412、M417、M425、M453、M474、M522、M542、M550～M553、M575（以上压在 16 层下）、M247～M250、M253、M258、M261～M263、M267、M268、M274、M275、M277、M278、M293、M296、M298、M315、M317、M332、M337、M349、M355、M359、M360、M363、M381、M382、M399、M400、M404、M405、M424、M429、M441、M443、M454、M455、M466、M467、M473、M475、M476、M484～M486、M493、M495、M498、M512～M516、M539～M541、M552、M556、M585、M586、M593、M610、M625、M630、M635、M636（以上压在 17 层下）等共 120 座；屈家岭文化二期墓葬 M260、M316、M393、M442、M511、M535、M576、M580、M631（以上压在 17 层下）、M357、M362、M392、M419、M426、M452、M460、M461、M471、M478、M487、M488、M491、M583、M584、M587～M589、M591、M600、M608、M612、M624（以上压在 18 层下）等共 31 座；屈家岭文化早期墓葬 M256、M264、M272、M276、M281、M320、M356、M395、M396、M397、M402、M416、M456、M458、M462、M463、M489、M490、M517、M554、M555、M570、M594、M596、M601、M604、M637（以上压在 18 层下）等共 27 座；大溪文化四期墓葬 M299、M318、M391、M401、M427、M459、M468～M470、M472、M494、M577、M597、M603、M614（以上压在 18 层下）等共 15 座。

　　1994、1995 年发掘的墓葬共 392 座。

　　各种遗迹的层位关系见表三、四，其平面分布情况见图二三、二四。

表三　　　　　　　　　　　1993 年四区地层与遗迹关系示意表*

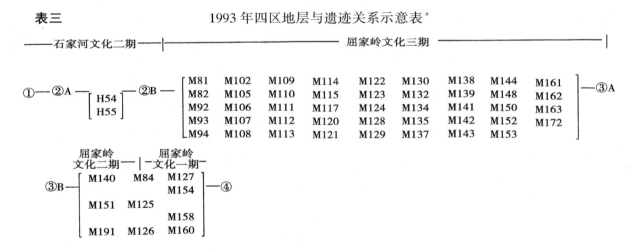

*　因有些探方地层缺失，各遗迹上压地层往往无法作为判断时代的依据，而所压或开口的地层却较能正确判断其时代。

表四 　　　　　　　　　1994、1995 年四区地层与遗迹关系示意表*

──────────────── 石家河文化二期 ────────────────

① ─ ② ─ ③ ─ ④ ─ ⎡ H153 ─ H114 ⎤ ─ ⑤ ─ ⑥ ─ ⎡ H150 ⎤ ─ ⑦ ─ ⑧ → ⑨ ─ ⑩
　　　　　　　　 ⎣ G24 ─ H115 ⎦ 　　　　　　 ⎣ H155 ─ F32 ⎦
　　　　　　　　　　　　　　　　　　　　　　　　　　　　　　　　　　（11）
　　　　　　　　　　　　　　　　　　　　　　　　　　　　　　　　　　（12）
　　　　　　　　　　　　　　　　　　　　　　　　　　　　　　　　　　（13）（14）

| 石家河文化一期 | ──────────────── 屈家岭文化三期 ──────────────── |

H159 ─ G35 ─ G36	M231	M252	M287	M304	M325	M336	M354	M374	M410
H156 ─ F33	M232	M254	M288	M306	M326	M338	M358	M375	M411
H154 ─ F34	M233	M255	M289	M308	M327	M339	M366	M376	M412
H157 ─ F36	M234	M259	M290	M309	M328	M341	M369	M377	M413
F37	M235	M279	M291	M310	M329	M342	M370	M378	M417
	M237	M284	M292	M311	M330	M351	M371	M383	M420
	M238	M285	M302	M312	M334	M352	M372	M384	M421
	M239	M286	M303	M324	M335	M353	M373	M409	M422
	M251								

─────── 屈家岭文化三期 ───────　　　　─────── 屈家岭文化二期 ───────

M423	M507	M527	M542	M551	M575		M221	M240	M250	M270	M293	M315	M340	M360
M425	M509	M528	M543	M552	M579		M222	M241	M253	M274	M294	M317	M343	M363
M448	M510	M529	M544	M553	M581		M223	M242	M258	M275	M295	M319	M344	M364
M453	M522	M530	M546	M558	M633	(15)	M224	M243	M261	M277	M296	M321	M346	M365
M465	M523	M531	M547	M564			M228	M245	M262	M278	M297	M331	M349	M368
M474	M524	M532	M548	M566			M229	M247	M263	M280	M298	M332	M350	M379
M505	M525	M537	M549	M567			M230	M248	M267	M282	M305	M333	M355	M380
M506	M526	M538	M550	M571			M236	M249	M268	M283	M307	M337	M359	M381
														M382

─────────── 屈家岭文化三期 ───────────　　　│─── 屈家岭文化二期 ───

M385	M407	M434	M454	M477	M493	M515	M545	M573	M625	M244	M347	M520	M634
M386	M414	M436	M455	M479	M495	M516	M552	M578	M627	M246	M367	M535	Y1
M387	M415	M437	M464	M480	M498	M518	M556	M585	M629	M260	M393	M536	
M399	M424	M438	M466	M481	M502	M519	M559	M586	M630	M265	M418	M574	
M400	M428	M439	M467	M484	M503	M534	M560	M593	M632	M266	M442	M576	
M403	M429	M440	M473	M485	M512	M539	M561	M609	M635	M316	M446	M580	
M404	M430	M441	M475	M486	M513	M540	M562	M610	M636	M322	M501	M617	
M405	M432	M443	M476	M492	M514	M541	M572	M622		M323	M511 ─ M631		

─────── 屈家岭文化二期 ───────　│─── 屈家岭文化一期 ───　│── 大溪文化四期 ──

M300	M452	M563	M591	M628	M225	M276	M397	M462	M500	M601	M299	M444	M472	M616
M301	M460	M569	M595		M226	M281	M402	M463	M517	M604	M318	M445	M494	M619
M357	M461	M582	M600		M227	M320	M416	M482	M521	M613	M388	M447	M499	M620
M362	M471	M583	M602		M256	M356	M433	M483	M554	M637	M389	M457	M557	M623
M392	M478	M584	M606		M264	M390	M450	M489	M555		M391	M459	M577	M626
M419	M487	M587	M608		M269	M394	M451	M490	M570		M401	M468	M597	
M426	M488	M588	M612		M271	M395	M456	M496	M594		M406	M469	M603	
M449	M491	M589	M624		M272	M396	M458	M497	M596		M427	M470	M614	

（16）

（17）
│ ⎤ ─ 原生土
（18）

* 因部分探方地层缺失，表中各遗址上压地层不一能反映出真实的地层叠压关系，而表中各遗址露头的地层（下压或被打破的最上一层）则较能反映其真实地层和时代。

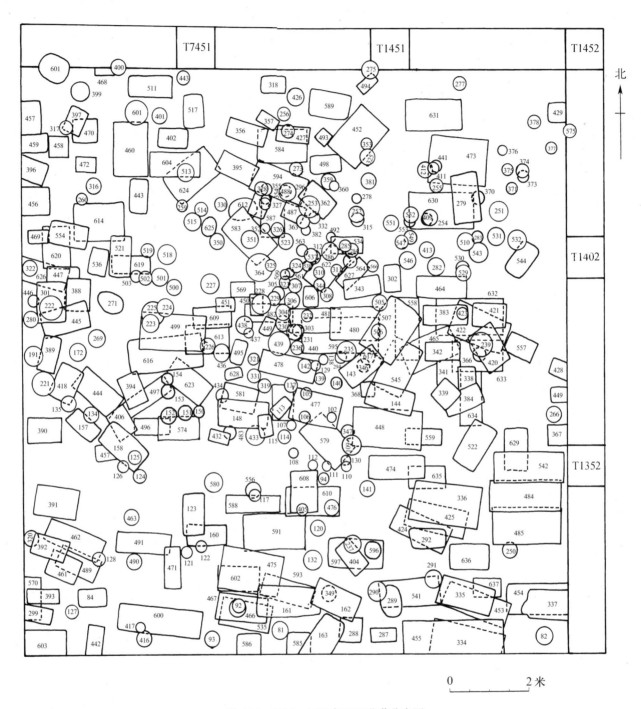

图二三　1993~1995 年四区墓葬分布图

（二）T7402~T7404 北壁剖面

2000 年发掘（图二五）。

这一部分地层堆积较其东的各探方明显要早。共分 7 层。第 1 层相当于 1994 年发掘各探方的 1~3 层，为耕土层和扰乱层，其下不见石家河文化晚期地层。第 2 层的堆积和出土墓葬的时代相

图三四 四区 T7501、T1501、T1351～T1354、T1403、T1404 遗迹和其余探方中除墓葬外的遗迹分布图

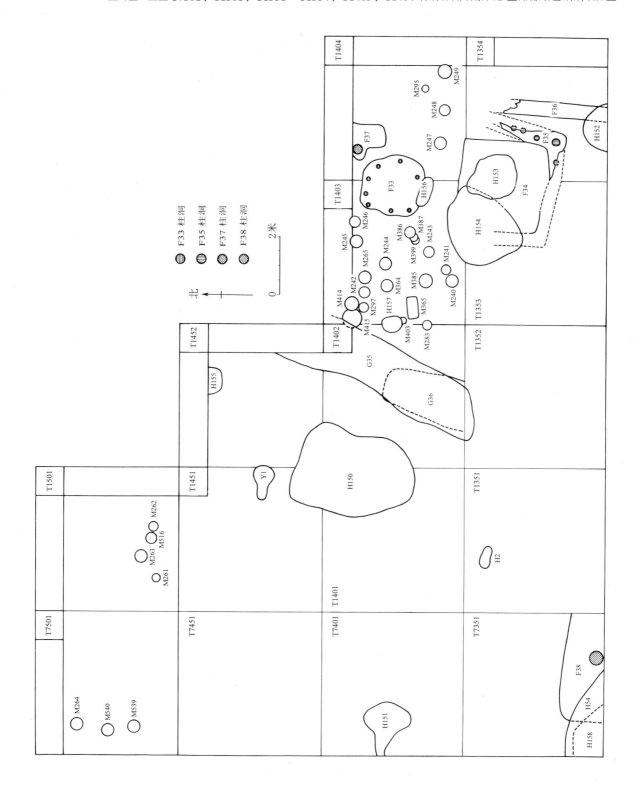

当于 1994 年各探方的第 14 层至第 16 层，即石家河文化早期至屈家岭文化早、中期。第 3 层相当于 1994 年各探方的最底部文化层，即第 17 层——大溪文化晚期地层。2000 年发掘各探方不见石家河文化晚期地层，即相当于 1994 年各探方 4～13 层。2000 年各探方各层堆积和出土遗迹情况如下：

第 1 层　耕土层。发掘前其北部的第 1 层已被揭除。厚 10～25 厘米。1995 年曾在 T7402～T7404 南半部开一条 2 米宽的探沟，未发掘到底，后回填。T7404 的 1 层下压石家河文化晚期灰坑 H490。T7402 的 1 层下压石家河文化晚期灰坑 H493。

第 2 层　分为 2A、2B、2C 三小层。

2A 层　石家河文化早期堆积。三个探方均有分布。浅灰褐土，土质疏松，内夹红烧土颗粒和少量河卵石。厚 8～28 厘米。出土陶片以夹砂红陶和夹砂灰陶为主，泥质红陶和泥质灰陶次之。较典型的器物有红陶长颈鬶、刻划纹扁平鼎足、折沿盆、豆等。纹饰中以篮纹、方格纹、戳印纹常见。T7404 的 2A 层下压石家河文化早期灰坑 H494。T7402 的 2A 层下压石家河文化早期墓葬 M874、M875。

2B 层　屈家岭文化晚期堆积。三个探方均有分布。灰黑土，土质疏松，内含少量红烧土小颗粒。厚 10～24 厘米。

2C 层　屈家岭文化晚期堆积。仅分布于 T7404 西部。棕黄土，质地紧密，较纯净，包含物少。厚 0～40 厘米。仅见少量残陶片，出土夹砂灰陶扁平鼎足和弦纹罐等。

第 3 层　大溪文化四期堆积。三个探方普遍分布。灰褐土，质地紧密，夹大量红烧土块。厚 20～50 厘米。出土陶片以泥质灰胎红衣陶最多，另有一定数量的泥质灰陶、夹砂红陶。器形有豆、罐、壶、鼎、篮形器、曲腹杯等。在 T7403 有屈家岭文化早期墓葬 M813、M853，大溪文化四期墓葬 M848、M849、M852、M855、M859、M864～M866、M879、M880、M891 开口于第 3 层。T7402 有屈家岭文化早期墓葬 M812、M847、M854、M863，大溪文化四期墓葬 M850、M862、M870 开口于第 3 层。在 T7404 有大溪文化四期墓葬 M840、M851、M856～T858、T876、T877 开口于第 3 层。

第 4 层　大溪文化四期堆积，整个发掘区分为 4A、4B、4C 三小层，但 T7402、T7403、T7404 仅见 4A 层。

4A 层　棕褐土，土质较黏较硬，内含大量红烧土块和颗粒。一般厚 30～60 厘米。T7404 近北壁处更厚达 80 厘米。出土陶片以泥质和夹炭红陶为主，其次为泥质灰陶，还有一定数量的夹砂黑陶、彩陶和朱绘黑皮陶，并发现极少量的白陶片。薄胎红陶和厚胎红陶残片所占比例较大。器形有圈足壶、圈足盘、鼎、豆、盆、罐、缸等。该层底部所出陶片多为红衣灰陶、红衣夹炭陶。多见大型器物，胎壁厚，有缸、盆、钵、器座等。纹饰常见粗弦纹和戳印纹。T7404 有大溪文化四期墓葬 M805～M808、M827、M828、M889、M894、M895、M902 开口于 4A 层。T7403 有大溪文化四期墓葬 M815、M820、M829、M888、M890、M903 开口于 4A 层。T7402 有大溪文化四期墓葬 M885、M903 开口于 4A 层。

第 5 层　大溪文化三期堆积。分布于 T7402～T7404 北部。黄褐色胶泥层，质地紧密，内夹少量红烧土块和颗粒。厚 0～40 厘米。出土陶片以红衣陶为主，内含有夹砂粗陶和泥质陶，并有少量黑皮陶、黄褐皮陶、彩陶、夹砂黑陶。器形以罐、缸等占较大比例。罐的口沿发现较多，有侈口和敛口两类。另有豆、盘、器座、鼎足等。大型器外壁多饰粗弦纹和戳印纹。T7402 有大溪文化四期瓮棺葬 M901 开口于第 5 层。

第 6 层　大溪文化二期堆积。分布在 T7402 全方、T7403 北部和近东壁处以及 T7404 北部。灰黑土，土质疏松，内含较多红烧土块和颗粒。一般厚 0～50 厘米，在 T7402 北部厚达 1.2 米。出土陶片以夹砂和泥质红陶为多，另有一定数量的泥质灰陶，可见彩陶。器形以夹砂红陶的罐类多见，口沿也可分为敛口和侈口二类。泥质和夹炭红陶有器盖、尖底深腹缸、钵、豆、盆、盘等，还出有檐瓶口式盖纽。T7402 有大溪文化三灰坑期 H497 开口于第 6 层。

第 7 层　浅黄土，层面距地表 150～170 厘米。土质硬，内含极少极小的红烧土末。层面未见遗迹现象。经钻探，层内几无包含物，但其底部距真正的原生土还有数十厘米，似为原生土的表层，未向下发掘。

（三）T7402～T7404 南壁剖面

1995 年在 T7402～T7404 南半部开 2 米宽的探沟，在此之前第 1 层已被铲除，因此当时的地表即是第 2 层，探沟仅发掘到第 2 层底。1995 年所定第 2 层即 2000 年发掘时所划定的 2A、2B、2C 三小层。2000 年的继续发掘从第 3 层层面开始。3 层之下，只划了 4A 层。而第 5 层因为仅分布在三个探方的北半部，因此南壁剖面不见第 5 层。T7403 和 T7403 东南角 4A 层直接压着第 6 层。T7403 南部除东南角外，T7404 整个南半部的 4A 层压着黄土台（图二六）。

黄土台　位于 T7403、T7404 的中南部。深黄土，质地紧密纯净，仅见极少红烧土细末。台面距地表深 80～150 厘米，厚 30～70 厘米。台面较平整，个别地方被晚期地层和灰坑破坏。整个形状呈东西向长方形，北边边沿作斜坡状。土台向发掘区南部和西部延伸，但未扩大揭露。土台自身有二个小层，编为台 1 和台 2，台面上均有红烧土铺垫，推测有可能是某种建筑物使用时期的地面，判断为两次筑造。这种建筑物可能与墓地祭祀有关。台 1 在发掘区内长 9.2 米，宽 4 米。台 2 东西长 5 米，在发掘区内宽 2 米。依据其上所压层次推定，时代为大溪文化三期或二期。

第 7 层　浅黄土，似为原生土的表层。从东往西分别被 6 层、台 2 和台 1 所压。未向下发掘。

（四）T7452～T7454 南壁剖面

2000 年发掘（图二七）。

第 1 层　耕土层。仅在 T7452 东北角和 T7454 西南角各保留了一小段，其他部位均在发掘之前已铲除，因厚度不明，故图中未能绘出。

第 2 层　可分 2A、2B、2C 三小层。

2A 层　石家河文化早期堆积。除 T7452 东北角被耕土层扰乱外，其他两个探方和 T7452 除东北角外的其余部位均有分布。浅灰褐土，土质较疏松，内含少量红烧土块和颗粒。厚 7～30 厘米。出土陶片较多，以夹砂红陶为主，另有少量泥质红陶、泥质灰陶和黑陶。可辨器形有罐、盆、鼎足、鬶足、盖纽、缸、镂孔豆柄等。石家河文化早期墓葬 M834、M835 开口于 T7454 第 2A 层。屈家岭文化晚期灰坑 H491 开口于 T7453 第 2A 层。

2B 层　石家河文化晚期堆积。分布于 T7453 西南部和 T7454 东南部。灰黑土层，土质疏松，内含一定数量的红烧土颗粒。厚 0～15 厘米。出土少量陶片。

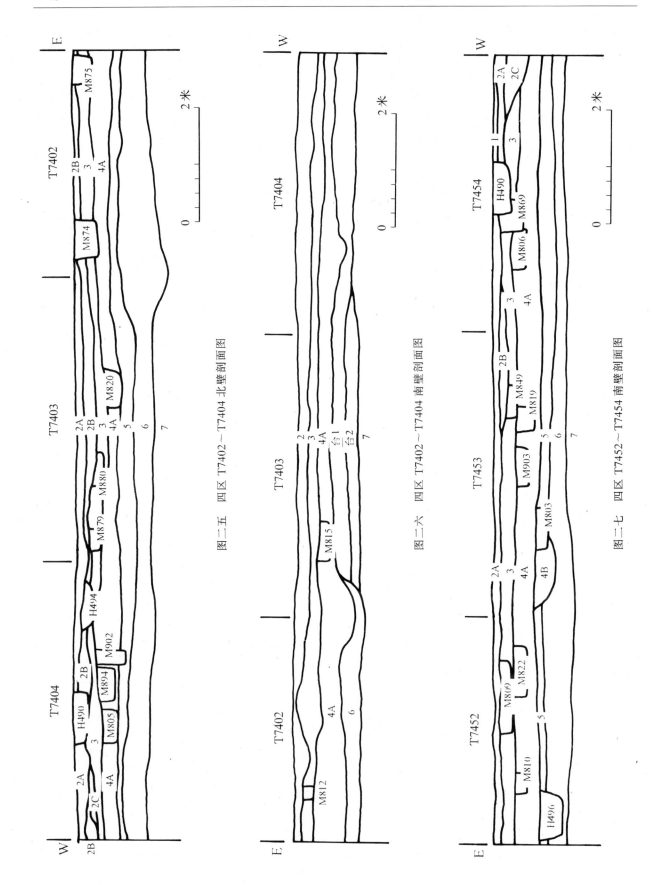

图二五　四区 T7402～T7404 北壁剖面图

图二六　四区 T7402～T7404 南壁剖面图

图二七　四区 T7452～T7454 南壁剖面图

2C层　屈家岭文化晚期堆积。分布于 T7454 西部，往南延伸至 T7404，往西延伸出发掘区。在发掘区内呈长条形，宽 1.2 米、长 2 米，南北走向。棕黄土，土质纯净，质地紧密。近西壁处最厚，达 46 厘米。出土陶片较少。T7453 有屈家岭文化晚期墓葬 M839 开口于 2C 层层面。

第 3 层　大溪文化晚期堆积。分布于 T7452、T7453 全方和 T7454 东南部。灰褐土，土质相对较疏松。厚 0～35 厘米。出土陶片多为泥质灰胎红衣陶。可辨器形有碗、罐、壶、鼎、缸、盆、豆、盘、盖纽等。T7452 有屈家岭文化早期墓葬 M836、M845 和大溪文化四期墓葬 M809、M811、M830、M837、M838、M842、M846、M871、M872、M873 开口于第 3 层层面。在 T7453 有大溪文化四期墓葬 M867、M868、M881、M886 开口于第 3 层层面。在 T7454 有大溪文化四期墓葬 M860、M861、M869 开口于第 3 层层面。

第 4 层　大溪文化四期堆积。分 4A、4B、4C 三小层。

4A层　在三个探方普遍分布。深褐色黏土，内含较多红烧土颗粒。最薄处在 T7453 北部，厚 35 厘米；最厚处在 T7454 北部和 T7452 东北，厚达 60 厘米。出土陶片以泥质红陶为主，常见红衣。可辨器形有碗、盆、壶、钵、豆、罐、器盖，彩陶相对较多，有一定数量的红胎黑皮陶壶、盘、豆。在 T7452 有大溪文化四期墓葬 M810、M822、M878、M893 开口于 4A 层层面。在 T7453 有大溪文化四期墓葬 M814、T816～T819、T882、T887、T892、T897 开口于 4A 层层面。在 T7454 有大溪文化四期墓葬 M823～M826、M883、M884 开口于 4A 层层面。

4B层　仅分布于 T7453。浅黄土，含较多红烧土颗粒。厚在 25 厘米以下。出土有陶罐、器盖等残片。

4C层　仅分布于 T7453 东北角和 T7452 西北角。褐色土，含红烧土颗粒和炭末。厚 0～30 厘米。出土陶片较少，无法分辨器形。

第 5 层　大溪文化三期堆积。三个探方均有分布，但 T7454 东北部和 T7453 西北部因被 4C 层打破，不见第 5 层。黄褐色胶泥，土质纯净。在三个探方的中部和南部，第 5 层由东向西平缓加厚，厚 0～20 厘米。出土遗物较少。陶片多为泥质红陶，少见黑陶和灰陶。可辨器形有罐、钵、碗、缸、器盖等。多素面，有少量戳印纹饰和粗弦纹。T7453 有大溪文化四期墓葬 M803、M896 开口于 5 层层面。T7454 有大溪文化四期墓葬 M802、M898～M900 开口于第 5 层层面。

第 6 层　大溪文化二期堆积。除 T7453 中部至 T7452 中部近南壁的部分不见 6 层外，三个探方的其余部分均有分布。灰黑色胶泥，内含较多红烧土颗粒和红烧土块，可见草木灰烬。T7452 南部，厚 20～80 厘米。出土陶片较多，以夹炭红陶为主，一般器内外均为红色，少量为外红内黑。此外还有泥质红陶，有陶衣，并有少量黄褐陶。出土陶器一般胎较厚，个体较大，可辨器形有大口缸、罐、圈足碗、圈足盘、鼎足、豆柄、深腹尖底缸等。多素面，也有少量粗弦纹。

7 层　原生土表层。黄色胶泥土，土质较纯净，少见文化遗物。仅揭露出层面，未向下发掘。

2000 年在四区发掘的九个探方中，最北的三个探方（T7502～T7504）仅在 T7502 有 M831～M833 等三座大溪文化四期墓葬开口于 3 层层面。在 T7503 揭露出 M841、M844 等二座大溪文化四期墓葬开口于 3 层层面。而 T7504 则未见墓葬。因此推断此处已到墓葬区的北部边沿。再往下，三个探方均未发现墓葬，故决定停止发掘。这样整个四区 2000 年的发掘探方，无法取得东壁和西壁的完整剖面。2000 年在四区共发掘墓葬 102 座（图二八）。

总计四区共发掘墓葬 553 座，为从大溪文化四期至屈家岭文化晚期的主要墓葬区。

各种遗迹的层位关系见表五，其平面分布情况见图二八。

表五　　　　　　　　　　　　　　2000 年四区地层与遗迹关系示意表*

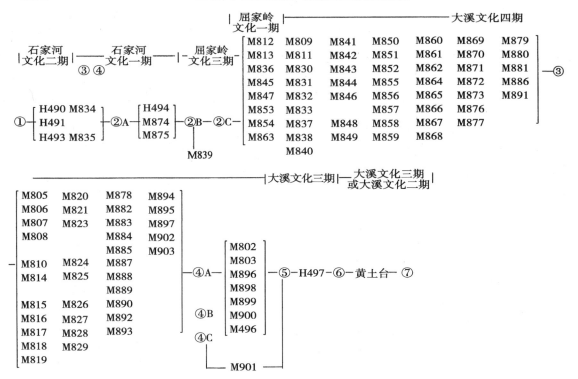

* 因部分探方地层缺失，表中各遗迹上压地层不一定反映出真实地层叠压关系，而表中各遗迹露头、下压或打破地层则较反映其真实地层关系和时代。

四　第五发掘区

　　1993 年从城址中心点往东 45 米开始沿中轴线开探沟 T3010，发现红烧土面和柱洞，推定为房基，当时编为 F8。当年和 1994 年扩大发掘，新开探方 T1059～T1061、T1008～T1011、T3008、T3009、T3011、T3059～T3061 共 13 个方，T3010 原探沟也扩大成探方，总面积 232 平方米，发掘证明本区主要是屈家岭文化时期的房址区，但大面积为后代堆积严重扰乱和破坏，所以发掘范围逐渐缩小为 T1009、T1010、T1011、T3009、T3010 和 T3011 全方，T1060 和 T1061 南半部，T1008 大部，T3059～T3061 的北部和 T1059 东南部。在缩小发掘的范围内，发现有 F8、F29、F53、F58、F59、F60、F61、F62 等八座房址，H74、H138 等二个灰坑，另有灰沟 G31。后因房址均严重破坏，居住面保存极差，基槽往往也不完整，无法勾勒出轮廓。这样，发掘到第 6 层即全面停止了发掘。上述遗迹除 H74 因与其他遗迹相距太远外，其余均见于图三○。

　　1994 年将发掘区各探方地层统一，划分为六大层。见 T3009～T3011 南壁剖面图（图二九）。

　　第 1 层　耕土层。均匀分布于各个探方。厚 20 厘米。无包含物。

　　第 2 层　扰乱层。三个探方普遍分布。厚 10～15 厘米。可见近现代砖、瓦块。

　　第 3 层　历史时期堆积。可分为 3A、3B、3C、3D 四小层。

图二八　2000 年四区墓葬分布图

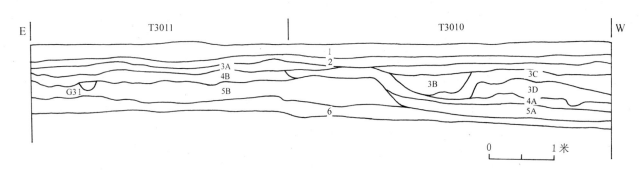

图二九　五区 T3009~T3011 南壁剖面图

3A层　分布于 T3009、T3011 全方和 T3010 大部。深灰土，局部含少量铁锰结核。厚 15~30 厘米。仅见一片东周时期灰陶盆口沿，未发现其他遗物。

3B层　分布于 T3010 中部。灰褐土，含铁锰结核。略似坑形，范围很小。最厚处 50 厘米。无包含物。

3C层　除 T3010 中部被打断外，T3010 其余部分和 T3009 全方普遍分布，其上为 3A 层所压。灰褐土，厚 15~30 厘米。底部可见宋代瓷片，也可见极少量的石家河文化陶片。

3D层　分布 T3009 和 T3010 大部，压在 3C 层下。灰黑土，土质较黏。厚 25~30 厘米。出土宋代瓷片。

3E层　仅分布 T3009 西部，压于 3C 和 3D 层下。褐色土，厚 0~40 厘米。

从以上层次包含物分析，地层经过扰乱。

第4层　石家河文化早期堆积。分 4A、4B 两小层。

4A层　石家河文化早期堆积。从 T3009 西壁开始，一直分布到 T3010 中部。被 3A、3C 层所压。灰褐土，内含铁锰结核。厚 10~30 厘米。出土陶片多为厚胎灰陶。主要纹饰为方格纹。可辨器形有釜、罐等。

4B层　石家河文化早期堆积。分布在 T3011 全方。西端斜坡被 3C 层翘起部分所压。灰白土，内夹烧土碎块。厚 10~15 厘米。所出陶片陶质、陶色与 4A 层相近。在 T3011 还发现 1 件方格纹红陶罐。其下压石家河文化早期灰沟 G31。

第5层　屈家岭文化堆积，可分 5A、5B 两小层。

5A层　屈家岭文化晚期堆积。分布于 T3009、T3010 方内。灰黑土，内含红烧土颗粒。一般厚 20 厘米。出土陶片多见灰陶和红陶。器形有豆、碗、罐。纹饰主要有贴弦纹和弦纹。

5B层　屈家岭文化中期堆积。分布于 T3011 全方和 T3010 东部，东端斜坡被 5A 层的东端翘起压住。灰黑土，土质疏松。厚 30~80 厘米。

第6层　屈家岭文化早期堆积。从 T3011 往西，一直分布到 T3009 东部。灰黄土，内含红烧土块。厚 20~40 厘米。出土陶片较多，以泥质黑陶为主。主要为屈有岭文化早期遗物，也有极少大溪文化遗物。可辨器形有镂孔高圈足豆、碗、鼎等。

第6层之下未发掘。从钻探和局部露出的土质土色分析，其下为黄土，内含极小的红烧土末及极少量红陶片。厚约 30 厘米。再往下为黄黏土，即原生土。

第五区地层与遗迹关系见表六。五区遗迹平面分布情况见图三〇。

表六　　　　　　　　　　　　　　五区地层与遗迹关系示意表

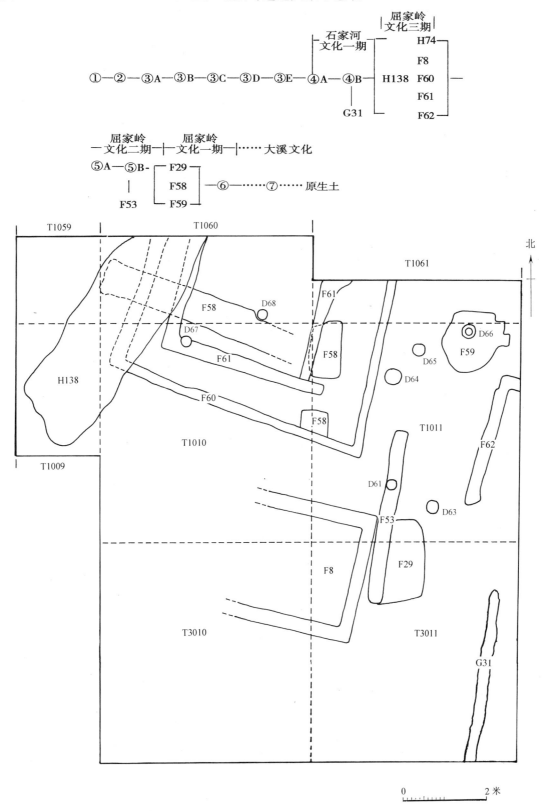

图三〇　五区遗迹分布图

五　第六发掘区

1992 年开方 16 个，探方号为 T3025～T3028、T3075～T3078、T3125～T3128、T3175～
T3178。1998 年开方 9 个，探方号为 T3225～T3227、T3275～T3277、T3325～3327。2000 年开方
21 个，探方号为 T3022～T3024、T3072～T3074、T3122～T3124、T3172～T3174、T3222～
T3224、T3272～T3274、T3322～T3324。整个发掘区的东、北隔梁未发掘。

（一）T3025～T3028 北壁剖面

1992 年发掘。共分 9 层（图三一）。

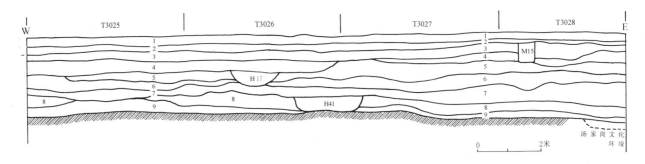

图三一　六区 T3025～T3028 北壁剖面图

第 1 层　上部为耕土层，下部为扰乱层。共厚 30 厘米。在耕土层下发现 M1～M10、M12～
M14 等 13 座近现代墓和 G1～G6 等 6 条现代水沟。

第 2 层　石家河文化晚期堆积。各探方普遍分布。T3025 最厚，达 30 厘米。T3028 方内仅厚
15 厘米。黄褐土，土质细腻疏松。出土较多陶片，以夹砂红陶为主。纹饰有方格纹。可辨器形有
麻面鼎足、圆锥形鼎足、红陶圈足杯等。T3028 第 2 层下压屈家岭文化早期墓葬 M15 和石家河文
化晚期灰坑 H20。

第 3 层　屈家岭文化早期堆积。灰白土，含细砂、红烧土颗粒和铁锰结核，结构较紧。厚
30～40 厘米。出土陶片以泥质黑陶和灰陶较多，有少量泥质红陶。可辨器形有簋、鼎足、杯等。

第 4 层　大溪文化三期堆积。除 T3027 西部不见外，其余各探方均普遍分布。绛褐色土夹红
烧土块。厚 15～40 厘米。T3028 下压大溪文化三期灰坑 H5、H15 和墓葬 M19、M30。剖面图所
示 T3027、T3028 的南部和其南的 T3077、T3078、T3127、T3128 有红烧土成片分布，并发现有
柱洞，推定其为房址，编号为 F1，时代定为大溪文化三期。第 4 层下压大溪文化二期墓葬 M23～
M25、M29、M34、M35 和灰坑 H17、H21。

第 5 层　大溪文化二期堆积。除 T3025 近西壁不见此层外，其他探方均有分布。浅黄土，底
部较平坦，而上部多处有成片红烧土堆积，黄土本身厚 15 厘米，但加上其上红烧土堆积最厚达
60～70 厘米。黄土面上出现大量柱洞，特别是在 T3026 分布密集，因此推定其为房屋基址。而其
上成片的红烧土为房屋倒塌后的废弃堆积。但因破坏太甚，未能做出完整的房址。在 5 层下压大

溪文化二期墓葬 M37～M39。

第 6 层　大溪文化二期堆积。各探方普遍分布。绿褐土，内夹黄土，质地疏松。厚 20～50 厘米。出土陶片较多，以泥质红陶和夹炭红陶为主，多有鲜亮的红色陶衣。所见纹饰有粗弦纹和刻划纹。可辨器形有圈足盘、盘口釜、圜底锅、豆、大口圜底缸、鼎足等。

第 7 层　大溪文化二期堆积。各探方大部分地方都有分布。深灰土，内含小块红烧土。厚 20～50 厘米。出土陶片较大块。可辨器形有曲沿釜、曲沿罐、器盖、泥质红褐胎黑皮陶圜底钵、深腹罐等。下压大溪文化二期墓葬 M41、大溪文化一期墓葬 M43、M58～M62、M67，大溪文化一期灰坑 H41。

第 8 层　大溪文化一期堆积。应为房屋建筑废弃堆积。除 T3025 局部外，其余各探方均普遍分布。大块红烧土中夹黑灰土。厚 20～40 厘米。出土有夹炭红陶片。另有红褐胎黑皮陶片，可辨器形有釜、罐、钵、鼎足等。

第 9 层　大溪文化一期堆积。层面上有较散、无规律的柱洞，应是一层房基的居住面，但未能找出基槽，故无法确认有几座房屋。厚 20～40 厘米。基本上不出陶片。

在 T3028 东隔梁内的第 9 层下露出宽 1.2 米左右、深近 1 米，打破原生土的壕沟，内为黑褐色淤泥。出有印纹白陶陶片和夹炭红陶陶片，推定其为汤家岗文化时期聚落环壕。

第 9 层之下为原生土。原生土层面平坦。

（二）T3028、T3078、T3128、T3178 东壁剖面

其文化堆积与 T3025～T3028 相近。各层土质土色和文化堆积的时代不再赘述。需补充的是：在 T3078 的 4 层层面有大溪文化三期墓 M20 开口。在 T3178 的 4 层层面有大溪文化三期墓葬 M46 开口。在 T3078 的 5 层层面有大溪文化二期墓葬 M22 开口。在 T3178 的 5 层层面有大溪文化二期墓葬 M36 开口。在 T3128 的 7 层层面有大溪文化二期灰坑 H39 开口。T3128 的 7 层下压大溪文化一期墓葬 M63，T3178 的 7 层下压大溪文化一期墓葬 M45，8 层下压大溪文化一期墓葬 M73。T3128 的 9 层下压大溪文化一期墓葬 M69、M70。T3178 的 9 层下压大溪文化一期墓葬 M71（图三二）。

汤家岗文化聚落环壕开口在生土面上，从 T3078 中部偏北进入发掘区，纵贯整个 T3028，并延伸至发掘区的北壁之外。从平面形状看，其内沿呈内弧，表明应是汤家岗文化聚落的东环壕之一段。发掘区内部分仅属环壕的内侧，其主要宽度在发掘区东壁之外。在 T3028、T3078、T3128、

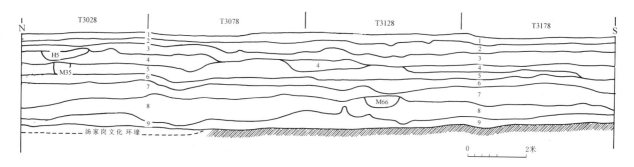

图三二　六区 T3028、T3078、T3128、T3178 东壁剖面图

T3178 东壁剖面上可以清楚地看到 9 层下所压汤家岗文化聚落环壕。

1992 年六区的发掘，除上面两个剖面所含七个探方的遗迹外，其余九个探方，即 T3075～T3077、T3125～T3127、T3175～T3177 方内分布的遗迹还有石家河文化晚期灰沟 G7、G9；大溪文化三期灰坑 H6、H7、H10、H24、H33，大溪文化二期灰坑 H13、H14、H16、H20、H22、H25～H27、H30、H32～H34、H36～H38、H46、H48、H49、H51～H53，大溪文化一期灰坑 H31、H40、H43、H44、H53；大溪文化一期墓葬 M42、M48～M57、M68；汤家岗文化灰沟 G11。

六区 1992 年总共清理新石器时代灰坑 38 个，灰沟 3 条，墓葬 61 座，房址 1 处。

各个遗迹的地层关系见表七。遗迹平面分布情况见图三三。

表七　　　　　　　　　　　　　1992 年六区地层与遗迹关系示意表

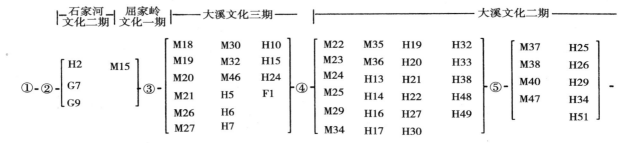

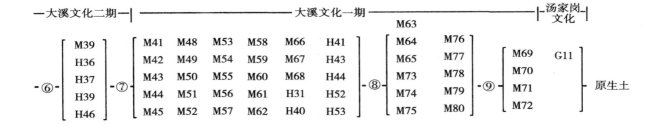

（三）T3325、T3275、T3225 西壁剖面

1998 年发掘。分 15 层（图三四）。

第 1 层　耕土层。分为 1A、1B 两小层。

1A 层　农耕土。平展分布在各个探方。厚 15～20 厘米。

1B 层　近代取土形成的低洼地。分布于 T3325 全方和 T3275 南半部。最厚处 40～60 米。底层为灰褐土和黄土混杂堆积，上层为堆弃的红烧土，并发现现代砖瓦碎片。

第 2 层　历史时期堆积。分布于 T3225 全方和 T3275 北部。土质细腻较紧。厚 30 厘米左右，发现明清时期的青釉壶等残片。

第 3 层　石家河文化晚期堆积。分 3A、3B 两小层。但剖面所示三个探方不见 3A 层。

3B 层　分布在 T3225 北部。灰土，结构较紧，含少量红烧土。厚 5～15 厘米。出土少量陶片。

第 4 层　石家河文化晚期堆积。主要分布在发掘区北部。灰褐土，内夹少量红烧土，结构较

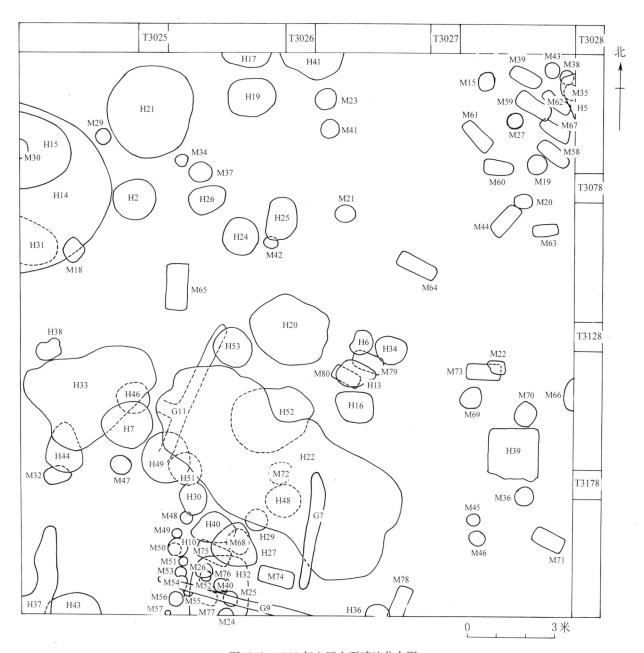

图三三 1992 年六区主要遗迹分布图

疏松。厚 10～15 厘米。出土陶片可辨器形者有麻面鼎足，鬶口沿和杯的圈足等。

第 5 层 石家河文化早期堆积。可分 5A、5B 两小层。

5A 层 各探方均有分布，但有间断。深褐土，土质较细，所含红烧土较 4 层多，且较均匀，有大块烧土堆。厚 0～15 厘米。

5B 层 分布于 T3225 全方和 T3275 北部、T3325 东部。深灰土，土质较黏，结构紧密，包含物少。厚 5～40 厘米。出土陶片以泥质和夹砂红陶、泥质灰陶较多。可见绳纹、篮纹、方格纹。可辨器形有扁平起纵向棱脊的鼎足、平底钵、盆和圈足盘残片。T3225 的 5B 层下压大溪文化三期灰坑 H274、H276、H279、H286 开口，T3275 的 5B 层下压大溪文化三期灰坑 H275、H283、H294

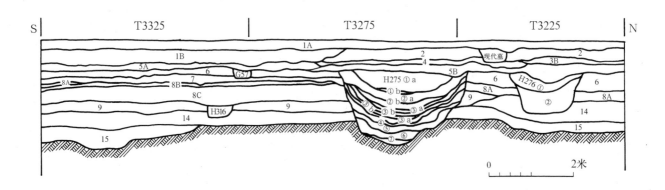

图三四　六区 T3325、T3275、T3225 西壁剖面图

开口，T3325 的 5B 层下压大溪文化三期 H286 开口。

第 6 层　大溪文化三期堆积。普遍分布于 T3225、T3275、T3325。为红烧土层，红烧土颗粒大小不等，但含土较少，结构不紧。厚 10～40 厘米。出土陶片以泥质红陶为主。可辨器形有红陶圈足碗、夹砂红衣陶敛口钵、平底盆等。在 T3325 的 6 层下压大溪文化三期灰坑 H287 开口，在 T3275 的 6 层下压大溪文化三期 M295 开口，T3325 的 6 层下压大溪文化三期房址 F71。

第 7 层　大溪文化三期堆积。分布于 T3325 全方和 T3275 西部。浅黄土，土质坚硬，黏性大，包含物少，可能是一层残破的居住面。厚 20～30 厘米。

第 8 层　可分为 8A、8B、8C 三小层。

8A 层　大溪文化三期堆积。剖面所示三个探方除北部外普遍有分布，但在 T3275 被 H275 打破，在 T3225 被 H276 打破。灰褐色黏土夹红烧土，土质坚硬，结构较细，包含物少。厚 0～20 厘米。

8B 层　大溪文化三期堆积。分布于 T3325 和 T3275。红烧土层，可能是建筑物的废弃堆积。厚 10～15 厘米。T3325、T3275 的 8B 层压着大溪文化二期墓葬 M724。

8C 层　大溪文化二期堆积。深灰土，较细，稍硬，含少量红烧土。剖面图所示三个探方仅 T3325 全方和 T3275 大部有分布。厚 30 厘米左右。出土陶片较多，主要为泥质红陶和夹炭红陶。可辨器形有圈足盘、釜、罐、出檐瓶口形盖纽、圜底钵等。T3325 的 8C 层下压大溪文化二期墓葬 M734，T3275 的 8C 层下压大溪文化二期墓葬 M730 和灰坑 H310。

第 9 层　大溪文化二期堆积。三个探方均有分布。褐色土，土质较硬，含大量红烧土。厚 50～60 厘米。T3225 的 9 层下压大溪文化二期墓葬 M727、M740、M756 和灰坑 H304，T3275 的 9 层下压大溪文化二期墓葬 M747、M755 和灰坑 H320，T3325 的 9 层下压着大溪文化二期灰坑 H316。在 T3225、T3275 及相邻的 T3326、T3276 的 9 层下压大溪文化二期祭台 2，但不见于六区各剖面图上。

第 10 层　大溪文化二期堆积。仅分布于 T3325 东南部。浅黄褐土，土质较硬，内含大量烧土，烧土颗粒均匀，层面较平。厚 20 厘米。出土陶片以泥质红陶和夹炭红陶为主，也有少量黑陶和彩陶。10 层下压大溪文化一期墓葬 M761。

剖面图所示三个探方第 11 层缺失。

第 12 层　大溪文化一期堆积。剖面图所示三个探方仅 T3325 东南部有分布，为大块红烧土堆积层，结构不紧密。厚 10～20 厘米。出土遗物较少，以红陶为主。可辨器形有外红内黑的陶碗和釜等。

第 13 层　大溪文化一期堆积。仅 T3325 东南角有小面积分布。为较疏松的黑土层，含草木灰较多。厚 10～15 厘米。出土陶片中有特点的是泥质红褐胎黑皮陶。可辨器形有深腹圈底罐和圈底钵，另有红陶曲沿罐等。

第 14 层　大溪文化一期堆积。三个探方普遍分布。仅 T3325 有极小面积压在第 13 层下，其余都压在 8A 和 9 层下。灰黏土，土质细腻，较硬。厚 20～50 厘米。包含物为大溪文化一期早段和汤家岗文化陶片，同时出土少量白陶。T3275 的 14 层下即为原生土。

第 15 层　汤家岗文化堆积。分布于 T3225 和 T3325。浅黄黏土。T3225 方内厚 15～20 厘米，T3325 方内厚 30～40 厘米。出土陶片均为汤家岗文化的印纹白陶、印纹白衣红陶和刻划纹红褐陶、红褐胎黑皮陶片。

第 15 层下为原生土，从地表至原生土深 230～250 厘米。

（四）T3327、T3326、T3325 南壁剖面

地层划分与 T3325、T3275、T3225 西壁剖面相同，各层土质土色不再赘述。但这个剖面上所示 T3327 有 T3325、T3275、T3225 西壁剖面所缺失的第 11 层，可作补充（图三五）。

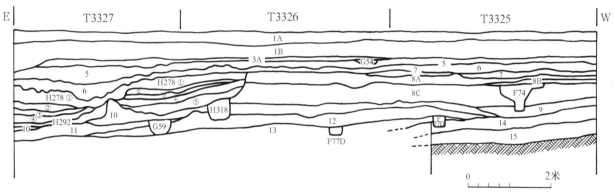

图三五　六区 T3327、T3326、T3325 南壁剖面图

第 11 层　大溪文化二期堆积。分布在 T3327 的东南部和其北的 T3277。黑灰土。厚 5～45 厘米。出土陶片极少。由于 T3327、T3326 和 T3277 方内的 12 层下为大溪文化一期保存较好的多间式房屋 F77 的居住面，而且往南延伸至发掘区南壁外，原计划以后再扩大发掘，以求将其完整揭露，故尔 13 层、14 层和 15 层未继续下挖。

剖面图所示三个探方 T3325 各层所出遗迹在前面已作介绍。T3326、T3327 各层所出遗迹情况是：T3326 的 4 层下压着石家河文化早期墓葬 M710，5A 层下压石家河文化早期灰沟 G57。T3327 的 5B 层下压大溪文化三期墓葬 M711、M718 和灰沟 G58。T3327 的 6 层下压大溪文化三期墓葬 M278 和灰坑 H284、H292。T3326 的 8C 层下压大溪文化二期灰沟 H318。T3326 的 9 层下压大溪文化二期墓葬 M732。T3327 的 9 层下压大溪文化二期墓葬 M743。T3326 的 10 层下压大溪文化一期灰沟 G59。T3327 的 12 层下压大溪文化一期墓葬 M748。

以上两个剖面所示五个探方之外，1998 年发掘的六区其他探方出土遗迹有石家河文化晚期灰沟 G54（3A 层下）；石家河文化早期房址 F70（5A 层下）；屈家岭文化三期墓葬 M707；大溪文化

四期墓葬 M708（5B 层下）；大溪文化三期房址 F72（8A 层下），墓葬 M719（8C 层下）、M720、M723、M726、M728 和灰坑 H301（9 层下）、H307（10 层下）；大溪文化一期房址 F77，墓葬 M745、M746、M749（12 层下）。

　　1998 年在六区共发掘清理房址 5 座、灰坑 20 个、灰沟 4 条、墓葬 26 座。各遗迹的地层关系见表八，1998 年六区遗迹分布情况见图三六。

表八　　　　　　　　　　　　　1998 年六区地层与遗迹关系示意表

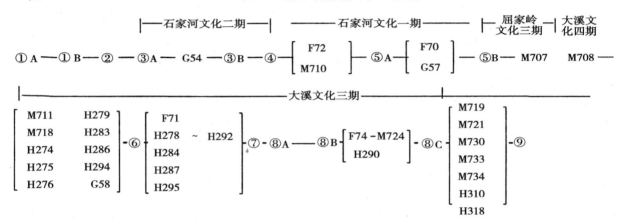

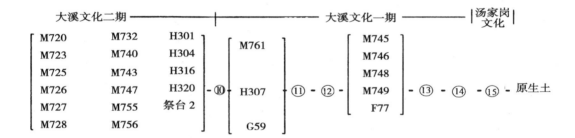

　　因 1998 年在发掘六区 T3225、T3275、T3325 一排探方时，于 T3225 和 T3325 最底层发现了汤家岗文化的堆积（第 15 层），因此 2000 年决定紧邻其西开三排探方，最西一排从北到南依次为 T3022、T3072、T3122、T3172、T3222、T3272、T3322 等七个方。

（五）T3022、T3072、T3122、T3172、T3222、T3272、T3322 西壁剖面

　　共分 8 层，部分探方将 3 层分为 3A、3B 两小层，4 层分为 4A、4B 两小层，6 层分为 6A、6B 两小层（图三七）。

　　第 1 层　农耕层。浅灰土，质地松软，含有较多稻根及少量瓷片、瓦片。厚 15～20 厘米。

　　第 2 层　近代扰乱层。各方普遍分布。灰白土，含沙，土质疏松。厚 15～40 厘米。夹有明清瓷片和新石器时代陶片。T3322 及相邻的 T3323、T3324 的 2 层下压石家河文化晚期房址 F93。

　　第 3 层　分为 3A、3B 两小层。

　　3A 层　石家河文化晚期堆积。除 T3322 西南、T3222 局部、T3172 西北部和 T3122 局部不见外，其余地方均有分布。黄黏土，土质硬，结构紧密，含少量红烧土。厚 10～25 厘米。出土石家河文化陶片。

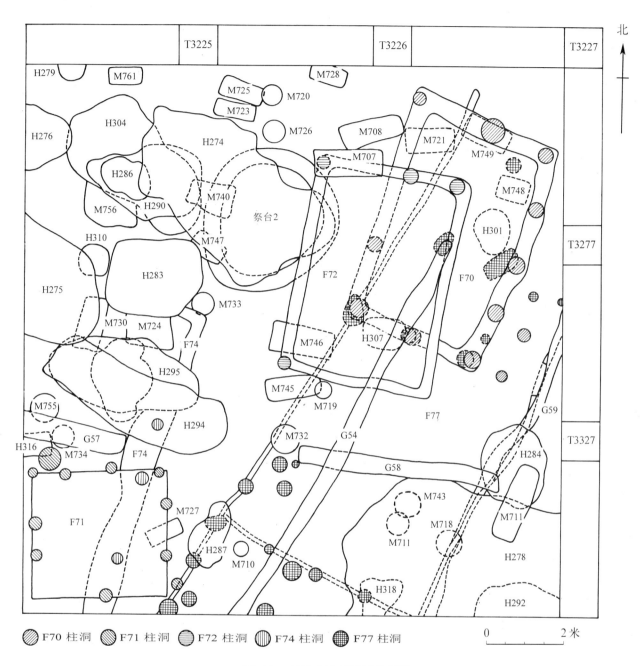

图三六　1998 年六区遗迹分布图

　　3B 层　石家河文化早期堆积。各方普遍分布。灰褐土，土质较硬，含有大量红烧土块及颗粒。厚 10～30 厘米。出土陶片多为泥质灰陶和泥质黑陶，也有少量夹砂黑陶和红陶。纹饰以绳纹为多，其次有方格纹、附加堆纹、弦纹等。可辨器形有直口罐、釜、碗、杯、豆、鬶、鼎足、圈足盘等，还出土有陶拍和纺轮。T3072 的 3B 层下压石家河文化早期房址 F91、灰坑 H451、墓葬 M792。T3022 的 3B 层下压石家河文化早期房址 F90。

　　第 4 层　大溪文化四期堆积。可分为 4A、4B 两小层。

　　4A 层　除 T3322 西部、T3272 局部不见外，其余探方普遍分布。灰黄土，土质较硬，含大量

图三七　2000年六区遗迹平面分布图及东壁、西壁剖面对应图

红烧土块。厚5～30厘米。出土较多红陶和黑陶片。纹饰以素面为主，也有少量凹弦纹。可辨器形有罐、釜、钵等。T3022的4A层下压大溪文化四期灰坑H457、H461、H462，T3072的4A层下压大溪文化四期灰坑H455、H456、H461，T3122的4A层下压大溪文化四期灰坑H454、大溪文化三期灰坑H519，T3172的4A层下压大溪文化三期灰坑H505，T3222的4A层下压大溪文化三期灰坑H506。

4B层　仅零星分布于T3072和T3122。褐色土，土质较硬，夹有大量红烧土块。厚0～25厘米。所出陶片多为泥质红陶和黑陶，有弦纹。

第5层　大溪文化三期堆积。仅分布在T3322西北部和T3072、T3022西部。黄褐色黏土，土质硬，结构紧密，土质纯净。厚0～20厘米。极少出陶片。T3322的5层下压大溪文化三期H463，T3122的5层下压大溪文化三期H521，T3222的5层下压大溪文化二期H466、H507。

第6层　大溪文化二期堆积。分6A、6B两小层，但剖面图所示三个探方均仅见6A层。

6A层　各探方普遍分布。灰黑色黏土，土质硬，结构紧密，内含红烧土。厚10～30厘米。出土陶片较多，以夹砂红陶、褐陶为主，有红衣。可辨器形有釜、罐、钵、盘等。T3022的6A层下压大溪文化二期灰坑H554、H555，T3072的6A层下压大溪文化二期灰坑H511、H522、H547和大溪文化一期灰坑H572，T3122的6A层下压大溪文化二期灰坑H471、H518、H520，T3172的6A层下压大溪文化二期灰坑H508、H565、H566、墓葬M801和大溪文化一期灰坑H573，T3222的6A层下压大溪文化一期灰坑H544，T3272的6A层下压大溪文化二期灰坑H545、H546、H550。

第7层　大溪文化一期堆积。各探方普遍分布。褐绿土，土质较松散，内含红烧土颗粒和铁锰结核。一般厚40～50厘米，T3322厚近1米。所出陶片有泥质红陶和夹砂红陶，同时出有彩陶。纹饰多见刻划纹和粗弦纹。可辨器形有釜、罐、圜底大盆、盘、鼎足等。T3022的7层下压汤家岗文化灰坑H571，T3122的7层下压大溪文化一期墓葬M804和汤家岗文化灰坑H549、H552、H562，T3222的7层下压大溪文化一期灰坑H583，T3272的7层下压汤家岗文化灰坑H504。

第8层　汤家岗文化堆积。各探方普遍分布。褐灰色黏土，内含红烧土，结构紧密。厚10～30厘米。出土陶片较多，以夹炭红陶为主，还有不少红褐胎黑皮陶和少量白陶。可辨器形有折腹圜底钵、深腹圜底罐、圈足盘、折腹碗等。纹饰中以印纹和刻划纹为多。T3272的8层下压汤家岗文化灰坑H585、H596，T3322的8层下压汤家岗文化灰坑H586、H587。

第8层下为含铁锰结核的黄土，土质纯净，为原生土的表层。

（六）T3024、T3074、T3124、T3174、T3224、T3274、T3324东壁剖面

此剖面为六区2000年发掘的东壁总剖面（图三七）。其地层堆积与西壁总剖面基本相同，但有几点需补充。

第一，西部几个探方缺失的6B层在东部的T3074和T3124可以见到，它出现在T3124东北部并延伸到T3074的南壁和东部。6B层为红烧土层，厚5～25厘米，无任何遗物，也不见遗迹。

第二，T3024、T3074、T3124，即东部一排北边的三个探方东壁剖面不见第 5 层堆积。

第三，在剖面上可以见到二处平展的红烧土遗迹：一处在 T3274 和 T3324，压于 5 层下，下压第 6 层。另一处在 T3024、T3074、T3124，压于 4A 层下。由于这三个探方无 5 层，因此红烧土遗迹直接压着 6A 层。两处红烧土遗迹层位关系相同。在其所压的 6 层层面上，分别显露出 13 个和 18 个柱洞。红烧土密集、块大，因此推断为二处房屋建筑的废弃堆积。前者编号为 F99，后者编号为 F95，均为大溪文化三期遗迹。此红烧土范围较大，但破坏严重，无法复原其整体形状，具体资料见房址登记表。

除 F99 和 F95 外，剖面图所示东排七个探方所出遗迹为：T3324 的 2 层下压石家河文化晚期房址 F93、灰坑 H450，T3074 的 3A 层下压石家河文化早期房址 F92，T3174 的 3A 层下压石家河文化晚期灰坑 H479，T3024 的 4A 层下压大溪文化四期灰坑 H458，T3174 的 4A 层下压大溪文化四期灰坑 H459，T3324 的 4B 层下压大溪文化三期房址 F96，T3024 的 6A 层层面有大溪文化三期灰坑 H476 开口，T3074 的 6A 层层面有大溪文化三期灰坑 H472、H473、H474、H529 开口，T3124 的 6A 层层面有大溪文化三期灰坑 H469 开口，T3224 的 6A 层层面有大溪文化三期灰坑 H467 开口，T3274 的 6A 层层面有大溪文化三期灰坑 H475 开口，T3024 的 7 层层面有大溪文化二期灰坑 H559 开口，T3074 的 7 层层面有大溪文化二期灰坑 H539、H563、H569 开口，T3124 的 7 层层面有大溪文化二期灰坑 H540、H564、H570、H575、H576 开口，T3174 的 7 层层面有大溪文化二期灰坑 H498、H499 和大溪文化一期灰坑 H509 开口，T3224 的 7 层层面有大溪文化二期灰坑 H557 开口，T3324 的 7 层层面有大溪文化二期灰坑 H553 开口，T3124 的 8 层层面有汤家岗文化灰坑 H580、H593 开口，T3174 的 8 层层面有汤家岗文化灰坑 H597 开口，T3224 的 8 层层面有汤家岗文化灰坑 H574、H589～H591 开口，T3274 的 8 层层面有大溪文化一期灰坑 H541、H548 开口，T3324 的 8 层层面有大溪文化一期灰坑 H579 开口，T3074 的生土面上有汤家岗文化灰坑 H592、H594 开口，T3224 的生土面有汤家岗文化灰坑 H582 开口，T3324 的生土面上有汤家岗文化灰坑 H588 开口。

除上面两排共 14 个探方外，其余七个探方的遗迹还有：石家河文化早期灰坑 H452、H478，墓葬 M731、M800（3B 或 3 层下）、灰沟 G88（3B 层下），大溪文化四期灰坑 H453（4A 层下），大溪文化三期灰坑 H464、H465、H470、H477、H500、H502、H514～H516、H534、H542（开口于 6A 层层面），大溪文化二期灰坑 H527、H560（开口于 6A 层层面）、H512、H513、H524、H525、H526、H535～H538、H543、H558、H567（开口于 7 层层面），大溪文化一期灰坑 H503、H517、H528（开口于 7 层层面）、H551、H581（压在 7 层下），汤家岗文化墓葬 M904、M905，灰坑 H577、H584（7 层下）、H561、H578、H595、H598～H602（开口在生土层层面）。

2000 年在第六区共清理发掘墓葬 7 座，灰坑 127 个，房基 7 处，灰沟 1 条。F91 因保存面积过小，在平面图上未绘出（图三七）。各遗迹的地层关系见表九。

所发现的灰坑中，大量为祭祀坑，但未发现与其相关的祭台。

表九　　　　　　　　　2000 年六区地层与遗迹关系示意表*

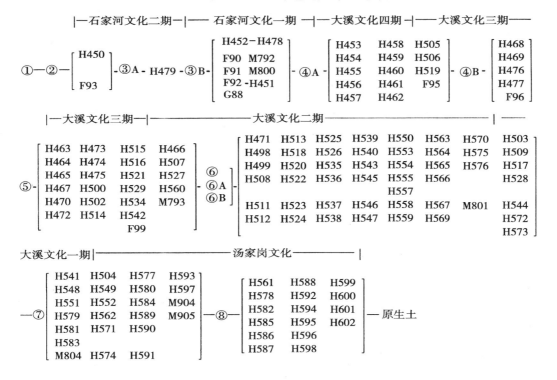

* 有的探方划分了⑥A、⑥B 层，有的探方则笼统划为 6 层，但其下均压着 7 层。为表列方便，表中将⑥、⑥A、⑥B 并列。

六　第七发掘区

1993 年为了解剖东城墙，在七区开 2 米宽东西向的探沟，所处位置在 T1028～T1034，但 T1034 仅发掘 2 米长，总长度为 32 米。1994 年继续发掘，但均未发掘到原生土，直到 1996 年才将探沟发掘到底，显露出四次筑城的地层关系，并且露出了压在一期城墙之下的古稻田。1997 年将发掘范围扩大到 T1028～T1032 全方，又在其北发掘了 T1078～T1082，在其南发掘了 T3029～T3032。连同 1993～1996 年发掘的探沟，共计 14 个探方，外加 T1033 和 T1034 共 7 米长的探沟。

1997 年将地层划分为 22 层，但嫌分层过于琐碎，后来依七区 1998 年发掘各探方划分的 16 层进行了统一、合并。在遗迹部分的城墙、护城河、环壕一章中曾使用了 1997 年发掘的 T1078～T1082 北壁剖面，因此有关 1996、1997 年七区的地层情况可参见图九七及相关说明。但需要补充说明的是：因北壁不断垮塌，经多次修整剖面，实际上所绘北壁已比原先的北壁推进了 1 米，而作为东城墙解剖地层依据的就是向北推进了 1 米的 T1078～T1082 的北壁剖面。在剖面图上除几期城墙外，共分了 13 层。13 层之下即为大溪文化一期稻田（稻田Ⅱ）和汤家岗文化稻田（稻田Ⅰ）。该章对 T1078～T1082 北壁剖面各层次已作了交代，这里不再重复。需要补充的是：与 1998 年的地层比较，1997 年所开各个探方不见 1998 年所开诸方中压在祭台之上的第 15 层和压在祭台之下的第 16 层，且第 7 层以上的各个层次的时代与 1998 年所划层次时代并不一致，因 1998 年所开各探方不见石家河文化和屈家岭文化的堆积。

　　表一〇可以帮助读者了解各层次的时代及各种遗迹的地层关系。简单概括：第1层为耕土层。第2层为石家河文化堆积。第3层为屈家岭文化晚期堆积。第4层为屈家岭文化中期堆积，局部地方为第四期城墙筑土，四期城墙下压三期城墙。第5层为屈家岭文化早期堆积。第6层为大溪文化四期堆积。第7层为大溪文化二期末和三期早段堆积。第8层为大溪文化二期堆积。第9层为大溪文化二期早段堆积。第10～13层均为大溪文化一期堆积。

　　表一〇　　　　　　　　　　1996、1997年七区地层与遗迹关系示意表

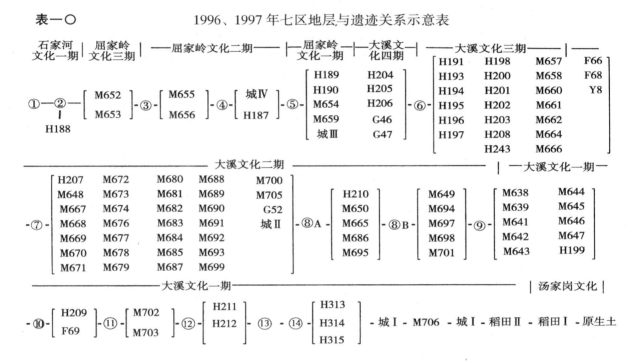

　　1996、1997年七区所出遗迹见图三八。计有灰坑29个。从晚至早为H188（石家河文化早期），H187（屈家岭文化中期），H189、H190（屈家岭文化早期），H204～H206（大溪文化四期），H191、H193～H198、H200～H203、H208、H243（大溪文化三期），H207、H210（大溪文化二期），H199、H209、H211、H212、H313～H315（大溪文化一期）。墓葬63座。从晚至早为M652、H653（屈家岭文化晚期），M655、M656（屈家岭文化中期），M654、M659（屈家岭文化早期），M657、M658、M660～M662、M664、M666（大溪文化三期），M648～M650、M665、M667～M674、M676～M695、M697～M701、M705（大溪文化二期），M638、M639、M641～M647、M702、M703、M706（大溪文化一期）。灰沟3条。从晚至早为G46、G47（大溪文化四期）、G52（大溪文化二期）。房址3座。从晚至早为F66、F68（大溪文化二期），F69（大溪文化一期）。另有大溪文化二期陶窑Y8，稻田以及Ⅰ、Ⅱ、Ⅲ、Ⅳ期东城墙和环壕。灰坑中H313～H315为1998年全面揭露的祭台1所属祭祀坑。这里的墓葬大部分为大溪文化一、二期，特别是大溪文化二期的墓最多，且有较高规格者，它连同相邻的六区1992年所发掘的T3028、T3027、T3078、T3077等探方构成了大溪文化一、二期主要墓葬区。

　　1998年七区的发掘，共开探方9个：T3079～T3082、T3129～T3131、T3179、T3180。其中T3082、T3131、T3180的东隔梁未发掘。

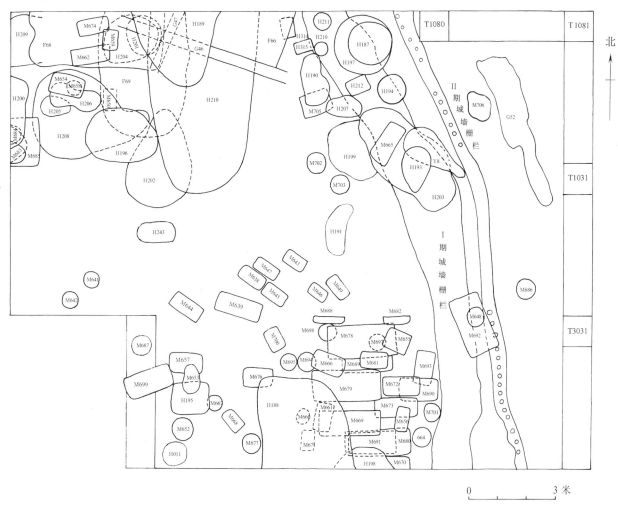

图三八 1997年七区遗迹分布图（水稻田、祭台1除外）

（一）T3179、T3129、T3079 西壁剖面

此剖面即为1998年在七区发掘的各探方西壁的总剖面（图三九）。共分16层。

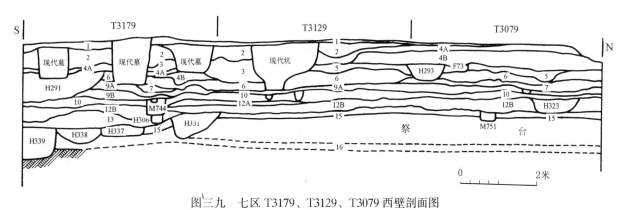

图三九 七区 T3179、T3129、T3079 西壁剖面图

第1层 耕土层。除 T3079 西北角外均有分布。灰褐土，结构疏松。厚5～16厘米。南、北两端略向下倾斜，在1层下有大量现代墓葬。

第2层 扰乱层。T3079 西北部的第 2 层被铲除，其余地方均有分布。浅灰土，土质疏松，内含少量红烧土颗粒。厚 10～60 厘米。出土少量陶片。

第3层 历史时期堆积。仅分布于 T3129 和 T3179 西部，为历史时期形成的洼地。红褐土，土质疏松，内含大量红烧土。最厚处近 80 厘米。出土唐宋以来陶瓷片。

第4层 大溪文化四期堆积。可分为 4A、4B 两小层。

4A 层 浅灰褐土，土质较疏松。由于第 3 层的破坏，致使 T3129 方内无 4A 层。厚 0～15 厘米。出土陶片较少，有泥质红陶和灰陶，T3079 出土一件有刻痕的石锛。4A 层下压大溪文化四期墓葬 M715。T3179 的 4A 层下压大溪文化四期灰坑 H273、H281、H282、H291。

4B 层 分布于 T3079 全方，并零星分布 T3129 和 T3179。深灰褐土，土质较紧密，含少量红烧土颗粒。厚 0～53 厘米。出土陶片较多，以泥质红陶为主。T3129 的 4B 层下压大溪文化三期灰坑 H277，T3079 的 4B 层下压大溪文化三期灰坑 H293、H298，T3179 的 4B 层下压大溪文化三期灰坑 H302，T3079、T3129 的 4B 层下压大溪文化三期房址 F73。

第5层 大溪文化三期堆积。分布于 T3079 大部、T3129 西北部。卵石层。卵石大小不等，基本在同一平面，但分布不均匀。厚 1～26 厘米。卵石层内出土陶片很少。T3129 的 5 层下压大溪文化三期墓葬 M716。

第6层 大溪文化三期堆积。各探方普遍分布。黄褐色粉状土，土质纯净，几无陶片。厚 20～55 厘米。T3079 的 6 层下压大溪文化三期灰坑 H321。

第7层 大溪文化二期堆积。主要分布于 T3079，T3129、T3179 有零星分布。T3079 最厚处为 32 厘米。棕褐土，土质纯，黏性重。出土陶片较少。

第8层 大溪文化二期堆积。仅分布于 T3179 东部。土质疏松，颗粒细，含少量红烧土。厚 5～15 厘米。

第9层 大溪文化二期堆积。可分为 9A、9B 两小层。

9A 层 三个探方除被晚期遗迹破坏的部分外均有分布。浅棕黄土，结构较紧，含少量黄土及炭屑。厚 5～15 厘米。T3079 的 9A 层下压大溪文化二期墓葬 H317，T3079 和 T3129 的 9A 层下压大溪文化二期房址 F75。

9B 层 仅局部分布于 T3179。深棕黄土，结构较紧，黏性较重，含少量炭末。厚 10～30 厘米。T3179 的 9B 层下压大溪文化二期灰坑 H335 和墓葬 M744。

第10层 大溪文化二期堆积。三个探方普遍分布。灰黑土，土质疏松，含少量草木灰，亦夹有较多的红烧土块。厚 10～25 厘米。出土陶片很多，均为红陶，有夹砂、夹炭红陶和泥质红陶，少量彩陶。可辨器形有釜、罐、鼎、圈足盘。T3079 的 10 层下压大溪文化二期灰坑 H323 和墓葬 M741，T3179 的 10 层下压大溪文化二期灰坑 H306。

第11层 黄绿土，土质紧密，带黏性，较纯。经以后全面探掘证明 11 层为 II 期城墙。三个探方的西壁剖面上均无法反映。

第12层 可分为 12A、12B、12C 三小层。

12A 层 大溪文化二期堆积。在剖面图上仅见于 T3129 北部至 T3179 南部西壁。浅红褐土，结构紧密，内含红烧土。厚 0～15 厘米。出土陶片较多，红陶占绝大多数。T3179 的 12A 层下压大溪文化二期墓葬 M752、M757，T3129 的 12A 层下压大溪文化二期墓葬 M760 和灰坑 H322。

12B层　大溪文化二期堆积。三个探方普遍分布。深红褐土，内夹大量红烧土块。最厚处达42厘米。出土陶片较多，红陶占绝大多数。有一定数量的彩陶片，为红衣上黑彩和褐彩。器类多为釜、罐、鼎等。T3179的12B层下压大溪文化二期墓葬M731、M753、M764、M775，大溪文化一期灰坑H331，T3079的12B层下压大溪文化一期墓葬M751、M766和灰坑H329，T3129的12B层下压大溪文化二期墓葬M758、H325。

12C层不见于这三个探方。

第13层　大溪文化一期堆积。分布于T3179西部、T3129西南角、T3079东北部。灰黄土，土质紧密，较硬较纯。厚20～55厘米。出土陶片较少，有一定数量的彩陶片。泥质红陶、夹炭红陶、泥质红褐胎黑皮陶数量较多。可辨器形有釜、罐、钵等。T3179的13层下压大溪文化一期灰坑H337～H341、H348、H366、H367、H369～H371、M768、M772。T3079的13层下压大溪文化一期灰坑H343、H344和墓葬M770、M774，T3129的13层下压大溪文化一期灰坑H332、H346，墓葬M763。

三个探方均缺第14层。

第15层　大溪文化一期堆积。分布在三个探方的西部。在T3129、H3079方内15层压在祭台台面上，在T3179方内15层压在祭坛南坡上，并被多个灰坑打破。红烧土层，红烧土堆积大小不等。厚15～20厘米。15层下为祭台。

第16层　压在祭台下，从露出的局部观察为黄褐土，但未发掘，采集少量陶片分析为大溪文化一期早段堆积。

1998年的发掘，除以上三个探方外，所见遗迹还有大溪文化四期墓葬M717、H280（4A层下），大溪文化三期墓葬M722、H288、H296、H297、H299、H300、H308、H309、H311、F73、G61（4B层下），Y9（6层下），大溪文化二期墓葬M735和灰坑H303（7层下），H305（9A层下），H312（9B层下），M729、M736～M739、M742（10层下），F78（11层下），M759、M762、H324、H333、H334、H342、G63（12A层下），M750、M765、H326、H328、H345、H347、H349、G64（12B层下），大溪文化一期M771、M754、H350、H351、H358、H360（12B层下），H336、M767（12C层下），H343、M769、M773（13层下），H352、H354～H357、H363～H365、H373（14层下），H368、H372、H374～H379（15层下）。10层下压城Ⅱ，15层下压祭坛和城Ⅰ，城Ⅰ的两层堆土之间出土了大溪文化一期G62、M706（1997年出土）。16层下压稻田Ⅱ，稻田Ⅱ下压稻田Ⅰ。

1998年七区共出墓葬36座、灰坑76个、房址3处、灰沟4条、陶窑1座。灰坑多为祭祀坑。各遗迹的地层关系见表一一，遗迹分布情况见图四〇。

七区1998年发掘各方均不见屈家岭文化的地层和堆积，极可能正处于屈家岭文化时期东城墙豁口的北侧。

（二）T1177～T1181北壁剖面

1999年，在紧邻1997年发掘区北壁开方10个，即T1127～T1131、T1177～T1181。未发掘北隔梁和东隔梁，发掘面积共216平方米。其目的是为了更准确地把握二、三两期城墙的位置，叠压关系和时代。在完成这一任务后停止下挖。除二、三期墙体外，共分8层（图四一）。

表一一　　　　　　　　　　　　1998 年七区地层与遗迹关系示意表

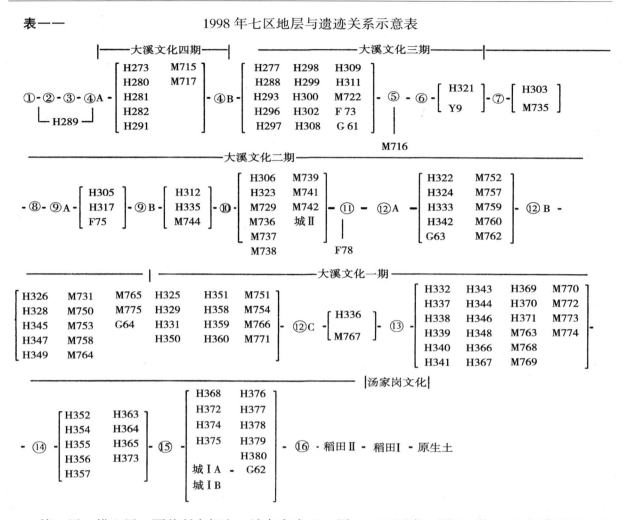

第 1 层　耕土层。覆盖所有探方。浅灰色杂土。厚 5~20 厘米。因 20 世纪 70 年代平整土地将东墙上部所压农耕层及墙体上部铲除近 1 米，即现在编定的 6A 层以上均被铲走，因此现在的耕土层实为平整以后形成的。

第 2 层　历史时期堆积。T1178 以东耕土层下即为三期城墙墙体，无历史时期堆积。仅在 T1178 西部和 T1177 方内，亦即三期城墙内坡位置分布有第 2 层。浅灰土，土质疏松。厚 5~20 厘米。出土青花瓷片、青瓷片及早期陶片。T1178 的 2 层下压石家河文化晚期 H381。T1177 的 2 层下压石家河文化晚期灰坑 H388。

第 3 层　可分为 3A、3B、3C 三小层，但此剖面图仅见 3A、3B 两小层。

3A 层　屈家岭文化晚期堆积。仅分布在 T1177 全方和 T1178 西部，即三期城墙内坡之上。厚 5~20 厘米。黄灰土，土质较板结。出土有泥质灰陶和黑陶残片。T1178 的 3A 层下压屈家岭文化晚期灰沟 G70。

3B 层　屈家岭文化晚期堆积。局部分布于 T1177、T1178。深黄灰土，土质紧密，内含少量红烧土颗粒和炭末。厚 5~20 厘米。出土泥质灰陶和黑陶片。可辨器形有豆、釜、钵和夹砂红陶缸等。T1178 的 3B 层下压屈家岭文化晚期灰坑 H382。

3C 层　屈家岭文化中期堆积。仅见于 T1177、T1178、T1180 南部，所以北壁剖面上无反映。

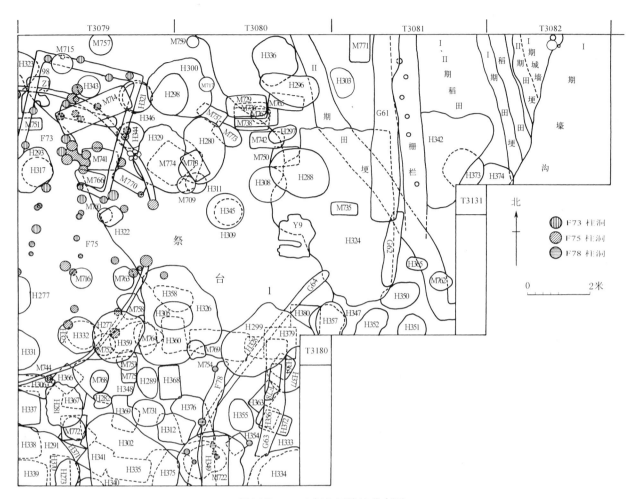

图四〇　1998年七区遗迹分布图

黄灰土，内夹红烧土和石块。厚5～18厘米。出土陶片以泥质灰陶为主，少量泥质红陶。多见贴弦纹。可辨器形有折沿罐、碗等。T1178的3C层下压屈家岭文化早期墓葬M777、M779，T1177的3C层下压屈家岭文化早期墓葬M776，T1180的3C层下压屈家岭文化中期灰沟G71、屈家岭文化早期灰坑H386和墓葬M781。

第4层　屈家岭文化早期堆积。可分为4A、4B、4C三小层。

4A层　仅分布在T1177方内近北壁处。浅灰土，混杂少量黑陶土，土质松软，内含较少的红烧土颗粒。厚15～20厘米。出土有黑陶豆、杯、高领弦纹罐和缸的残片。

4B层　仅分布于T1177。深灰土，含少量黑灰土，土质紧。厚5～20厘米。出土有泥质红陶和黑陶陶片。多见凹弦纹。可辨器形有簋、杯、高领罐、豆、圆锥形鼎足等。

4C层　仅分布于T1177西北角。青灰土，土质板结，较纯净。厚5～15厘米。仅出土了2片泥质红陶片和1片泥质灰陶片。

第5层　屈家岭文化早期堆积。分布于T1177大部和T1178西部。黄褐土，土质紧密。在T1177南部和T1127北隔梁的5层下压屈家岭文化早期灰坑H393和房址F79。

T1178的1、3A、3B、5层和T1179～T1181的第1层直接压着三期城墙的内坡和墙体。三期城墙堆土共分 10 层。第 9、10 两层堆土下压二期城墙外坡。二期城墙顶面已露出但未发掘。三期城墙主体部分下压 6A 层，在 T1180 方内三期城墙压着屈家岭文化早期前段灰坑 H390。

第 6 层　分为 6A、6B、6C、6D 四小层。

6A 层　大溪文化四期堆积。除 T1181 未见外，其余四个探方均见到压在三期城墙之下的 6A 层，但间有三期城墙筑土将 6A 层打破。棕褐土，土质紧，内含红烧土块。厚 5~20 厘米。出土遗物以泥质红陶为主，纹饰有瓦棱纹，能辨识的器形有豆、杯、罐等。T1178 的 6A 层下压大溪文化三期灰坑 H396、H397、H401 和灰沟 G77，T1179 的 6A 层下压大溪文化三期灰沟 G77，T1180 的 6A 层下压大溪文化三期灰坑 H399。

6B 层　大溪文化三期堆积。分布在 T1179 西部及以西各探方。棕褐土，内含大量红烧土，带黏性，内含少量沙。厚 5~36 厘米。出土陶片以红陶为主，少量灰陶。多为素面，也有少量粗弦纹。可辨器形有红陶罐、碗、釜、灰陶豆、盖纽等，以釜口沿最多。T1178 的 6B 层下压大溪文化三期房址 F82，T1179 的 6B 层下压大溪文化三期房址 F80。但这些被叠压遗迹仅有少数见于北壁剖面。

6C 层　大溪文化三期堆积。主要分布在 T1179 西部及以西各探方，T1180 仅零星分布。深棕褐色土，含红烧土和炭末。厚 10~18 厘米。出土陶片以红陶为主，少量灰陶。大多素面，少量粗弦纹和刻划纹。可辨器形有釜、盆、碗、罐。T1180 的 6C 层下压大溪文化三期 H406、G75 和二期城墙筑土的 3C 层，T1177 的 6C 层下压大溪文化三期房址 F84 和灰坑 H413、H414、H429，T1178 的 6C 层下压大溪文化三期灰坑 H418，T1128 的 6C 层下压大溪文化三期灰坑 H426。

6D 层　大溪文化三期堆积。仅分布于 T1177、T1178 和 T1179 西部。黄褐土，内含少量红烧土。厚 10~30 厘米。包含物较少，仅见少量红陶碗、盘残片。T1177 的 6D 层下压大溪文化三期灰坑 H424。

第 7 层　分为 7A、7B 二小层。

7A 层　大溪文化三期堆积。灰黄土，土质紧密，黏性较重较纯。分布在 T1179、T1178。东端被三期城墙第 6 层堆土打破，西端被三期城墙第 5 层堆土打破。厚 20 厘米左右。出土少量陶片，陶衣磨损严重，器形难辨，但可见有夹砂红陶扁平鼎足，还有极少的彩陶片。

7B 层　大溪文化三期堆积。T1178、T1179 有零星分布。黄褐土，含少量红烧土。厚近 20 厘米。T1178、T1179 的 7B 层下压大溪文化二期房址 F83。但北壁剖面不见 7B 层。

第 8 层　大溪文化二期堆积。分 8A、8B 二小层。

8A 层　分布于 T1178 全方和 T1179 西部、T1180 近南壁。灰褐土，土质较硬，含红烧土。厚 15~40 厘米。T1179 的 8A 层下压大溪文化二期灰坑 H422 和 t2（黄土台 t2）。T1178 的 8A 层下压大溪文化二期灰坑 H425、H428。T1180 的 8A 层下压大溪文化二期灰坑 H391。

8B 层　仅分布于 T1179 近北壁的极小范围。青灰色膏泥，土质纯净。厚 5~10 厘米。T1128、T1129、T1178 的 8A 层下，T1179 的 8B 层下压 Y10。以上遗迹均不见北壁剖面。

（三）T1131、T1130、T1129、T1128、T1127 南壁剖面

地层堆积与北边五个探方相近。从 T1128 南壁剖面可以看出三期城墙内坡Ⅲ3 是压于 5 层之下。从 T1128 的西部到 T1130 的东部为三期城墙的顶面，其下均清楚地可以看出墙体直接压在 6A 层上。其外坡从 T1131 西部开始向东倾斜。因 T1130 南壁剖面缺 6C 层，所以图上显示二期城墙压在 6B 层下（图四二）。

此剖面所含五个探方的遗迹为：T1127 的 2 层下压石家河文化晚期灰坑 H387。T1129 的 3C 层下压屈家岭文化二期灰坑 H385。T1129 的 3C 层下压屈家岭文化一期墓葬 M778。T1129 的 5 层下压屈家岭文化一期灰沟 G66。T1127 的 6A 层下压大溪文化三期墓葬 M780、M782。T1127 的 6B 层下压大溪文化三期灰坑 H407。T1128 的 6B 层下压大溪文化三期墓葬 M786。T1129 的 6B 层下压大溪文化三期灰坑 H398。T1130 的 6B 层下压大溪文化三期灰坑 H400、H402、H404、H405。T1127 的 6C 层下压大溪文化三期灰坑 H409、H410。T1128 的 7A 层下压大溪文化三期灰坑 H416、H421、H423。T1129 的 7A 层下压大溪文化三期灰坑 H419。T1129 的 7B 层下压大溪文化二期墓葬 M788。T1180、T1130 的 7B 层下压城Ⅱ，城Ⅱ下压大溪文化二期灰坑 H408、H411。T1128 的 8A 层下压大溪文化二期灰坑 H417。1997 年已部分发掘的 H210 压在 T1129、T1128 的 8A 层下。T1177 的 6D 层下压黄土台 t1（该方无 7、8 层），T1178 的 8A 层下压黄土台 t2（该方无 8B 层）。T1128 的 8B 层下压黄土台 t3，T1129、T1179 相连部分的 8B 层下压黄土台 t4。四个黄土台的年代均属大溪文化二期。以上遗迹均分布在 T1127～T1131 内，但在其南壁剖面上仅见到其中的一部分。

1999 年七区共发掘清理灰坑 42 个（不包括 1997 年已部分发掘的 H210），灰沟 8 条，房基 5 座，墓葬 10 座，陶窑 1 座。七区遗迹与地层关系见表一二，遗迹分布情况见图四三。

表一二　　　　　　　　　　　1999 年七区地层与遗迹关系示意表

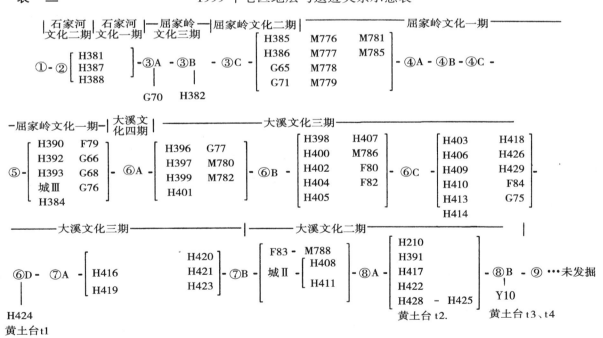

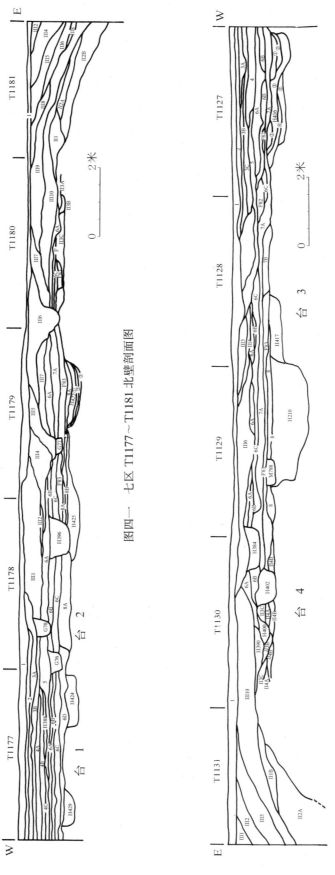

图四一 七区 T1177~T1181 北壁剖面图

图四二 七区 T1131、T1130、T1129、T1128、T1127 南壁剖面图

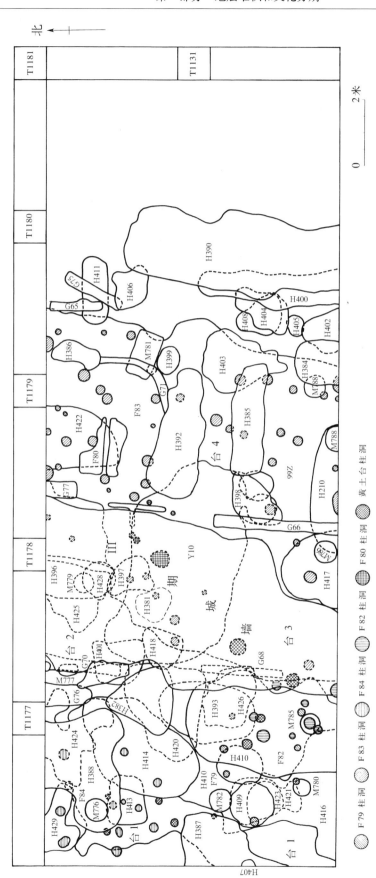

图四三 1999 年七区遗迹分布图

七　第八发掘区

2000 年在城区内东北部第八发掘区开探方 12 个，即 T1773～T1775、T1723～T1725、T1673～T1675、T1623～T1625。但后因长期雨雪，无法完成发掘任务，只得将北边的六个探方，即 T1773～T1775、T1723～T1725 发掘到第 6 层即行停止。当发掘临近结束时，为了追寻城东北部位几期城墙的位置和走向，决定沿第八发掘区南壁（亦即 T1623～T1625 的南壁）向东延伸开 2 米宽、15 米长的探沟，其位置在 T1626～T1628，当年未能挖到原生土。2001 年冬将这条探沟继续下挖直至原生土。另沿八区南壁向西开宽 2 米的探沟，位置在 T1622、T1621、T1620，同样长 15 米。这向东、向西所开二条探沟的地层和遗迹在"第一部分：遗迹"的"第一章：城墙、护城河（环壕）"中的东北部位城墙和环壕解剖一节将作详述，此处不再涉及。

（一）T1625、T1624、T1623 南壁剖面

2000 年发掘的八区地层依南部六个探方划分为 10 层（图四四）。

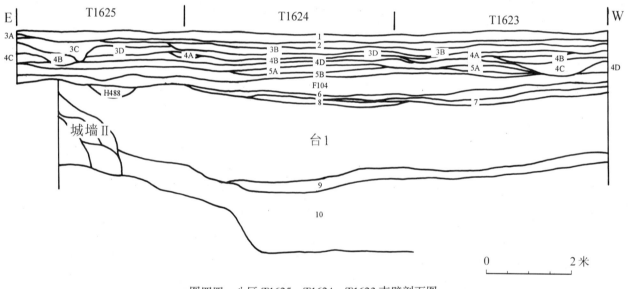

图四四　八区 T1625、T1624、T1623 南壁剖面图

第 1 层　耕土层。各探方均有分布。浅灰土，土质细，内含大量稻根、须。厚 10～20 厘米。

第 2 层　近代淤积层。除 T1625 南部外均有分布。灰白土，土质软。厚 7～20 厘米。出土少量瓷、瓦片。

第 3 层　分 3A、3B、3C、3D 四小层。除 3D 层为石家河文化晚期堆积外，余均为扰乱层。

3A 层　分布于 T1623 东北角、T1624 东北部，T1625 东南角也有零星分布。黄褐土，土质硬，内含铁锰结核。厚 15 厘米左右。出土近代瓷片、瓦片等。仅 T1625 方内 3A 层见于南壁剖面图。

3B 层　T1623、T1624 除被近代坑打破的部分外均有分布。深黄褐土，土质硬，内含大量铁

锰结核。厚 10～20 厘米。出土有唐宋瓷片。

3C 层　分布在 T1625 东南部。深黄灰土，土质疏松，内含大量碎小的砂石颗粒和少量红烧土末。厚 15～45 厘米。出土红、黑陶片，但数量较少。

3D 层　石家河文化晚期堆积。分布于 T1624 南部、T1625 东北角和西南角。厚 10～20 厘米。灰黑土，土质硬，且细密较纯。几无陶片。

第 4 层　分为 4A、4B、4C、4D、4E 五小层。4A、4B 层为石家河文化晚期堆积，4C、4D、4E 层为石家河文化早期堆积。

4A 层　分布于 T1623 全方、T1624 中部、T1625 西南角。深灰色绛斑土，质地细密。厚 10～15 厘米。包含物极少，仅少量灰陶和红陶片。大多为素面，偶见绳纹、方格纹。可辨器形有戳印纹鼎足。

4B 层　分布于 T1625 大部、T1624 中南部、T1623 中部偏西。灰褐土，含较多红烧土块，质地较硬致密。厚 10～25 厘米。出土少量红陶及灰陶片。大多素面，个别有弦纹。

4C 层　仅分布于 T1623 西南角和 T1625 东南部。灰色淤土层，质地细密，内含少量红烧土末。厚 20～50 厘米。出土有泥质红陶、灰陶及黑陶残片。可辨器形有盆口沿、扁平戳印纹鼎足、红陶杯、豆、黑陶圈足壶、环等。

4D 层　T1625、T1624 和 T1623 普遍分布。深灰褐土，质地紧密，内含大量红烧土块。出土陶片较多，以灰陶为主，红陶次之。可辨器形有豆、鼎足、碗、钵、罐、器盖等，同时还出有石镞。T1623、T1624 此层下压石家河文化早期房址 F102。

4E 层　仅分布于 T1623 西南角。浅灰黄土，内夹红烧土块，质地紧密。厚 10～20 厘米。出土陶片以泥质红陶为主，灰陶次之。可辨器形有豆、鼎足、罐、钵、盆等。

第 5 层　可分为 5A、5B 两小层。

5A 层　屈家岭文化晚期堆积。分布在 T1623 近南壁、T1624 南部。浅褐土，质地紧密，带黏性，含少量红烧土。厚 0～20 厘米。出土陶片以红陶为主，灰陶次之。可辨器形有敛口罐、平底盆、双腹盆等。

5B 层　屈家岭文化早期堆积。分布于 T1624、T1625 全方和 T1623 西北角、东南角。深褐土，稍含沙，内夹红烧土。厚 5～30 厘米。出土陶片较少，以红陶稍多，也有极少量的灰陶和黑陶。大多素面，有少量贴弦纹。可辨器形有罐、钵、豆等。T1624 的 5B 层下压大溪文化三期墓葬 M799，T1623～T1625 的 5B 层下压大溪文化三期房址 F104 的废弃堆积。厚 30～60 厘米，为黑褐土夹十分密集的红烧土块，有些地方几乎全部为红烧土，内夹大量陶片。

第 6 层　大溪文化三期堆积。编为黄土台 t2。分布在 T1624 全方、T1623 大部、T1625 西北部。黄褐土，质地紧密，偶含红烧土块，可能为 F104 的建筑台基。台基下压大溪文化三期灰坑 H488、H489。台基厚 20 厘米左右。层面出土陶片以红陶为主。器形保存较好，以圈足盘最多，另有釜、罐。T1625 的 6 层下压大溪文化三期灰沟 G91。

第 7 层　大溪文化三期堆积。仅分布于 T1623 西北角及近南壁、T1624 南部。黑灰土，内夹大量植物杆烧成的灰烬，有的地方全为灰烬层，并夹有较零散的红烧土颗粒。厚 0～20 厘米。出土少量陶片，以红陶为主，还有部分夹炭红衣陶。器形有罐、瓮、钵。另外还出有石锛。

第 8 层　大溪文化二期堆积。分布于 T1623 东北角、T1624 除东南角以外的部分。浅黄土，土质细密，内含少量红烧土颗粒，土质较纯。厚10～15厘米。出土陶片较多，以红陶为主，可见少量弦纹。可辨器形有釜、内卷沿厚胎圈底大盆、罐等。T1623～T1624的8层下压厚达1.75米厚的黄土台，编号为黄土台t1。黄土台露头在距地表1.55～1.85米深处，为深黄土，土质十分细密，较硬较黏，夹有棕色斑点。出土陶片极少，以红陶为主，并有极少量的夹炭红衣陶。可辨器形有盆、罐等，也有圆锥状鼎足，并发现兽骨。黄土台台面平坦，近北隔梁处稍向下倾斜。

黄土台t1下发现大溪文化环壕。从T1623～T1625南壁开始向北解剖了9米宽。环壕的外坡已显露，而内坡在发掘区外，深近2米。淤泥定为9层和10层。

第9层　青灰色淤泥，较黏，松软纯净。厚20～30厘米。所含陶片较少，均为夹炭红衣陶，有罐、钵口沿，并有极少腐朽的木桩和兽骨。

第10层　黑灰腐殖质层，含较多的木、竹、芦苇等植物以及较粗大的兽骨和少量陶片。东端厚0.6米，西端厚1.5米，其下为生土。八区与七区的黄土台各自编定序号。

2001年冬将前一年已开挖但未到底的跨T1625东隔梁、T1626～T1628的探沟挖到原生土，地层关系证明所发现的城墙为二期城墙，而城墙之西的环壕则为一期城墙的环壕。一期城墙在一期环壕的西面。

（二）T1623、T1673、T1723、T1773西壁剖面

地层堆积与T1625、T1624、T1623南壁剖面大体相近，但缺失3C、3D层（图四五）。

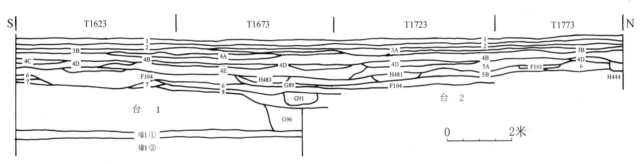

图四五　八区T1623、T1673、T1723、T1773西壁剖面图

T1673～T1675的北隔梁、T1723～T1725和T1773～T1775两排探方仅局部露出黄土台t2即未往下发掘。西壁剖面图所示T1623、T1673、T1723、T1773除T1623所出遗迹在前面已介绍外，其他几个探方所出遗迹有：T1773的3C层下压石家河文化晚期房址F101，T1673的3D层下压石家河文化晚期灰坑H438，T1773的4B层下压石家河文化晚期灰坑H444，T1673的4C层下压石家河文化早期墓葬M796、4D层下压石家河文化早期灰坑H482，T1723的4D层下压石家河文化早期灰坑H481、灰沟G83，T1673的4E层下压屈家岭文化晚期灰坑H483，T1673的5B层下压大溪文化三期墓葬M794、6层下压大溪文化三期灰坑H556。

其他未在以上两个剖面图显示的各探方所出遗迹还有石家河文化晚期灰坑H439、H446、墓葬M795（3D层下），灰坑H436、H437、H445、房址F89（4B层下），石家河文化早期灰坑H449（4C层下）、H480（4D层下），大溪文化三期墓葬M798、灰沟G89（5B层下），灰沟G91（6层下）、G92（F104下），大溪文化二期灰沟G93、G96（8层下）。G96保存极短，在平面图上未绘出。

　　2000 年在八区共揭露和清理了墓葬 5 座、灰坑 15 个、灰沟 6 条、房址 4 座。2001 年在八区开探沟揭露和清理了灰坑 H619（屈家岭文化一期）、H611（大溪文化四期）、H620（大溪文化三期），H615～H618（大溪文化二期）共 7 个，墓葬 M907（屈家岭文化三期）1 座。八区 2000 年发掘的地层与遗迹关系参见表一三，遗迹平面分布情况见图四六。

表一三　　　　　　　　　2000 年八区地层与遗迹关系示意表

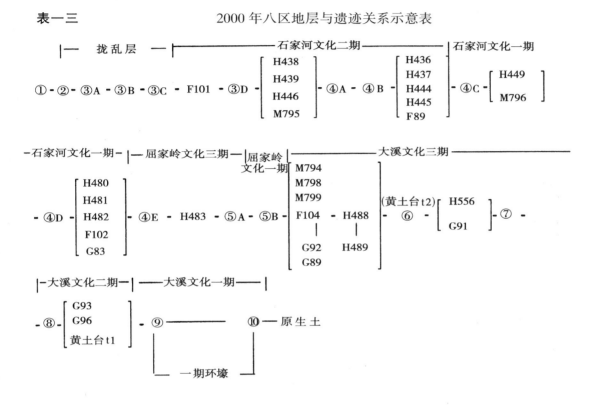

八　第九发掘区

　　即 YT01～YT04，其地层将在第二部分遗迹的第一章城墙、护城河（环壕）之三，即"东城墙和环壕（护城河）解剖"中作详细说明，请参阅有关章节。因该区地层和遗迹均较简单，在此处不再附地层与遗迹关系示意表。

　　城头山城址新石器时代文化经历了汤家岗文化、大溪文化、屈家岭文化和石家河文化四个阶段。汤家岗文化因分布范围小、地层较薄、出土遗物不够丰富，无法进一步分期。大溪文化堆积是城头山城址内最丰富的堆积，我们将其分为一、二、三、四期，这四期包括了大溪文化肇始到终结的全过程。有部分学者将大溪文化分为五期，所分第五期在我们的观念中历来是将其视作屈家岭文化一期。因此我们将屈家岭文化分为一、二、三期，其中的第二期也就是部分学者所称的屈家岭文化早期，第三期也就是部分学者所称的屈家岭文化晚期。城头山城址内无论屈家岭文化

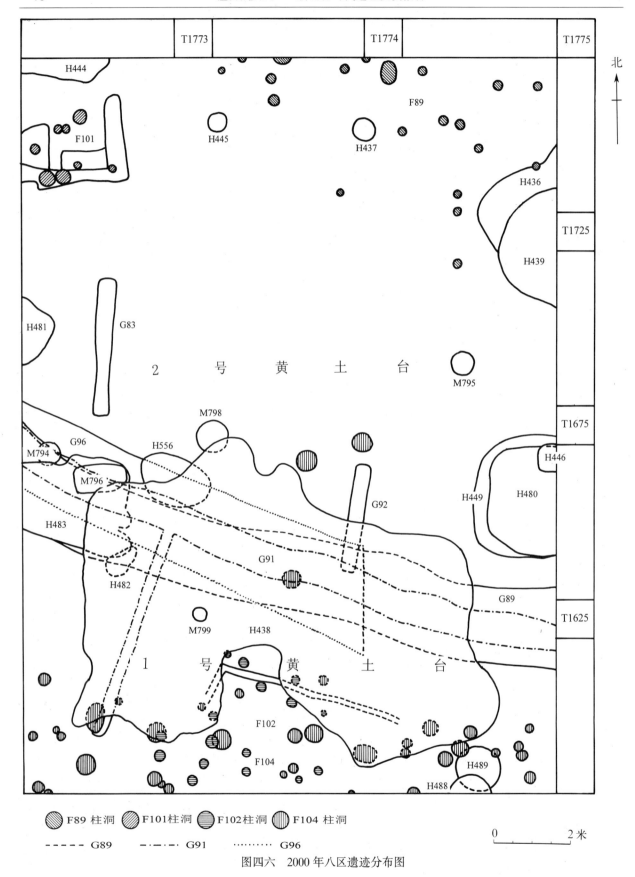

图四六　2000 年八区遗迹分布图

一期还是二期、三期，遗存均十分丰富，特别是出土了大批墓葬，为分期提供了可靠的地层和器形变化的依据。石家河文化在城头山城址内分布不普遍，而且堆积不厚，墓葬、灰坑等能有复原器形的遗迹也不多，因此无法依考古学界惯常的分法将其分作三期，而较为笼统地将其分作早、晚两期，实在感到有些无奈。

城头山古城址大面积发掘有十个年头，以后又作了两次补充发掘，发掘区域分散，因此地层的划分不统一。尽管一个发掘区内多年发掘的地层尽力做到重新统一，但也难免有疏误。至于第一发掘区，包含着极为复杂的地层堆积和遗迹现象，既有一、二、三、四期城墙，也有一、二期环壕，而其发掘又经历了1993年、1994年、1996年、1997年、1998年、1999年、2002年七个年度，且多非成片揭露，以致至1999年以后对其范围内各期城墙、环壕的准确期别才有一个明确的认识。至于这些遗迹之间、遗迹与地层之间极为复杂的关系，至今仍只能说基本摸清，还不敢坦言已彻底解决。为了使读者明白，我们对每个发掘区各年发掘的地层与遗迹提出了一个关系示意表，同时还造具了"城头山遗址地层分期表"（表一四），期盼能对读者有所助益。而一区，因为情况特别复杂，不可能将所有探方的地层与遗迹之间的关系用示意表的形式交代清楚，甚至不可能完全将所有探方、探沟的各个层次时期准确定位，但又想能使读者不致过分迷茫，于是我们设计了"城头山遗址第一发掘区部分探方地层分期表"（表一五），将地层的时代较有把握的多数探方、探沟纳入表中。至于各个地层与遗迹的关系，实际上主要涉及所在范围内城墙、环壕、通道等的地层关系，好在这些地层关系在第二部分遗迹的第一章有了较详细的交代。当然这部分要看得明明白白，必须对照相关的平、剖面图。而且即使如此，也仍将十分费力。由于水平关系，我们实在缺乏最好的方式以表述得更加清晰明白，内心深感遗憾和歉疚。

表一四   城头山遗址地层分期表

区域年度＼期别	汤家岗文化	大溪文化				屈家岭文化			石家河文化		备注
		一	二	三	四	一	二	三	一	二	
二区 (1994,1999,2000年)						6B	6A	5C、5B、5A	4C 4B 4A 3D 3C	3B、3A	
三区 (1993~1995年)		8	7			6			5 4		
四区 (1993年)						4	3B	3A		2B、2A	未发掘到底
四区 (1994,1995年)			18	17		16	15	14		13、12、11、10、9、8、7、6、5、4、3、2	
四区 (2000年)		7	6、5	4C、4B、4A、3				2C、2B	2A	1	

续表一四

区域年度＼期别	汤家岗文化	大溪文化 一	大溪文化 二	大溪文化 三	大溪文化 四	屈家岭文化 一	屈家岭文化 二	屈家岭文化 三	石家河文化 一	石家河文化 二	备注
五区						6	5B、5A		4B	4A	未发掘到底
六区（1992年）	9下	9、8、7	6、5	4		3				2	
六区（1998年）	15	14、13、12、11、10	9、8C	8B、8A、7、6				5B	5A、4	3B、3A	
六区（2000年）	8	7	6B、6A、6	5	4B、4A				3B	3A	
七区（1996，1997年）		13、12、11、10、	9、8、	7	6	5、城Ⅲ	4、城Ⅳ	3		2	
七区（1998年）	稻田Ⅰ	16、15、14、13、12C	12B、12A、11、10、9B、9A、8、7	6、5	4B、4A						
七区（1999年）			8B、8A	7B、7A、6D、6C、6B	6A	5、4C、4B、4A	3C	3B、3A			未发掘到底
八区		10、9	8	7、6		5B		5A、4E	4D、4C	4B、4A、3D、3C	
九区				5		4			3B	3A	

表一五　　　　　　　　　　城头山遗址第一发掘区部分探方地层分期表[*]

探方与发掘时间 时期		T6404、 T6504 （1999 年）	T6355、 T6405 （1999 年）	T6455、 T6454、 T6453、 T6452、 T6402 （1999 年）	T6552、 T6502 （1999 年）	T6451、 T6401、 T4401 （1996、 1997 年）	T4351 （1996、 1997 年）	T4352、 T4452、 T4402 （1996、 1997 年 探沟）	T6251、 T6301、 T6351、 T6401、 T6451 （1994 年 探沟）
大溪文化	一期	24～22	23～16	18、17	9	18	13～9	8	8
	二期	21～16	15～10	16～9	8、7	17	8、7	7	7
	三期	15～5A	9～5A	8～5	6、5、4、3	16～8	6	6	6
	四期	4～3	4～3	4～3		7～4			
屈家岭文化	一期						5、4、3、城Ⅲ	5、4、3、城Ⅲ	5、4、3、城Ⅲ

[*]　因整个一区上部均压着Ⅲ、Ⅳ期城墙，城墙之下有些探方压着环壕，有些则压着环壕外的文化层，因此情况
极其复杂；又因各年发掘各探方层次极难统一，故此表所列仅供参考。

第二部分

遗　迹

第一章　城墙、护城河（环壕）

城头山古城址与一般聚落遗址最大的区别是筑造了防御设施城墙，开挖了环壕（大溪文化时期）和护城河（屈家岭文化时期）。因此，我们的发掘工作自始至终将搞清各期城墙、护城河（环壕）的位置、规模、年代及附属设施作为首要任务。从 1991 年试掘开始，我们即采取开探沟的方法，解剖了多处城墙和环壕。2000 年冬大规模发掘结束后，又于 2001 年冬和 2002 年春配合护城河复原工程，对城墙、护城河（环壕）做了进一步的解剖，并为更准确地确定各期城墙、护城河（环壕）的相对位置、规模、堆积，做了密集的补充钻探。现在可以认为：这一关键性的课题已获得比较圆满的解答。现在将各处解剖探沟的情况详细介绍如下。

一　西南城墙解剖

从 1991 年开始，历经 1992、1993、1996、1997 四年的发掘。1991 年开始布置探沟时，尚未对整个城址的发掘作长期规划，未能将所布探沟纳入后来统一划定的发掘区和探方编号之中。当时选择城墙西南角进行解剖，是因为这里烧砖、建房挖出了一条正东西走向，贯穿城墙内外的大剖面，这样恰好可以作为探沟的基础。探沟宽 1.5 米，全长 26 米，临时编号 T1。探沟所处位置南侧为完整的墙体，北侧为农户房基和道路。北侧墙体已挖低近 3 米，因此只有南面墙体保存了从上至下的地层。1991 年冬 T1 挖到原生土的地段仅有从东往西 5～7 米段和 23～26 米段，也就是整个城墙内坡的墙根部分和墙外坡的墙根部分。而城墙主体在 T1 的中部，未能挖到墙体底部。但因城墙主体东西两头分别被编号 M2 和 M3 的两座战国楚墓所打破，墓壁上显露出城墙主体部分的剖面。此次，凡在整个探沟所切城墙的横断面上未挖到生土的部位，多钻探到生土。但因当时未能意识到城头山古城有多个时期的筑城遗迹，因此误将整个墙体视作同一时期。1993 年 12 期《文物》发表了由湖南省文物考古研究所和澧县文物管理所整理的《澧县城头山屈家岭文化城址调查与试掘》，依据城墙内坡上的堆积认定城墙筑造年代的下限为屈家岭文化中期，距今 4800 年左右。1993、1996 和 1997 年冬，将 T1 全线贯通，并全部挖到原生土。同时，由于墙体南剖面，特别是两座楚墓墓坑因雨水冲刷坍塌，因此，探沟向南展宽 0.5 米。这样，两座楚墓墓坑在剖面上消失，整个南剖面显得十分平整，更便于观察地层。T1 东端未能继续延伸，因为再往东即是稻田。为了探寻城墙外的环壕，探沟向西延伸了 12 米，总长度达 38 米。1999 年第 6 期《文物》发表的《澧县城头山古城址 1997—1998 年度发掘简报》中的城头山西南城墙南壁剖面图即是 1997 年冬发掘所绘。当时用以确定第一期城墙时代的是打破该期城墙的一个灰坑（未编号），其年代被认作是该期城墙筑造时间的下限。但 1998 年冬墙体继续坍塌，剖面再次修整，该灰坑在现在保护着的西南城墙剖面上完全消失。

最后观察到的西南城墙探沟南剖面的堆积情况如图四七。为了使读者能看懂该图所反映的遗迹和地层关系，需作以下说明：（1）Ⅰ、Ⅱ、Ⅲ、Ⅳ 期墙体在剖面上以城Ⅰ、城Ⅱ、城Ⅲ、城Ⅳ标记，而未与其他地层统一编层次。（2）城Ⅰ内坡上的文化堆积为第 7 层，其外坡堆积为第 8 层，但外坡堆积可分四小层，依相互叠压关系，从晚至早依次标为 8A、8B、8C、8D。城Ⅱ的外坡堆积晚于编为 6 层的内坡上的文化堆积，因此其外坡堆积为第 5 层，并含 5A、5B、5C 三小层。城Ⅲ墙体外坡也有多层堆积，土质纯净，推定为筑造城墙主体时在Ⅰ、Ⅱ期城墙外坡堆积之上堆筑而成，主要是为了运土方便，也可能是为了防止筑城时垒筑的土下滑，因此我们将其不定为城外堆积，而视为筑城工程的一部分，将其编为城Ⅲ③、城Ⅲ④、城Ⅲ⑤（因第三期城墙主体分为城Ⅲ①和城Ⅲ②两大层）。现在依次介绍西南城墙南剖面的堆积情况（图四七）。

第 1 层 耕土层。灰褐土。中间薄，两头厚，因近代平整城墙表土和农耕形成。最厚处 0.75 米。

第 2 层 扰土层。分布于整个墙体的内、外坡。浅灰色砂质土，结构疏松。最厚处 1.4 米。内含少量汉代瓦片和近代瓷片，也有极少量的新石器时代陶片。

第 3 层 整个墙体内坡上的堆积物。最厚处 1.2 米。依土质、土色可分为七小层。因 1991 年此层细分小层比较准确，且出土物较多，而以后几年探沟展宽，此层出土物较少，且未超出 1991 年出土物的范围，因此，本报告借用 1991 年发掘所细分的层次及出土物。但需要说明的是：在《澧县城头山屈家岭文化城址调查与试掘》[①] 中，将这七小层依次编为 3 至 9 层，（参见原简报所附图），而在本报告中是依第 1 小层至第 7 小层加以叙述。第 1 小层为白色土，出土陶片以泥质红胎黑皮陶为多，最常见篮纹和方格纹，可见麻面鼎足，为石家河文化晚期堆积。第 2 小层为深灰色土，出土陶片以砂红、砂灰、泥灰居多。纹饰常见拍印的篮纹、方格纹和戳印纹。可见扁平刻划纹鼎足和高颈冲天流式鬶，时代为石家河文化早中期。第 3 小层为黄褐色土，内杂灰土。出土陶片少，纹饰以篮纹居多。可见夹砂灰陶缸、盘口罐等，可能属石家河文化早期。第 4 小层为灰白土，出土陶片少而碎。第 5 小层为红褐土，质硬，内夹大量炭粒及红烧土颗粒。陶片以泥质黑陶为主，同时有泥质灰陶。纹饰以贴弦纹为主，也有少量篮纹。器形可见釜、簋、豆、盘、罐等，为屈家岭文化晚期堆积。第 6 小层为纯黄土，仅局部分布，陶片少，可能为第 5 小层下的间层。第 7 小层为深褐色土，显花斑，内夹较多炭粒和红烧土块。此层遗物较丰富，以泥质黑陶最多，泥质灰陶和黄褐陶次之。纹饰多为贴弦纹，其次有戳印、镂孔、乳钉纹。多见小型薄胎陶片，可

① 湖南省文物考古研究所、澧县文物管理所：《澧县城头山屈家岭文化城址调查与试掘》，《文物》1993 年 12 期。

辨器形有圈足簋、碗、盘、小罐等，最具代表性的是盉、叠沿敛口盆、双腹碗、盘口高领罐、高直口扁腹乳钉纹粗红陶壶等，为屈家岭文化中期堆积。其下所压为纯净的黄青膏泥城墙筑土，属最后一期，即第四期城墙东坡。

以下将分别介绍各期城墙的墙体、各期城墙的内坡和外坡堆积，各期城墙之间、各期城墙与其他地层、遗迹之间的关系。

第四期城墙（城Ⅳ）墙体现存顶部直接压在第 1 层即耕土层下，其内外坡（即东、西坡）均从西向东倾斜，底部近平，因此在剖面上呈现的形状近于平行四边形，其实是依城Ⅲ内坡（东坡）向东扩宽形成。底部东西长约 11 米，其中东段近 8 米直接压着第 7 层，其余压着第 4 层。城Ⅳ最厚处 2.75 米。浅黄色胶泥，土质纯，内夹大块青灰色胶泥，显系取自原生土层深部。每隔 40～50厘米粗略地夯筑一层，层面可见不太清晰的夯窝，墙土中留存有大量大块河卵石，推定是夯筑工具。不见文化遗物。

城Ⅳ下压的第 4 层东西长约 10 米，除 1.6 米左右压在城Ⅳ底下外，其余 8 米左右长度压在城Ⅲ墙体之下。第 4 层为较紧的灰褐土，内含极少量红烧土颗粒，厚 20～30 厘米，未能采集到陶片标本。

第三期城墙（城Ⅲ）在整个探沟的中部和偏西部，顶面与城Ⅳ顶面平齐。可见其筑造程序为：首先在构筑墙体最底部时用颜色略浅的黏土平整铺垫厚约 20 厘米的一层作为垫底（图四七中标为城Ⅲ①底），这一层大段压在 4 层之上，小段压在 6 层之上。然后在第二期城墙（城Ⅱ）内坡上段依坡势铺筑一层厚约 80 厘米的深黄色胶泥（图四七中标为城Ⅲ②），其东端打破城Ⅲ①底和第 6 层。然后再堆筑城Ⅲ的主体部分，即图四七所标城Ⅲ①。城Ⅲ①最厚处近 3米，纯黄胶泥略加夯打。因年代久远，土层显得很紧实，有四个不太显明的夯层。但与城Ⅳ有明显区别的是筑土中基本不见河卵石。城Ⅲ与城Ⅳ接触的坡面有一层明显的铁锰结核，显示它们属不同时期筑造。

城Ⅲ所压的第 6 层厚 10～40 厘米，底面平，顶部由东向西倾斜，逐渐变薄，以致消失，为疏松的黑色草木灰层，内含陶片多为泥质黑陶，有簋形器、方唇细弦纹高领罐、小鼎、釜等。这群陶器的时代我们将其定为屈家岭文化最早一期，也有学者将其划为大溪文化最晚一期，即他们所说的大溪文化第五期，其绝对年代距今 5300 年左右，它们可被视作城Ⅲ筑造年代的下限。

在城Ⅲ筑造的时候，城Ⅰ、城Ⅱ即已存在，它们的外坡堆积已把其外的Ⅰ、Ⅱ期环壕（或其内侧）基本淤满。城Ⅲ则是直接压在城Ⅱ之上，而城Ⅱ又是在城Ⅰ基础上加高形成的。图四七在整个墙体外坡标为Ⅲ③的小片筑土，发掘者疑其为筑造城Ⅲ主体时所筑，用作填补当时整个墙体外坡的一处明显凹陷。而标为城Ⅲ④、城Ⅲ⑤、城Ⅲ⑥的地层有两种可能，一为城Ⅲ的外坡堆积，二为筑造城Ⅲ主体之前在外坡（实际是由城Ⅰ、城Ⅱ的外坡堆积组成），或是为了运土方便，或是为了防止筑城Ⅲ时垒筑土块的下滑。

由于第二期城墙（城Ⅱ）实是第一期城墙的略为加高，为了讲清其关系，将叙述方式加以改变，即先讲城Ⅰ的建筑及其地层再讲城Ⅱ的建筑及其地层也许更易于让读者明白，所以以下建筑和地层关系基本采用从早至晚的叙述方式。

城Ⅰ筑造在探沟偏西部位，直接筑造在原生土面上，呈丘状，墙基宽 11 米，墙体最厚处 1.5米，其外坡（西坡）坡脚已处于徐家岗台地西缘。红褐色黏土筑造，未见明显的夯筑痕迹。其内坡上压着第7层。第7层是探沟内最早的文化层，它与城Ⅰ一样直接压着原生土。分布在整个墙体的东段和中段，压于6层下。黑灰土。其西端上翘，压住城Ⅰ东坡坡脚。1991年试掘时在7层底部曾发现灰坑、房基等遗迹。1997至1998年发掘时，在7层中出土了泥质红陶盘、红陶釜、红陶腰鼓形大镂孔器座和红陶厚胎锅形器①。这些都是大溪文化二期早段的典型器物。但此层厚达1.3米，极可能原本非一个文化层，按理还可细分。我们从7层上部和7层下部各取了一个标本交由中国地质科学院碳十四实验室测年，实验室标本编号分别为 CC3260（上层标本）和 CC3261（下层标本）。前者经树轮校正为距今 5730±100 年，后者为距今 5920±110 年，后一个标本所测年代与发掘者根据出土陶器判断一期城墙筑造年代超过6000年，属大溪文化一期的判断相吻合。

城Ⅰ外坡（西坡）的堆积在图四七上标为第8层，第8层分为多个互相叠压的小层次，以形成的先后，依次编为 8D、8C、8B、8A 层。其中形成时间较晚的 8B、8A 层已伸进了Ⅰ、Ⅱ期壕沟内，并压住了部分沟口。而 8C 层从原生土面开始，往上沿 8D 层和城Ⅰ墙体外坡伸展，一直堆积到城Ⅰ顶部，因此推定 8C 层极可能即是压在城Ⅰ之上的城Ⅱ筑土的底部一层。其上一层，即图四七所标城Ⅱ，则更应是二期城墙的筑土。城Ⅱ两层筑土最厚处共45厘米。灰黄土，无包含物，西端极小范围有被7层翘起压着的地层关系。因为7层未细分小层，翘起部分可能较7层下部堆积晚相当长的一段时间，因此只能以7层上层所采标本的碳十四测年，即经校正距今 5730±100 年作为考虑城Ⅱ筑造大致年代的依据，在《澧县城头山古城址 1997—1998 年度发掘简报》①中将城Ⅱ的筑造年代大体定为大溪文化中晚期，即距今5600至5300年之间。

城Ⅰ的外坡正处于徐家岗西缘，其西为环壕较陡的内坡坡岸，高约1.5米。再往西，在生土中挖出壕沟。1997至1998年的发掘，解剖了壕沟（环壕）内侧3米的宽度，外侧因与屈家岭文化时期的城墙外护城河相连，现仍为被村民称作"庙大堰"的广阔水面。因而无法对整个环壕从内至外发掘，甚至无法在小范围内挖到沟底。用探铲探到的深度为2～2.5米（以壕沟内岸开口为计算深度的基点）。

因为后一期城墙压着前一期城墙，因此除一期墙和四期城墙可以确定其底宽和现存高度外，其余两期城墙很难确认各自的底面宽和高度。从解剖结果看，如果二期城墙包括一期城墙外坡堆积（8A～8D），其底宽近15米。二期城墙加上一期城墙高度约2米。三期城墙如加上三期城墙外坡堆积（城Ⅲ④～城Ⅲ⑥），底宽近28米。如加上一、二期城墙高度，其高为4.8米。四期城墙底较三期城墙底往东拓宽9米，加上一、二、三期城墙底宽，更达到37米左右，高度则仍为4.8米。因为在《澧县城头山古城址 1997—1998 年度发掘简报》中未将前一期城墙外坡堆积视作后一期城墙墙体的一部分，所以将四期城墙总宽记为26.8米。一、二期城墙因呈馒头形，无法认定其顶部宽度。三、四期城墙顶部总宽度为16米，在《澧县城头山古城址 1997—1998 年度发掘报告》中因将内坡上堆积、扰乱层的宽度认作了城墙顶面的宽度，因此将三、四期墙体顶部总宽度误记为20米（彩版九）。

① 可参考《澧县城头山古城址 1997—1998 年度发掘简报》图三，载《文物》1999 年 3 期。

二　南城墙、护城河（环壕）解剖

（一）南城墙解剖Ⅰ

1993年，为了选择今后多年的发掘部位，沿城的东西和南北两条轴线，共开36条2米×5米的探沟，由中心点往南所开T6201探沟接触到了南城墙内坡。当年即决定将探沟向南延伸，除T6201外，还延伸至T6251、T6301、T6351（以上所讲探沟参见图五）、T6401、T6451、T6501等六个探方。其中T6501因大部分已到城墙外农田，其北端发掘了1米左右即行停止。T6351、T6401、T6451发掘至近3米深时发现尽是淤泥，并清理出了内外坡岸，发现有护坡设施，但一时无法确证是堰塘还是壕沟，暂时编号塘1。后继续下挖，更发现大量木头、植物籽实和动物骨骸。因从地表至塘或沟底有5～6米深，极易坍塌，而探沟太窄，因此无法完全清到底，至于沟（或塘）内堆积更无从进行科学的分层。至该年度发掘结束时，已能判断此处探沟从耕土层和扰乱层往下即为城墙，但因当时对西南城墙的解剖探沟尚未贯通，未能认识到有连续四次的筑城过程，因此同样将南城墙视作一次筑城，却又有诸多现象无法解释，只好在分层时，将分辨出是城墙筑土的层次均以3层标记（其上1层为耕土层，2层为扰乱层）。在城墙之下，则记明各层的土色土质，以及从北向南在哪个探方内有这种土层的分布及其厚度。1994、1996、1997、1999年又对牵涉到南城墙和其下塘1（或环壕）的一区做了多年的较大面积发掘，特别是全部揭露了一区范围内的塘1（后定为二期环壕），并清理出其内外坡及与其相关的遗迹，使我们对该处城墙和环壕有了新的认识。1994年发掘后，留下了城墙的剖面和城墙所压塘1（环壕）从开口至底的完整剖面。只是因当年即将整个一区盖棚保护，妨碍了剖面向两端伸展。因此，虽然从1996年以后西南城墙解剖即已确认有四次筑城，东城墙解剖也已初露四期城墙的叠压关系，但南墙则因整体城墙堆积两端均未到头，所以仍无法分辨出四期筑城的地层关系。在剖面上所见城墙可推定属三、四期，但究竟是三期还是四期，或者是三、四期紧连在一起，还难以最后作出结论。特别是南城墙是否有一、二期所筑，如有，是压在现在剖面上所见墙体之下，还是有位置的移动？诸多问题，直待2001年冬配合城址护城河的疏通复原工程，在南城墙开长90余米的大探沟后才最终得到了解决，从而也为我们正确解读1993年发掘留下的T6251、T6301、T6351、T6401、T6451五个探方的东剖面图提供了标准答案，使我们得以确认在探沟范围内可见二、三、四期城墙的墙体。经过多年的发掘，也使得原来不能确认是堰塘还是环壕的遗迹，最终得以确认是二期城墙外的环壕，但此段城壕至T6401与T6402交接处即被一通道截断，其西则是由多个在自然堰塘基础上改修成的环壕。同时，T6351、T4351北剖面上也见到第二、三、四期城墙叠压的地层堆积，并发现了二期城墙之外的栅栏遗迹。

这样，在本报告所附T6251、T6301、T6351、T6401、T6451探沟东壁剖面图上（图四八），将原底图所标第3层（即墙体筑土）分别列入A、B、C三组，参照西南城墙墙体的分期和T6351、T6451北剖面提供的叠压关系，得以确认A组各层为第四期城墙筑土。同时，将原编城墙筑土外的地层也重新进行了编层。为叙述方便，也为读者更易理解起见，此处将改变历来介绍地层从上

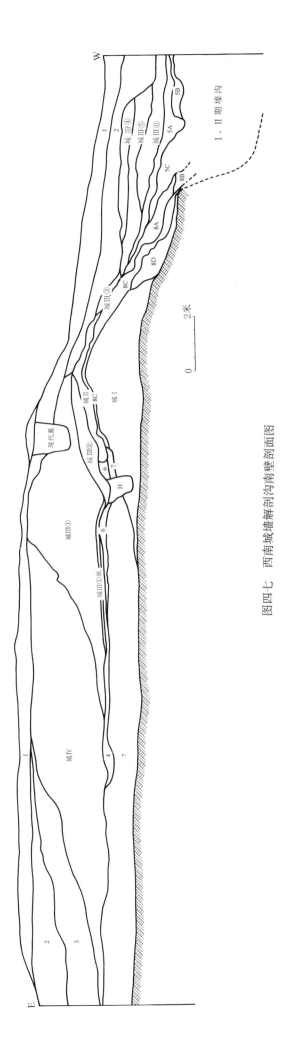

图四七 西南城墙解剖沟南壁剖面图

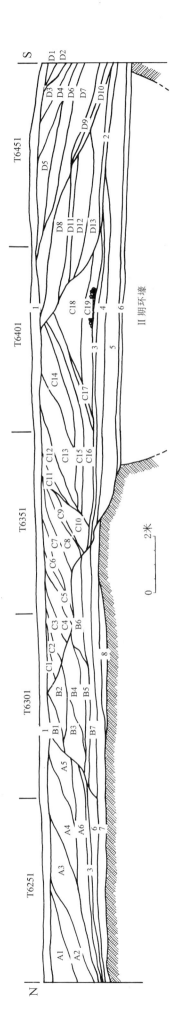

图四八 一区 T6251、T6301、T6351、T6401、T6451 东壁剖面图

而下，从晚至早的惯例，而采取自下而上，从早到晚的顺序。以下介绍 T6251、T6301、T6351、T6401、T6451 东壁剖面。

在原生土上，最早形成的地层为第 8 层。这一层仅分布于 T6301 大部和 T6351 北部四分之一地段，为较硬的绿褐土。所出陶片少而破碎，能大体看出器形的有宽折沿釜、泥质褐红胎黑皮陶深腹圜底罐、腰鼓形镂孔器座，时代可判断为大溪文化一、二期之交。

8 层之上为第 7 层。从最北的 T6251 北壁一直延伸到 T6351 中部。再往南，即是徐家岗台地的南缘，呈斜坡状下降。此层为浅黑褐土，较疏松，厚约 30 厘米。包含陶片较多，有宽折沿釜、折沿圜底钵，均为典型的大溪文化二期遗物，但也可见极少量的盘口釜残片和镂孔腰鼓器座残片，大体推断较 8 层稍晚，可能为大溪文化二期早段。

在 T6301、T6351 范围内 7 层以上筑土编为 B 组。B 组即第二期城墙。B7 为第二期城墙的最底层筑土。厚薄均匀平展。此层面上隐约可见用卵石夯打的浅窝，但较稀疏。浅褐土，内含极少量的碎陶片和红烧土块，推断取自城内文化堆积的土筑城。厚 25 厘米。

B6　即第二期城墙底层筑土之上的一层。东西长 2.8 米。南、北两端均呈坡状，上、下两面均较平整。褐黄土。厚 30～35 厘米。未出土陶片。

B5　分布在二期城墙西部。东端压在 B6 上。大部分厚薄均匀，而与 B6 交接处增厚。黄土，土质较硬。一般厚 10～15 厘米。不含陶片和其他文化遗物。

B4　压住了 B5 的大部分。黄褐土。厚 50～55 厘米。无包含物。

B3　下压 B4，也有少部分压着 B5。灰褐土，质地较细。最厚处 60 厘米。出土少量泥质红陶碎片，但无法分辨器形。

B2　下压 B3 和 B4。黄褐黏土，内含极少量的红烧土细末。最厚 50 厘米。

B1　压住 B2 北边斜面。黄褐土，内含少量膏泥，似取自较深的地层。最厚 60 厘米。无包含物。

推断第二期城墙的筑造程序为：首先平整地面，铺筑底层，并加以夯紧（彩版一〇，1）。然后在其上修筑南端，即外坡部分，再修筑内坡部分。依此先外坡后内坡交错堆筑，直至墙顶。此次解剖所采集的陶片标本，仅能初步确定其筑造年代上限不会早过大溪文化二期晚段，但其筑造的下限和废弃年代均无法认定。因此只能靠其他各处解剖所提供的年代依据来解决。

A 组和 C 组各层均为三期城墙筑土，它们分别处于二期城墙内坡之北和外坡之南。

我们先介绍二期城墙以北的 A 组。A 组实为二期城墙向北加宽后的三期城墙墙体。

A 组最底层之下有两个文化层。紧贴原生土的为第 7 层，向南延伸后直接压在二期城墙之下（前已介绍）。

7 层之上为 6 层。6 层南端压着二期城墙内坡坡脚。此层堆积由南向北倾斜，最厚处 28 厘米，黄褐色黏土。出土陶片极少，以泥质红陶为主，有出檐瓶口式盖纽和鼓形器座，但未见豆、瓶、高领罐等能代表大溪文化晚期的遗物，大体可以判断其为大溪文化中期遗物。因陶片太少，仅可确认早不过二期，晚不过三期晚段。在 6 层底、7 层面上，发现 23 个柱洞（图四九）。最小的柱洞直径 12 厘米，最大的柱洞 50 厘米。柱洞内的填土都较纯净，大致可分为两种：一种是灰白色砂性土，含少量黄土细粒，包括 D1、D3、D5、D6、D12、D14、D15、D16、D18、D19、D23，其他柱洞内填黏性土，土质较细腻。D12 包含在 D23 之中。柱洞深 10～12 厘米。此层层面上还有小面

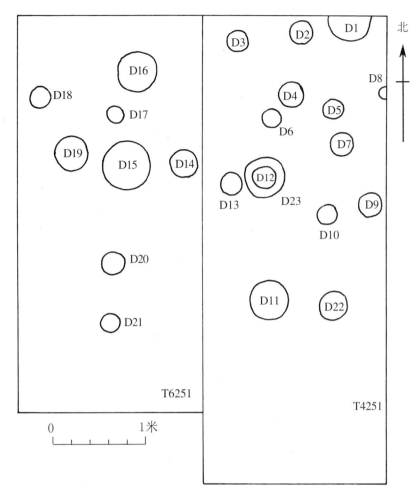

图四九 一区 T6251、T4251 第 6 层底柱洞分布图

积较密集的红烧土面，因此，这些土质柱洞极可能是一处房屋建筑，但也可能是时代略有早晚的两座房屋建筑。

6 层之上直接压着 3 层。而第 3 层又直接被三期城墙 A 组筑土所压。三期城墙 C 组筑土也同样压着第 3 层，此 3 层下压 4、5、6 三层。这三层的时代正处于其北第 7 层之后，所以 A 组筑土下的层次直接跳过 4、5、6 三层，编为第 3 层。第 3 层厚不到 10 厘米，基本平整，仅在与二期城墙内坡接触处往上翘起。其土质为松软的黑灰土，有明显的夯窝痕迹。出土陶器有细弦纹高领罐、篮形器，多为泥质黑陶，也有少量泥质灰陶[①]。总之，这期城墙所压的地层与西南部探沟剖面所见三期城墙所压 6 层无论土质土色、包含物都完全一样，与此处环壕开口之上直至三期城墙 C 组筑土之下的 3 层土质也几无区别，说明它们极可能同时铺筑，只是跳过了二期城墙所占部位。推定第 3 层土的来源极可能为筑城时城内最上部的文化层，也就是筑城当时形成的文化层，故而可以

---

① 这两种能看出器形的陶器，也是西南城墙解剖第三期城墙直接所压第 6 层中用以判断时代的典型器物，是湖南学者划定为屈家岭文化最早一期的标准器，还是部分学者划定为大溪文化第五期的标准器，这牵涉到两个文化分界线确定的问题，此不赘述。

作为筑造三期城墙时间的依据。此层土为城墙的垫底。

第3层之上为三期城墙最底一层筑土，编为A6。由南向北略显倾斜。从其趋势看，在探沟北端之外不远即将结束，而在南端压在二期城墙内坡和部分压着内坡的3层之上。黄褐土，土质紧密，可能略加夯打，但未见到夯窝。最厚处40厘米。基本无包含物。

A5、A4、A3、A2、A1，由紧贴二期城墙内坡起，依次叠压，除A1在探沟内未直接压着A6外，其余A5、A4、A3、A2全部又压着A6，均系依二期城墙内坡斜向堆筑。这一大层整体厚140厘米。A5为纯净的黄黏土，A4为浅黄褐色黏土，A3为黄灰色膏泥夹大块黄土，A2为浅黄土夹少量铁锰颗粒，A1为较细的黄土。各层均不见包含物。极可能取自城内文化堆积之下的原生土（城内南部紧靠三期城墙内坡外为低洼地，有可能是取土形成），因而愈是堆压在上面的层次应该愈是取自地层深处的原生土。

第三期城墙C组筑土，除较少地段或压着二期城墙外坡，或压着第7层南端形成的斜面，抑或压着7、8层、原生土与第二期环壕之间的斜坡（实即徐家台南缘）外，三分之二以上地段是直接压在二期环壕之上。此时二期环壕已大部分淤塞。由于1993年所挖探沟在二期环壕所处各探方的位置未挖到沟底，又因探沟太窄，无法正确分析、理解和判读环壕已挖深度各层次的形成和相互关系，因此，剖面图未表现出环壕内的堆积。经以后多年发掘，在此探沟以东又做了全面揭露，至1997年冬终于在T4352、T4402、T4452东壁做出了从墙顶到二期环壕底部，能观察到环壕清淤、护坡、淤塞等复杂现象的完整、准确的剖面。

1993年探沟三期城墙C组筑土之下仅发掘到第6层，即封住环壕开口的一层硬面。这层硬面，北起环壕北壁，南延伸至环壕开口处1米，厚8厘米，十分平整，其上虽压着12米厚的筑土，但仍未破裂。后从环壕外取样观察，发现系用黏土、红烧土末、细砂捶筑而成，硬度极大，有如现代的三合土。因为环壕内淤泥深、土质软，无法承受城墙压力，故在其间筑造此层，以承受城墙重压，以免下陷。

第5层，北压第6层，往南一直延伸至探沟之外。黄褐土，大体平整，厚45～54厘米。其间有多个薄层草木灰间层。其用意似也为减轻城墙筑土的压力。当然，如若将其视作三期城墙在二期环壕部位的底层筑土，也应合理。黑灰土间层内有陶片，最多的是泥质黑陶方唇细弦纹高领罐、黑陶簋、碗、豆柄的残片，还有少量红陶和灰陶片。

第4层，分布范围从T6351中部到T6451中部。北端压着二期城墙之下第7层南端斜面。南端伸出三期城墙C组筑土底部近2米。显然是筑城前的一次铺垫。由深色细砂和红烧土颗粒构成。厚25厘米。仅有少量包含物，与第5层相同。

第3层，与三期城墙A组筑土直接所压的第3层厚薄、土质、土色和包含物均相同。其北端压着二期城墙外坡，南端形成斜坡，正与三期城墙最底一层C组筑土北端斜面相连接。其上有一红烧土堆。在探沟总剖面中，土堆所占部位距T6401南壁1～2.02米，厚20厘米，呈椭圆形，但东头在探沟壁外。现已揭露东西长度1.3米，依其圆转趋势，长度应在1.8米左右。为红烧土块垒筑。红烧土厚10厘米，其下为深灰褐色膏泥，厚8～12厘米，再下为浅灰褐色夹绿色膏泥，最厚处10厘米。由于重量下压，致使这一堆积之下的黑灰土层形成凹陷。在红烧土堆积的中部，有直径44×60厘米的梨形火膛，内充满黑炭灰。梨形火膛南北两端有宽2～3厘米的小沟槽（图五〇）。推测这一遗迹或为灶坑，或为祭祀遗迹。但从它所处层位正是三期城墙筑土开始之前铺垫的一层黑灰土考虑，将其认作筑土之前的一次小型祭祀活动留下的遗迹似更为合理。

C19 为黑灰土垫层之上最早的一层筑土，呈平顶丘状，两头倾斜。深褐土夹大量黑灰。厚 28 厘米。所出陶片较多，有属于大溪文化晚期的红陶釜、高领罐、折沿罐残片，也有屈家岭文化早期的黑陶罐、盆、簋等残片，尤以后者居多，不见更晚近的陶片。可以认定其取自城内的文化层。

C18 剖面上呈三角形。褐色黏土，从角顶到底高 80 厘米，无包含物。

C19 和 C18 构成了底宽超过 5 米的丘状堆积。看来丘状堆积的形成是经过规划的。它位于三期城墙的外缘，其外坡又成为三期城墙的外坡。而此后的筑土，除 C5 外，余均是依丘状堆积内坡由南往北倾斜的。根据这样的规划，极可能从 C18 层以后，C 组筑土全是取自城外，也许是开挖同期护城河的原生土。

C17 紧贴着 C19 和 C18 的顶部，最厚处 10 厘米。

C16 紧贴 C17，并由南向北倾斜，至下部平压 3 层。最厚处 28 厘米。

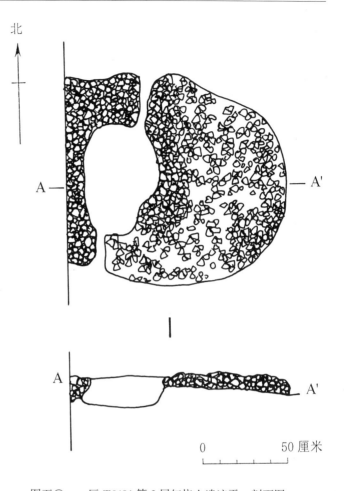

北

图五〇 一区 T6401 第 3 层红烧土遗迹平、剖面图

C15 从南向北倾斜，并成弧度压住 C16。最厚 20 厘米。

C14 由南向北倾斜，压住 C15 上半部。最厚处 25 厘米。

以上四层均为黄黏土，仅颜色略有深浅变化，未见包含物。

C13 压住 C14。由南向北倾斜。深褐土。最厚处 60 厘米。

C12 压住 C13 斜面。黄土。最厚处 30 厘米。

C11 压住 C12 斜面。黄土，内含铁锰结核颗粒。最厚处 25 厘米。

C10 压住 C12 和 C11 斜面的一角。黄土。最厚处 50 厘米。

C9 压住 C11 和 C10。黄褐土。最厚处 22 厘米。

C8 压住 C9 和 C10，同时压住二期城墙 B6、B7 两层筑土。黄黏土。厚 38 厘米。

C7 压住 C8 和二期城墙 B6 层筑土。

C6 压住 C7，同时压住二期城墙外坡 B6 层筑土。以上两层均为深黄土，中有较大土块。

C5 剖面上呈叶状，盖住二期城墙外坡上部凹下部位，下压二期城墙 B6 层筑土。绿褐土，内含砂。最厚处近 60 厘米。

C4、C3、C2、C1 均由南向北倾斜，并层层叠压。同时 C1、C2、C3 又压着 B2、B4，C4 压着 B6、C5。黄土，内夹青膏泥。共厚近 80 厘米。

18 层以上所有层次的筑土中均不见包含物。

D 组，即四期城墙筑土。堆积情况是：

6 层　即盖住二期环壕的硬面，系从三期城墙筑土下部垫层向南延伸过来的。

5 层　黄褐土，也是由三期城墙底部垫层向南延伸的。

4 层　砂石和红烧土层，由三期城墙 C 组筑土下垫层延伸，但仅延伸到 T6451 北部 2 米左右的范围内。

2 层　局部压着 4 层、5 层，也压着 3 层和三期城墙外坡基脚，即 C19。深褐土，土质较细，平展均匀，显系筑城之前有意铺垫的。厚 10～12 厘米。未见包含物。

D13　为四期城墙筑土的最底层，压住三期城墙外坡，中间尖拱，南头倾斜，北头呈圆弧状翘起。黄褐土。最厚处 40 厘米。

D12　压着 D13 和三期城墙外坡。褐色土，内含黄色土块。最厚处 40 厘米。

D11　平压在 D12 上，北端压着三期城墙 C18 的斜面。灰黑土。厚 10 厘米。内含少量陶片，多为红陶和黑陶。

D10、D9　压住 D13、D12、D11，由北向南倾斜。D10 为灰褐土，D9 为黄褐土。两层最厚处 12 厘米左右。

D8　压着 D11 和三期城墙外坡。灰褐土，内含黄色颗粒。最厚处 42 厘米。

D7　由北向南倾斜，压住 D8、D11、D9。黄白土。最厚处 40 厘米。

D6　由北向南倾斜，压住 D7。黄土，内含铁锰结核。厚 28～30 厘米。

D5　由北向南倾斜，压住 D6。深黄土。最厚处 30 厘米。

D4、D3、D2　均由北向南倾斜，D3 压住 D4、D2 压住 D3。这三层均为黄黏土，唯 D3 颜色略深，从而将层次分开。三层共厚 70 厘米。

以上诸层均不见包含物。

D1　仅在探沟最南端露出极小一角。黄褐土，内含铁锰颗粒。

现存各期城墙最上一层直接被耕土层所压，耕土层厚约 20 厘米。

因 20 世纪 70 年代此处城墙的筑土被推至城外填平护城河，因此城墙高度降低。据村民回忆，上部降低 1.5 米至 2 米，因此各期城墙均已非原来高度，原来筑土的层次也应比探沟剖面所显示的更多。

现存高度：二期城墙 1.3 米，三期城墙 1.8 米，四期城墙（按 D 组筑土计算）1.6 米。

三期城墙筑造时，将二期城墙包容在其筑土之中。而四期城墙筑土时，虽主要是向南展宽，但在三期城墙之上也可能加高，三期城墙内坡也有筑土加宽的现象。这条探沟既未能挖到三期城墙内坡的坡脚，也未挖到四期城墙外坡的坡脚，因此尚无法准确测定三、四期城墙的底宽。仅可计算出处于本探沟内三、四两期城墙的底宽：三期为 20.5 米，四期是在三期城墙外坡往外加宽，在本探沟范围内可见加宽 4.5 米左右。

多年发掘所留下的 T6352、T6351、T4351 和 T4352（仅 1 米长度）北壁所显示的是三期和二期城墙东西向纵剖面。由于北壁历年有坍塌，经过修整，因此其剖面较这几个探方的北壁略往北推移。再加上 1993 年对 T6251、T6301、T6351、T6401、T6451 探沟所划层次不一定准确，且两个剖面的层次划分未完全对应统一,因此 T6251、T6301、T6351、T6401、T6451 探沟东壁和 T6352、T6351、T4351、T4352 北壁剖面的各个层次在 T6351 东北角交汇点极可能有错动。

T6352、T6351、T4351、T4352 探沟北剖面(图五一),我们采用自下而上的叙述方法。所述各层包含物主要为这几个探方历年向北扩展时在地层中采集的。

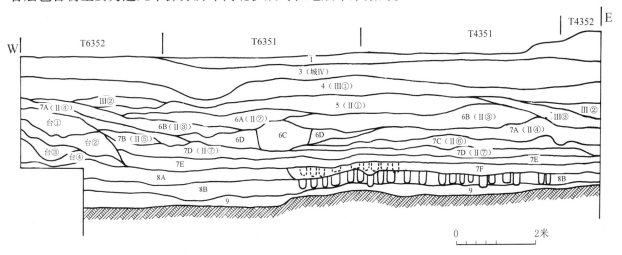

图五一 2000 年一区 T6352、T6351、T4351、T4352 探沟北壁剖面图

第 9 层 绿褐土,厚 10～30 厘米。出土物极少,可见夹炭红陶曲沿罐口沿碎片,应属大溪文化一期。其下为原生土层。原生土层由西向东略显倾斜。T6351 和 T4351 的 9 层层面上可见 3 个柱洞,但深入 9 层甚浅,因此应是上层柱洞的近底部。

第 8 层 分为 A、B 两层。

8B 层 各探方均有分布。黑灰土,内含极少红烧土。厚 20～32 厘米。出土较多陶片,以夹炭和粗泥红陶为主,也有泥质红褐胎黑皮陶。可辨器形有釜、厚胎红陶圈底大盆、罐等。出土的釜接近于器物型式划分的 J I、G I、H I、H II 等,罐接近 B I 式,这都是大溪文化一期的器形,但所出另一种形式的罐介于一期 D 型 I 式和二期 D 型 II 式之间,因此推断 8B 层有可能处于大溪文化一期晚段或二期早段。8B 层层面上可见 21 个东西向排列的柱洞,应是防护设施栅栏。它们成一行排列在栅栏沟槽内,从目前露出的最东一个柱洞到最西一个柱洞首尾长 6.2 米。沟槽东端伸出发掘区外,往西到 T6351 方内。现在揭露长度约 7 米。从 1998 年开始修整剖面,探明沟宽 20 厘米,柱洞直径最小的 10 厘米,最大的 20 厘米(图五一～五三;彩版一〇,1,2)。

8A 层 各探方均有分布。黑色灰烬,内含大块红烧土。厚 25～35 厘米。出土很多陶片,陶色、陶质和器形均与 8B 层十分接近。出土最多的器形为釜、罐、碗、器盖、大盆。釜的口沿接近一期 A 型 I 式,也有介于其他探方和地层所出一、二期之间的型式。碗、罐、器盖口沿则接近已修复的二期型式。因此判断 8A 层略晚于 8B 层,应属大溪文化二期早段。8A 层层面 T6351 和 T4351 两个探方范围内各 1 米左右长度有栅栏的沟槽,内有 9 个柱洞,除最东一个柱洞底深入 8B 层外,其余柱洞底均在 8A 层(图五一、五二、五四;彩版一〇,1,2)。

黄土台 在 T6352 方内,因其西的 T6353 未发掘,因而仅能见其东部堆积。从剖面可见呈由西向东倾斜的丘状,均系黄土筑造。由于颜色深浅略有区别而分为四层,在图上标示为台①、台

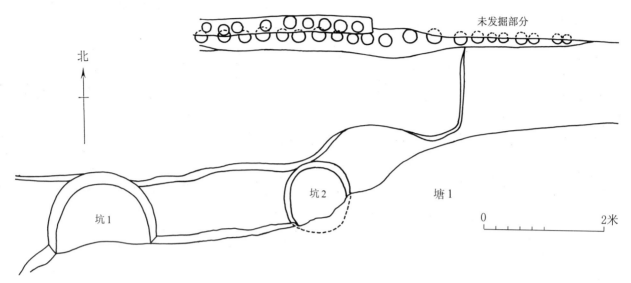

图五二　T6352、T6351、T4351、T4352 探沟 8A、8B 层栅栏柱洞和塘 1 内坡坑 1、坑 2 平面图

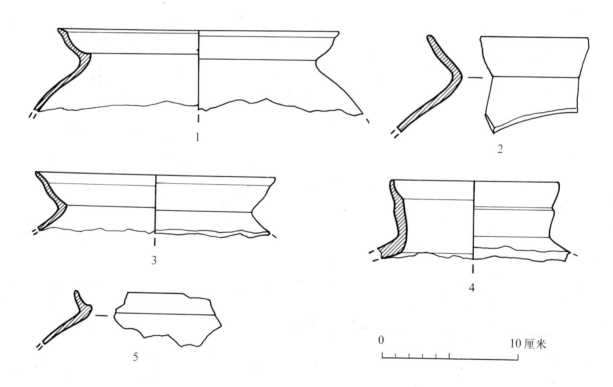

图五三　T6352、T6351、T4351、T4352 探沟 8B 层出土大溪文化一期陶片

1～3、5. 釜口沿　4. 罐口沿

②、台③、台④。台④直接压在 8A 层之上，露出部分最高点到台底面高 1.5 米。

第 7 层　分为 7A、7B、7C、7D、7E 以下层。

7F 层　分布在 T4352 和 T4351。两端压在 8A 层上，东端压在 8B 层上，下压 19 个栅栏柱洞的开口。黄色黏土，几无包含物（图五一）。

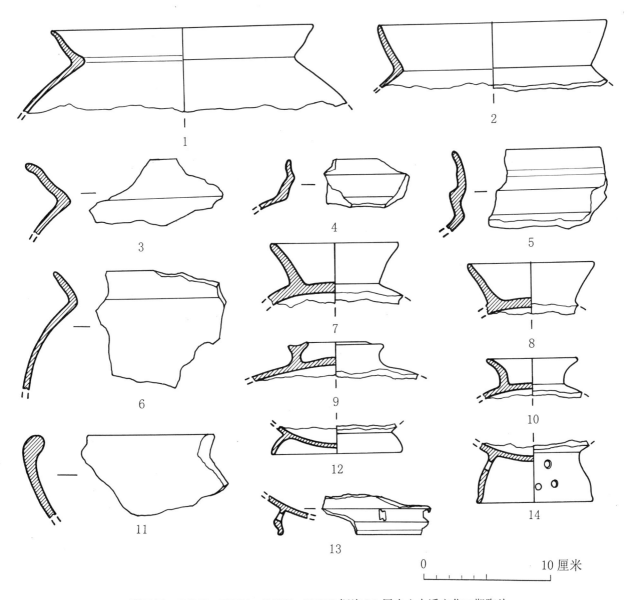

图五四　T6352、T6351、T4351、T4352 探沟 8A 层出土大溪文化二期陶片

1~3、6. 釜口沿　4、5. 罐口沿　7~10. 器盖纽　11. 锅口沿　12~14. 圈足

　　7E 层　从东到西平整分布，压在 8A 和 7F 层上，其西端压住黄土台东坡坡脚。黄褐色黏土，夹有零星灰烬。分布有 9 个柱洞的栅栏沟即开口在 7E 层下，相对位置较 8A 层下栅栏沟稍北 10 厘米左右，因此其内沿未能显露，宽度不明。从其土质观察，非原生地层，而是从原生土地表搬运而来。所含陶片与 8A 层遗物接近，出土的夹炭红陶盘口罐同于大溪文化二期早段的 C 型 I 式罐，依其所处位置分析，应为二期城墙的筑土（图五一、五五）。

　　7D 层　西端压在黄土台上，往东平整分布于各探方。黄褐色黏土，土质较纯。最厚处近 50 厘米。无包含物。

　　7C 层　黄褐色黏土，质地较纯。厚 15~30 厘米。无包含物。

　　7B 层　分布于 T6352 方内，东端略越过该方东隔梁。大部分压着黄土台内坡，部分压着 7D

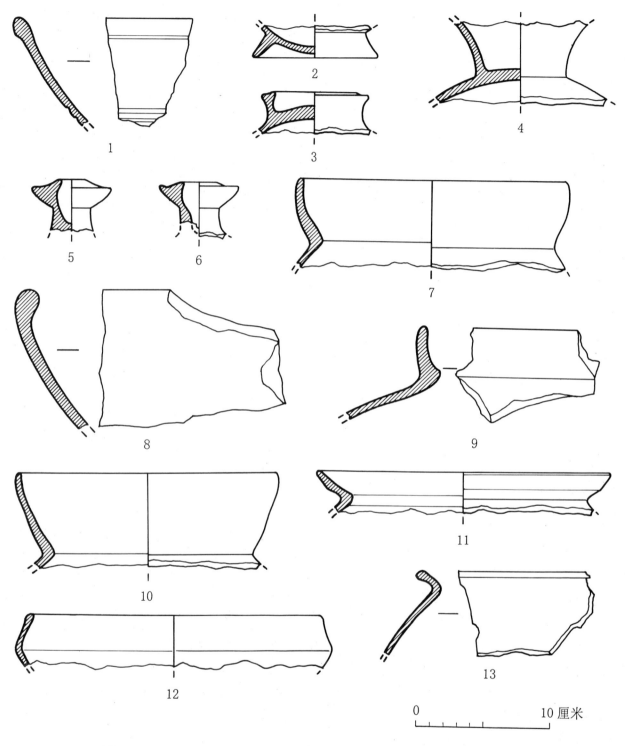

图五五　T6352、T6351、T4351、T4352 探沟 6D、7B、7E 层出土大溪文化二期陶片

1、12. 盆口沿　2~6. 器盖纽　7、9、10、13. 釜口沿　8. 锅　11. 罐（1~5 为⑥D；6~9 为⑦B；10~13 为⑦E）

层。此层下部红烧土块即多且大，上部所夹红烧土块较少较碎，红烧土之间为黑褐土。最厚处达
45 厘米。出土陶片甚多，多为泥质和夹炭红陶，也有少量红褐胎黑衣陶和一片白陶。可辨器形有
罐、卷沿厚胎圈底大盆、器盖、釜。其中器盖、盆、釜、罐的型式均较 8A 层、8B 层遗物为晚。

特别是出土了一片戳点纹白陶碗口沿，时代为大溪文化二期晚段（图五一、五五）。

7A层 分布在T4351和T6351东部，由东向西倾斜，下压7C层。灰绿色黏土，内含极少量的红烧土颗粒。最厚处40厘米。无包含物（图五一）。

由于7B、7A层分别由剖面所示各探方的西端和东端相对向中间倾斜，从而在T6351方内形成低谷。

从7B层的土质土色和大量包含物分析，此层当系原生文化堆积。

第6层 分为6A、6B、6C、6D四层。

6D层 填平7A、7B之间的低谷。6D层中段被一处遗迹打破，此处遗迹编为6C层。6D层底部和上面的土质土色略有区别。底层为纯灰烬，上层是黄色微绿的黏土，内夹灰烬。最厚处45厘米。出土陶片有厚胎圈底大盆的口、腹部，釜口沿和出檐瓶口式钮器盖，均为大溪文化二期最晚阶段的遗物（图五五）。

6C层 纯红色烧土，似经捣碎夯实。红烧土下有一层薄薄的黄绿色黏土，再下有一薄层灰烬与6D层相通。总厚近70厘米。未见陶片。

6B层 分东、西两段。东段分布在T6351东部和T4351全方，下压7A、6D和6C层的局部。黄褐色黏土，内夹零星红烧土。最厚处54厘米。无包含物。西段分布于T6352大部和T6351西部，下压7B和6D层。厚25～30厘米。

6A层 分布于T6352东部和T6351大部。压在6B、6D、6C层之上。黄黏土，内夹青白膏泥。最厚处35厘米。无包含物。

在6B层东段与5层之间，局部有一层厚仅4～5厘米的黑灰土层，内夹红烧土。出土鼎足、盘、釜、碗口沿和豆柄，大部分是大溪文化三期遗物。但豆柄较细，极可能晚至大溪文化四期。

5层 分布于T6352、T4351局部、T6351全方。灰土，夹有零星红烧土。最厚处50厘米。未出土陶片。

4层 5层中间部位圆弧上拱，东、西两端倾斜，形成东西缓坡。在东西缓坡上相继形成4层。西坡4层是由西向东倾斜，东坡4层层面比较平整。东、西坡的4层最厚处均近50厘米，为颜色稍有深浅的黄黏土，内夹白色膏泥，似经夯筑。无包含物。

第3层 分布于各个探方。灰褐土，似曾夯筑。最厚处约50厘米。无包含物。

第2层 分布于各探方。浅黄土，似曾夯筑。无包含物。

第1层 农耕土。整个剖面东端，即T4352方内拱起，T4351、T6351方内平整。T6352现地面即为第2层，耕土层已被铲除。

通过对各层堆积土质、土色和包含物分析，第9层和8B、8A层为筑城之前的原生堆积。此时城墙外坡之外的二期环壕已经形成，但因第一期城墙外坡堆积抬高，致使一期城墙失去防御功能，因此，在距环壕内坡1米左右先后设置了两道栅栏。

在8A层之上，开始筑造第二期城墙（依据以下要述及的94米长大探沟提供的二期城墙相对位置确定，且在此剖面一线以北，2002年春经钻探发现了一期城墙）。筑造的顺序是：先在T6352、T6353方内筑造土台（T6352未挖到西隔梁，更西的T6353因其他特殊原因未能发掘，因此无法推断剖面所示区域之西的土台范围究竟延伸到了何处），然后在土台东坡以东逐次筑起7E、7D、7C、7A诸层。因剖面所切正是二期城墙的外坡，因此几层加起来的高度仅80～120厘米。

7B、6D、6C层系二期城墙使用过程中在墙顶形成的堆积，但以后城墙加高，将这几层分布范围不广的文化层夹在二期城墙两次筑城的土层之间。依据7B、6D层包含陶片分析，二期城墙加高应不早过大溪文化二期晚段，也极有可能晚到大溪文化三期早段。这种地层关系与西南城墙解剖所获得的地层关系吻合。

东段6B层上的薄黑土层成了二期城墙与其上的5、4、3、2层所构成的三期城墙的分界。所出陶鼎足、盘口釜、罐、碗口沿，应为大溪文化三期遗物，而豆的细柄可晚至大溪文化四期。这应是三期城墙筑造之前在二期城墙顶和坡上形成的文化堆积。

由于6A、6B层东段所构成的二期城墙顶部纵剖面呈拱形，而三期城墙筑造时的最底层，即5层也依势略呈拱形，因此其上的4层仅分布在剖面所显示的东、西两端，这样连同5层一道将三期城墙基底垫平，然后在其上平整地铺筑了3层和2层。

连同其下所压的二期城墙，三期城墙在剖面所显示的区域内高2.5米。但因无法确定此纵剖部位是三期城墙的顶部还是内坡，同时也不能确定此段地域70年代平整土地时挖去了多厚的城墙筑土，因此无法推断三期城墙在平整土地之前由顶部至二期城墙底部究竟有多高。

（二）南城墙解剖Ⅱ

2001年秋，根据国家文物局批准的城头山古城址保护方案，开始复原20世纪70年代被平整填平的城外护城河。配合这一工程，我们在城的东墙外开了多道探沟，目的是摸准各处的深度和宽度以及坡岸情况，以保证复原开挖时不致改变原貌。同时，在城南开一条能贯穿多期城墙和护城河、环壕的探沟。这条探沟的位置选定在南北中轴线往东20米，南端距离南城墙外坡约70米，正南北方向，探沟宽2米，最北端一个探方宽4米。由于大部分段落已超出统一布方所能容纳的探方编号范围，因此超过其范围的段落编为YT05～YT08（因2000年在城的东南城墙外开了四个探方，因同样原因，编号为YT01～YT04）。我们首先发掘了YT08、YT07、YT06、YT05，目的是卡住护城河的外坡，以后逐渐向北延伸。所开探沟所处探方统一编号为T4455、T4505、T4555、T4605、T4655、T4705、T4755、T4805、T4855、T4905、T4955共11个方（由北往南顺序编号），长55米。由于此段最北的T4455探方内发现了属于大溪文化某期环壕的外坡，而它又正处于一区多年发掘的二期环壕（原编塘1）往东的延长线上。为了最终确认这处环壕的时段，因此决定将探沟继续向北延伸，直至T4205（T4205仅发掘4米长度，但宽度为4米）。因探沟过长，且太窄，恐坍塌，故决定跳过T4405探方，以作长探沟的支撑。整条探沟跨二十个探方，T4205少发掘1米，T4405未发掘，实际发掘长度94米。为叙述方便，整个探沟分解为北、中、南三段（图五六）。

北段包括T4205、T4255、T4305至T4355，共4个探方。往南跨过未发掘的T4405。从T4455、T4505、T4555、T4605、T4655、T4705、T4755至T4805为中段，共8个探方。南段从4855、T4905、T4955、YT05、YT06、YT07至YT08，共七个探方。现分段介绍地层堆积。

南段

第1层　耕土层。因复原护城河，T4705、T4755、T4805、T4855、T4905、T4955和YT05北部耕土层被推除，其余各方均保存耕土。最厚处50厘米。

第2层　扰乱层。仅分布在 YT05 以南各方，至 YT08 中部结束。黄褐色黏土，含较多褐色斑点和青灰泥，距地表 50～80 厘米，厚 30～50 厘米。出土少量瓷片。

第3层　分布于 YT05 及以南各方，YT08 内仅有小段分布，大部压在 2 层下，YT08 中部 3 层被 1 层所压。灰褐色黏土，土质较纯。距地表 50～160 厘米，厚 90 厘米。

第4层　分布在 YT05～YT08。浅黄土夹青灰泥，土质较纯净，内含较少量的红烧土颗粒。距地表 70～165 厘米。最厚处 40 厘米。

第5层　分布范围从 T4955 南部开始，直至 YT08 北部。黄褐土夹少量青灰泥，土质较纯净，有极少包含物。距地表 100～170 厘米。最厚处 40 厘米。

第6层　从 T4905 与 T4955 交界处开始，向南一直延伸到探沟南端。距地表 150～170 厘米。最厚处 58 厘米。

6 层以下，发掘时编为 7B 层，现因与中段衔接，经过分析解读，改为河Ⅳ②，即四期城墙外护城河的河内堆积。从 YT07 与 YT08 交界处开始，向北直到 T4755 北端。因推土机将其上部推去，故而其面平坦。黄褐土，夹青灰泥及铁锰褐斑。距地表 170～230 厘米。现存最厚处 80 厘米。出土少量贴弦纹陶片。应为屈家岭文化中晚期堆积。

河Ⅳ②之下，从 YT06 中部开始，向北一直延伸至 T4755 中部，是一层厚 20～50 厘米的四期护城河河内淤积，原编 9 层，现改为河Ⅳ⑥。灰白淤泥，土质纯净。距地表 260～320 厘米，其北端在中段。底部呈圜形，中间部位凹下。再下为原生土。南段四期护城河河内堆积缺河Ⅳ③、河Ⅳ④、河Ⅳ⑤诸层，这些层在中段可以见到。

从 T4855 北壁起直至 YT05 中部，压在四期护城河之上的堆积因推土机运作需整理出一个坡面而被推除。从其南部各探方（YT05 至 YT08）的地层堆积推论，第 3～6 层应为护城河淤积填满、废止使用后的堆积。第 3、4 层内有破碎的石家河文化时期陶片，第 6 层含极少量的屈家岭文化晚期陶片。护城河的开口在 6 层之下，最深处超过 1 米。外坡极为平缓，内坡坡度略大，但仍不陡峻。

中段

与南段同样，由于复原护城河，推土机从 T4705 开始，由北至南推出斜坡，最低处一直到河Ⅳ②层堆积。原各层应覆盖全段，但现状是 T4805 内全部被推除，T4705、T4755 内部分被推去。

第1层　耕土层。由于 70 年代将城墙顶部土向护城河内推移，致使城墙外坡农耕土层远较探沟南段和北段厚。厚 80～160 厘米。

第2层　扰乱层。仅局部分布于 T4655 和 T4705。厚 20 厘米。出土近代瓷片。

第3层　局部分布于 T4655、T4705 方内。青灰褐色土。深 80～180 厘米，最厚处达 120 厘米。出土少量石家河文化陶片。被近代沟 Ga（临时编号）所打破。

第4层　分布于 T4705、T4655、T4605 各方和 T4555 南部，但分成多块互不衔接。因均系较纯净的青灰土，且所含少量陶片均系石家河文化时期遗物，再依叠压层次，将这些不相连接的区块均划作第 4 层。分布在 T4655 的一段被近代沟 Ca 和石家河文化灰沟 Cb（均临时编号）所打破。

第5层　分作两段。南段分布在 T4705，北段分布在 T4605，分布范围十分有限。南段分 A、B 两小层，总厚度为 80 厘米（最厚处）。北段仅有 5A 层，厚 10～15 厘米。5A、5B 两层均为青灰泥夹铁锰土，内含少量红烧土颗粒和陶片。唯 5B 层所夹铁锰土较 5A 层为少。所含陶片极碎，似为屈家岭文化晚期遗物。

第 6 层　局部分布于 T4705 和 T4755，分为 6A、6B 两小层。

6A 层　大部压在 5A 层下，北端压在 5B 层下。青灰泥，内夹较多铁锰土和少量红烧土，出土极破碎的陶片。

6B 层　南端压在 6A 层下，北段压在 5B 层下。青灰泥，面上有一层铁锰硬面。硬面内夹有泥质灰陶贴弦纹陶片，为屈家岭文化晚期遗物。

T4705 内的 6B、5B 层直接压着四期护城河的一层堆积，发掘时因不清楚此堆积的性质，又因其上直接压着 6B 层，所以临时编为 7A 层。后明确其是四期护城河内最上一层堆积，故改编为河Ⅳ①。此层为铁锰夹红烧土硬面，内含屈家岭文化三期碎陶片，可以辨识的有泥质红陶罐腹片、直壁杯腹底和贴弦纹陶片。

由南、中两段地层可以推断四期护城河淤塞废弃于屈家岭文化三期。

河Ⅳ①下压河Ⅳ②和河Ⅳ③。河Ⅳ③为纯净的青灰泥，无包含物。河Ⅳ④为铁锰土夹红烧土硬面，出土屈家岭文化晚期碎陶片。河Ⅳ⑤为青灰泥夹少量红烧土颗粒、铁锰土，出土屈家岭文化中晚期陶片。河Ⅳ⑤之下即为由南段延伸过来的河Ⅳ⑥，也就是四期护城河最底部的淤积，为纯净的灰白淤泥，无包含物。河Ⅳ③、河Ⅳ④、河Ⅳ⑤均压在护城河内侧平坦的河底之上，河Ⅳ④和河Ⅳ③更压着护城河的内坡。河Ⅳ③、河Ⅳ④、河Ⅳ⑤、河Ⅳ⑥在发掘时临时编为 7C、8A、8B 和 9 层。

中段北部 T4455 地面较高，从与 T4505 相接处往南，呈斜坡状降低，至 T4555 北壁处转为平坦。从这种地表形势的变化中，仍可看到原城墙外坡的遗留。

从 T4505 往南至 T4605 南壁，其地层堆积与上面叙述的中段四个方有明显不同：

耕土层下直接压着的一层，为橙黄土，颜色鲜艳，土质纯净。当时即怀疑是城墙的筑土，但无法确定属哪期城墙，因此临时编为 10A 层（因此前已编 9 层）分布在 T4455 内（其北的 T4405 未发掘），由北向南倾斜，从走向看，应是城墙外坡，最厚处 1.2 米。10A 层之下为 10B 层，分布于 T4455、T4505 两个方内，底平，面上略有起伏。黄黏土，但颜色较杂，无包含物，最厚处 1.4 米。再下临时编号为 10C 层，黄色土夹杂较多青膏泥，无包含物，厚 0.7～1.5 米。其大部为 10B 层所压，顶面却被近现代沟打破。此层从 T4455 北壁开始至 T4605 中部结束。其南部呈坡状倾斜，斜面上压着第 4 层。

11A 层　压在 10C 层之下，分南北两段。南段分布在 T4555 南部和 T4605 大部。北段分布在 T4455 中南部。黄褐色土，内含少量陶片，能见到属于屈家岭文化中期的泥质灰陶贴弦纹陶片，但也可见少数几片属屈家岭文化早期的细弦纹陶片和似簋形器的圈足。

11B 层　从 T4455 近北壁处开始，延伸至 T4605 近南壁，中间部分较厚，两端底部上翘，变薄，终至消失。最厚处 80 厘米。黑色淤积土，内含陶片大部分同于 11A 层，但有少数几片属屈家岭文化早期的细弦纹陶片和似簋形器的圈足。11B 层大部分压在原生土上，南端上翘部分压着 11C 层，北端上翘部分压着 12A 层和 12B 层、12C 层。

11C 层　黄褐色土，较纯净。分布在 T4605 内，由南向北倾斜，其斜面被 11B 层所压，而其底压在原生土上。无包含物。

12A层　纯净的黑褐色淤泥，内有少量泥质红陶和磨光黑陶片、兽骨和护坡木桩，分布于T4455直至T4355。在中段呈斜坡状，由南至北倾斜，直到原生土。由于其最厚处在T4405，而T4405未发掘，因此只能根据T4455与T4355相对应层次上下线的合理走向计算其厚度，约为2.3米。

12B层　分布在T4455。压在11B层和12A层之下，与12A层同样由南向北倾斜。青灰色淤积土，土质纯净。厚20厘米。

12C层　分布于T4455。由南向北倾斜，被12B层所压，下压原生土。为纯净的黑灰色淤泥。无包含物。

当发掘完整条探沟，并将中段与北段、南段各层次对应连接后得出的结论是：除前文已讲明，中段1层为表土层，2层为近代扰乱层，7A层为四期护城河内侧最上层堆积，编为河Ⅳ①，7B层为河Ⅳ②、7C层为河Ⅳ③，8A层为河Ⅳ④，8B层为河Ⅳ⑤，9层为河Ⅳ⑥外，中段10A、10B、10C层应为四期城墙筑土，依次正式编其为城Ⅳ①、城Ⅳ②、城Ⅳ③。6层、5层和4层的南段，由下而上压着四期护城河的内侧漫滩和内坡，4层的北段为压着四期城墙外坡的堆积。11A、11B层为三期护城河河内淤积，11C层可能为三期护城河外坡的护坡。依次编定为河Ⅲ①、河Ⅲ②、河Ⅲ③。

北段

与中段之间有T4405一个探方未发掘，因此发掘时与中段分开编层次，但在判读各层的性质后，各层在T4355南壁上的终点与T4455北壁上的起点可以比较合理而准确地连接。

第1层　耕土层，北端编为1A和1B两小层。最厚处35厘米。

第2层　仅分布在T4205和T4255方内。浅灰色黏土，内含较多的红烧土颗粒。最厚处50厘米。出土有屈家岭文化中晚期陶片，如凿形鼎足、红陶直壁高圈足杯残片、灰陶凹底高领罐的底，也出有屈家岭文化早期高领罐等（图五七）。应为屈家岭文化中晚期地层。

第3层　仅分布于T4355南部，由北向南倾斜。橙黄土，色彩鲜艳，土质纯净，经夯筑。最

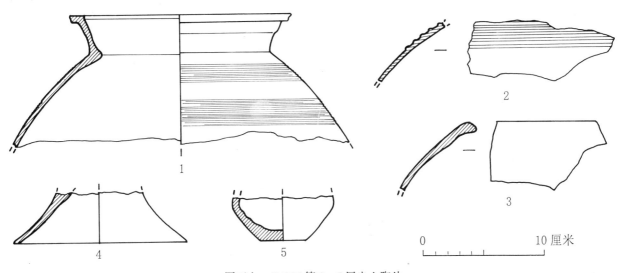

图五七　T4205第2、5层出土陶片

1. 罐口沿　2. 罐残片　3. 瓮口沿　4. 豆圈足　5. 小罐（1、2为②层，屈家岭文化陶片，其余为⑤B层，大溪文化陶片）

厚处 52 厘米。

第 4 层　分为 4A、4B、4C、4D、4E、4F、4G 七小层。

4A 层　分布在 T4355 方内。褐色土，内含少量红烧土颗粒。

4B 层　分布在 T4355 方内。黄褐土。

4C 层　分布于 T4355 方内。灰褐土，土质纯净。

以上 3 层均经夯筑。

4D 层　分两段分布。北段从 T4205 中部开始，向南延伸至 T4305 北部。底较平，最厚处 50 厘米。南段从 T4305 中部开始，向南延伸至 T4355 中部，由北向南倾斜，其斜面压在 4C 层下。黄褐土，土质纯净。最厚处 2 米。

4E 层　分布在 T4355 方内，由北向南倾斜，被 4D 层下的沟所压。南段为 4C 层所压。黑灰土，内夹黄褐土，并有较少量的红烧土颗粒。

4F 层　分布在 T4355 方内。黄灰土，土质纯净。

4G 层　分布在 T4355 方内。黑褐土，土质纯净。三小层总厚度为 1.2 米。

第 5 层　分布于 T4205 北壁至 T4305 北端。南端底部翘起呈坡状并与 4D 层底部斜坡衔接。可分为 5A、5B 两小层。5A 层拦腰打断 5B 层，将 5B 层分成南北两段。两小层厚度共 75 厘米。

5A 层　灰褐色黏土，夹有红烧土颗粒。出土少量陶片，大多为泥质红陶，少量为泥质黑陶和灰陶，可辨器类有豆、瓮、罐等残片，应是大溪文化晚期的遗物。

5B 层　深褐色黏土，内含红烧土颗粒。出土陶片多为泥质红陶，少量泥质黑陶和灰陶，为豆、瓮、尖罐等残片，应为大溪文化晚期遗物（图五七）。

第 6 层　分为 6A、6B 两小层。

6A 层　分布于 T4255 至 T4355，中部拱起，现存顶部在 T4305 北半部，被耕土层整成平面，南北长度接近 2 米。两端均呈斜坡，分别向北和南倾斜，底部大部分平整，至 T4305 南部急剧坡下，与层面斜坡平行呈带状，南北长度接近 10 米。南端直接压在 4G 层下。出土陶盘、釜、罐等，盘接近三期已复原的 L 型Ⅲ式（图五八）。

6B 层　分布在 T4255 中部到 T4305 南部。总长度 7.3 米，北头薄，逐渐加厚，至近南端处又转薄。黄灰土，内含少量红烧土颗粒。出土陶釜、盘，盘的形式接近已复原的二期晚段 A 型Ⅲ式（图五八）。

H610　压在 6B 层下，主要分布在 T4255 内，少部分在 T4305 内。开口南北长 10 米，探沟东西壁均未到灰坑的边，深 0.5 米。黑灰土，土质较松软，内夹红烧土颗粒和草木灰。出土较多圈底陶片，各为泥质红陶，有陶衣。与 6B 层和 M906 所出器形接近，器形有豆、釜、罐、碗、器盖、鼎足（图五九、六〇）。

M906　在 T4305 第 6 层下，大部压在探沟西壁内，探沟内长度 2.5 米，宽 1 米，深 0.3 米。坑内填黑灰土，土质疏松。出土大溪文化二期晚段陶器座、圈足盘、豆、器盖以及石斧等二十多件器物，陶器均为泥质红陶。从坑的形式分析，也可能是器物坑。M906 在图五六探沟东壁剖面中看不到。

第 7 层　分为 7A、7B、7C、7D、7E 五小层，依次叠压，仅分布在 T4355 方内，均由北向南倾斜。

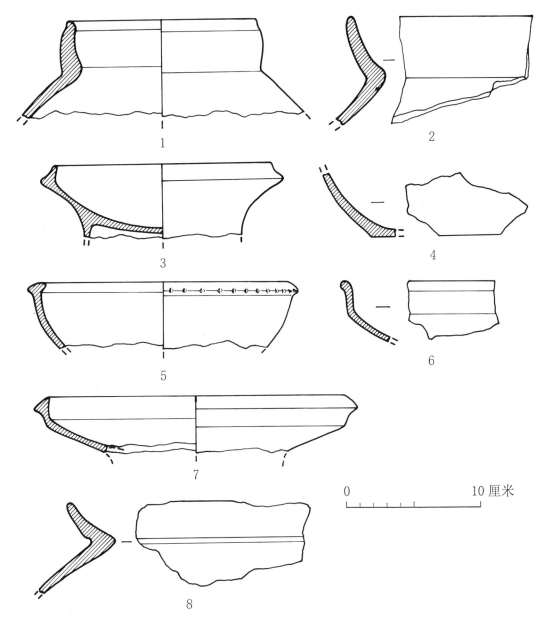

图五八　T4305 第 6A、6B 层出土大溪文化二期晚段、三期早段陶片

1. 罐　2、8. 釜　3、5~7. 盘　4. 罐底　（1~4 为⑥A；5~8 为⑥B）

7A 层　褐色土，内夹大量红烧土颗粒和草木灰。

7B 层　黑褐土，土质松软，内含大量红烧土块。出土少量陶片。

7C 层　褐色土，略呈黄色，内含少量红烧土颗粒。出土了陶片。

7D 层　黑色土，土质松软，内含大量草木灰和红烧土块。出土了陶片。7A 至 7D 四层最厚处 0.75 米。

7E 层　实为中段的 12A 层，其下即原生土，底呈圜状，均为黑色淤泥。此当为环壕最底层，但因 T4405 未发掘，其准确厚度不明，但依 T4455 所揭露的二期环壕底层厚度推定，其最深处距开口在 2.4 米左右。

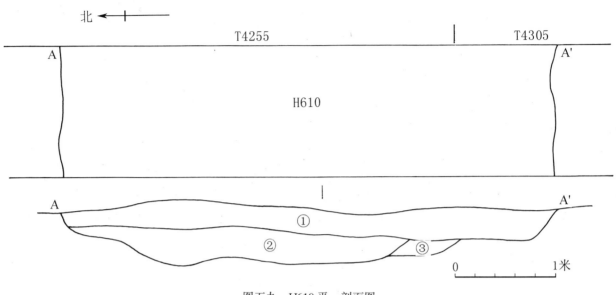

图五九　H610平、剖面图

第 8 层　分为 8A、8B 二小层。

8A 层　分布在 T4205 和 T4255 北端。褐色土，内夹较多红烧土块。出土泥质红烧残片。有高腰鼓形器座、碗、盘等，均为典型的大溪文化二期器形（图六一）。

8B 层　分布在 T4205、T4255 全方和 T4305 北端，部分被 H610 打破。土色和所含陶片与 8A 层相近，但含红烧土更多。两小层共厚 45 厘米。器形有扁长方形鼎足、豆、釜等。豆相似于大溪文化二期 H 型Ⅳ式，鼎足相似于大溪文化二期 C 型Ⅰ式（图六一）。

第 9 层　直接压在 6B 层南端之下，顶面平，底面呈斜坡状，由北向南倾斜，并伸至 T4355 方内。黄褐土，内夹红烧土颗粒。最厚处 50 厘米。出土陶器可辨器形者有盘和釜（图六二）。

第 10 层　分布于 T4305 方内，北端和南端分别被 6B 层和 9 层所压。顶面呈由北向南倾斜的坡状，底面北端为坡状，南端平。黑褐土，内夹大量红烧土块。最厚处 40 厘米。出土泥质和夹炭红陶。可辨器形有盘、釜。均为大溪文化二期器形（图六二）。

第 11 层　分为 11A、11B 两层。

11A 层　仅分布在 T4305，范围很小。黄褐土。出土少量陶片，可辨器形有盘、豆、瓮、鼎足（图六二）。

11B 层　分布在 T4255 和 T4305 方内。黑褐土。两小层共厚 55 厘米，上被 10 层和 8B 层所压，下压 13A 层。

第 12 层　仅分布在 T4305 和 T4355 交界处南北，范围小，被压在 11B 层和 9 层之下。褐色土，内夹红烧土颗粒。厚 35～50 厘米。无包含物。

第 13 层　分为 13A、13B 两小层。

13A 层　分布范围从 T4205 中部开始，一直延伸至 T4305 中部，由北向南略倾斜。厚 15～50 厘米。深褐土，内夹大量草木灰。出土少量陶片。可辨器形者有卷沿厚胎圈底大盆、器座、钵、釜、碗（图六三）。

13B 层　有少量陶片。分布于 T4205 南部至 T4305 近南壁处，全长 10.6 米，最厚处 70 厘米，

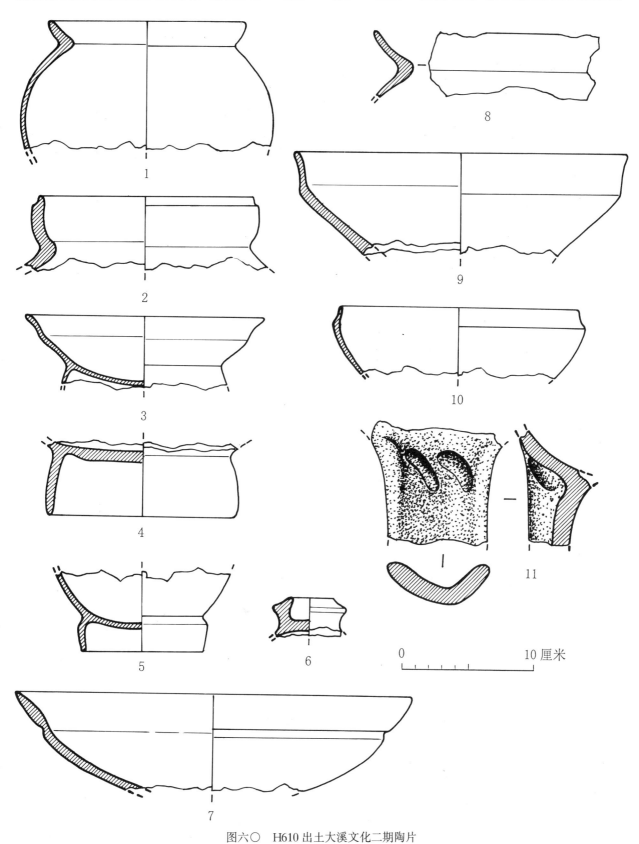

图六○　H610 出土大溪文化二期陶片

1. 釜　2. 罐口沿　3、9. 盘　4、5. 碗圈足　6. 盖纽　7. 豆盘　8. 釜口沿　10. 碗　11. 鼎足

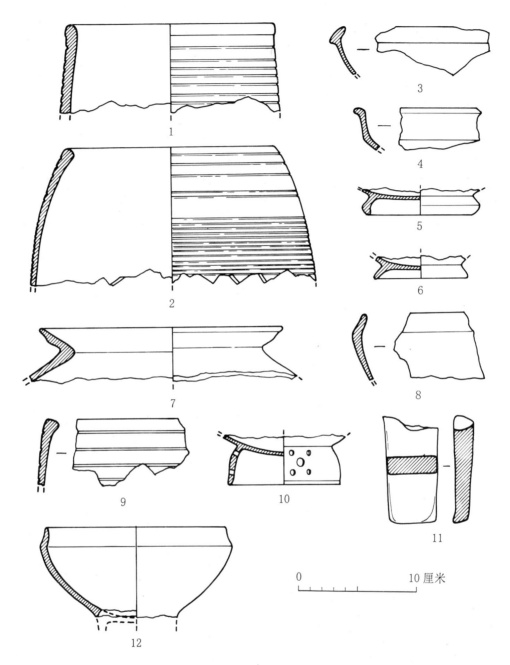

图六一　T4255 第 8A、8B 层，T4205 第 8B 层出土大溪文化二期陶片

1、2、9. 器座　3、4. 盘　5、6、10. 碗圈足　7. 釜口沿　8. 豆口沿　11. 鼎足　12. 豆

（1～6 为 T4255 第 8A 层；10 为 T4205 第 8B 层；余为 T4255 第 8B 层）

南端底面翘起，压在 17 层上。黑褐土，内含草土灰。13B 层出土陶片可辨器形者有釜、罐、碗等（图六四），13A 层和 13B 层所出均为大溪文化二期偏早的遗物。

　　第 14 层　分布在 T4205 方内和 T4255 北部，由北向南倾斜，最厚处约 70 厘米。黑褐土，内夹大量红烧土块，土质松软。出土陶片多为夹炭红陶和泥质红陶。可辨器形者有罐的曲沿、釜的宽沿、盘圈足、深腹红褐胎黑皮陶圜底罐的腹部。均系大溪文化一期晚段遗物。

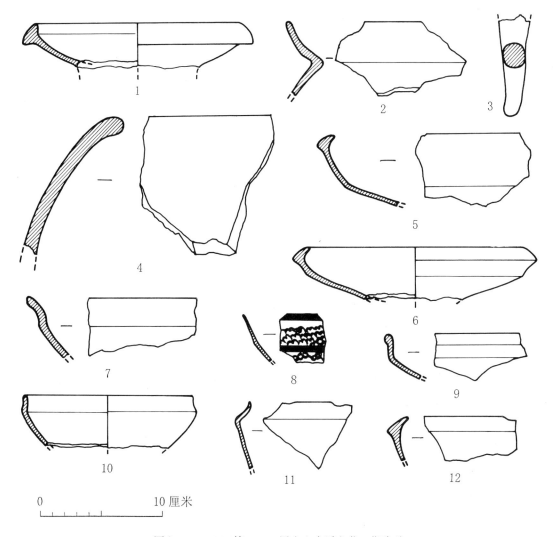

图六二 T4305 第 9~11 层出土大溪文化二期陶片

1. 盘 2. 釜口沿 3. 鼎足 4. 瓮口沿 5、8、9、12. 盘残片 6、7、10. 豆盘

11. 罐残片（1、2 为第 9 层；3~7 为第 11A 层；8~12 为第 10 层）

第 15 层 分布于 T4255，压在 14 层和 13B 层之下。黑褐土，内夹大量草木灰，土质松软。厚 20 厘米。出土少量陶片。

第 16 层 分布范围同第 15 层，压在第 15 层下。黑褐色草木灰层，土质松软。厚 20~25 厘米。出土少量陶片。可见罐、豆、釜等口部。应为大溪文化一期后段或稍晚的遗物（图六五）。

第 17 层 北段分布于 T4205，向南延伸到 T4255 北部，由北向南倾斜，最厚处 30 厘米。南段分布于 T4305 与 T4355 交接处。最厚处 50 厘米。黄褐色黏土，内夹少量红烧土颗粒。出土陶片极少。

第 18 层 仅分布于 T4205 北端，由北向南倾斜。黑褐土，内含少量草木灰和红烧土颗粒。最厚处 20 厘米。所出陶片中多见粗弦纹（图六六）。

第 19 层 分布在 T4205 内，由北向南倾斜。黄褐土，内含少量草木灰和红烧土颗粒。最厚处 20 厘米。出土陶器中，可辨器形者为釜、罐、碗，均为大溪文化一期遗物（图六七）。

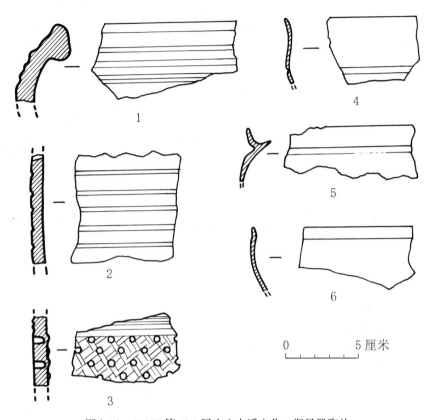

图六三   T4305 第 13A 层出土大溪文化二期早段陶片
1. 盆   2、3. 器座残片   4. 钵残片   5. 釜口沿   6. 碗残片

第 20 层   分布在 T4205 方内，顶面由北向南倾斜，底面较平，最厚处在 T4205 北壁处，厚 1 米。灰褐土，内夹青灰泥土。所见陶片系罐、盆、碗、釜等口沿和圈足，为大溪文化一期典型器形（图六八）。

第 21 层   从 T4205 南壁附近开始，延伸至 T4355 方内，后被 7D 层截断。底面为圜形，至 T4305 中部上翘后转为平底。黑土，内含少量红烧土颗粒。最厚处 80 厘米。出土少量夹炭和泥质红陶片，属大溪文化一期遗物。

第 22 层   主要分布于 T4205，T4255 北端也有小范围分布。深褐土，内含少量红烧土颗粒。底面平，顶面由北向南倾斜，最厚处 50 厘米。出土少量陶片，纹饰有拍印绳纹，部分陶片红黑斑驳，显示时代较早，应为大溪文化一期前段遗存。此层被从第 6 层下开口的一个灰坑（未编号，不见出土物）所打破。

第 23 层   分布在 T4305 南端和 T4355 北端，范围很小。灰褐土。层面和底面均平，厚约 20 厘米。出土少量陶片，有泥质红褐胎黑皮陶深腹圜底钵。

第 20、21、22、23 层均直接压着原生土。

经与中段、南段各层次衔接并加以判读，笔者认为：

第 21 层为一期环壕，其开口打破 22 层和 23 层，并深入到原生土层。

第 23 层是最早的堆积，时代为大溪文化一期早段。

第 20 层、19 层、18 层为一期城墙筑土的三个层次，共同构成其外坡，其顶部在探沟最北端

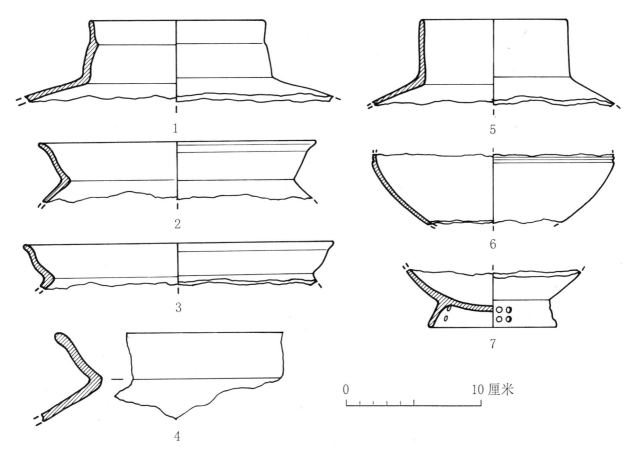

图六四　T4255、T4305 第 13B 层出土大溪文化二期早段陶片

1、5. 罐口沿　2~4. 釜口沿　6、7. 碗（2、5、7 为 T4305 第 13B 层；余为 T4255 第 13B 层）

已经出现。其内坡因在探沟外，未能揭露。

　　第 17 层北段为一期城墙外坡堆积，南段为一期环壕外坡的加垒部分。由于一期环壕完全淤积，二期环壕（至少南城墙外）即已开始挖造。此点在以下南城墙解剖Ⅲ一节中再加以证明。

　　第 16 层和 15 层是一期环壕淤积废弃后最早的堆积。

　　第 14 层为一期城墙外坡堆积，并可能构成新的外坡。

　　第 13A 层、13B 层为一期城墙废弃后的堆积。

　　第 12 层、11B 层、11A 层、10 层、9 层为二期城墙第一次堆筑的几个层次。

　　第 8B 层、8A 层为二期城墙第一次筑造后的内坡堆积，但被 H610 打破，致使 8A 层未直接与二期城墙内坡连接。

　　第 7E 层为二期环壕内的淤积。

　　第 7D 层、7C 层、7B 层、7A 层为二期环壕内的淤积及二期城墙早段外坡堆积，时代为大溪文化二期。

　　第 6B 层、6A 层为二期城墙第二次筑造的两个层次。6B 层下压 H610 和 M906，其出土器物可修复近十件，时代为大溪文化二期。因此，第二次筑造时间可能为大溪文化二期晚段。

　　第 5B 层和 5A 层为二期城墙内坡堆积，时代大体为大溪文化二期末到三期早段。

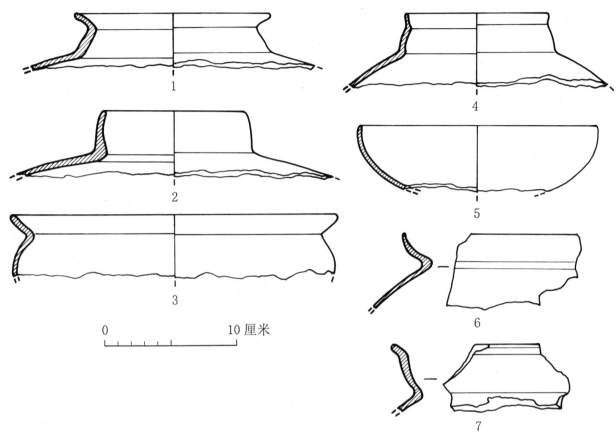

图六五　T4255 第 16 层出土大溪文化一期晚段陶片

1、2、4. 罐口沿　5. 豆盘　3、6、7. 釜口沿

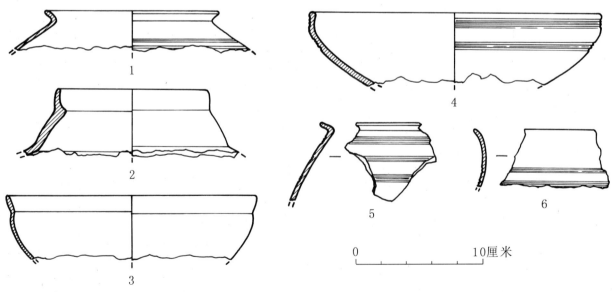

图六六　T4205 第 18 层出土大溪文化一期陶片

1. 釜口沿　2、5、6. 罐残片　3、4. 碗

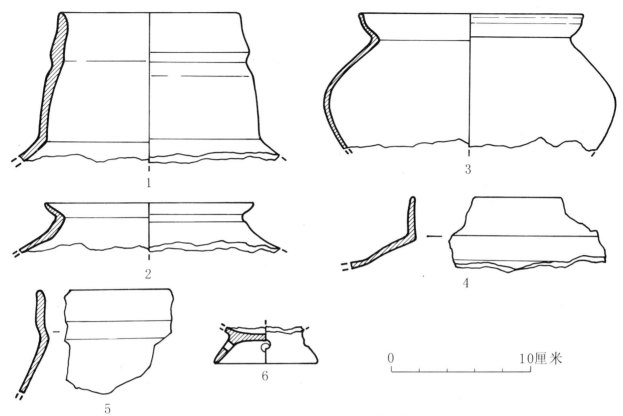

图六七 T4205第19层出土大溪文化一期陶片

1、4、5. 罐口沿 2、3 釜 6. 碗圈足

第4G层、4F层、4E层、4D层、4C层、4B层、4A层均为三期城墙筑土。

第3层为四期城墙最底层筑土。

这样我们可以将北段发掘时临时编的层次和经分析判读定编的层次作一对应，图五六所显示的即是定编的层次。对应情况于下（括号内为原编层次）：

1A（1A） 1B（1B） 2（2） 城Ⅳ（3）

城Ⅲ①（4A） 城Ⅲ②（4B） 城Ⅲ③（4C） 城Ⅲ④（4D）

城Ⅲ⑤（4E） 城Ⅲ⑥（4F） 城Ⅲ⑦（4G） 3A（5A）

3B（5B） 城Ⅱ①（6A） 城Ⅱ②（6B） 壕Ⅱ①（7A）

壕Ⅱ②（7B） 壕Ⅱ③（7C） 壕Ⅱ④（7D） 壕Ⅱ⑤（7E）

4A（8A） 4B（8B） 城Ⅱ③（9） 城Ⅱ④（10）

城Ⅱ⑤（11A） 城Ⅱ⑥（11B） 城Ⅱ⑦（12） 5A（13A）

5B（13B） 6（14） 7（15） 8（16） 9（17）

城Ⅰ①（18） 城Ⅰ②（19） 城Ⅰ③（20） 壕Ⅰ（21） 10（22） 11（23）

在T4305方内，城Ⅱ⑦之下从剖面上可见到两个柱洞，深入到第11层和9层。从平面上可以见到深入9层的柱洞从东到西在1.5米宽度内有一排5个，与二期环壕内坡基本平行。柱洞直径15～20厘米不等，它们应与南城墙解剖Ⅰ中所述T6352、T6351、T4351、T4352北壁剖面中所显

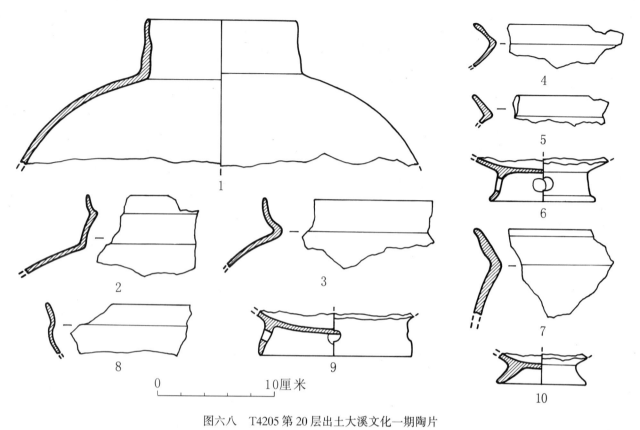

图六八　T4205 第 20 层出土大溪文化一期陶片

1、2、7. 罐口沿　3~5. 釜口沿　6、10. 碗圈足　8. 碗口沿　9. 盆圈足

示的 8B 层层面上开口的柱洞所处的时代和作用相同。即都因为二期城墙尚未筑造，一期城墙因外坡堆积变得愈发低矮，且其外的环壕全部淤塞，很难再发挥防御功能，所以在外坡堆积之外又挖了一条环壕。为发挥其作用，特地在其内修造栅栏。以后筑二期城墙时将栅栏包含在城墙筑土中，并将此前修挖的环壕加宽，又在近底部清淤，从而成为与二期城墙相配套的防御设施。

　　与西南城墙解剖的结果比较，一、二、三、四期城墙和环壕（护城河）的年代相同。因此，南城各期城墙、环壕（护城河）与城西南部的各期城墙、环壕（护城河）完全可以对应。但也有不同之处：西南城墙一期城墙和一期环壕的位置最靠外，二期城墙是在一期墙上加高。因条件制约而未能向更外扩展发掘，因此其外是否有二期环壕不得而知，也有可能是被三、四期护城河"并吞"了。而三期城墙是紧贴一、二期城墙筑造，并加高，这样将一、二期城墙也包容其中了。其护城河在整个墙体之外。四期城墙紧贴三期城墙内坡筑造，也许更加增高，但因顶面被现代农耕层等破坏，无法深究。这样一、二、三期城墙也就被包容在四期城墙之中。三、四期护城河在整个墙体之外，习称为"庙大堰"的宽阔水面即三、四期护城河的遗留。而南城墙解剖 I 、解剖 II 所显示的情况是一期城墙在最里面，由于城墙内外坡堆积致使城墙逐渐失去作用。而一期环壕又被淤积和城墙外坡堆积完全填塞，这样在一期城壕的位置上筑起了二期城墙。待二期城墙内外坡堆积抬高，城墙不再能发挥作用，而二期环壕又被淤积和坡外堆积塞满后，又筑造起三期城墙。三期和二期城墙顶部均被后代推去，现有地层关系表明三期城墙的外坡和内坡分别压住二期城墙的外坡和内坡。三期城墙之外为三期护城河。四期城墙则紧贴三期城墙外坡筑造，并压住已被淤积和填塞的三期护城河，其外，再修四期护城河。这样一、二、三、四期城墙、护城河（环壕）的相对位置是逐渐由内向外推移的。

解剖结果显示：一期城墙在探沟内露出的部分底宽 4 米，高 1.25 米，属其外坡部分，未能露出顶面。一期环壕宽 11.5 米，深 0.8 厘米。二期城墙底宽 8.5 米，现存高度 2.5 米，二期环壕宽 13.5 米，深 2.75 米。三期城墙因内坡未揭露，且将一期城墙外坡、二期城墙内坡以及一、二期城墙均包容在其墙体之中，因此整个宽度无法计算，其外坡较二期城墙外坡向外推移了 8.25 米。四期城墙底部又向外推移了 18 米。三期城墙现存高度 3 米，四期城墙现存高度 3.25 米。

（三）南城墙解剖Ⅲ

一区的发掘范围不断扩大，向东一直推移到 T4352、T4402、T4452、T4502 一线（以上探方仅发掘 3 米宽）。1998 年，T4501 发掘后，在一区范围内原编塘 1（后证实为二期环壕的一段）向西发掘到与原编塘 2、塘 3（后证实为二期环壕）之间的通道，内外坡完全揭露，并将塘 1 发掘到原生土（图六九）。该年度发掘结束后，一区揭露部分盖起了保护棚，以防雨水冲刷损坏已揭露出来的重要遗迹，同时为了方便群众参观，将 T4352、T4402、T4452、T4502 未发掘的 1 米宽的地方及东隔梁下挖近 3 米，至较二期环壕（塘 1）开口略高的位置，开拓出一条人行通道。现在所展示的南城墙解剖Ⅲ的剖面（图七〇）从地表往下 3 米为 T4352、T4402、T4452、T4502 东壁，其下为未挖除的东壁隔梁和 T4352 等探方傍东隔梁 1 米宽未挖部分。在两者的结合处，略作技术处理。其三、四两期城墙的判断，参照了南城墙解剖Ⅱ所提供的相互地层关系。因解剖Ⅲ的剖面距解剖Ⅱ的剖面仅 15 米，三、四两期城墙的相对位置理应一致，即四期城墙在三期城墙之外。

由于此处剖面的层次是经多年发掘逐渐理清，各层堆积的性质应为：

原编各探方第 1 层为农耕土层。

原编各探方第 2 层为扰乱层；剖面图上将其合为一层。

原编第 3 层包含有四期城墙和三期城墙的现存部分。四期城墙现编为城Ⅳ①和城Ⅳ②两大层。均由北向南倾斜。城Ⅳ①为灰褐色黏土，最厚处 1.25 米。无包含物。城Ⅳ②为黄褐色黏土，最厚处 0.8 米。无包含物。四期城墙现高 2.7 米。

三期城墙现编为城Ⅲ①，城Ⅲ②，城Ⅲ③等三层。

城Ⅲ①压在城Ⅳ②之下。该层底面略呈由南向北倾斜状，应已开始由顶面转向内坡。褐色黏土，内夹青膏泥。厚 40 厘米。无包含物。

城Ⅲ②被城Ⅲ①和城Ⅳ②所压。底面下凹，可见夯筑痕迹。黄褐土，内含铁锰结核。无包含物。其层面从中间开始，南、北均向下倾斜。其南面斜坡即为三期城墙外坡。此层最厚处 1 米。

城Ⅲ③压在城Ⅲ②和城Ⅳ②之下。其南面层面为三期城墙外坡，底面平整。浅黄褐色黏土。最厚处 1.2 米。无包含物。城Ⅲ③下垫一层黑灰土，未编层次，厚仅 15～20 厘米。土质疏松。内含细弦纹黑皮陶残片，其土应是取自文化层，时代为屈家岭文化早期。

三期城墙现存高度为 2.2 米，在剖面上显露出底宽 14.1 米，其内坡在剖面上无法显示。

三期城墙之下，从北至南，普遍压着二期环壕淤积废弃后的三层堆积（原编为第 4 层）。其最下一层全线压着二期环壕和其内外坡。其最北端，即 T4352 北半部，在二期环壕淤积废弃后的几层堆积之下为二期城墙的内坡和筑城之前的原生文化层（第 8 层和第 9 层）。T4352 南半部，在几

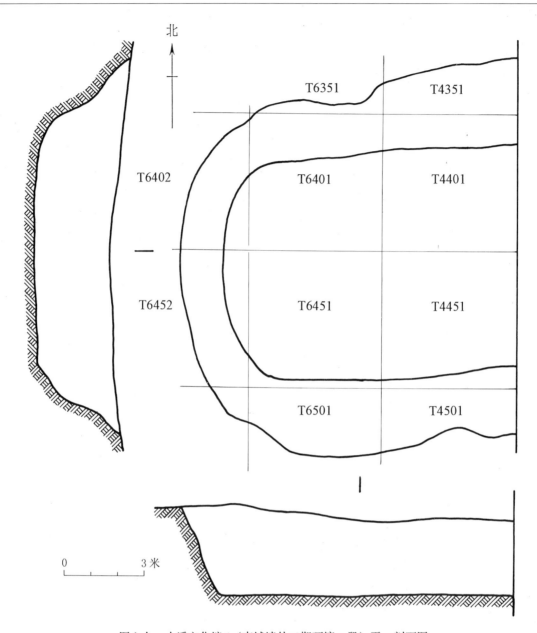

图六九　大溪文化塘 1（南城墙外二期环壕一段）平、剖面图

层废弃堆积之下，为二期环壕内坡第二期护坡和第一期护坡。最南部，在几层废弃后的堆积之下，
是二期环壕外坡和外坡的第一期护坡。在内外坡之间，环壕在使用期间逐渐淤塞，可以分出许多
层次，原编为第 5 层至第 17 层，同时将第二期内坡护坡也编为 17 层，将压在第二期护坡之下的
第一期内外坡编为 18 层。这些层次的划分是参照 1993 年所挖 T6351、T6401、T6451、T6501 探
方 1.5 米宽的探沟所分层次，而当时将层次分这么多是因为探沟太窄，无法理清各种遗迹的相互
关系。又因是淤积形成，极易坍塌，考虑到多分层以便于今后订正。待至将原编塘 1，实即包括
T6351、T4351、T4352、T6401、T4401、T4402、T6451、T4451、T4452 诸方的二期环壕在发掘
区内全部揭露，并修整出 T4352、T4402、T4452 东壁剖面后，层次看得更为准确，这样将原编层
次重新认识，有些层次进行了合并。最后编定的层次为：壕Ⅱ①（原编 4 层，即直接压在城墙下

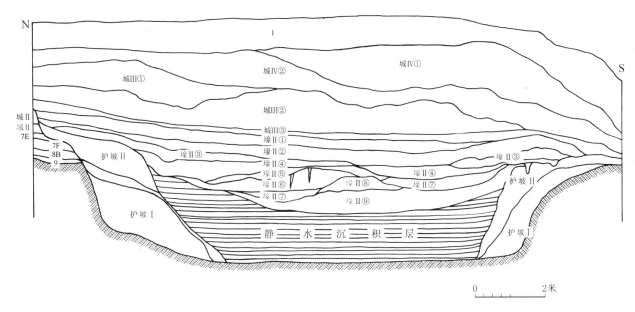

图七〇 一区 T4352、T4402、T4452、T4502（南城墙外二期环壕一段）东壁剖面图

的一层废弃堆积）、壕Ⅱ②、壕Ⅱ③、壕Ⅱ④（原编第 5 层）、壕Ⅱ⑤、壕Ⅱ⑥（原编第 6 层）、壕Ⅱ⑦（原编第 7 层）、壕Ⅱ⑧（原编第 8 层）、壕Ⅱ⑨（原编第 9 层）、静水沉积（上）（原编第 10~16 层）、静水沉积（下）和内、外护坡Ⅱ（原编 17 层）、内外护坡Ⅰ（原编 18 层）。静水沉积和护坡Ⅰ之下的原生土，为纯净的白膏泥层，一平如砥（彩版一一~一五）。

壕Ⅱ①、壕Ⅱ②、壕Ⅱ③、壕Ⅱ④、壕Ⅱ⑤ 均为黑褐土，有较多的红烧土颗粒和炭渣，但颜色深浅略有区别。所含陶片既有泥质红陶，又有泥质灰陶和黑陶。壕Ⅱ⑤（原编第 6 层）中还出土了一件可以复原的 L 型Ⅴ式豆，为大溪文化四期遗物。

壕Ⅱ⑥ 呈弧形拱起。黄褐土，土质紧。剖面还可见数个柱洞。在揭露二期环壕时，可见木柱呈东西向分两排排列，延伸至 T4401、T4451 方内，有可能是当时的临时性建筑。

壕Ⅱ⑦ 分南、北两段，分别压在壕Ⅱ④和壕Ⅱ⑥之下。黑褐土，内夹较多红烧土颗粒。出土红陶盘口沿和镂孔器座残片，应为大溪文化二期晚段堆积。

壕Ⅱ⑧ 在壕Ⅱ⑦南北两片之间，呈丘状，两坡又被壕Ⅱ⑦南段和北段所压。黑灰土。所出陶片极碎。

壕Ⅱ⑨ 被壕Ⅱ⑧、壕Ⅱ⑦、壕Ⅱ③所压。呈锅底形。黑灰土，土质较纯净。所出陶片与城Ⅱ⑦相近，时代为大溪文化二期晚段。

静水沉积 被壕Ⅱ⑨所压。从剖面上可观察到水平层次有数百层，各层均为褐色土，土质极细腻，层与层之间有黄白色的细砂分隔，细砂层仅厚几毫米。不含陶片，但出土大量木材、木器、木构件、织物、植物籽实和动物骨骼。静水沉积北部压着护坡Ⅱ和护坡Ⅰ，南部压着护坡Ⅱ，护坡Ⅱ下压护坡Ⅰ。

外坡的护坡Ⅰ和护坡Ⅱ南端直接压着环壕开口外平坦的原生土，原先认为和开口内侧的堆积可以对应，因此初编为第 8 层和第 9 层，后经仔细观察分析，认定为护坡Ⅱ和护坡Ⅰ向开口外的伸展。

护坡土中不含任何文化遗物。黄褐色黏土，内夹大量白膏泥，起初误认为是原生土。护坡Ⅰ外坡多处发现保存甚好的维护设施：紧贴沟壁为用芦苇破篾编织的芦席，从环壕开口直至沟底。用一端削尖、直径 15～18 厘米的长木桩打入沟底，用以固定芦席。木桩间距 1.2～1.5 米。在木桩之外用扁圆横断面带韧性的长木条，或用一劈为二的韧性木条，横栏三道，称为横扎。竖立的木桩和横扎相交处用芦苇破成的篾片扎紧，在 T4451 和 T4401 方内保存了长达 6～7 米完整的一段（图七一～七五；彩版一一，2；彩版一二，1）。

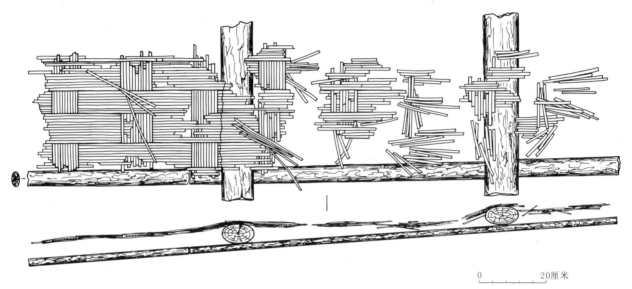

0　　　　　　　　20厘米

图七一　大溪文化塘1外坡Ⅰ芦席平、立面图

护坡Ⅰ内坡不见此类设施。护坡Ⅱ内外坡的维护设施损毁较甚，仅见一些木桩和横扎，而桩里所衬芦席全然毁坏（彩版一二，2）。

对城址正南向的二期环壕（原编塘1），经多年发掘完全揭露。结合几次形成的剖面可以形成以下几点认识：

第一，二期环壕正南段，所指范围主要为 T6401、T4401、T4402、T6451、T4451，其西伸入T6352、T6402、T6452 和 T6501 很小一部分。其北的 T6351、T4351、T4352 跨环壕内坡里外，但大部分在环壕之内。而其南的 T4501、T4502，跨环壕外坡里外，但主要在环壕之外。在此范围内环壕揭露了从东到西 13 米，最宽处在 T4352、T4402、T4452 东壁一线，为 13.1 米，西端略呈弧形。

第二，环壕起始即已挖到白膏泥层，紧贴原生土内外坡堆筑了第一期内外护坡，设置了用芦席、木桩组成的护坡设施。其内外坡堆筑的土取自环壕沟底原生土，因此不含任何文化遗物，且含有较多白膏泥。待环壕内有一定厚度淤积后，将清淤的土（一直清淤到原沟底白膏泥层）堆筑成第二期内外护坡，并加以护坡设施。环壕开始挖掘修造的时间早于二期城墙的修筑，因此时一期城墙由于内外坡堆积，越来越矮，一期环壕也几近淤塞，只好在其外再开挖一条环壕。虽然这一段落的环壕主要与二期城墙相配套，但在一期城墙还在使用时即已形成并发挥作用。为了弥补一期城墙过低的缺陷，故而在环壕内侧建造了栅栏。

现存的静水沉积层是二期城墙使用时期形成的，当时此处可能兼作停船处所。所以在静水沉

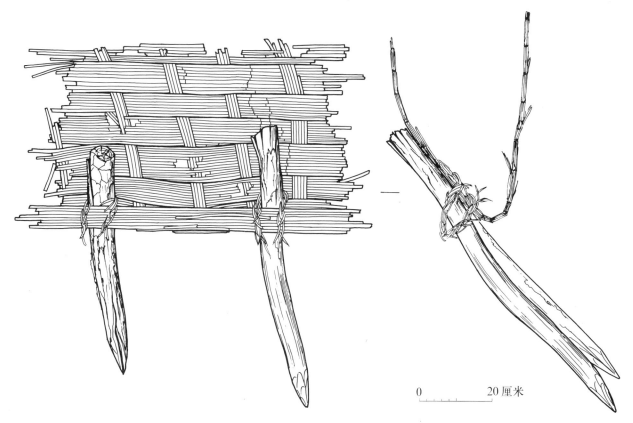

0   20厘米

图七二 大溪文化塘 1 内坡护坡木桩及芦席平、侧面图

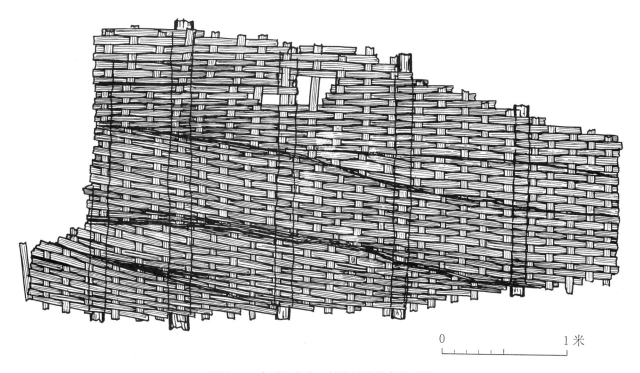

0   1米

图七三 大溪文化塘 1 外坡护坡芦席平面图

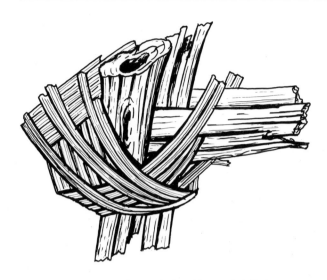

图七四　大溪文化塘 1 外坡Ⅰ护坡芦席、
木桩捆扎方式示意图

积中发现了木桨、木艄、可能是船构件的带榫眼的木板，还有数以十计长 4～5 米的圆木，其中有的圆木上每隔 50 厘米左右有用刀砍的痕迹，不排除是木排的组成部分（彩版一三，1、2；彩版一四，1、2；彩版一五，1）。

大溪文化二期后段，环壕即开始淤塞。至大溪文化三、四期，几乎全部填满，以致出现了建筑物。再后在其上筑造了三期城墙。

在环壕内侧，有两个紧贴环壕的圆形土坑，直径 1.2 米，小部分因坡岸坍塌而破坏。壁近直，平底，壁似经火烧（图五二），但无包含物，也许与祭祀一类活动有关，其开口在 9 层之下，与环壕开挖时间吻合。

此段环壕与从 T6403、T6453 开始向西延伸的一段环壕之间有 4 米左右的间断，此处为一条有意设置的通道。为防止通道东壁（即环壕西壁）因水浸泡坍塌，在壁的较上部分斜着打入了数根木桩，大概起着木筋的作用，以加固土壁。

（四）通道解剖

1994 年发掘 T6352，1996 年发掘 T6402 北部，并揭去 T6402 南部和 T6452 的第 1～3 层，均未能明晓其地层堆积的含义。1999 年，接着 T6402 已发掘部分，将 T6402、T6453 第 3 层以下部分一直发掘到原生土，并继续向南发掘了 T6452，还有 T6502、T6552 的一部分。同时，通过历年的工作，已将其西的 T6356、T6355、T6354（T6353 因设置保护棚的缘故无法发掘）、T6406、T6405、T6404、T6403、T6456、T6455、T6454、T6453 等 11 个方全部揭露，因而对其西所揭露，编为塘 2、塘 3 的遗迹以及塘 2、塘 3 与原编塘 1（即前述的二期环壕正南段）之间的关系以及这些遗迹的解读有了全新的认识（图六）。

我们先来看看 T6402、T6452 和 T6502 西剖面（图七六）。这些探方正处于塘 1 和塘 2、塘 3 之间的通道部位。

除 T6502 外，其余两个探方的第 1、2、3 层在 1994 年均已揭除。

T6502

共分九层。

第 1 层　表土层。灰黑土，土质疏松。厚 5～30 厘米。含现代瓷片、玻璃碎片等。

第 2 层　扰乱层，包括现代水沟两侧及底部淤泥。浅褐色或青灰色土，土质松软，部分为白膏泥。剖面上部呈三角形，顶至底边超过 1 米。出土现代瓷片及被扰乱上来的早期陶片。现代水沟打破了文化层，直至生土。

第 3 层　靠北部有部分分布。灰黄土，土质紧密坚实，内含少量红烧土颗粒。厚 10～30 厘米。推定为四期城墙外坡，但其坡下部分被第 2 层截断。

第4层　局部分布。浅灰褐土，土质较紧，内含较少红烧土块。厚10～50厘米。出土少量残陶片，主要为泥质红陶和夹炭红陶，器形有釜口沿、豆盘等。多为素面，有少量绳纹。

第5层　仅分布于探方东北角，此西壁剖面上不见。深灰褐土，土质紧密，内含较多红烧土块。厚15～55厘米。出土陶片不多，主要有泥质红陶和夹炭红陶，少量白陶和泥质红褐胎黑皮陶。可辨器形有釜、罐口沿。多为素面陶。

第6层　探方内五分之三的地方都有分布。黄褐土，土质紧密，内含大量红烧土块。厚5～55厘米。出土陶片较为丰富，有泥质红陶、夹炭红陶和白陶。素面陶较多，但也有较多刻划纹、戳印纹和粗弦纹。

第7层　局部分布。最厚处近1米。棕黄土，土质紧密纯净，几乎不含红烧土颗粒和炭末。未见陶片。

第8层　普遍分布。青灰土，内含较多白膏泥和少量红烧土块。厚20～40厘米。出土陶片以夹炭红陶为主，少量泥质红陶。个别的胎较厚，并施以陶衣，表面磨光。可辨器形有曲沿釜和曲沿罐口沿。多素面陶，也可见刻划纹和戳印纹。时代为大溪文化一、二期之交。

第9层　仅分布于南半部。橘黄土，

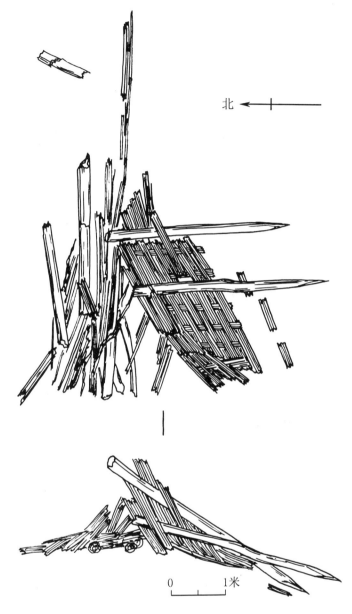

图七五　大溪文化塘1外坡Ⅰ护坡木桩及芦席平、侧面图

土质紧，内含较多红烧土块。北部被祭台打破了，未清理。

祭台3　压于第8层之下，打破第9层。9层之下为原生土。祭台的时代为大溪文化一期末。

以上各层的性质：3层以下均呈缓坡状堆积，且4、5层含较多陶片，应为此期城墙外坡堆积。外坡堆积中所出贴弦纹陶片是屈家岭文化中期遗物，因此此段城墙既可能是三期，也可能是四期城墙，但从相邻几处剖面提供的资料来看，属四期城墙的可能性较大。6层含较多陶片，应为三期城墙外坡堆积。7层为棕黄色黏土，土质紧密纯净，几乎无包含物，第8层南部压着祭台3，北部呈坡状压着城墙外坡，从后文将要介绍的T6402地层堆积判断，8层为压着此段墙体内外坡的最底一层文化堆积。祭台3和8层时代既然处于大溪文化一期末至二期初，则此段墙体建造时间晚不过大溪文化二期初，早不过大溪文化一期末，时代比其他部位的二期城墙略早，且与各个部

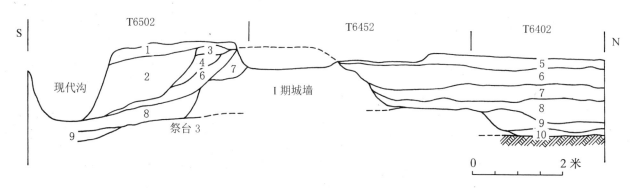

图七六　一区 T6502、T6452、T6402 西壁剖面图

位的二期城墙不连接，其位置要偏南十多米，因而可以确认它不是二期城墙整体中的一段。为避免和二期城墙混同，此段墙体在图七六上标为"城墙"。

因为 T6452 方内主要为城墙墙体，墙体又未经整体解剖，而方内墙体内坡堆积与 T6402 内的堆积完全相通，因此，我们着重介绍 T6402 的地层。

T6402

共分十层十三小层。其中 1A、1B、2A、2B、3、4 层此前已经清理，这些层次均为三期或四期城墙筑土和农耕层、扰乱层。因此现在所存最上一层即为第 5 层。现存层次为 5、6A、6B、7、8、9、10 等层，第 8 层以上诸层南端均压在位于 T6452 方内墙体的内坡上。

第 5 层　黄褐土，土质紧密坚硬，有黏性。厚 30～40 厘米，包含物极少。

第 6 层　大溪文化二期堆积。分为 6A、6B 两小层。

6A 层　深灰褐色土，土质紧密，黏性，内含极少量的红烧土颗粒。厚 15～30 厘米。出土少量陶片，以红陶为主，也见红衣灰陶。多泥质陶，少数夹砂陶。有少量弦纹夹栉纹。器形可见釜、盆、豆等，并有橙黄薄胎彩陶单耳杯残片。

6B 层　浅灰褐色土。厚 20～50 厘米。出土较多以红陶为主的陶片，也有泥质和夹炭陶，少数有陶衣。纹饰有粗弦纹。可辨器形有釜、盆、豆等。

第 7 层　较深灰色土，土质紧密，内含少量红烧土颗粒和碎兽骨。厚 30 厘米。出土少量陶片。以泥质红陶为主，也有黑陶、红衣褐陶。因出土陶片太少，未见纹饰。可辨器形有釜、盆等。

第 8 层　青灰土，内含较多白膏泥和少量红烧土颗粒。最厚处 50 厘米。出土少量陶片，这些陶片与 T6502 第 8 层所出陶片相同，属大溪文化一、二期之交的遗物，因此判断内、外坡的 8 层基本是同时形成的。

通过清理内坡的 5～8 层，逐渐将墙体内坡剥离显现出来，并揭露出内坡正北向有一不太规整的四级台阶。第 8 层中腰为第一级，第四级距现存墙体顶部约 30 厘米，阶面呈半圆形。从第一级到第四级台阶宽度逐渐缩减，由 80 厘米缩减至 50 厘米左右。

墙体未解剖，已被剥离的内坡显现出墙体为较纯净的黄土筑成，但无法据此确定其层次和是否有包含物。

第 9 层　灰褐土，土质较松软，内含少量红烧土颗粒。厚 10～50 厘米。顶面呈由南向北倾斜的缓坡。出土陶片与第 8 层所出陶片相近。

第 10 层　大溪文化一期堆积。仅分布在 T6402 北部至中部。深褐土，土质较疏松。厚 10 厘米左右。出土较多的动物骨骸和陶器，且见有基本成形的陶器个体，多为夹炭红陶，有红色陶衣，并见少量褐陶。器形多为釜。此层堆积为通道所处地段最早的文化堆积。

为了从地层上确证墙体的建筑时间，我们在 2001 年补充发掘时于 8 层底线与墙体内坡相接处以及 9 层的南端底线往下各开了一条长 50 厘米的小探沟，两条探沟的发掘结果都证明此处 8 层和 9 层底线之下（除 8 层压住 9 层的段落和 9 层压住 10 层的段落）均已非文化堆积。但又和剥离内坡堆积后所显露的墙体土质土色明显区别，属于一种取自地层深处含有较多膏泥的土壤筑成，因此判断其为较此段墙体更早堆筑形成的两级平台，其用途无法确定。其后又成为上面文字描述的墙体的基础。因此此段墙体如从 8 层底部算起，高仅 1.4 米，宽约 4.4 米。如从原生土算起，高则为 2 米，宽约 7.2 米。

因为对墙体本身未解剖，因此对墙体的各种解读都可能存在不确定性，甚至可能存在判断错误。

此处墙体和通道发挥作用时二期城墙尚未露世。原编塘 1（实为二期环壕）却已形成，原编塘 3（实际也是一段与塘 2 用通道隔断了的二期环壕）这时也已形成。2001 年冬对各期城墙和环壕的钻探结果，发现此处通道向北即是一期城墙南墙的豁口，或称门道，而且是经钻探发现的一期城墙的唯一门道。因此，这一通道实际是一期城墙使用时城内外的通道，因此十分重要和被重视。因要设置通道，所以环壕在此处被截隔断。而为了加强通道与豁口的防守，故在通道南边尽头设置一墙体，极似后世的瓮城。

这一墙体略呈弧形，在现在通道东边的 T6451 方内二期环壕外坡之南还有一定长度，可惜 1994 年未能认识挖掉了。T6452 以西，墙体沿原编塘 3 外坡一直延伸至 T6455 西壁，占到三个探方。而 T6456 因系 1994 年发掘，未能辨识出这一墙体。因此最保守的估算，这一墙体的长度当超过 20 米。

（五）塘 2、塘 3 的发掘

1996、1997 年，为探索原编塘 1 往西的走向，在 T6402 北部开 2 米宽的探沟，一直越过 T6403 西壁，探沟长 6 米。发现在 2 米多厚的文化层下为淤泥，可以确认这是一个堰塘，其东部坡岸在 T6403 中部。1998 年在 T6403、T6404 开 4 米×8 米（东西）的探方，进一步确认这里有堰塘。1999 年发掘 T6453、T6454、T6455、T6405 和 T6355，并清理了 T6404、T6403 原来发掘的部分，了解到这一区域内至少存在两个堰塘。将其分别编为塘 2 和塘 3。

塘 2 从 T6403 中部开始，往西到 T6404、T6405 以及 T6355。因 1994 年发掘 T6354 的资料不全，T6403 以北的 T6353 未发掘，因此，其范围的北界无法确定，但从 T6355 北壁来看未到塘 2 坡岸，可以确认其东西为 12.5 米，南北不会少于 8 米。

塘 3 的分布范围包括 T6403、T6404 的绝大部分、T6453 北部、T6454 北半部、T6405 东南部和 T6455 东半部。略呈长方形，东西长 12.5 米，南北宽 5.5 米。西南一角被其外的墙体（即通道解剖一节所述墙体）内坡所压（图七六、七七）。

塘 2 的南边坡岸被塘 3 打破（图七七）。

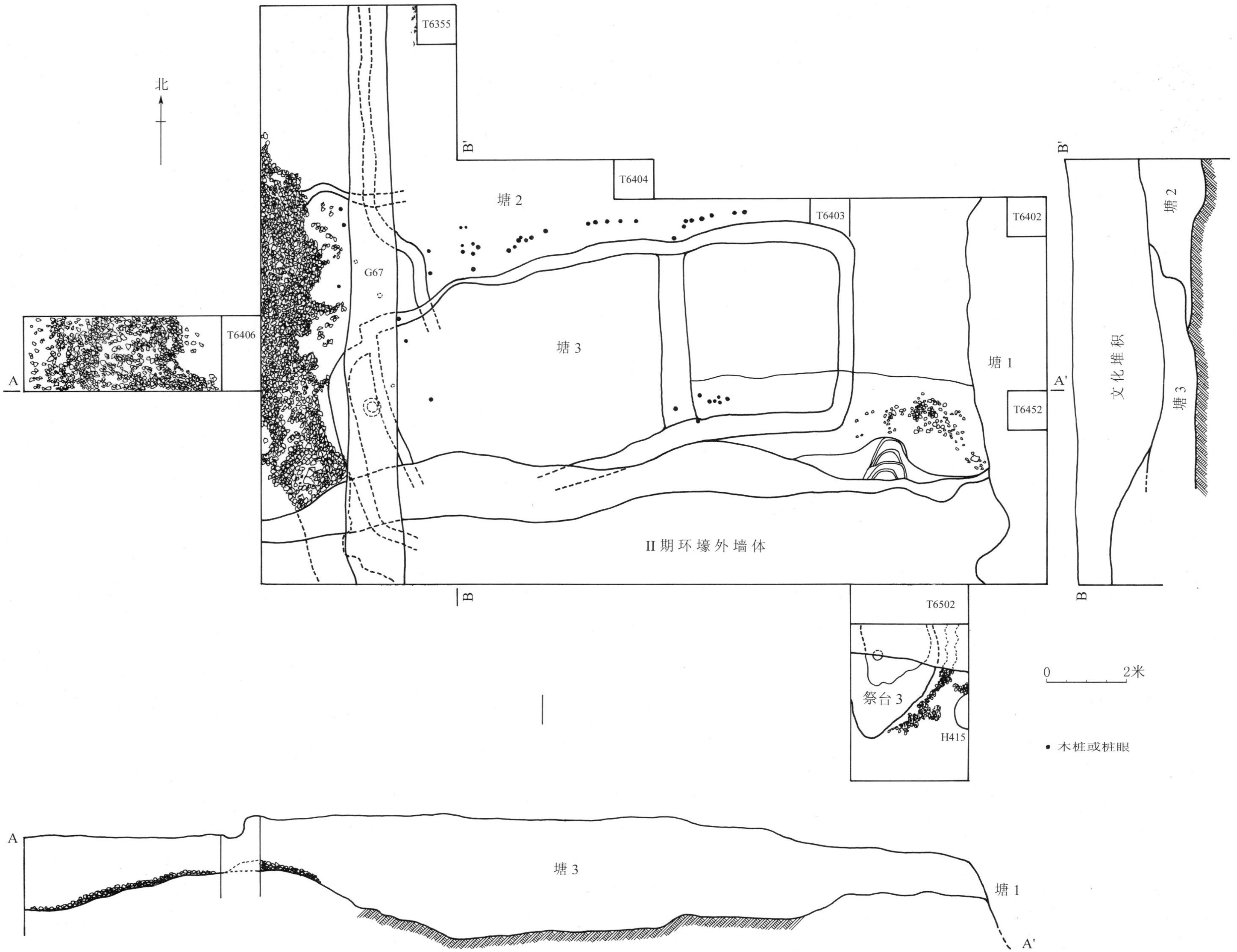

图七七 1999年一区主要遗迹平、剖面图

通过 T6355、T6405、T6455 东壁剖面，可以较完整地了解其地层与塘 2 和塘 3 的关系（图七八）。

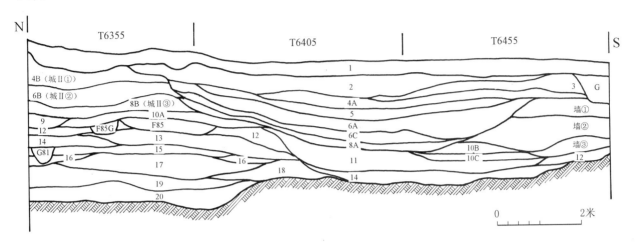

图七八 一区 T6455、T6405、T6355 东壁剖面图

地层堆积共分为 20 层。

第 1 层 耕土层。均匀地分布在三个探方。灰黄土，土质疏松，内夹红烧土。厚 20～40 厘米。T6455 南端 1 层下有现代水沟（未编号）。

第 2 层 分布于 T6355、T6405 和 T6455。黄土，表面平整，土质纯净，结构紧密板结。厚 10～70 厘米，系人工夯筑土台。除西边边缘较直外，黄土台的东、南界均不规则，东北部范围也不清楚。探方发掘揭示其平面形状呈不规则长方形，表面普遍覆盖一层纯黄土。西半部及中心部位黄土较厚，东半部较薄。其上有建筑遗迹，有 4 个柱洞，另外还发现了两处用火痕迹，残留有炭灰和烧过的骨骼。黄土范围主要分布在 T6355、T6405、T6455 东半部，T6454、T6404 西半部，东西宽约 5～7 米，南北长度已暴露 12 米。北部及东北部有多大面积，因未发掘尚不清楚。该黄土台应是屈家岭文化早期南城门东侧的一个人工堆筑用于守卫的场所。其西部边缘之西应属三、四期城墙的南门豁口。从现在地面保留的形势观察，豁口宽近 30 米，再西有与现已揭露的黄土台高度、形状相近的土台，应是城门豁口西边的防御设施，未发掘。

G67 开口于 3 层下，处于 T6355、T6405、T6455 中部，正南北向，沟口宽约 1.5 米，两壁直，北端在发掘区外，南端被近代水沟打破，深 1.2～1.5 米，打破第 4、6A 和 7 层，下压第 8 层，其包含物有大溪文化四期的陶片。G67 在 T6455、T6405、T6355 东壁剖面图上无法体现。

第 3 层 分布于 T6405 和 T6455，南端被近代水沟打破。浅黄色黏土，土质紧密坚硬，内含少量铁锰颗粒，似经夯筑。厚 15～50 厘米。3 层与 2 层共同组成黄土台，3 层为基底层。

第 4 层 原分为 4A、4B 两层，互不衔接，实际上是两种性质完全不同的堆积。

4A 层 分布在 T6405 和 T6455，层面略有起伏，层底平，压在 2 层和 3 层之下。最南端被近代水沟打破。厚 25～40 厘米。灰褐土，包含物有灰陶、黑陶和红陶残片。经观察为大溪文化三期遗物。4A 层为黄土台直接叠压的原生文化层。

4B 层 分布在 T6355，直接压在 1 层下（因本方没有 2、3 层堆积）。黏土，土质紧密，似经夯筑。最厚处近 60 厘米。无包含物。顶近平，南端呈斜坡状倾斜，应是某一期城墙的筑土。

第5层　大溪文化三期堆积。分布于 T6405 和 T6455 方内。西端略超出 T6405 北隔梁。灰土，土质较紧密，内含少量红烧土颗粒。厚约 30 厘米。出土陶片多为红陶。可辨器形有圈足碗口沿和较细的豆柄。

第6层　原分为 6A、6B、6C 三小层。同 4 层一样，6B 层与 6A、6C 层是不同性质的堆积。

6A层　分布在 T6405、T6455 方内，北端超出 T6405 北隔梁。压在 5 层下。灰土，内含红烧土和草木灰。最厚处 80 厘米。出土泥质红陶片，内有出檐瓶口式盖纽和外红内黑碗片。

6B层　分布在 T6355 方内，压在 4B 层下。土质纯，质地紧密，似经夯筑。最厚处 60 厘米。与 4B 层一样，为同一墙体的一层筑土。

6C层　压在 6A 层下，分布范围小于 6A 层。灰土。厚 20～25 厘米。少见包含物。

第7层　仅在 T6355 和 T6405 交界处有极小范围分布，由北向南倾斜。黄褐土，土质紧密坚硬，内含少量红烧土颗粒。厚 20 厘米。

第8层　与第 4 层、6 层一样，分为 8A、8B 两小层，但同样是性质不同的堆积。

8A层　分布范围从 T6355 南端始，至 T6455 北部。两端分别压着二期城墙和塘 3 外墙体（图七八标为墙①、墙②、墙③，此处墙指塘 3 外墙体，以与二期城墙区别）。绿褐土，土质较紧密，内含少量红烧土块。最厚处 37 厘米。

8B层　分布于 T6355，底部略越过该方南隔梁。压在 6B 层之下。深褐绿色土，土质紧密坚硬，似经夯筑。最厚处 35 厘米。无包含物。

8B 层与 4B、6B 层同为某期墙体的一层筑土，8B 层当为最底层的筑土。4B、6B、8B 层南端的斜坡相互连接，构成此墙体的外坡。

第 8 层出土物中可见橙黄薄胎彩陶，为大溪文化二期后段遗物（彩版一六，1）。

第9层　分布于 T6355 北部（在 T6355 西剖面上出现在中间部位，因此其分布呈斜向浅沟状），压在 8B 层下，南端压在 10A 层北端之上。褐色土，土质坚硬紧密，内含黄黏土和少量红烧土颗粒，似为墙体底部找平所形成。厚 30 厘米。

第10层　分为 10A、10B、10C 三层。

10A层　大溪文化二期早段文化堆积。从 T6355 开始，呈带状，一直延伸至 T6405 北部，并压着第 12 层南端。黑土，土质松软，底部为铁锈和黄土薄层，内含较多的红烧土。厚 30 厘米。出土陶片多泥质红陶和夹炭红陶，部分有陶衣，可见粗弦纹。另有泥质红褐胎黑皮陶深腹钵腹片，属大溪文化二期早段遗物。10A 层下压同属大溪文化二期早段 F85 废弃堆积及其基槽。

10B层　分布在 T6455 北半部，范围不大，呈丘状。厚 30 厘米。黑土，土质疏软，有黏性，内含少量草木灰及铁锰颗粒。出土极少量的泥质红陶片。

10C层　分布在 T6455，压于 10B 层下。灰黑土，土质疏松，内含大量草木灰。最厚处 30 厘米。出土陶片较少。

在 T6455，可见通道南端墙体延伸而来的筑土堆积，并可分为墙①、墙②、墙③层，现有高度 1.3 米。墙体顶部平，宽 2 米。上压第 4A 层。其坡上压有 6A、8A 诸层。内坡底部依次压着 10B、10C 和 11、12、14 诸层。其外坡在发掘区外。现露出的底部宽 3.7 米。

第11层　分布在 T6405 和 T6455 大部。黑土，土质松软，较黏，夹有草木灰、铁锰颗粒。最厚处 50 厘米。出土少量泥质红褐胎黑皮陶片，属大溪文化一、二期之交的遗物。

第12层　分数段分布。北段在T6355北半部，被大溪文化二期早段房基F85的基槽打破。在12层与10A层之间，有F85的居住面和废弃堆积。厚仅15厘米。中段在T6405，范围不大，压在10A层之下。最厚40厘米。南段压在T6455方内墙体和11层之下，分布范围不大，呈由南向北倾斜状。黑土夹黄土，内含少量红烧土颗粒，土质较松软。厚仅15厘米。

第13层　分布于T6355大部和T6405北部，由北向南略显倾斜。黑色土，内含少量黄土和少量红烧土颗粒，土质松软。最厚处48厘米。

第14层　南段压于T6405的12层和T6455的11层之下，下压原生土。黑色淤泥，内夹草木灰。厚20～30厘米。内有木片（似桨形）和矛形木器、护坡木桩。出土陶片与10层所含陶片相近，时代可能早至大溪文化一、二期之交。在T6355北端，也有一个层次划为14层，主要部分同样压在12层之下。两段12层的时代相同，但北段12层为红烧土夹黑土，土质紧密坚硬。最厚处38厘米。下压大溪文化二期灰沟G81。

第15层　分布在T6355和T6405北部，被13层和14层所压。并被大溪文化二期灰沟G81打破。灰土，内夹少量黄土和红烧土颗粒。厚20厘米。

第16层　仅分布在T6355和T6405方内极小范围，压在15层之下。无包含物。

第17层　分布在T6355全方和T6405北半部，被15层、16层所压。灰土，内夹大量黑土和红烧土块，土质较紧密。最厚处50厘米。

第18层　分布在T6405，面积不大，顶、底均平，呈平顶丘状，两坡分别被第16、17层和14层所压。其下压19层、20层和原生土。灰土，内含红烧土块。厚50厘米。

第19层　分布于T6355和T6405北部，上压16层、17层和18层。黑色淤泥，土质疏松。最厚处60厘米。出土物仅几块碎陶片。

第20层　分布于T6355全部和T6405局部。上为18层、19层所压。青灰色淤泥。最厚处60厘米。出土大量炭化稻谷、稻草、兽骨、木桩和陶片。可辨器形有红陶釜、矮圈足碗，均为大溪文化一期的典型器物（图七九）。

其下为原生土。其西边坡岸的上部，在原生土之上有一层很厚且面积很广的红烧土堆积，2001年冬钻探发掘，红烧土面由西向东呈缓坡倾斜，宽8米，其西又是一串堰塘。推定应是二期城墙南门豁口内外的通道。

除二层、三层黄土台为三、四期城墙南门豁口东边的平台式防御设施外，这几个方内所发现的重要遗迹有两段墙体和两个塘。第19、20层为塘2内淤泥堆积，其时代为大溪文化一期。塘2外侧漫滩的18层、17层为塘2废弃后的堆积，用来种植水稻，成为稻田，因此留下大量稻谷和稻草。为了对塘2有更充分的了解，现将其所在的T6355西壁剖面加以展现（图八〇）。由于19层以上诸层均在其东壁剖面上可以见到，而20层虽然在东壁剖面也可以见到，但西壁剖面上未出现。所以这里仅介绍西壁剖面上的21层和22层。剖面图所绘8A、8B层下压一灰坑，8A层下压一房址废弃堆积，15层下压一灰坑，因其主要部分均超出了整个发掘区，未予清理，故未编号，更未列入房址与灰坑的一览表和登记表。

第21层　仅分布在探方西部。灰白土中夹黄土，内含大量稻草。距地表深225～300厘米，厚0～40厘米。出土大量稻谷和极少陶片。

第22层　大溪文化一期堆积。分布在探方西部。青灰土夹少量黄土。深250～345厘米，厚

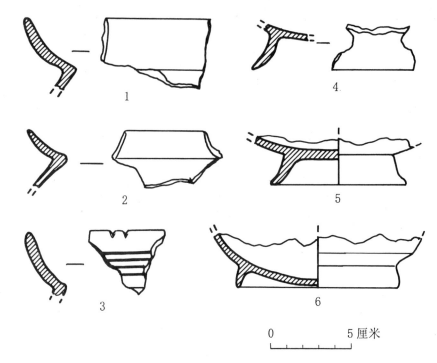

图七九 T6355 第 20 层出土大溪文化一期陶片

1~3. 釜口沿 4~6. 碗圈足

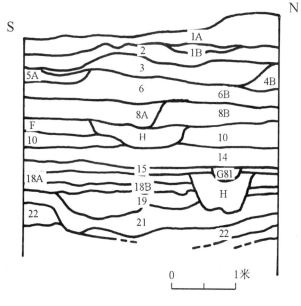

图八〇 一区 T6355 西壁剖面图

0~30 厘米。与 21 层一样，出土有稻谷及少量陶片。可辨器形有曲沿罐、曲沿彩陶罐、盘口釜等（图八一）。

第 11 层和 14 层为塘 3 的淤积堆积，时代为大溪文化一、二期之交。从平面上看，塘 3 打破了塘 2，从剖面上看，塘 3 压住了塘 2 的 18 层和塘口以上的 13 层、12 层（图七八）。

两段墙体之一为处于塘 3 外缘、由 T6402 方内南北向通道南端墙体延伸而来的一段墙体，其时代为大溪文化二期早段或一、二期之交。墙体之二在 T6355 东、西剖面和 T6455、T6405 东壁剖面上可见，它是由 4B、6B、8B 和 9 层筑土所构成。从上下地层及所处位置分析，当属于二期城墙无疑。这样，墙体之二其外的塘 3 当为二期环壕，它与通道东侧的环壕（初编为塘 1）属同一时代。从 T6355 东、西剖面可见，它的底部往下隔几个层次即是塘 2 的开口。

因三、四期墙体到 T6403 西部即降低为门道豁口东侧的平台，且宽度远不如三、四期城墙的墙体宽，因此在这几个探方东剖面上仅能见到平台的黄土堆积（2、3 层），而不可能见到墙体。

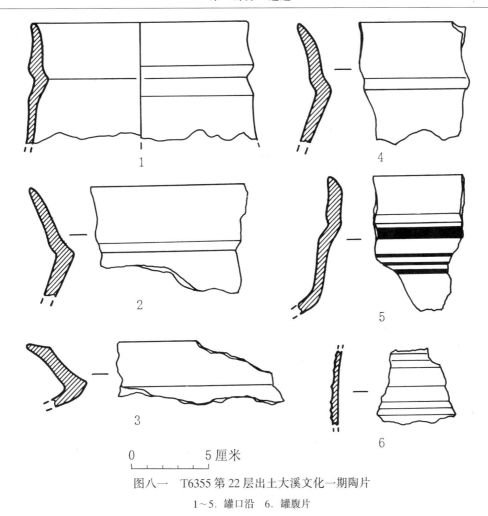

图八一　T6355 第 22 层出土大溪文化一期陶片

1~5. 罐口沿　6. 罐腹片

在 T6355，二期城墙顶面与三期城墙城门东侧平台连成一体，从而成为平台的一部分①。

T6402、T6403、T6404、T6405 北壁剖面（图八二～八四）。

由于这几个探方不是一次发掘，T6402 北部、T6403 东北部为 1996、1997 年发掘，T6403 主要部分和 T6404 主要部分为 1998 年发掘，T6405 则为 1999 年发掘，因此地层不统一。再则因 T6404 北扩 2 米，因此其北壁剖面与其他三个探方北壁剖面不在同一个面上，这样难免有明显的错动，但仍可以对有关全局的几个大遗迹的地层关系得到较为明晰的认识。

在对剖面进行介绍和阐述之前，有必要将这四个探方的层次一一加以对应，如表一六。

表一六　　　　　　　　　　　　一区 T6402～T6405 地层对应表

T6405	T6404	T6403	T6402
1	1	1	城Ⅲ①底
2	2	2	2（城Ⅲ②）

①　需要说明的是，剖面图中城Ⅱ①、城Ⅱ②、城Ⅱ③是表示二期城墙筑土的几个层次。而墙①、墙②、墙③是表示二期环壕之外墙体筑土的几个层次。

续表一六

T6405	T6404	T6403	T6402
3	3	3	3（城Ⅲ③）
4	4、5	4	4
6A	6	5、6	5、6
7	7	7	7
8、9	11	11	11
12A	12	12	12
13	19	13、14	13、14
14	20	15	
T6405	T6404	T6403	T6402
15	21	15	
16	22	16	
17、18	23	16	
20	24		
原生土	原生土	原生土	原生土

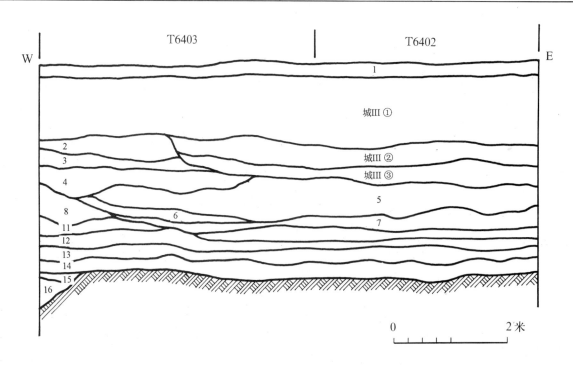

图八二　一区 T6402、T6403 北壁剖面图

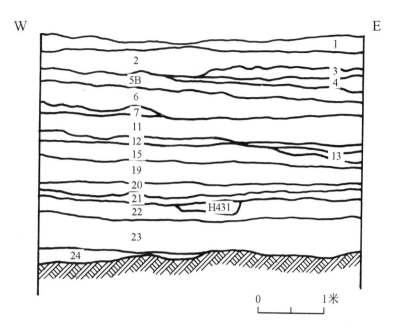

图八三 一区 T6404 扩方北壁剖面图

我们将不再详细介绍每一个层次，仅将重要的遗迹与之有直接关系的地层加以介绍。

T6402 的 4 层以上均在 1994 年挖除，现有剖面图上均系依据当年资料复原第三期城墙墙体。

T6403 大部为三期城墙墙体，西部四分之一的部位进入墙体和南门豁口之间的东侧黄土台，即城门东侧的防御设施处所。

G67 开口于 T6405 第 2 层下，打破 T6405 的第 3、4、6、7 层。G67 为大溪文化四期的排水沟，由城内通向城外。

如依 T6404 北壁剖面的地层，从 4 层至 13 层均为文化层。第 19 层为浅灰色土，相当于图八二 T6402、T6403 的 13 层和 14 层，是封盖住塘 2 的最早的两个文化层。其底部，即相当于

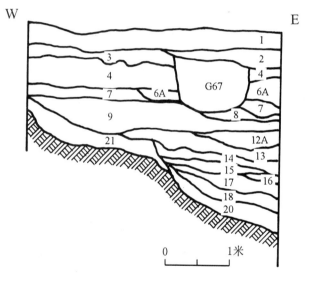

图八四 一区 T6405 北壁剖面图
（其凹下处为塘 2）

T6403 的 14 层为较硬的深灰色土层，含较多钙质，其较上部相当于 T6403 的 13 层，可见夹炭陶片，器形为曲沿罐和釜，时代晚不过大溪文化二期早段，或可早至大溪文化一、二期之交。

T6405 方内塘 2 的淤积堆积分 14、15、16、17、18、20 层（图八四）。T6404 为塘 2 的中心，塘内堆积分为 20、21、22、23、24 层。其中 24 层仅在探方西北部（图八三）。塘 2 往东，仅到了 T6403 北半部。在 T6403 方内仅见其往内收缩的东边坡岸。塘 2 深入原生土中。从剖面可见东西超过 12 米。其北部坡岸超出了 T6355 北壁，南部被塘 3 重叠近 1 米，因此南北至少在 9 米左右，最深处 1.25 米（图七七）。塘 2 现有部分的南侧底部原生土上从东到西发现有 29 个柱洞，当系护

坡设施木桩遗留的痕迹。

　　二期城墙在这几个探方的北剖面上未见，其墙体应在这几个探方北壁之北，或有很矮的墙脚伸入这几个探方，但很难辨识。

　　再观察 T6402～T6406 南剖面（图八五）。

　　虽然地层无法和上面几个剖面完全对应，但还是可以得出从其他几个剖面无法得到的几点认识。

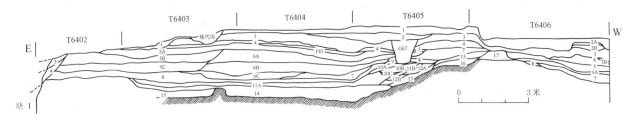

图八五　一区 T6402～T6406 南壁剖面图

　　其一是第 2、3 层确是三、四期城墙南城门豁口东侧的平台，剖面上可见宽度超过 13 米。

　　其二是豁口从 T6406 近西壁处开始，往西到何处，因未向西发掘，尚无从查考。

三　东城墙和环壕（护城河）解剖

（一）东南城墙外环壕解剖

　　2000 年冬，为了搞清大溪文化的环壕内坡有无特殊设施或遗迹，又因在此之前的钻探资料已查明东南城墙外有文化堆积，考虑到这种文化堆积是否与其外的自然河道（澹水的支流）有联系，同时为了查找大溪文化环壕与自然河道是如何沟通的，决定在东南城墙外开四个探方，面积共 100 平方米。探方选定在城墙外坡早年已被挖除的部分和城墙外坡之外平地交界处。这四个探方，在整个发掘中定为 9 区。其西壁距 2001 年在南墙所开 94 米长的大探沟的东壁 73 米，距南北中轴线 100 米。其北壁与长探沟北端第二个探方 T4255 北壁在一条线上。因为布方在城墙之外，未纳入城内探方的统一编号，因此将四个探方分别编为 YT01、YT02、YT03 和 YT04。"YT"意即在城外的探方。

　　地层堆积情况见图八六～八九。

　　第 1 层　耕土层。平均厚 20 厘米。

　　第 2 层　扰乱层。分 2A、2B 两小层。

　　2A 层　布满整个发掘区。灰褐土，土质松软。厚 5～25 厘米。出土近代瓷片、瓦片及碎砖渣。

　　2B 层　普遍分布。深黄褐色土，相对于 2A 层土质显得较紧密，内含铁锰颗粒较多。厚 5～40 厘米。出土陶片中杂混近现代瓷、瓦、砖片。

　　2B 层下压一条灰沟的开口。此灰沟临时编号 G1，分布在 YT01、YT02 和 YT04 探方中，呈

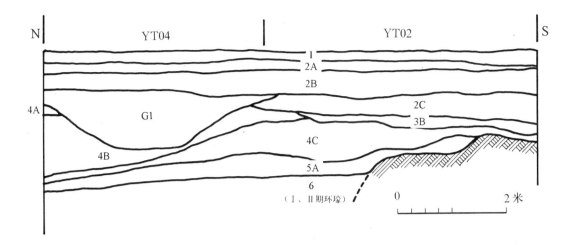

图八六　九区 YT02、YT04 东壁剖面图

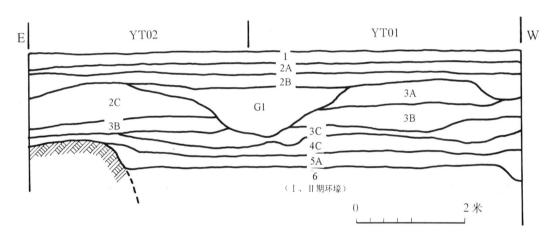

图八七　九区 YT01、YT02 南壁剖面图

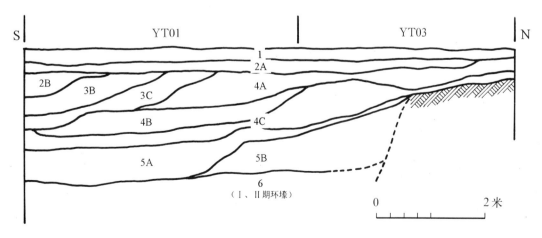

图八八　九区 YT01、YT03 西壁剖面图

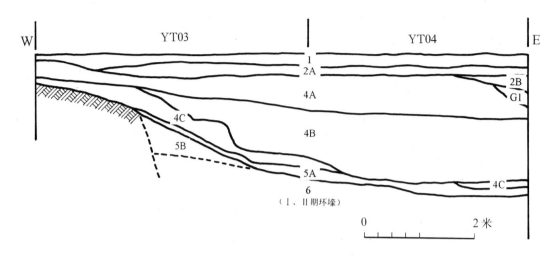

图八九　九区 YT03、YT04 北壁剖面图

西南—东北走向。在 YT01 中，灰沟主要分布在探方东南角及东隔梁南半部。沟底距地表 150 厘米，开口距地表 65 厘米。沟内土色混杂，主要出土汉代青砖。沟底有薄薄一层淤泥，其形成时代较晚。

第 3 层　分为 3A、3B、3C 三小层。

3A 层　仅分布在 YT01 的南半部。浅灰土，结构紧密而硬。厚 5～40 厘米。出土少量石家河文化陶片，无典型器形。

3B 层　除探方西北角外，分布大半个发掘区。地层由西北向东南倾斜。浅黑土，含较多零散红烧土。厚 5～55 厘米。出土陶片的时代为屈家岭文化晚期至石家河文化早期，无典型器。

3C 层　除西北角外，分布大半个发掘区。地层由西北向东南作大坡度倾斜。淡黄土，土质较纯，结构紧密。厚 10～50 厘米。无包含物。

第 4 层　分为 4A、4B、4C 三小层。

4A 层　分布在发掘区西北部。黄褐土，土质极纯，结构疏松。厚 5～60 厘米。

4B 层　分布在发掘区西北部。黄灰褐土，颜色较杂，结构疏松。厚 5～40 厘米。

4C 层　分布在整个发掘区。灰黑土，土质较疏松，内含零星红烧土。厚 20～60 厘米。出土陶片及动物骨骼。所出陶片为屈家岭文化早期常见的细弦纹黑陶片和篮形器腹片。

第 5 层　分为 5A、5B 两小层。

5A 层　分布于整个发掘区。深灰黑土，土质松软，内含零星红烧土。厚 20～70 厘米。出土较多的大溪文化晚期陶片和动物骨骼。

5B 层　只分布在发掘区西北角。黄土，土质较纯。厚 5～65 厘米。

第 6 层　壕沟。壕沟内未再细分层次。壕沟在发掘区内为东北—西南走向，未全部清理，仅依其走向做了横切，解剖 1 米宽。壕沟内坡坡顶在 4C 层下，距地表 55 厘米（图八八）。外坡坡顶压在 4C、5A 层下，距地表 1.65 厘米（图八九）。两坡间高差为 1.1 米。外坡坡顶和内坡坡顶间水平距离为 10.75 米，这应是开口的宽度。沟底宽度为 6.2 米。壕沟内全为灰黑色淤泥，厚 0.6 米。淤泥表层宽 8.25 米。壕沟底部距地表 2.65 米。发掘区西北角所揭示的内坡坡面极为光滑，系徐家台东南坡加工形成，既高且陡。外坡低矮而缓，且坡面凹凸不平，可能原有护坡设施，其木桩腐朽形成空洞，又经水侵蚀形成。沟底从任何角度测量均为水平，且十分平整。沟内淤泥土质底层较黑较硬，内无包含物，只是在淤泥层与5A层交接面上出土了一些兽骨和陶片。陶片属大溪文化二期晚段，有盘口釜、粗弦纹和栉纹夹炭红陶体高壁近直的腰鼓形器座和出檐瓶口形盖钮等残片。这处壕沟，初定为一期环壕。2001年底，钻探复原了各期城墙、环壕（护城河）的整体走向和位置，确认此处的一、二期环壕交汇在一起，合二而一，既是一期环壕，又为二期沿袭使用（图九○、九一；彩版一六，2）。

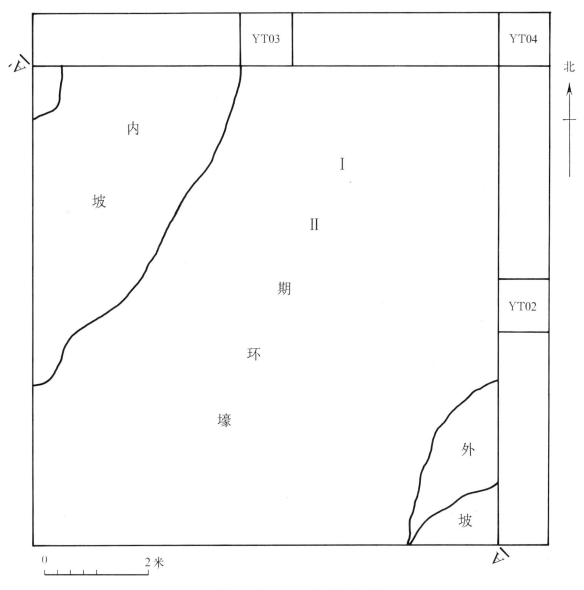

图九○ 九区Ⅰ、Ⅱ期环壕平面图

（二）东城门外环壕解剖

1993年，发掘七区T3229、T3230、T3279、T3280、T3329、T3330等探方时，从地面形势分

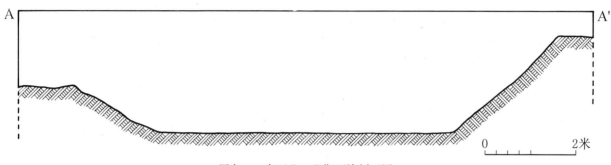

图九一　九区Ⅰ、Ⅱ期环壕剖面图

析，其中的 T3280、T3230，正处于现在仍保存于地面的墙体的东豁口处，而 T3279、T3229 已处于城墙内坡处。其时已解剖了西南城墙，已知现在地面可见的墙体为屈家岭文化时期修筑，城墙外坡应处于台地边沿。此处豁口在 T3279 东部即明显降低达 1.1 米。但这是因为 20 世纪 70 年代平整土地时将 T3279 南部和 T3280 的文化堆积全部推到 T3281、T3282 方内所致。发掘表明，从城内一直至 T3280 近东隔梁原地表基本平整，属徐家台岗地。而 T3280 东部开始分两级降低，达 1.3 米，正是徐家台东坡。T3279 东部和 T3280 方内堆积正好将斜坡部分填平到与徐家台台面齐平。这样地表形成高差近 1.5 米的两级农田。在较低一级农田耕土层下，经常因农耕翻出小卵石，稍一清理即可出现卵石面。在高一级农田所开 T3280、T3230、T3279、T3229 等探方第 5 层之上，也出现了卵石分布或密或疏的一层。豁口近外侧，即豁口高低两组农田的南北两侧（豁口宽度 30 米左右），为性质与南门豁口两侧性质相同、形状相似的平台。其高度略低于 T3278、T3279 所处农田。为了了解卵石面向东延伸到何处，同时探索其性质与作用，决定沿 T3280 南壁向东开 11 米 ×2 米的探沟，跨 T3280 东隔梁，至 T3281、T3282。发现卵石面延伸至 T3282 西部即结束（图九二，彩版一七，1）。

先看 T3278、T3279 剖面（图九三）。

第 1 层　耕土层。厚约 20～25 厘米。T3278、T3279 内编为 1A 层。

第 2 层　石家河文化堆积。浅黄褐色土，土质松软，含细沙，内夹红烧土颗粒。厚 5～15 厘米。出土陶片很少。可见到泥质灰陶片，有方格纹。当为石家河文化遗物。

第 3 层　屈家岭文化中晚期堆积。分布在 T3278 东部和 T3279 方内。厚约 20 厘米。灰褐色土，土质疏松，内含较多红烧土颗粒。出土大量陶片，以红陶和灰陶居多。泥质陶为主，夹砂陶次之。泥质陶片薄而硬，见有贴弦纹陶片和灰陶豆柄。

第 4 层　屈家岭文化中期堆积。分布于 T3278、T3279 方。灰褐土，土质松软，含沙和极少的红烧土颗粒。出土陶片较 3 层少，有泥质灰陶、黑陶和夹砂红陶。出土有凹底罐片和贴弦纹陶片。

第 5 层　屈家岭文化早期堆积。灰白褐色土，内含少量铁锰结核。出土了方唇高领黑陶罐残片。

第 6 层　大溪文化堆积。深灰褐色土，内含较多红烧土块，土质较坚硬。厚 10～15 厘米。出土陶片较多，主要为夹砂红陶。

以上 1 层至 6 层仅分布于 T3280、T3230、T3229、T3279 方内。

6 层之下为原生土层，层面发现有成排的柱洞，可能是大溪文化较早期的建筑基址，但未发掘。

在 T3280、T3230、T3229、T3279 方内，卵石层是压在 5 层之上，即屈家岭文化早期地层之上，其上被 4 层所压，即压在屈家岭文化中期地层之下。

T3280～T3282 地层（图九三）。

从 T3279 东部开始，至 T3280 东部，地表即为现代农田。将耕土层（约厚 20 厘米）除去，即现出卵石面。卵石面厚 5 厘米。卵石面之下有一层厚 5～10 厘米的文化层。灰褐土，相当于 T3278、T3279 西部的第 6 层，再下为原生土层。

T3281 方内有高出其西农田约 30 厘米的田埂。田埂之东为低一级农田。农耕层在图上标示为 1A。图中标示为 1B 的是扰乱层，它是因平整土地从它处搬运而来，土质十分混杂。其下即为徐家台东坡坡面，为原生土。在 T3282 东部，扰乱层之下露出了环壕开口，仅发掘到环壕内坡一侧。从开口处计算，仅向沟内发掘了 3 米。砾石地面一直铺到 T3281 东部，即徐家台东坡第一级的面上。此段卵石层依坡面略呈由西向东倾斜，且卵石越来越少。

沟内堆积：

沟深 2.5 米，沟内堆积编为壕Ⅰ①、壕Ⅰ②、壕Ⅰ③、壕Ⅰ④、壕Ⅰ⑤、壕Ⅰ⑥。

沟底平，分布有大块卵石，内夹大量细砂，疑是古河床。沟内壁开口下呈台阶状，然后斜直内收。探沟范围内底宽 1.4 米。沟壁有使用工具形成的削痕。

沟内最早形成的堆积是壕Ⅰ⑥。灰黑色淤泥，土质细腻，较紧，夹大块黄土，不含陶片。

压在壕Ⅰ⑥之上的有壕Ⅰ⑤和壕Ⅰ④。而壕Ⅰ④又压着壕Ⅰ⑤坡面的下部。

图九二　七区屈家岭文化时期卵石遗迹平面图

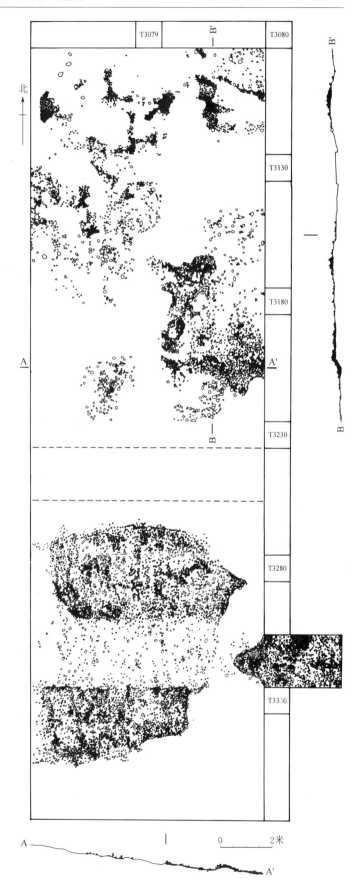

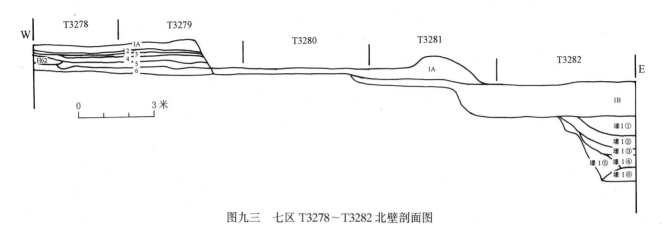

图九三　七区 T3278～T3282 北壁剖面图

因此壕Ⅰ⑤的时代晚于壕Ⅰ⑥而早于壕Ⅰ④。

　　壕Ⅰ⑤　紧贴壕沟内坡，从沟口至壕Ⅰ⑥层面呈坡度极大的倾斜状。含大量红烧土块。出土陶片多为夹砂红陶、泥质红褐胎黑皮陶，当为大溪文化一期遗物。

　　壕Ⅰ④　压在壕Ⅰ⑥和壕Ⅰ⑤坡面上，层面和底面平。浅灰黑土，土质软，疏松细腻，内夹红烧土颗粒，含水量大。出土陶片中可见出檐瓶口式盖纽、内弧壁钵、扁平鼎足、缸和釜残片，为较典型的大溪文化二期遗物（图九四）。

　　壕Ⅰ③　灰黑土，土质松软，东厚西薄，西部上面压在西壁台阶上。出土有尖底深腹大口陶缸和泥质红陶罐、釜、钵残片（图九四）。此大口缸基本完整，与器物分式中的 A 型Ⅰ式缸十分接近，是大溪文化二期晚段的典型器物。

　　壕Ⅰ②　灰褐土，内夹白膏泥和少量红烧土颗粒。出土陶片较少。

　　壕Ⅰ①　红烧土层，由西向东增厚，最厚处达 40 厘米。出土大量陶片，除泥质红陶片外，还有泥质黑陶片，并发现一块泥质黑陶杯的口沿。此层当为环壕废弃后的堆积，时代为屈家岭文化早期，与三期的城墙时代相当。

　　这段环壕究竟是一期环壕还是二期环壕，长期无法结论，直至 2001 年底补充钻探时，才发现此段环壕为一、二期共用。

　　因为未能横断整个环壕，未能解剖到其外坡，因此无法确定其宽度。2000 年冬，在其南隔 1 米，再开一条东西向探沟，全长 11 米，包括 T3331～T3333 三个方，其中 T3332 为全方，而 T3331 和 T3333 各发掘长 3 米。其堆积情况与 T3281、T3282 探沟非常接近，包含物也相似，同为一、二期环壕。但这条探沟正好卡住了环壕的内坡和外坡（图九五）。其内坡上部有一级台阶，以下为斜坡向内收缩，外坡无台阶，但有一段缓坡。

　　图中 1 层为农耕土，2、3、4 层为废弃后的堆积。从 5 层往下为壕沟内的静水沉积，含细沙。5 层出有一点状戳印纹白陶，属大溪文化二期末。6、7、8 层同为静水沉积，但均无包含物。9 层为从内坡倾泻而下的土和包含物所构成，出土较多陶片，多泥质红褐胎黑皮陶深腹圜底罐、钵残片，也有曲沿釜的口沿，时代可早到大溪文化一、二期之交或二期早段。10 层也是静水沉积，是最早形成的堆积，但无包含物，时代推定为大溪文化一期。由于外坡已处于徐家台外平原上的农田，而内坡正在徐家台岗地东坡上，因此内外坡水平高差达 1.5 米。如按内坡开口至沟底计算，

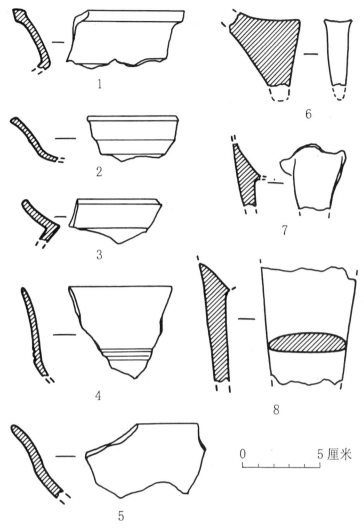

图九四　T3278～T3282 探沟内壕Ⅰ③、壕Ⅰ④出土大溪文化二期陶片

1. 罐口沿　2、4、5. 钵　3. 釜口沿　6～8. 鼎足　（1～3为③；余为④）

深 2.5 米。按外坡计算，深 1.1 米。沟口宽度在探沟范围内南壁处宽 10.6 米，北壁处宽 9 米，沟底南壁处宽 6 米，北壁处宽 5.5 米。

（三）东城墙和环壕解剖Ⅰ

1993 年解剖东城墙，从 T1028 经 T1029、T1030、T1031、T1032、T1033 到 T1034。T1034 仅发掘长 2 米。探沟总长 32 米。探沟开在各探方南半部，沟宽 2 米。但当年未挖到原生土，1996 年继续下挖，直到各探方的原生土层。当时层次划分得极细，共分了二十多层，内中很多是假象。特别是因为当时没有认识到有四次筑城，所以各期城墙的筑土都作为文化层次对待。其外侧，现在认定是环壕内坡加筑的培土，临时编为 A1、A2、A3、A4 层，现在才明白是四期城墙的外坡，因其下基础为淤泥而下陷形成。现在认定是三期城墙外坡的层次，当时编为 A5、A6。环壕内堆积及废弃后堆积仅划了分层线，未编层号。对这次解剖各个层次的性质和成因的认识，直到 1997 年

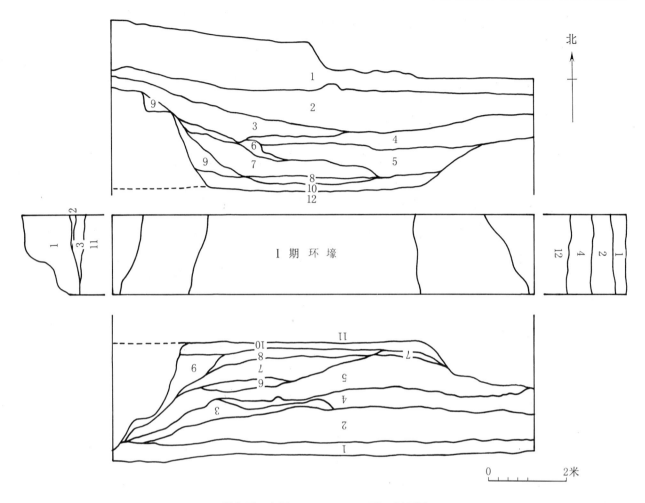

图九五　七区 T3331～T3333 平、剖面图

西南城墙解剖确认四次筑城的地层关系后，才逐渐清晰。但因依西南城墙所提供的例证，一、二、三、四期城墙逐渐内移，所以仍不敢认定东城墙解剖图中 A1～A4 层为四期城墙，A5、A6 层为三期城墙。1999 年第七发掘区的发掘向北一直推移到 T1078、T1079、T1080、T1081 和 T1082 北隔梁，向南则推移到 T3029 至 T3032 南隔梁。向南发掘的各探方因其东一个多探方全被现代坟墓所破坏，其余几个探方城墙部位也被后代堆积扰动得特别严重，无法提供几期城墙明晰而准确的地层关系，仅能剥离出第一、二期城墙（第一期城墙因压在二期城墙下，未能将顶面和内外坡清理）。而向北发掘所取得的 T1078～T1082 北壁剖面，发现三期城墙外坡在一、二期城墙之外，四期城墙更在三期城墙之外。这个发现与西南城墙四期筑城的发现几乎是同时，从而促使我们重新认识 1993 年东城墙解剖所提供的剖面。在重新认识时，为了更能说明问题和突出重点，对原来划分的一些小层次做了必要的合并，对一些似是而非的地层现象（如因土层干裂而形成的裂缝等）做了必要的删除。在尽可能科学、准确地说明一些重要遗迹（城墙、环壕、稻田、灰坑、墓葬等）的前提下，将层次简化处理，这样条理显得更清晰，更易于看明白。

　　这条探沟剖面所现层次发掘时的编号方式与西南城墙编号方式不同。西南城墙的一至四期墙体是单独编号，如城Ⅰ①、城Ⅰ②等，这样一般地层的编号从第 1 层至第 11 层层号是连贯的。而这条探沟剖面层次上的各期墙体与其他地层在发掘时是统一编号，因为当时并未明确判断出哪几层是墙体，最后经过整体分析和根据各种因素判断，才将这些层次当中的一部分确定为某期墙体的某一层，这样就有必要将层次重新编定。但因在各期墙体之间有文化层相隔，这些文化层出土有一定数量的器物，其中不乏选作标本的典型器物，如果在定编时将文化层初编层号改变，必将造成所出器物标记的紊乱，因此，在最后定编层次时，凡属文化层，均维持初编层号，这样，现在在剖面图（图九六）上除几期墙体外，仅见1~4、8~10、12、15~18等文化层的层号。在文字叙述时，凡属原编层号与定编层号不同的，在起首处写明原编层号，文末说明其定编层号，以免混淆。

这条探沟，从三期城墙内坡直至外坡，往东更经四期城墙，横断环壕。但三期城墙顶部因20世纪70年代平整土地至少推去2米以上，从T1031西壁开始，呈斜坡状将土向东推移填三、四期的护城河，所以环壕开口之上除压着三、四期城墙使用时形成的外坡堆积外，其上更有很厚的推移过来的混杂土层。而现在可见的耕土层是70年代平整推低城墙以后因多年农耕重新形成的（图九六）。

第1层　现代农耕层。厚近40厘米。

第2层　石家河文化层。仅分布在探沟最西端，由东向西倾斜。灰褐土，土质较松软，含红烧土颗粒，最厚处40厘米。

第3层　石家河文化层。分布在探沟最西端，压在2层和耕土层下，从东向西倾斜。黄褐土，最厚处50厘米。

第4层　石家河文化层。分布在探沟最西端，压在3层和耕土层下，由东向西倾斜。棕灰土，内含极小的红烧土颗粒，并夹少量灰白泥，土质黏，最厚处60厘米。出土少量陶片，有凹底罐和簋形器残片（1~4层原编和定编层次相同）。

城Ⅲ①（原编5层）　压在4层和耕土层下。灰白土，含很少的红烧土末和少量炭末，晒后起裂纹，有些可能取自河底淤泥，最厚处近70厘米，为三期城墙内坡。

城Ⅲ④（原编6层）　层面从T1028东隔梁开始，至T1030西隔梁，整个层面压在现代耕土层下。东、西均呈斜坡状。西端被城Ⅲ①（原编5层）所压，东端因平整土地推成2米多高差的大斜坡。棕黄土，土质纯净带黏性，部分土为纯黄色。厚40~60厘米，隐约可见夯窝（彩版一七，2）。为现存三期城墙的主体部分。不见陶片。

城Ⅲ⑤（原编7A层）　从T1028东部开始，向东一直分布到T1030西部。压在城Ⅱ④下，西端压在城Ⅲ①下。黄黏土，似经夯筑。厚约25厘米。无包含物。

城Ⅲ⑥（原编7B层）　从探沟西壁开始，平展分布，直至T1031西部。黑灰土，土质疏松。厚15~20厘米。出土屈家岭文化早期常见的黑陶高领罐腹片，饰细弦纹；也有红陶片。与南城墙、西南城墙解剖所见压在三期城墙筑土下一层的土质、土色、包含物均相同。

第8层　从T1029中部开始，向东至T1031西端。压在城Ⅱ①（原编11A层）、城Ⅱ③（原编11D层）、城Ⅱ④之上，东端被城Ⅲ③层（原编A6层）所压。灰褐土，包含物多为大溪文化三期遗物，但陶片少而碎。

第9层　从探沟东壁向东延伸至T1029中部。大部压在8层之下。褐色土，内夹红烧土末。厚30~50厘米。所出陶片较多，有敛口圈足碗、大口深腹尖底缸和盘口釜残片，均为大溪文化二期常见器形。

第 10 层　从探沟西壁到 T1029 中部，压在 9 层之下，中间部位被大溪文化二期灰坑 H64 打破（H64 因系在探沟内发现，未全面清理，故未纳入灰坑登记表和灰坑一览表）。

城Ⅱ①层（原编 11A 层。原编 11 层，分为 11A、11B、11C、11D 四小层）　分布在 T1029 中部至 T1030 近西部，被 8 层所压。浅黄土，内含零星红烧土颗粒，层面平，层底东端上翘。厚 40～80 厘米。未出土陶片。为二期城墙最上一层筑土。

城Ⅱ②层（原编 11B 层）　分布于 T1029 和 T1030，压于城Ⅱ①（原编 11A 层）之下。灰褐土，土质较黏，内含红烧土。层面和底面均由东向西倾斜，剖面形状近似三角形。最厚处 70 厘米。未出土陶片。为二期城墙的筑土。

城Ⅱ③层（原编 11C 层）　压在城Ⅱ②（原编 11B 层）下，从东向西大倾斜，东端压着城Ⅲ③（原编 A6 层）。黄黏土，土质板结。最厚处 80 厘米。无包含物。

城Ⅱ④层（原编 11D 层）　压在 8 层和城Ⅱ③东端之下。层面、底面均平展，东、西端呈斜坡状。黄褐色黏土，无包含物。厚近 40 厘米。为二期城墙的筑土。

第 12 层　分布在 T1030 东部，夹在城Ⅱ③和城Ⅱ⑤层之间，剖面形状似梭形。深褐土，内含零星红烧土颗粒。最厚处 15 厘米。出土有圈足盘口沿、豆柄座、釜腹片、折沿罐口沿等。多泥质红陶，也有夹砂红陶。为大溪文化二期遗物。

城Ⅱ⑤层（原编 13A 层。原编 13 层分为 13A、13B、13C、13D 四小层）　分布于 T1030 中部至 T1031 中部，上下均呈弧形，从东往西倾斜。东部压在城Ⅱ④下，中间部分压在 12 层下，西端平压在 16 层上。浅褐土，土质紧。最厚处约 50 厘米。无包含物。

城Ⅱ⑥层（原编 13B 层）　分布在 T1031 西部，压在城Ⅱ⑤东端和城Ⅲ③层之下，剖面似顶角极小的三角形。深褐土，内夹黄土块和零星红烧土颗粒。为二期城墙的一层筑土，未出土陶片。

城Ⅱ⑦层（原编 13C 层）　分布在 T1031 中部，压在城Ⅱ⑥层（原编 13B 层）之下。层面平，由西向东倾斜，西端底部上翘，压着一期城墙外坡。深褐土。最厚处 45 厘米。无包含物。为二期城墙最底层筑土。

城Ⅱ⑦、城Ⅱ⑥、城Ⅱ⑤层为一个时期筑造，是在一期城墙之上加高形成的。城Ⅱ④、城Ⅱ③、城Ⅱ②、城Ⅱ①层则为稍晚时期筑造的。两次筑造之间形成了 12 层这一文化层。第二次筑造时间可能晚至大溪文化二期晚段甚至二期末，而第一次筑造的时间应在大溪文化二期早段。

城Ⅰ①层（原编 13D 层）　分布在 T1030 东部，从东往西倾斜，坡脚直压第 16 层。其上为城Ⅱ⑤、城Ⅱ⑥、城Ⅱ⑦层所压。深黄土，内含少量红烧土颗粒。最厚处 45 厘米。出土极少量夹炭红陶陶片。可辨器形有曲沿罐残片，属大溪文化二期早段遗物。此层应是一期城墙内坡堆积。

城Ⅰ②层（原编 14 层）　在 T1030 和 T1031 范围内。呈圈丘状，上压城Ⅱ⑦和城Ⅰ①层，底部压住第 16 层。黄褐土，土质纯净坚实。厚 75 厘米。除偶见破碎的兽骨外，无其他包含物。应即第一期城墙墙体。

1996 年将此探沟北扩时，在城Ⅰ②外坡发现一座墓葬，编为 M706。墓为一浅圆坑，内依外坡坡度躺着一男性成年尸骨，其头在圆坑之外，坑内填土，墓坑所压和被压土层均为城Ⅰ②层，即一期城墙筑土，因此推测其为修筑一期城墙时奠基祭祀活动中的人祭（图二七四）。

第 15 层　分布在 T1028、T1029 和 T1030 的大部，但被 H64 打破。绿褐土。厚 30～40 厘米。

出土少量陶片。所出陶片多为夹炭红陶，可见器形有盘口釜、曲沿罐残片，为大溪文化一期晚段遗物。在T1028方内，15层被10层所压，下压原生土。在T1029方内，15层为10层所压，下压16层。其东端被二期城墙内坡所压，下压16层。

第16层　从T1028东端开始，直到T1031近东端。从西向东，分别被15层、二期城墙、一期城墙和三期城墙外坡所压，并被环壕切断。黑土，其内夹砂。厚薄均匀，厚约20厘米。无包含物，可能为一期城墙的垫层。

第17层　仅分布在T1029东部至T1031。其东被环壕切断。灰白土。厚25厘米左右。出土数量甚多的陶釜、罐口沿，器形为大溪文化一期早段所习见。

第18层　分布范围与17层相同。土色与17层接近，但稍深。厚25厘米左右。其内出有与17层相近的器形，也出有刻划纹和篦点纹陶片，应为汤家岗文化晚期遗物。

17层后被确认为大溪文化一期早段，即在城头山一期城墙尚未筑造之前聚落的稻田。18层后被确认是汤家岗文化晚期聚落的稻田。在T1028中部，于剖面上可见水塘。

从一、二期城墙和古稻田往东：

城Ⅲ③（原编A6）　紧贴一、二期城墙外坡，呈大坡度由西向东倾斜，但坡底仍在徐家台台面上。黄黏土，无包含物。

城Ⅲ②（原编A5）　紧贴城Ⅲ③之外，大坡度由西向东倾斜。坡底一部分压在台地上，一部分超出台地边沿，并压住台地东坡。较深的黄色土，土质硬，无包含物，似有错动。

其外环壕的堆积层次，从下至上依次为：

壕Ⅰ、Ⅱ⑤　为环壕最底层的淤积。平展，黑色淤泥，土质较硬，内夹细沙。厚80厘米。无包含物。

壕Ⅰ、Ⅱ④　由台地东坡中部开始由西向东倾斜，直压壕Ⅰ、Ⅱ⑤的西半部。灰褐土。内含大量泥质红陶和夹炭红陶残片，多为釜、碗的碎片，属大溪文化一期遗物。

壕Ⅰ、Ⅱ③，壕Ⅰ、Ⅱ②，壕Ⅰ、Ⅱ①　均为壕沟内淤积层。黑褐土或灰褐土，内夹红烧土块。出土碎陶片，壕Ⅰ、Ⅱ①中夹陶片较多，能辨出器形而时代最晚的是浅杯式盖纽、单耳杯残片，应为大溪文化二期晚段遗物。

分析淤积层中的包含物，同时参照2001年冬补充钻探的资料，其结果证实此处环壕应为一、二期城墙合用，时代为大溪文化一期晚段至二期晚段。

环壕开口宽11.5米，底宽7.5米。从内坡开口算起，至沟底深3.2米。内外坡开口高差1.2米。沟底平整，其下为白膏泥层。

探沟范围内的三期城墙底宽16米，顶宽11.8米，现存高度仅1米（因上部全部被推去）。二期城墙底宽10.2米，顶宽1.6米，高（包括其下所压的一期城墙）1.6米。一期城墙底宽5.6米，顶宽1.2米，高近1米。

1997年发掘之后，关于七区已发掘各个探方内城墙的筑造和附属设施有一些新的发现。

发现之一是二期城墙墙顶设置的栅栏（参见图三八、四〇）。从T1080北壁东北角开始，Ⅱ期城墙略呈西北—东南走向，但角度很小，经T1081西南角、T1031西部、T3031中部到T3081北隔梁，整个揭露长度超过15米。在二期城墙顶部共发现31个柱洞。在T1080西北角和东隔梁内发现11个，分两组，北边一组5个，南边一组6个。两组之间1米有余无柱洞。T1031范围内仅南部有 2 个柱洞。T3031（包括北隔梁）内却密集地分布有 12 个柱洞，T3081 范围内稀疏地分布 6 个柱洞。先在墙顶挖有宽 20 厘米、深 10 厘米左右的沟槽，柱洞开口在沟底。洞径 10～15 厘米不等，深 35～45 厘米。柱洞内填较纯的灰黑色黏土，洞底部有少量红烧土。推测是作为栅栏的立柱。T1031 范围内极少发现，可能是因 1993 年开探沟后，探沟两边不断坍塌展宽，因此 1996、1997 年在 T1031 范围内能进行正式发掘的面积很少。

发现之二是在 T3032 方内一、二期城墙外坡坡脚、环壕内边的竹筋遗迹。这些遗迹分三排呈南北向排列，非常密集。1997 年冬发掘的 T3032 加上其北的 T1032 在其前发掘过的 1 米宽度，共 6 米长，清理出竹筋腐朽后留下的洞共 62 个，洞径 3 厘米左右。其中二个稍大的洞，直径 5 厘米左右。这些洞都开口在一期城墙坡脚，最东一排已极为接近一、二期环壕内坡开口。推测其作用，或是筑一、二期城墙时为避免墙土滑至环壕内，抑或是二期城墙筑土之前作为外坡挡土以便堆土作为护坡（彩版一八，1）。

发现之三是一、二期城墙在七区范围内由北向南，至 T3081 北隔梁处中断，再往南一直到 T3331 北部，均未能再见到一、二期城墙（T3331 南部及其南未发掘）。其中断距离在 27 米左右。在等高线图上，这一段高程在 44 米以下，其北其南逐渐升至 45 米多、46 米多、47 米多，最高点达 47.8 米。从图上丈量这一段低于 44 米的地段正好为 27 米，并形成一个由西向东略呈坡度的面。其南边略在 T3330、T3331 等探方的北半部，其北边界正好到 T3080 北隔梁，宽度同样是 27 米左右。这样，一、二期城墙中断的长度和位置、等高线图上低于 44 米地段的长度和位置，两者完全吻合。因此推论这段较低的地段就是三、四期城墙东门豁口。

（四）东城墙和环壕解剖 II

1997 年冬，七区发掘向北推进到 T1078～T1082 一线。至 1999 年底，发掘 T1128～T1131 诸方时，其南隔梁（即 T1078～T1082 北隔梁）已大部崩塌，而 T1128～T1131 又因故未挖到原生土，这样只好重新修整 T1078～T1082 北壁剖面，但这样形成的剖面实际已比原发掘范围向北推移了 1 米（图九七）。和图九六中所标层次不同，在图九七中，几期墙体的层次和其他文化层的层次是分开编号，因此文化层编号始终衔接（彩版一七，2）。

剖面上除几期城墙土外，共分了 15 层。其中第 15 层是紧贴着原生土的汤家岗文化时期的水稻田，第 14 层为大溪文化时期的稻田。第 13 层相当于 T1028～T1034 探沟所划定的 16 层。这三层的土质、土色均与 T1028～T1034 探沟相对应层次相同。

第 1 层　农耕土层和扰乱层。此处墙体上部在 20 世纪 70 年代被推除 2～3 米，剖面上所显示的农耕层实际是 70 年代以后形成的。厚 30～40 厘米。

第 2 层　石家河文化层。仅分布在探沟西端极小范围内。灰褐土，内夹红烧土末。厚 20 厘米。出土石家河文化时期的陶片。

第 3 层　屈家岭文化晚期地层。分布在探沟西端，范围小，压在 2 层下。黑褐土。厚 30～40 厘米。出土有贴弦纹泥质灰陶片。

第 4 层　分布在 T1078 方内，由东向西呈缓坡状，最厚处 80 厘米。西端坡下被 3 层和 2 层所压。其余部分被 1 层所压。橘黄色黏土，颜色鲜艳，局部红色较深呈暗红色，内含红烧土末。基本不见包含物，或疑为四期城墙内坡筑土。

第5层 分布范围从探沟西壁至T1079中部。在T1079范围内,直接压在耕土层下,其余被3层、4层所压。层面平,推定为70年代平整土地时削平。从T1079中部开始,其底面由东向西平缓倾斜。黄褐土。最厚处50厘米。出土极少量的屈家岭文化中期碎陶片,或疑为四期城墙筑土。

三期城墙顶面西部压在5层之下,东部直接压在耕土层下。筑土分五小层。

城Ⅲ① 三期城墙外坡,在T1081和T1082方内,大坡度由西向东倾斜,压住台地外的环壕。黄色黏土,内夹青膏泥。厚40~60厘米。无包含物。其顶面与城Ⅲ③的层面平齐。

城Ⅲ② 三期城墙外坡。压在城Ⅲ①之下。黄土,颜色稍浅,土质纯净。厚30~50厘米。无包含物。

城Ⅲ③ 从T1079西部开始,一直到T1081西端均有分布,层面和底面均平,其上部可能在70年代平整土地时被推去很厚的筑土,因此农耕层下即露出该层黄土,内夹青膏泥和少量红烧土颗粒。最厚处80厘米。无其他包含物。因三期城墙上部大多被推去,因此此层既是现存墙体的顶层,也是底层。

城Ⅲ④、城Ⅲ⑤压在城Ⅲ③东端与城Ⅲ②之下,大坡度由西向东倾斜,压着环壕。深黑褐色土。

城Ⅲ⑤ 上为城Ⅲ④所压,下压二期城墙的外坡。深褐土(图九七)。

第6层 从T1079西壁起,向东至T1081西端。压在三期城墙之下。浅褐色黏土,内夹大量红烧土块。最厚处60厘米。无包含物。H189、G47、G46都在6层层面开口,打破6层,压在三期城墙之下。H189为屈家岭文化早期灰坑,打破G47。G47、G46为大溪文化四期灰沟。

第7层 分布在T1078和T1079。深褐色土,内夹少量红烧土颗粒。最厚处60厘米。出土较多大溪文化陶片,属大溪文化二期末至三期初的地层。大溪文化三期灰坑打破7层。7层东端底面上翘,压着大溪文化二期晚段F68基址残部,中段压着8层,西端压住9层。

第8层 分东、西两段。西段在T1078方内,压在7层之下,被H210打破。东段在T1080方内,压在城Ⅱ②层和城Ⅱ⑤层之下。最厚处40厘米。8层西段层面有起伏,底平。黄褐色黏土。无包含物。东段为浅绿褐色黏土,土质纯净。几无包含物,但有若干排列无规律的柱洞。

第9层 分布范围从探沟西壁至T1080中部,但被大灰坑H210拦腰切断,形成东、西两段。褐色黏土,内夹大量红烧土颗粒,并在东北部形成红烧土面。最厚处近1米。西段压在8层西段下,东段被城Ⅱ②和8层东段压住;其东端压在城Ⅰ①,即第一期城墙内坡上。出土陶片较多,主要为夹炭和泥质红陶,可见宽沿大口深腹尖底缸、弇口盘、盘口釜残片,为大溪文化二期早段遗物。

第10层 分布在T1078和T1079,小部分被H210打破,大部分压在9层西段下。灰褐土,内夹较多红烧土。厚15~25厘米。出土陶片不多,为大溪文化一期晚段堆积。

第11层 从T1078西部开始,向东延伸到T1080西部。厚25厘米,层面和底面弧形。东端翘起压在一期城墙下两层筑土即城Ⅰ③和城Ⅰ②之上,亦即一期城墙内坡之上。出土陶曲沿罐,并发现少量绳纹陶片,属大溪文化一期的遗存。

第12层 仅在探沟西端很小范围内有分布。绿褐色土。厚25厘米。无包含物。

第13层 从探沟西壁开始,一直平展延伸至环壕边,厚薄极均匀。黑色土,夹砂。厚仅15厘米左右。与T1029~T1034探沟的16层实为同一层次,基本无包含物。

二期城墙顶面直接被三期城墙底部压住,可能是在修筑三期城墙时将二期城墙顶部削去了一截。

城Ⅱ①　分为城Ⅱ①a、城Ⅱ①b、城Ⅱ①c 三小层，均为二期城墙外坡堆积。城Ⅱ①c 直接压在二期城墙顶层筑土之上，分布于 T1080 中部到 T1081 近东部，大坡度由西向东倾斜。城Ⅱ①b 压住环壕内坡。三小层均为黑褐色土，城Ⅱ①b 颜色最深，城Ⅱ①a、城Ⅱ①c 略浅。土质疏松，内夹大量红烧土、炭末和草木灰。出土大溪文化晚期陶片，除泥质红陶外，可见黑陶和灰陶，多为釜、碗残片。

城Ⅱ②　为二期城墙内坡，压在 6 层、7 层之下，下压 8 层东段。内坡坡下部位被 H210 打破。浅黄土，内含零星红烧土块。最厚处近 1 米。无包含物。

城Ⅱ③　二期城墙顶层筑土。压在 6 层之下。浅黄土，含零星红烧土。厚 20 厘米。无陶片。

城Ⅱ④　压在城Ⅱ②、城Ⅱ③和城Ⅱ①c 之下，向东、向西坡下。东坡坡脚已距徐家台东缘不到 2 米，当为二期城墙外坡，较一期城墙外坡向东移约 80 厘米左右。浅褐色土。最厚处 60 厘米。无包含物。

城Ⅱ⑤　二期城墙底层筑土，直接压着一期城墙顶部，同时压住 8 层东段。深褐色土。最厚处 15 厘米。无包含物。

城Ⅱ③、城Ⅱ④、城Ⅱ⑤的西边形成一个坡面，形似城墙的内坡。若果真如此，则城Ⅱ②当为二期城墙第二次加筑，目的是加宽加高，从而形成了新的内坡。

一期城墙直接压在二期城墙之下，其筑土可分为三大层。三层的两端分别向东、向西坡下，城Ⅰ①西坡被城Ⅱ⑤、8、9 层所压。

城Ⅰ①　顶部成圆顶丘状。深黄色土，土质纯净。最厚处 80 厘米。

城Ⅰ②　浅褐色土，土质坚硬，纯净。厚 15～25 厘米。无包含物。

城Ⅰ③　黄褐色黏土。最厚处近 1 米。无包含物。

城Ⅰ②是薄而平的一层，其东坡与城Ⅰ①东坡连接，并继续坡下，坡脚直压第 13 层。其西伸出城Ⅰ①西端所形成的内坡 1 米有余，且层面平，似形成一级梯坎，直到西端斜下，从而与城Ⅰ③西坡相衔接。从外形看，一期城墙基本保持了原貌。

城Ⅰ和城Ⅱ从内坡至外坡，全线压在 13 层之上。

第 13 层之下为两层稻田土。上层为灰白色，下层为深褐色，可见三条田埂的断面。下层稻田的田埂与田底同为原生土，高出稻田底 8～10 厘米。上层稻田的田埂是人工培筑，较上层稻田底高 8 厘米左右。两期田埂大体在同一部位，仅有微不足道的错动。

三期城墙在探沟范围内显露的底宽 21.3 米，高 0.8 米，顶宽 8 米。

二期城墙因外坡坡脚直接压住 13 层，所以其高度应从墙顶量到 13 层层面，高 1.75 米；底部因西头被 H210 打破，大体估计宽 9～9.5 米。顶因似圜丘状，无法计量其宽度。

二期城墙实为在一期城墙基础上加高，因此其高度实际上包括了一期城墙高度在内。

一期城墙底宽 6.2 米，顶宽近 2 米，高 1.3 米。

（五）东北部位城墙和环壕解剖

2000 年冬，发掘八区时发现发掘区南部有一条大沟。靠 T1623、T1624、T1625 南壁往北宽 2 米开了一条贯穿东西的探沟，将沟挖到底，揭露了其外坡，但内坡在发掘区西界之外。为探求这条沟究竟系哪一期城墙的环壕，在 T1626～T1628 开 2 米宽探沟。结果发现在现仍露于地面的城墙（现在已知为三期城墙）内坡下压有另一期城墙，当时以为是一期城墙，但未发掘到原生土。2001 年冬，将 T1625～T1628 探沟发掘到原生土，另沿 T1623 南壁，向西开跨 T1622、T1621、T1620 的探沟，以求将此段的一、二、三、四期城墙和环壕彻底弄清。结果是从内坡到外坡全面解剖了一、二期城墙，揭露了第三期城墙的内坡和一段墙体，二期环壕从内坡开始往东揭露了 10 米宽（以开口计）。而最重要的发现是，在探沟最西的一个探方，即 T1620，发现了建城之前汤家岗文化时期聚落的环壕。

从探沟南壁剖面图（图九八）观察其地层堆积及各类重要遗迹。

第 1 层　耕土层。厚 25 厘米。

第 2 层　扰乱层。灰白土，土质软，有黏性。厚 10～12 厘米。出土极少量陶片和瓷片。

第 3 层　仅分布在 T1623 中部至 T1625 中部。浅灰色黏土，内含红烧土颗粒。厚 15 厘米。出土石家河文化晚期陶片。

第 4 层　从 T1628 西部开始，往西一直到探沟西壁均有分布。根据土质土色可分为 4A、4B、4C、4D、4E 五小层。

4A 层　石家河文化晚期地层。分布于 T1628 西端到 T1624 中部，最厚处在 T1626，厚 25 厘米，至 T1625 中部往西变为仅厚数厘米。灰褐色土，内含红烧土颗粒，土质软而松散。出土陶片以灰陶为主，大多为素面，少量饰方格纹、弦纹。可辨器形有鼎、盆、纺轮等。

4B 层　西段从 T1625 中部开始，向西到 T1622 西端；东段从 T1628 西部往西至 T1626 西端。西段压在 3 层下，厚仅数厘米，下压 H619；东段压在 4A 层下，最厚处 70 厘米。灰黑土，内含一定数量的红烧土末和陶片，其层面由红烧土和陶片组成硬壳。出土陶片以灰陶为主，少量红陶。大多为素面，少量饰有篮纹、弦纹、方格网状纹。可辨器形有麻面鼎足、罐、缸、敛口盘、扁腹高圈足壶、豆、杯等。

4C 层　石家河文化早期堆积。东段分布在 T1627、T1626，西段分布在 T1624～T1622。均压在 4B 层下。东段下压 H617。东段最厚处 70～80 厘米，西段被 H619 打破，最厚处 50 厘米。黑色淤土，土质松软，土质黏，夹少量红烧土末。出土陶片以灰陶为主，红陶极少。纹饰有附加堆纹、方格纹、弦纹，大多为素面。此层下压石家河文化早期瓮棺葬 M907。

4A、4B、4C 层均压在三期城墙内坡上。

4D 层　仅见于 T1625、T1624，层面和底面均平，东端压在 4B 层下，西端压在 4C 层下。灰褐色土，内夹红烧土。厚 25～30 厘米。无包含物。

4E 层　仅分布在 T1628 西端和 T1627，压在 4B、4C 层下，由东向西倾斜。灰褐色土。最厚处 25 厘米。出土较多陶片，以泥质灰陶为主，有黑陶。可辨器形有高领罐、双腹盆等，纹饰仅见贴弦纹，为屈家岭文化中晚期遗物。

4B、4C、4E 层均压着三期城墙内坡。

三期城墙现存顶面直接压在扰乱层下，下压第 5 层。现保存二层筑土。上层是圜底状，黄褐土，最厚处 75 厘米。无包含物。下层为黄黏土，最厚处 1 米。无包含物。在探沟内仅能见其内坡和部分层面。现在的顶层层面在探沟内可见宽度 4.25 米，底层宽度 6.9 米，高 1.5 米。

第 5 层　大溪文化三期堆积。从探沟东壁始，至 T1627 西部结束，大部压在三期城墙下，仅有 1 米多伸出三期城墙内坡坡脚之外。黑褐色土。厚薄均匀，约 20 厘米。出土极少量的陶片，可见黑陶篮形器、舌形鼎足、纺轮、细弦纹黑陶片。可以确认为屈家岭文化早期遗物，但也有极少量的陶片接近大溪文化四期出土物。

　　第 6 层　分两段。东段在 T1628、T1627，压在 4C 和 5 层之下。近探沟东壁处下压 H618。西段从 T1626 西端始一直到探沟西壁。第 6 层从东往西下压 H618、H617、H616、F104，局部压 1 号黄土台，并被 M907、F110、H620 打破。东段最厚处 50 厘米，西段最厚处 30 厘米。深褐色土，内含红烧土颗粒和炭末，土质软。出土大量红陶片，大多为素面。可辨器形有厚圆唇内卷沿厚胎大盆、豆、瓮、釜、罐、器盖、盘、碗等（图九九、一〇〇）。

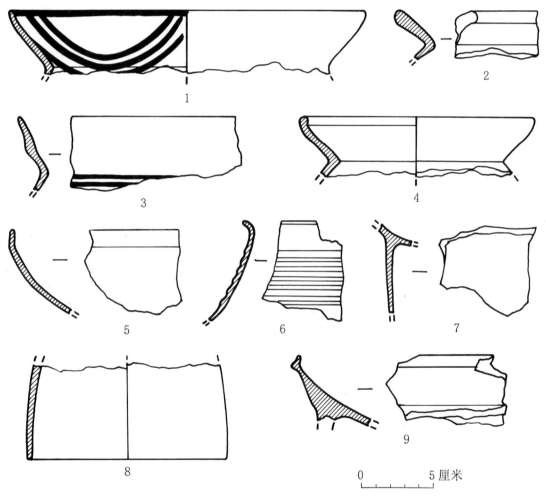

图九九　F110 出土大溪文化二、三期陶片
1~4. 釜口沿　5. 豆盘　6. 罐　7、8. 盘圈足　9. 盘

　　第 7 层　仅分布在探沟东部 T1628 和 T1627 东端，压在 6 层东段和 H618 之下，其西端压着 9 层，为二期环壕废弃堆积。剖面上呈梭形，中间最厚，近 1 米。灰褐土，内含大量红烧土块。出土陶片甚少，仅见上饰圆窝洞和纵向刻槽的瓦状鼎足与近似 K 型Ⅱ式釜口沿，时代为大溪文化二、三期之交。

　　第 8 层　二期环壕内堆积。分布在 T1628、T1627 方内，压在 7 层下，西端下压 9 层。黑灰色

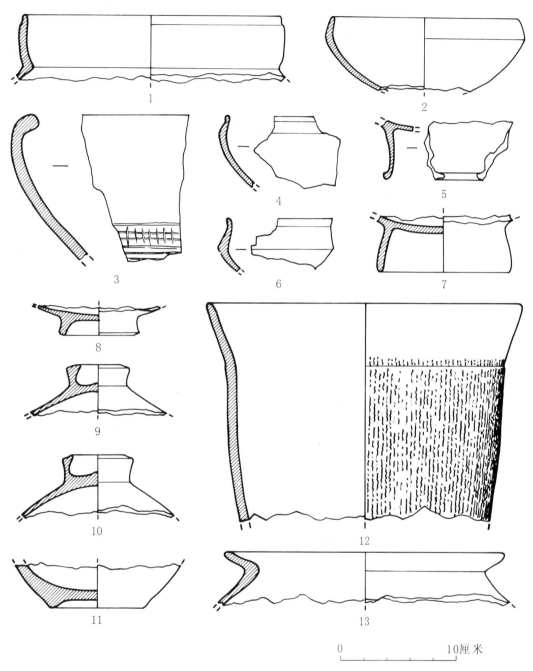

图一〇〇　T1628 第 6、8 层出土大溪文化二、三期陶片

1. 罐口沿　2、4、6. 盆　3. 豆　5、7、8. 碗圈足　9、10. 器盖纽　11. 罐底

12. 缸　13. 釜　（1~8 为第 6 层，属三期；9~13 为第 8 层，属二期）

土，土质细腻。最厚处近 1 米。出土较多陶片，多为红陶。有敞口直腹绳纹缸、折沿釜和器盖等，分别近似于 C 型Ⅰ式、J 型Ⅳ式和 J 型Ⅱ式，均为大溪文化二期较晚段的遗物（图一〇〇）。

第 9 层　分布于 T1628 西部和 T1627 方内，由西向东倾斜，剖面上呈梭形，顶尖部被 6 层所压，东部斜坡面依次被 8 层、7 层、6 层所压，下压 10 层。黄褐色土。最厚处近 1.9 米。无包含物。

　　第 10 层　分二段。东段分布于 T1628 和 T1627，由西向东倾斜，西端底部压着二期城墙外坡。黑灰色土（应为二期城墙和环壕使用时堆积），内夹大量红烧土和炭末。厚 30～50 厘米。出土陶片多为泥质红陶和夹砂红褐陶。有圆锥形鼎足、粗弦纹腰鼓形器座、盘、大口深腹尖底缸和罐等，鼎足近似于 G 型 I 式鼎，器座近似于 B 型 II 式，大口缸近似于 A 型 I 式和 II 式，盘近似于 F 型 I 式和 E 型 II 式，均是大溪文化二期典型器形（图一〇一）。西段在 T1624、T1623 和 T1622，正好压在三期房址 F104 之下，厚仅 5 厘米，可能系 F104 的垫层，因此与东段 10 层的时代、性质均不同。东段 10 层之下为二期环壕内堆积的最底层，为静水沉积层和淤泥，无包含物。厚 1.5 米左右。沟底平整，在探沟内露出长 8.25 米的沟底，推测其东端已近沟底的边沿。

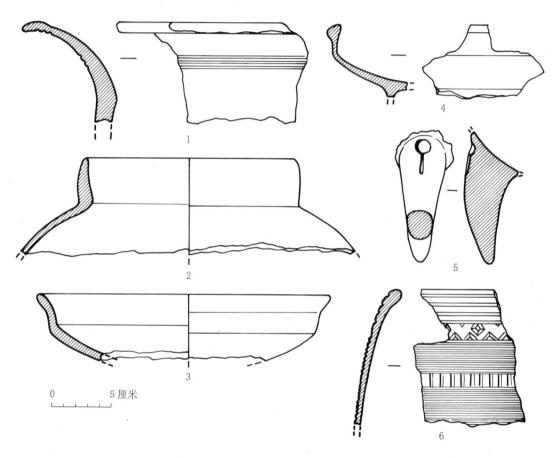

　　图一〇一　T1628、T1627、T1624、T1623、T1622 第 10 层和 T1622 第 12 层出土大溪文化二期陶片
　　1. 缸口沿　2. 罐　3、4. 盘　5. 鼎足　6. 器座残片（1、4、5 为第 10 层出土，2、3、6 为第 12 层出土）

　　二期城墙　在 T1626 和 T1625 方内。顶部被 6 层所压，并被 H617 打破，其东、西坡外经加筑，编为城 II ①，分别由西向东和由东向西倾斜。东坡城 II ①被 10 层东段所压，部分压着二期环壕内坡开口。西坡城 II ①被 1 号黄土台所压。推定城 II ①为一期城墙使用一段后加筑。灰褐土，无包含物。二期城墙主体的绝大部分下压原生土层，西端坡脚压一期环壕外坡开口。二期城墙为黄褐色黏土，土质纯净，无包含物，未再分层。顶面宽 3.4 米，底面宽 8.7 米（城 II ①），高 1.65 米，似较完整地保持了原貌。

　　第 11 层　分布在 T1622、T1621、T1620。从东至西，先后被 F110 和 H620 打破，在 T1622

方内下压 12 层和一期城墙内坡以及打破一期城墙的 H615。褐色土，土质紧密，内含大量红烧土块，最厚处 35 厘米。未采集到陶片。

1 号黄土台　分布于 T1625～T1622 方内，上被 F104 和其垫层所压，下压整个一期环壕。东端下压城Ⅱ①，西端下压 12 层和城Ⅰ①（一期城墙外坡）。2000 年冬对该区揭露时，发现黄土台分布范围北界从 T1273 西壁中间开始，呈斜线至 T1624 北部，然后略与探方北壁平行到 T1625 近隔梁处。而南界全线在 T1623～T1625 南壁处。东端压住一期城墙外坡。揭露面积超过 100 平方米，因向西向南未扩方，故未能追寻到其真正的边界和范围。层面基本平整，层底两端上弧。最厚处 1.5 米。深黄色土，土质细密坚硬，似经夯筑。其内夹有铁锰结核。出土陶片极少，以红陶为主，有极少夹炭陶，陶色不匀，常红、黑相杂。可辨器形有盆口沿、罐腹片等，也有红陶圆锥形鼎足，并偶尔可见较粗大的兽骨。黄土台下为一期环壕淤土。推测黄土台的用途有二种。一种可能是为填平一期堰塘，另一可能是为夯实 F104 的基础。但因它与 F104 之间还隔有 11、12 两层，依 11、12 层包含物分析，黄土台为大溪文化二期筑造，与 F104 有一段时差，因此第一种可能性较大。也许其上原有大溪文化二期的大型建筑，后被 F104 和其他遗迹、地层所破坏。

壕Ⅰ①　压在 1 号黄土台下，内外坡均有二层向中心倾斜的堆积。深黑色土，土质较紧，无包含物。其上为呈圜底状的淤泥堆积，内含大量木炭、兽骨，并出土了直径超过 20 厘米的大龟背。底平，整个环壕均深入原生土中，东西宽 14 米，南北边界不详，形状也不明。深 2.25 米。

一期城墙在 T1622 和 T1621 范围内，上压 11 层、12 层，同时被 H615 和大溪文化四期房址 F110 打破。似分两次筑造，分别编为城Ⅰ①和城Ⅰ②。

城Ⅰ①　系加高加宽城Ⅰ②已构成的一期城墙墙体。厚 30～40 厘米，外坡被一期环壕压住其坡脚，而其主要部分则压着一期环壕内坡的护坡。外坡被 F110 打破，坡脚可能压住 13 层。

城Ⅰ②　压于城Ⅰ①下，其内外坡包在城Ⅰ①所形成的新的内外坡之内，顶面除被 H615 打破的部分外，其余平整，底亦平，直接压着原生土。外坡被城Ⅰ①外坡和二期环壕内坡的护坡所压，内坡被大溪文化一期晚段的 13、14 层所压。黄黏土。不见包含物。

一期城墙顶宽 4.8 米，底宽 8.4 米，高 1.6 米。

第 12 层　分布在 T1622 的小范围内，压于 11 层下，下压一期城墙第二次筑造的外坡城Ⅰ①之上，为其外坡堆积。西高东低。黄褐土，土质紧，内含大量炭末和烧土块。最厚处 40 厘米。出土陶片以红陶为主，也有极少量黑皮陶。大多为素面，少量饰粗弦纹，同时出土了彩陶片。可辨器形有夹炭红陶大镂孔粗弦纹高腰鼓形器座、盘口罐、内弧壁盘。罐的形式接近 C 型Ⅰ式，盘接近 F 型Ⅰ式，均为大溪文化二期典型器形（图一〇一）。

第 13 层　从 T1621 西部到探沟西壁。上压 11 层，被 F110 和 H620 打破，其东端压在城 1②内坡上。黄灰色黏土，土质紧，内含大块红烧土。厚 65 厘米。出土陶片多泥质红陶。可见器形主要为釜，其中多个口沿与大溪文化一期晚段的 A 型Ⅱ式、H 型Ⅱ式釜口沿相近，推定其年代为大溪文化一期晚段。

第 14 层　分布范围与 13 层同，两层东边边沿相连接，形似一个灰坑的两个层次，底面由东向西倾斜，底近平。灰黑色黏土，土质松软湿润，含水多，内含大量草木灰和极少量红烧土末。最厚处 60 厘米。出土陶片多红陶，有陶衣。可辨器形有釜、器座和内弧壁盆（或钵），形式非常接近 13 层所出者，应属同一个时期（图一〇二）。

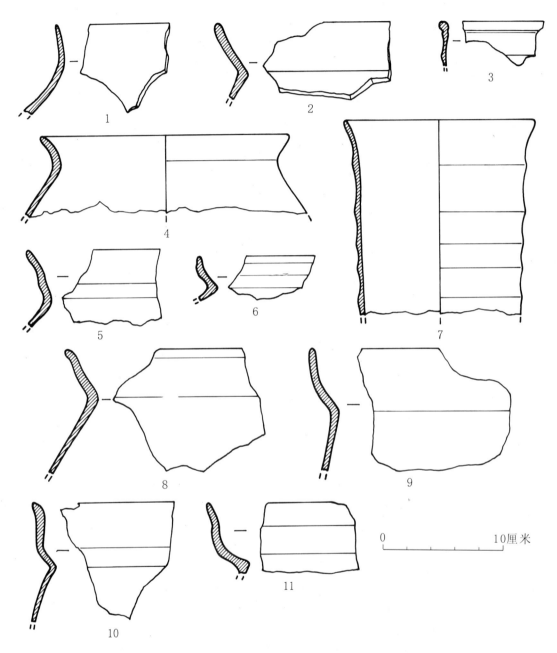

图一〇二　T1620～T1622 第 14、15 层出土大溪文化一期陶片

1、9、10. 罐口沿　7. 釜　余为釜口沿　　（1～3 为第 14 层出土，7～11 为第 15 层出土）

第 15 层　分布范围同于 13、14 层。其层面东部压在一期城墙之下，大部分压在 14 层下。灰黑色淤泥，土质松软湿润，较黏，内含极少量红烧土颗粒和腐朽的植物、木桩。距地表深 2.5～2.6 米，最厚处 48 厘米。出土陶片以泥质红陶和泥质红褐胎黑皮陶为主，红陶可见陶衣。可辨器形有盘口罐、侈口多道弧曲深腹圜底罐、曲沿罐、釜等。盘口罐的形式接近于大溪文化一期早段的 B 型 I 式、A 型 II 式。釜接近大溪文化一期早段的 A 型 I 式、H 型 I 式。黑皮陶深腹圜底罐可

以早至汤家岗文化晚期。15 层深入原生土，又压在一期城墙之下，从内坡形式和沟内堆积分析为水沟，现揭露宽 5.5 米、深 0.55 米。从沟内所出陶片分析，其时代已早至汤家岗文化晚期，应该是汤家岗文化时期聚落的环壕（图一○二）。

此次探沟解剖，未能触及四期城墙。

（六）东北城墙外护城河解剖

解剖目的是为了复原 20 世纪 70 年代被填平的古城护城河，准确确定其内外坡和深度，以及三、四两期护城河的关系。探沟全长 55.75 米。因系在城外，无法纳入探方统一编号，只好将其定为 YT09（YT09 位置参见图一○六）。为叙述定位方便起见，从西南往东北，仍将其按 5 米一个探方分隔，分别编为 YT09①、YT09②，直至 YT09⑫。YT09①仅发掘了 0.75 米长。在发掘之前从 YT09⑩西端开始至 YT09⑧的中部被复原护城河工程的推土机推去 1.25～1.5 米深，两端被推成斜坡（图一○三）。

东南壁地层说明：

第 1 层　现代农耕土。除推土机推除的地段外，均有分布。

第 2 层　扰乱层。分布在 YT09⑫东半部。浅灰色土，内夹铁锰褐斑。厚 20 厘米。

第 3 层　扰乱层。仅分布在 YT09⑫东半部。浅灰色土，土质较纯净。厚 20 厘米。

第 4 层　扰乱层或晚期堆积。在 YT09⑫范围内压在 3 层下，厚 15 厘米。YT09⑪和 YT09⑩范围内压在 1 层下，厚 25～30 厘米。黄灰色土，土质较纯净。

第 5 层　黄褐色土，土质较纯净。扰乱层或历史时期堆积。分布于 YT09⑫、YT09⑪、YT09⑩和 YT09③。在 YT09⑫、YT09⑪、YT09⑩范围内压在 4 层下，厚 15～20 厘米。在 YT09③范围内压在 1 层下，厚 10 厘米。西部直接压着原生土。

第 6 层　晚期堆积。分布在 YT09⑪、YT09⑩、YT09④、③范围内。青灰泥，土质较纯净。厚 10～15 厘米。

第 7 层　为四期护城河上部淤积，图一○三标记为河Ⅳ①，分布于 YT09⑫至 YT09⑨东端、YT09④西端至 YT09③。YT09⑫和 YT09⑨范围内的 7 层东部压在 5 层下，西部压在 6 层下。YT09④、YT09③范围内的 7 层压在 6 层下。前者由东向西倾斜，最厚处达 50 厘米。后者平展，厚 15～20 厘米。黄褐土，内夹青灰土。土质纯净。下压原生土。

YT09⑧　至 YT09④大部的 1 至 7 层均被推土机推去。

第 8 层　四期护城河河内淤积。图一○三上标记为河Ⅳ②，分布于 YT09⑪至 YT09⑨东端、YT09⑧东端至 YT09③东部。青灰泥，内含黄褐土。厚 20～45 厘米。

第 9 层　四期护城河河内淤积。图一○三上标记为河Ⅳ③。仅分布于 YT09⑧东部至 YT09③中部，全压在 8 层下，青灰泥，土质较纯净。厚 5 厘米。

第 10 层　四期护城河河内淤积。图一○三上标记为河Ⅳ④。分布于 YT09⑪中部至 YT09③中部。从 YT09⑪至 YT09③中部，上压 8 层，下压原生土。其余部位上被 9 层所压，下压 11 层。黄褐土，土质较纯净，内夹少量青灰泥。

第 11 层　三期护城河河内淤积。图一○三上标记为河Ⅲ①。分布于 YT09⑧中部至 YT09③，全线被 10 层所压。灰褐土，内夹青灰泥。厚 30～60 厘米。

第12层　为三期护城河最底层的淤积。图一〇三上标记为河Ⅲ②。从YT09Ⅷ西部开始至YT09Ⅷ中部。上压11层，其下为原生土。黑色淤泥，质地很软。

第13层　为四期城墙的外坡。图一〇三上标记为城Ⅳ①。分布在YT09①和YT09Ⅱ的西部，压在耕土层下，平缓地由西往东倾斜，坡下部被现代沟打破。坡脚被5、6层所压。橙黄色土，土色鲜艳，土质纯净。厚15～60厘米。出土极少量陶片。

第14层　分布在YT09①和YT09Ⅱ。图一〇三上也标记为城Ⅳ②。压在13层下，由西向东略显倾斜，少部分段落压着原生土，大部分压在15层之上。黄褐色土，内含青膏泥和极少的红烧土。最厚处70厘米。出土有碎陶片。

第15层　分布在YT09①和YT09Ⅱ，压于14层下，下压16层。层面由西向东倾斜，底面近平，最厚处（探沟西壁处）1米。灰褐色土，内夹铁锰痂斑，无包含物。13、14层均为四期城墙筑土，其上可能被现代耕土层破坏了一定的高度。第15层可能是三期城墙的筑土，图一〇三上标记为城Ⅲ。

第16层　图上标记为7层，为大溪文化底层。青灰土夹膏泥，底平，压在原生土上，厚20～30厘米。出土极少量有红色陶衣的泥质红陶的碎陶片，因看不出器形，虽可认定为大溪文化遗物，但无法准确判断属大溪文化的哪一期。

由11层和12层所构成的三期护城河，在探沟范围内所见宽度23米，深1米。

由8、9层所构成的四期护城河，在探沟范围内宽42.2米。但它的中心区域正好重叠在三期护城河之上，因此其深度应加上三期护城河的深度，共1.5米。

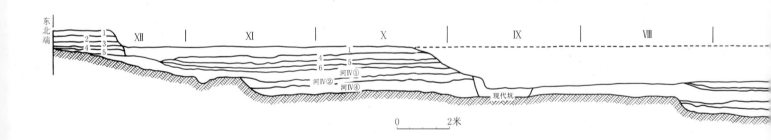

图一〇三　东北护城河解剖沟东南壁剖面图

四　北城墙解剖

　　2000 年冬在 T1626~T1628 探沟发掘的同时，用钻探方法追寻城头山古城址东北和北边一、二期城墙的走向，发现一、二期北城墙比三、四期北城墙要往南 20 余米。为证实钻探所提供的资料，2001 年冬在 T8158、T8108 开南北向宽 2 米、长 10 米的探沟，后加长至 11 米（未列入大面积发掘的九个探方区内）。所开探沟正处于徐家台北部由较平的台面向其北降低 1 米多的洼地的交接处，其大部分处于高程 46.5 米的台面，东北一角处于 45.2 米的洼地（探沟位置参见图一〇六）。正好在探沟内发现了一、二期城墙及一期环壕。在探沟范围内，环壕和城墙呈西北—东南走向，城墙内坡底则呈正东西走向。其地层堆积如图一〇四。

　　第 1 层　耕土层。灰色土。厚 10~16 厘米。

　　第 2 层　扰乱层。根据土质土色分为 2A、2B 二小层。

　　2A 层　浅褐色土，内含少量红烧土颗粒、铁锰结核及白膏泥。厚 10~35 厘米。出土近现代瓷片。

　　2B 层　分布于探沟北部。灰褐土，土质松散。最厚处 50 厘米。

　　第 3 层　石家河文化堆积。分布于整个探沟，由南向北缓坡倾斜，南薄北厚。浅灰褐色土，结构松散。厚 13~52 厘米。在探沟东壁西端剖面上见有一建筑遗址打破该层。所出陶片以灰陶为

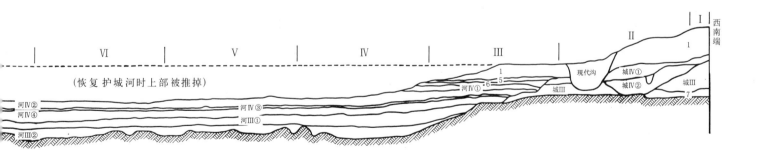

主，红陶次之。可辨器形有釜、瓮、罐、鼎等。大多为素面，少量饰方格纹、弦纹。

第 4 层　屈家岭文化堆积。分布于探沟北部。最厚处 70 厘米。根据土质土色可分 4A、4B 二小层。

4A 层　浅灰色土，夹黄色斑点，内有一定数量的红烧土末和铁锰结核，土质紧，较黏。出土少量陶片，以黑陶为主，少量红陶。均为素面。可辨器形有罐、鼎等。

4B 层　深灰色土，出土陶片较 4A 层稍多。

第 5 层　大溪文化四期堆积。分 5A 和 5B 两小层。

5A 层　分布于 T8208 南部。深褐色黏土，内含红烧土颗粒。出土陶片极少。

5B 层　分布于 T8158 南部。深灰色黏土，内含较多红烧土块和红烧土颗粒。出土陶片以红陶为主，器形有高领罐。

第 6 层　大溪文化三期堆积。分布于探沟中南部。黄褐土，内含红烧土和草木灰，土质较松散。厚 30～75 厘米。出土极少量碎陶片。此层直接压在二期城墙顶部。

城Ⅱ①　分布于 T8158 北部。灰褐色黏土夹少量黄土，无包含物。厚 30～40 厘米。被 6 层局部打破，分成南、北两段。南端近探沟南壁被 Hd（面积太小，未清理，故无编号）所打破。

城Ⅱ②　二期城墙内外坡，内坡压着一期城墙内坡（城Ⅰ⑤），外坡压着一期城墙外坡（城Ⅰ①和城Ⅰ②）。内坡被城Ⅱ①南段和 Hd 所压。橙黄色土，较鲜艳，包含物少，厚 40～60 厘米。外坡被 6 层北段和壕Ⅰ①（环壕废弃堆积）所压，坡脚直接压着原生土。出土陶片极少，仅见的几片陶片可辨认出为小盘口高领罐和泥质红褐胎黑皮陶圈底钵的口沿，均为大溪文化一期遗物，当系从取土中带来。

城Ⅰ①　压于城Ⅱ②北段，即二期城墙外坡之下。由南向北倾斜。灰褐土，内夹大量黄土和铁锰结核，无包含物。厚 60 厘米。

城Ⅰ②　压于城Ⅰ①之下，北端呈坡状，压在城Ⅱ②下，下压原生土。青灰土，无包含物。厚 50 厘米。城Ⅰ①和城Ⅰ②的北端均呈坡状，并互相衔接，构成一期城墙的外坡。

城Ⅰ③　分布于 T8158 北头，压在城Ⅱ①北段和城Ⅱ②之下，其北端下压城Ⅰ④，南端下压城Ⅰ⑤。橙黄色土，无包含物。最厚处 50 厘米。

城Ⅰ④　分布于 T8158 北部，下压城Ⅰ⑤和原生土。黄土，内夹青灰土，无包含物。最厚处 0.75 米。

城Ⅰ⑤　位于一期城墙内侧，其北坡即为一期城墙内坡，坡脚被未清理的灰坑 He 打破。上压城Ⅱ②和城Ⅰ③，其北端上压城Ⅰ②，下压原生土。最厚处 80 厘米。青灰土，内夹少量铁锰结核和红烧土颗粒。出土少量泥质和夹炭红陶片，均为釜口沿，属大溪文化一期遗物。

一期城墙因内坡坡脚被 He 打破，墙底长度无法精确计量，依内坡走势推定，底宽在 7 米左右，顶宽仅 2.2 米，高 1 米。二期城墙底在探沟内显露的宽度为 8.25 米，顶宽 4 米，高（包括压在其下的一期城墙）1.2 米。其外坡坡脚距环壕内坡 1.5 米。

壕Ⅰ①　位于环壕开口之上的环壕废弃堆积。其由南往北依次被第 6、5A、4B 层叠压。层面和底面均由南向北倾斜，最厚处约 80 厘米。黑灰土，土质松软，内含大量红烧土块，较杂乱。出土陶片较多，以泥质红陶为主，有红色陶衣。可辨器形有釜和罐口沿。釜口沿接近大溪文化二期 H 型Ⅲ式和 H 型Ⅳ式，罐口沿则接近大溪文化三期 C 型Ⅱ式和 L 型Ⅰ式，因此其时代应为大溪文化二、三期之交或三期早段（图一〇五）。

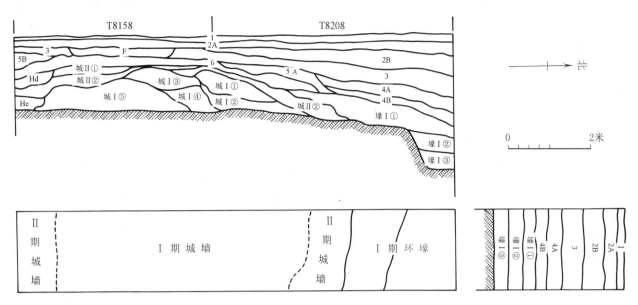

图一〇四　T8158、T8208探沟平面及西、北壁剖面图

壕Ⅰ②　层面与环壕开口基本持平，但从环壕边和环壕中间略有倾斜。黑褐土，土质松软，内含大量红烧土和腐殖质。厚45厘米。出土陶片多为泥质红陶和夹炭红陶，可辨器形有釜、罐、瓮、厚圆唇内卷沿圜底大盆。其中，直口有领罐近似大溪文化一期D型Ⅰ式罐。一种沿面微内凹的折沿釜，近似于大溪文化一期J型Ⅰ式釜。盘口釜，近似于大溪文化一期A型Ⅰ式釜。另有一种瓮近似于大溪文化一期A型Ⅰ式瓮。但还有一种沿面平的折沿釜和厚胎圜底大盆，则应是大溪文化二期的器形（图一〇五）。

壕Ⅰ③　应为静水沉积。黑褐土，内夹细砂，无包含物。厚55厘米，层面平。探沟内揭露出壕沟的宽度仅1.1米，深1米，沟底平。用探铲探得壕沟开口在10米左右，底宽8米左右。

环壕内堆积在大溪文化一期晚段或二期早段即已完全填满，不可能再发挥防卫作用，因此它不太可能是一、二两期共用的环壕，而仅为与一期城墙配套的一期环壕。至于这一地段的二期环壕，推论其位置应在其北数米的低洼地里，但钻探资料未能准确探明。

五　环壕、护城河的整体位置和走势复原

在本书中将城头山遗址大溪文化时期城外的壕沟称为环壕，而将屈家岭文化之后明显加宽的环壕改称为护城河。但考虑到过去有关文章里将前者叫一、二期环壕，后者叫三、四期护城河。为避免造成混乱，本书仍沿用一、二期环壕和三、四期护城河的叫法。

至2001年冬天，我们对城头山城墙和护城河（环壕）已做了十多处解剖，包括西南城墙的解剖、南城墙的多处解剖以及较大面积的揭露、东南城墙外环壕的解剖、东城墙豁口处两条探沟对环壕的解剖、东城墙的解剖、东北城墙和环壕的解剖、东北城墙外护城河的解剖以及北城墙和环壕的解剖。至此，应该说我们对各期城墙、护城河（环壕）的大体部位和轮廓已基本掌握。但我

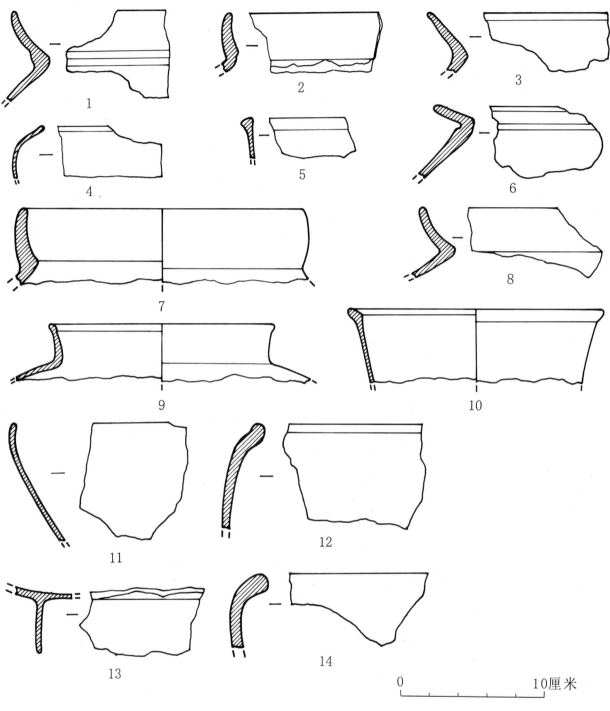

图一〇五　T8158、T8208 内壕 I 第 1、2 层出土大溪文化二、三期陶片

1~3、6~8. 釜口沿　4. 碗、钵类口沿　5、9、10. 罐口沿　11. 盆　12. 瓮

13. 盆、碗类圈足　14. 大盆（1~5 为第 1 层，属三期；6~14 为第二层，属二期）

们希望将工作作得更细，以求对各期城墙、护城河、环壕在每个具体部位的走向搞得更准确、更清楚。这样，在 2000 年冬补充发掘之后又组织力量对城墙、护城河进行了精密的钻探。为了严密地控制各个钻探点的位置，将四期护城河外岸之内按 50 米×50 米划分为 100 个方块（图一〇六）。

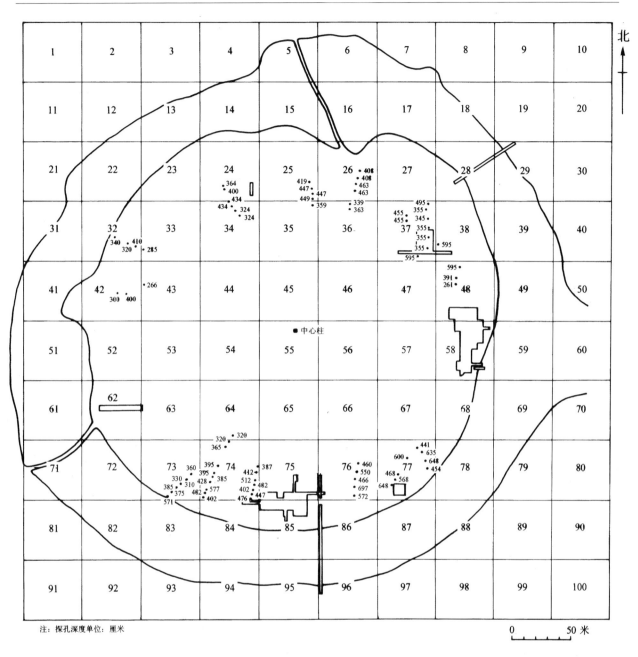

注：探孔深度单位：厘米

0　　　　　50 米

图一〇六　城头山遗址各期城墙、环壕钻探探孔分布及水平深度图

钻探的材料出来后，我们进行了分析判读，发现将各期城墙的具体走向、部位非常精确地定位有相当大的难度，原因是虽然各期城墙的堆土或筑土在土的构成上有差别，但因不同段落土的来源不同，甚至有来自文化层的土，要确认哪种土属哪一期城墙，确难判定。再则各期城墙有互相叠压的情况，要将叠压的较晚期城墙钻透取到所压较早期城墙的墙土，显非易事，因此，最后放弃了对城墙钻探资料的判读。而护城河、环壕资料的判读相对较易，准确性也较大。判读的依据有：一是历年对护城河、环壕解剖所提供的各期护城河（环壕）的走向、宽度、相对位置（包括重合）、最底层淤积的土质土色等。二是横断线上一组钻探数据（即到原生土表层的深度）的比较，如较中间的深度明显大于两侧的深度，则此处应是环壕的最深处。向两侧逐步变浅，直至突然深

度大大减少，应理解为已到沟岸或河岸。如在所判定的内外河岸之间有两个较深的点，在两个较深点之间有明显较浅的点（一个或数个），且此处两岸距离较大，则可以判定两期环壕在此处是分开的。为了数据的科学、准确，所有钻探部位均取了统一的水平，水平所定的零点为海拔 46.66 米（图一〇六）。

两期的护城河从北部西半段开始一直到城墙的西南角之外，现在仍为水面，基本保持了当时的原貌（除中间筑了几条通道外）。其他部分，即北部的东半段、整个东部和南部的大部分，在 20 世纪 70 年代已填平改作农田，但内外岸的轮廓至今清晰可见，这应是最后一期护城河展宽后形成的坡岸。在本章《南城墙解剖Ⅱ》和《东北城墙外护城河解剖》中均发现三期护城河位置偏内，即靠近城墙，且远不如展宽后的四期护城河那样宽阔。我们在城头山遗址各时期环壕和护城河钻探发掘复原图中将这几段能确认的三期护城河的外线勾勒出来。

一、二期环壕的情况，我们将分西、南、东、北四个方位来进行判读。

西边，仅在西南角开了一条探沟，钻探布孔图上是在 72、73 方块内。这条探沟主要解剖城墙，在城墙之外的环壕仅揭露出其内侧（因离三、四期护城河太近，再往外发掘将引起透水，因此既未挖到外坡，也未挖到底），故而无法确认是一、二期城墙共用一条环壕，还是在其外另有第二期环壕。但是在其北进行了大量钻探。有两组数据：一组在 42 和 43 两个方块中。从西往东一组数据为 300、400、266 厘米。可以判读深度 400 的钻孔正处于环壕内，而 300、266 深度钻孔则已是环壕外，因深 300 的钻孔所在位置已到了徐家台西坡上，所以至原生土的深度较在台上的点稍深。这一组数据表明此处只有一道环壕。另一组在 32 和 33 两个方块中，从西往东四个孔的深度分别为 340、320、410、285 厘米。410 点应处于壕中，而 285 点已在沟的内岸上，340、320 点在沟的外岸，但因 340 这个点在徐家台西坡，所以较在台上的点至原生土的深度稍深。从这二组数据似可认为西边的一、二期城墙所使用的环壕是共同的，即由一期延续使用到第二期。

北边，曾经在 T8158、T8108 开南北向长 11 米的探沟，见到了第一、二期城墙（叠压）和一期环壕，但未在探沟内见到第二期环壕。从第一期环壕的地层关系和包含物分析，也不可能沿袭至第二期，因此此处一、二期环壕应是分开的，二期环壕应在一期环壕的北面。为了弄清在此处一、二期环壕究竟有多长一段分开，决定在探沟东、西十多米处各钻一排孔取样分析。西边一组孔落在 24、34 两个方块中，几个钻孔略呈西北—东南走向。从西北至东南，各孔深度数据分别为 364、400、434、434、324、324 厘米。判读为两个 434 深度的孔正处于环壕中，深度为 400 的孔在外坡上，深度为 364 的孔已到了外岸，两个深 324 的孔已到了内岸，表明此处两期环壕沿袭使用。另一组钻孔落在 25、35 两个方块内，从北向南的数据为 419、447、447、449、359 厘米。深 447、447、449 的三个点均应在环壕内，而深 419、359 的两个点分别在环壕外岸和内岸上。因深度为 419 的孔正处于台地较低的堰塘部位，所以到原生土稍深。这两组探孔表明在 T8158、T8108 探沟所发现的一、二期环壕分流的段落甚短。再看落在 26、36 两个方块内的一组钻孔深度数据。从北向南为 408、408、463、463、339、363 厘米。其中 463、463 正处于环壕中，339、363 在内岸上，408、408 在外岸，因后者在堰塘边，所以到原生土较深。总的结论是，一、二期环壕在北边除极短长度分流外，绝大部分均沿袭使用。

东边，在 37、38 两个方块的南部，2000 年和 2001 年曾沿第八发掘区南壁向东向西开了探沟，既发现了一期环壕，也发现了二期环壕，表明在此处两期环壕是分开的。为了查明东北部位一、二期环壕分开的长度，进行了大量钻探，取得了极有说服力的数据。在 37 方块的东部，在由北向南长 40 多米的一条直线上钻了五个孔。从北向南深度为 355、345、355、355、355 厘米。在这条直线的东边数米钻了二个孔，深度为 495、595 厘米，在其西边数米钻了三个孔，深度为 455、455、595 厘米。这三组数据表明第一组数据的孔是在坡岸上，而另两组数据的孔是分别在两条环壕的沟中，也就是说明在东北部位有 40～50 米长两期环壕是分开的。之后，又在第 48 方块中东北—西南向一排钻了三个孔，深度分别为 595、391、261 厘米。判读为 591 在沟中，391 在内坡外，261 在岸上。此处的一、二期环壕已经合二为一，合一后向东拐了一个弯，然后向南流去。在其往南的东城外，已开了多条探沟，包括 T1028 经 T1029、T1030、T1031、T1032、T1033 到 T1034 的探沟，T3280、T3281、T3282 的探沟，T3331、T3332、T3333 的探沟。另开了东南城墙外 YT01、YT02、YT03、YT04 的探方。这些探沟和探方的发掘结果均确凿地证明从东北角到东南角，二百多米长度内一、二期环壕是沿袭使用了，其具体位置和宽度也较明确。

　　南边　为了解剖南城墙和当时认作的堰塘（后被证明为环壕），在第一发掘区进行了多次发掘，共开探方二十多个。2001 年冬又在南北中轴线以东 20 米处开了长 94 米的探沟（T4455、T4505、T4555、T4605、T4655、T4705、T4755、T4805、T4855、T4905、T4955、TYT05、YT06、YT07、YT08，探沟位置参见图一〇六，位处 76、86、96 方块内）。这些探方和探沟表明南城外一、二期环壕有很长一段是分开的，且在中轴线偏西数米处有通道将其截断。整个南边的一、二期环壕在哪里又重新合流呢？除 YT01～YT04 探方提供的资料表明在该处已合流外，我们又在其西 10～15、30～40、60 米钻了三组孔。距离 10 米左右的一组孔（在 77 方块内）从北往南的钻孔深度为 441、635、648、450 厘米，表明此处二者重合。距离 15～20 米呈东北—西南走向的一组孔（在 77、87 方块内）从北往南钻孔深度依次为 600、468、568、648 厘米，表明深 600 和深 648 的两个孔分别在一、二期环壕中，两条环壕之间有隔断（水平深仅 468 厘米），证明此处两期环壕是分开的。距离 60 米的一组孔在 76、86 方块内，从北往南依次深度为 460、550、466、697、572 厘米，依前述的道理，也可判认两期环壕分开。

　　在中轴线以西 30 米左右有一排南北向钻孔，在 74 方块和 84 方块的东部，从北至南各孔水平深度依次为 387、412、512、482、402、447、476 厘米，判读为深度 476 的孔处于二期环壕中，深度为 512 和 482 的孔处在一期环壕内，而深度为 402 的孔是二者之间高出的隔断。此处二者仍为分流。距离中轴线 65 米一组东北—西南走向的钻孔，落在 74 方块和 84 方块西部。从北向南各孔深度依次为 320、320、365、395、395、385、428、577、482、402 厘米。判读为：320、320 深度的点在徐家岗台地上，395、395、385 的点在台地南坡上，428 在环壕内坡上，577、482 在环壕中，402 为环壕外岸上。此处一、二期环壕又重新合一。这一组数字中从北往南数第三个点的深度为 365，判读应为汤家岗文化时期聚落的南环壕。此前在解剖中轴线以东 20 米处的长探沟时，曾在其北端接触到汤家岗文化时期的南环壕，依其走势与此排钻孔所判读的汤家岗文化南环壕正好可以连接起来。而图中城内东部的汤家岗文化聚落东环壕是依 1992 年六区发掘时揭露的一段描绘。

　　这样，我们大体将两期环壕和两期护城河在各个部位的具体情况较为准确地探明。

　　第三、四期护城河由城东流向自然河道，这一点从现代地貌和护城河遗留的痕迹可以作出判断。而一、二期环壕从各处在壕中钻孔的水平深度分析，西边最浅，北边次之，但至东北角在 37、38 两个方块南部显著加深，即由 440→460→495，最后加大到 595 厘米，而至正东，更深达 650

厘米左右。因此，由东城外注入自然河道，这一形势在第一、二期环壕使用时即已形成。但在南边，从中轴线以东 50 米开始，直至中轴线，处在第二期环壕的点，其水平深度却浅于东城外的诸点，在中轴线以西 100 米左右处在 83 方块内、判读为合流后环壕内的点，可以看出是隔断环壕的通道以西直至整个西边环壕中最深的处所。这样，此处的水无法由东城外汇入自然河道，因此推测在南城外应有另一条沟通环壕与自然河道的通道，但可惜未能查明（图一〇七）。

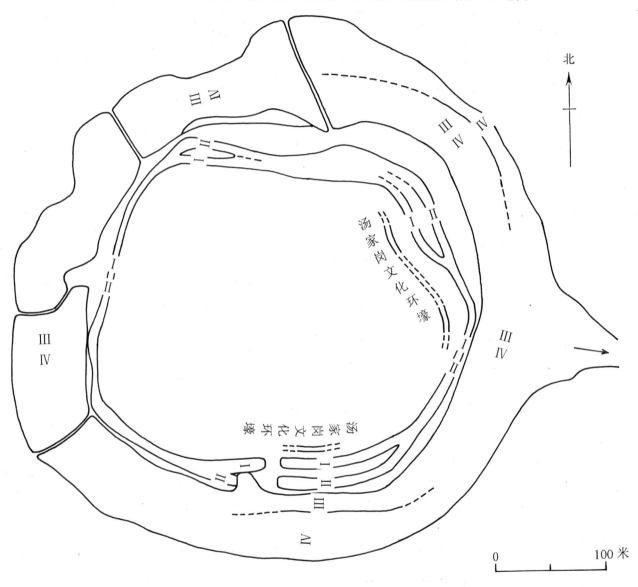

图一〇七　城头山遗址各期环壕、护城河平面分布复原图

虽然依据钻孔资料难以将各期城墙的具体位置、宽度准确复原，但依各期环壕均紧贴相应一期城墙外坡的规律，并参照发掘、钻探资料，我们还是绘出了《城头山遗址各期城墙平面分布复原图》以供参考（图一〇八）。但图中未绘南城环壕附近在时间上介于Ⅰ、Ⅱ期城墙之间的那段墙体。

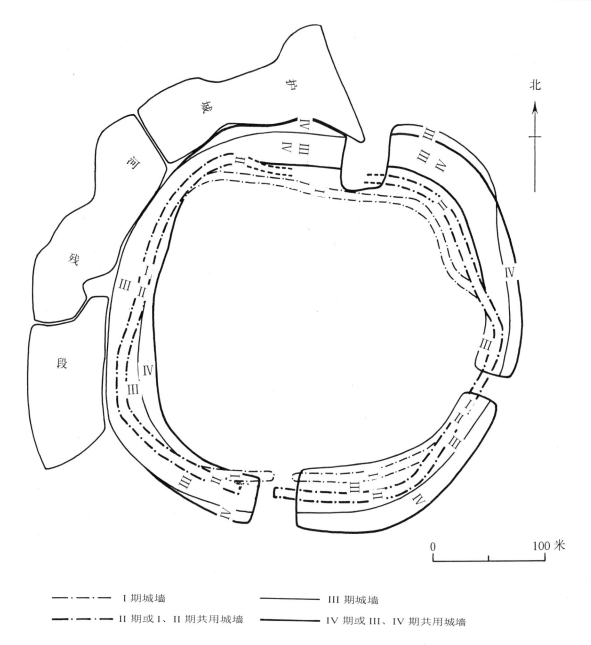

图一〇八 城头山遗址各期城墙平面分布复原图

第二章　稻田

在城头山遗址的发掘中，我们在城的东北部和南部发现了新石器时代的稻田遗迹。

一　东北部稻田

1996 年冬，在解剖东城墙时，在第一期城墙和最早的文化层（15、16 层）之下，原生土之上，露出纯净的青灰色静水沉积。这种沉积物有很强的黏性，参与发掘的村民一眼就断定这是稻田土。将这层土表面整平，就现出清楚的因一干一湿而形成的龟裂纹。挖取部分土样选出稻梗和根须，和现在农田中所拔取的比较，简直没有区别。从局部所开小探沟的剖面观察，可以看出一根根往下伸展的根须或留下的痕迹，由此可辨识出当时采用的是撒播。在土样中还拣选出炭化稻谷、蓼科、竹叶、田螺等动植物标本。湖南省文物考古研究所实验室从稻田底部原生土表层、稻田土、压着稻田的夹有大量草木灰的城墙筑土中各取土样进行水稻硅质体检测，结果是城墙筑土中含稻叶硅质体 3 个，不见稻谷硅质体。一般文化层的不同层次中含稻叶硅质体的数量从上至下分别为 13 个、5 个、5 个、2 个、0 个，所含稻谷硅质体的数量分别为 47 个、39 个、46 个、20 个和 55 个。水稻田之上的几层草木灰层所含稻叶硅质体的数量分别为 5 个、21 个、6 个和 4 个，含稻谷硅质体的数量分别为 215 个、234 个、223 个和 207 个。水稻田中含稻叶硅质体 11 个，稻谷硅质体 180 个。稻田底、原生土表层含稻叶硅质体 2 个，稻谷硅质体 18 个。除极个别为籼型或籼粳型外，95% 以上的稻叶硅质体为粳型。从统计数字可以看出：城墙筑土因主要取自原生土，因此几乎不含水稻硅质体。含草木灰的文化层因夹有大量稻叶、稻梗和稻壳烧过的灰烬，因此含水稻硅质体颇高。而水稻田因使用了许多年，硅质体储积在土壤中，故所含硅质体无论是稻叶的还是稻谷的均大大高于现代水田。而水稻田下的原生土表面，因受到水稻田土壤的浸染，含一定量的水稻硅质体是正常的。

为了更清楚地揭示古稻田的原貌，1997 年冬，我们在东城墙及其内开了 14 个探方，包含了原来解剖城墙的探沟。其中 T3028 在 1992 年曾经发掘过，因其底部原生土表层面上有些遗迹现象似与稻田有关，因此这次重新清除回填土，露出底部，整个发掘面积为 316 平方米。本次清理出西北—东南走向的 3 条田埂。由西向东：第一条田埂，实际是较高一级原生土面向较低一级原生土面倾斜的坡面，两端均伸出发掘区，揭露长度 19.5 米。第二条田埂距第一条田埂 4.6～5 米，露出长度 13 米，北面一段压在第一、二期城墙内坡下，因要保留此段城墙及墙顶栅栏遗迹，故未挖除，致使田埂未能完全显露。其南部一段被一期环壕所截断和破坏。第三条田埂距第二条田埂 2.5 米，仅露出 5 米左右长度，北段被一、二期城墙所压，南段被环壕破坏。三条田埂之间形成长条形的二丘田，这二丘田均是选取较低凹槽稍加修整而成的，同时保留了田埂部位。待田里耕作土逐渐积高到与原生土田埂平齐时，再用人工在原田埂上加高堆垒成新的田埂。因第一条田埂实为原生土的坡面，随田土抬高，只是田埂逐渐沿坡往西后移，并不需加高垒筑。第二条田埂加筑部分的南段并不和原生土田埂重合，而是稍向东移，原因尚不清楚。由于田埂可分两期，因此稻田也可分两期，尽管从田土剖面上很难看出土质和土色的变化。1998 年 3 月香港大学对水稻田上层两个含炭标本进行了加速器测年，经校正后年代为 4320～4055BC（实验室编号 Beta～118920）和 4230～3985BC（实验室编号 Beta～118921），均为 95% 的可能性，时间落在大溪文化一期早段的范围内。对稻田下层的泥土用光释光方法测年，T1030 和 T1080 的两个标本，均为距今 6629±896 年，时间落在汤家岗文化的范围内，表明城头山的古稻田不仅在国内，即使在全世界也是目前发掘所见年代最早的。在两丘稻田以东，即第三条田埂以东原本还有第三丘稻田，但大部被一期环壕所破坏或被一、二期城墙所压，仅能见到很小的部分（图一〇九；彩版一八，2；彩版一九，1、2）。

1998 年冬在新开的 T3131 的东南角，找到了第一道田埂南端向东的拐角。1999 年冬开始对第七发掘区 T1127～T1131 等探方进行发掘前，对其南壁的历年垮塌部分进行修整铲直，在底部露出了第一道田埂北端向东的转角，位置在 T1078 方内。至此，第一丘田的大体形状和大小已较为清楚，其南北长度在 40 米左右，宽度在 4.6 米左右，面积在 180 平方米左右，约合 0.28 亩。

与发现古稻田同时，还发现了与水稻田配套的原始灌溉系统，有水坑和水沟，均位于稻田以西的原生土层面高出稻田的地方。在发掘区内已发现 3 个水坑，坑 1 在 T1028 中间部位，直径 1.2 米，深 1.3 米，锅底形。底部有很浅的一层淤泥。坑 2 一半压在发掘区外，直径 1.2 米左右，未能挖到底。坑 3 在 T3028 东南角，仅揭示四分之一面积，推算坑口直径在 1.5 米左右。1992 年在 T3028 及其以南的几个探方均发现原生土层面上有浅沟，当时以为是居住区之间的分界。在这些探方的最底层有汤家岗文化的堆积，并发现汤家岗文化时期聚落的东环壕。于浅沟中还发现了刻划纹、篦点纹红胎黑皮陶折腹碗和印纹白陶盘口沿等汤家岗文化的典型器物，未见大溪文化陶片。1997 年冬在 T1028 发现水坑 1，并发现由西南向东北注入坑 1 的两条水沟后，人们才意识到 1992 年在 T3028 等探方接触到的浅沟原是作为灌溉用的水沟，待挖除 T3028 的回填土后又新发现一条水沟，并将前两条水沟一直追溯到 T3028 的西壁。水坑和水沟无疑是与稻田配套的设施，这不仅使我们认识到当时已有较为原始的灌溉系统，而且可以从沟中出土的陶片确认水稻田的年代系汤家岗文化时期，或准确地说，下层水稻田的年代属汤家岗文化时期，即距今 6500 年以前，这和香港大学用光释光方法得出的测年结果十分接近（图一〇九、一一〇）。

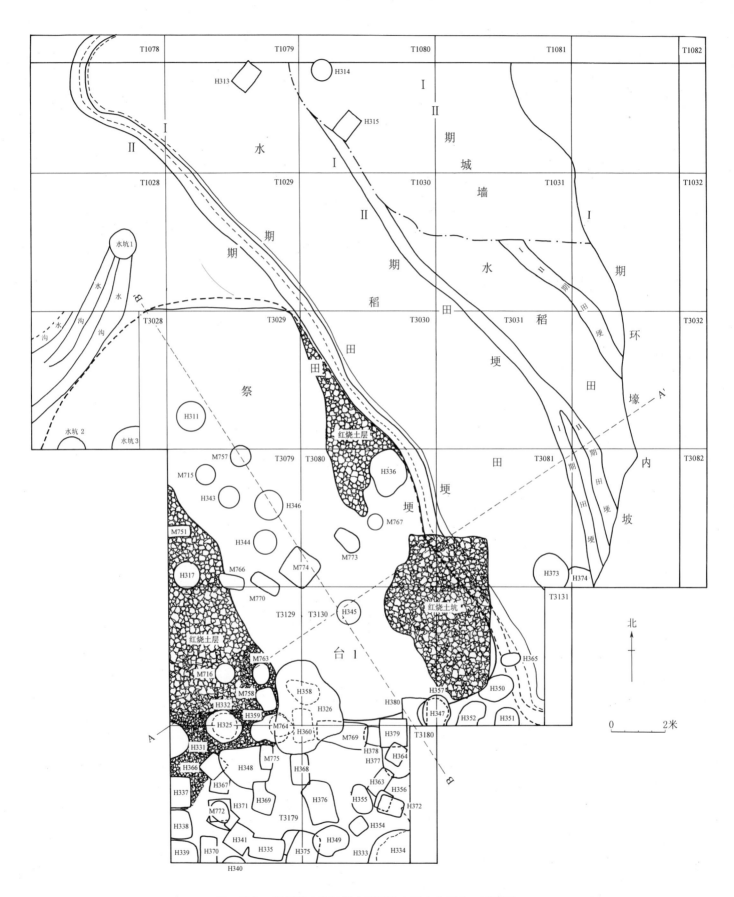

图一〇九　汤家岗文化时期水稻田和大溪文化祭台1平面图

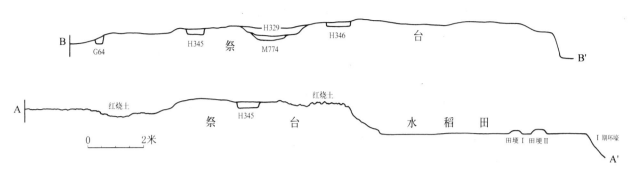

图一一〇　汤家岗文化时期水稻田和大溪文化祭台1纵、横剖面图

上. 纵剖面　　下. 横剖面

二　南部稻田

1999年在第一发掘区揭露位处塘2范围内的T6355时，发现该方较下部诸层（从17层开始），呈现由东向西倾斜状。在第17层下和第18、19层均发现了大量稻谷和稻草。这两个层次为塘2废弃后的堆积，很可能用来种植水稻，成为水田。第20层为淤泥堆积，是大溪文化一期塘2外侧的漫滩（参见图七七、七八）。而在距离地表225～300厘米和250～345厘米的21层、22层，发现的稻草更是纵横交错重叠，且有多层，同时出土了炭化稻谷。初露时稻草尚呈黄色，形体清晰，而稻谷虽已炭化，但一颗颗仍很完整。同时还出有少量陶片，其时代当为大溪文化一期之初甚至更早。这些稻草和稻谷在现场拍摄的照片中看得非常清楚。推论应有两期稻作遗存（彩版二〇，1）。原计划2000年扩大发掘，但因情况变化，这一计划一直未能实现。这样，非常遗憾的是未能做出田埂，更无法确定这一区域稻田的形状和规模。日本名古屋大学用加速器测年法所得的结果为：T6405的18层为5370±50BP，校正后为4332～4046BC；T6355的21层（标本为木头）为5360±60BP，校正后为4333～4042BP；T6355第22层的三个数据（标本均为木头）分别为5450±50、5480±90、5450±40BP，校正后分别为4365～4220BC，4463～4217BC，4358～4224BC。

湖南省文物考古研究所实验室对与南部稻田有关层次的采样作了水稻硅质体检测，结果是在T6355的19层发现稻壳硅质体15个；在T6355的20层上（漫滩底部原生土表层稍上部位）发现稻壳硅质体7个，在20层下（原生土表层稍下部位）发现稻壳硅质体2个；在T6355的21层发现稻壳硅质体15个；在T6355的22层发现稻壳硅质体37个、稻叶（B型）硅质体5个。由此可见，第22层的水稻硅质体最为富集。又通过淘洗土样，在T6355与稻田有关的几个层次里拣选出了炭化米：19层1粒，21层1粒，22层4粒。可以看出，出土炭化米最多的同样是第22层。

第三章　房址

房址共编 104 号，除去因技术原因或保存太差以致根本无法确认其形状而取消的外，实际为 75 号。其中大溪文化房址 28 座，屈家岭文化房址 19 座，石家河文化房址 28 座（附表一）。

一　大溪文化房址

（一）概况

共发现房屋遗迹 28 座，分为四期。其中保存较好的有：F77、F73、F75、F78、F83、F27、F28、F56、F71、F84、F99、F104 等 12 座，其他 16 座破坏较为严重（附表二）。另外，F110 系 2001 年冬解剖城墙和环壕时在八区 T1620～T1621 第 4C 层下发现的，可能为大溪文化晚期房址，但因探沟内仅露出极少部分，因此未列入统计数字，也未列入附表中。

从发现情况看，这一时期的房屋遗迹主要分布在遗址东部的六、七区，少量分布在中部的三、四区。

房子的建筑形式多为平地起建，极少见地穴或半地穴式房屋。平面形状以长方形为主，圆形或椭圆形房占有一定的比例。由于受破坏和发掘面积所限，多数遗迹只是房址的局部，所以整体面积无法确定，但一般房子的面积从数平方米到几十平方米不等。

墙体已基本不存，多数保存有墙基槽。剖面为长方形。基槽里一般有柱洞。有的发现呈片状的红烧土块，一面平整，一面有竹、木印痕，应为木骨泥墙的残留物。

室内居住面较平坦，土质较硬，多为红烧土面，但红烧土颗粒分布不紧密，多夹杂有黄土或褐色土。

少数房子在居住面上发现呈锅底状的灶坑，为烧结的红烧土构成。

柱洞分三类，一类分布在墙基槽内，以形成木骨泥墙；一类在墙基外，可能是檐柱；一类分布在室内，作为屋顶的支撑立柱。柱洞结构多为直壁平底。直径大小不等。

（二）举例

F77

分布在第六发掘区 T3226、T3227、T3276、T3277、T3325～T3327 共七个探方内（图三六、
一一一）。压在第 12 层下露头，下压第 13 层。平面为长方形，呈东北—西南走向。如依外墙基槽

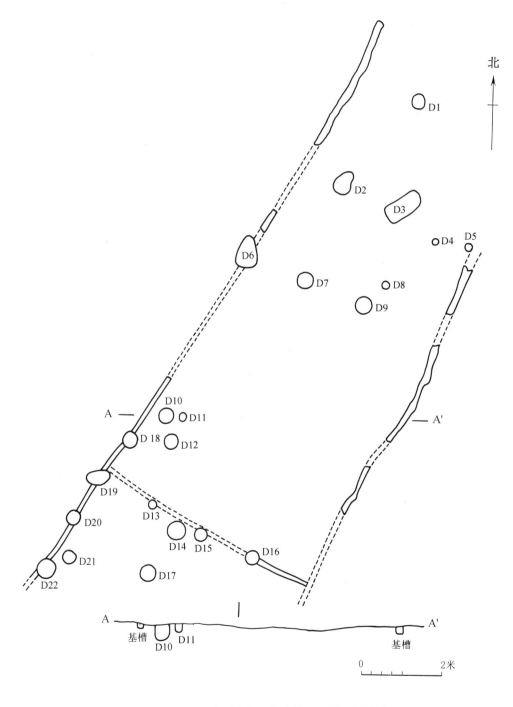

图一一一　大溪文化一期房址 F77 平、剖面图

确定方向，为45°。两条平行的外墙基槽相距5.75米，其中较长一条现存长度15.75米，但很多段落被晚期地层破坏。基槽宽15厘米，深10厘米左右。发现有零星红烧土墙体残存于基槽之内。在两条外墙基槽之间，发现一条疑为隔墙的基槽，宽12厘米，深8厘米，但仅残存1.5米长一段。D6、D18、D19、D20、D22在西侧基槽内，而东侧基槽残存部分内未见柱洞。D13、D15、D16似为隔墙柱洞。另外D2、D3、D5与D7、D9连同西侧基槽中的D6似为两排柱洞，疑其组成门道两侧隔墙，但基槽不明显。其余柱洞D1、D4、D8、D10、D11、D12、D14、D17、D21零散分布在室内。所有柱洞内均填灰褐土，内含红烧土颗粒。柱洞直径和深度见表一七（D18～D22未解剖，深度不明，因此未列入表内）。

表一七   F77柱洞登记表   单位：厘米

编号	柱洞直径	柱洞深度	填土
D1	34	70	灰褐土
D2	67×47	12	灰褐土
D3	78×39	15	灰褐土
D4	12	8	灰褐土
D5	20	10	灰褐土
D6	52×74	30	灰褐土
D7	35	18	灰褐土
D8	18	7	灰褐土
D9	38	18	灰褐土
D10	30	4	灰褐土
D11	20	6	灰褐土
D12	32	6	灰褐土
D13	18	7	灰褐土
D14	45	18	灰褐土
D15	26	4	灰褐土
D16	34	7	灰褐土
D17	40	16	灰褐土

F77的门可能设在D2、D3、D5与D6、D7、D9两排柱洞之间的东、西墙体对应段落处，但不能最后确定。依墙体推定，F77应为多间式排房。

在揭除第12层时，在F77的D7稍南发现一片颜色偏黑且夹有炭的大块土，推定为灶，但形状不规整，在第13层层面上没有发现明显的痕迹。

根据层位关系，F77的时代为大溪文化一期。

F73

F73位于第七发掘区T3079及T3129北部。压在4B层下，打破第6层。平面呈长方形，残长

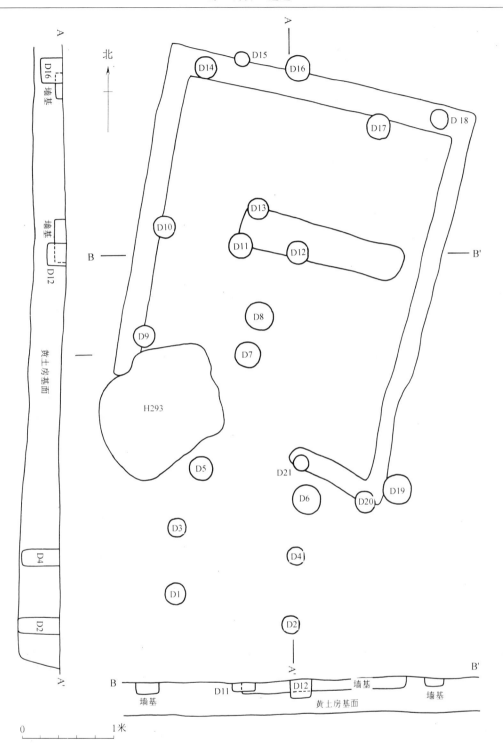

图一一二　大溪文化三期房址 F73 平、剖面图

4.4 米，宽 3.2 米。方向 12°（图一一二）。

　　F73 的西部基槽南端被 H293 打破。基槽宽 21～26 厘米，深 10～13 厘米。基槽内填灰褐土，土质紧密。出土少量陶片。北部基槽宽 26～30 厘米，深 10 厘米。填灰褐土，内夹较多的红烧土颗粒，土质较紧。东部基槽宽 17～21 厘米，深 10 厘米。填灰褐土，微发黄，土质较纯较黏密。

南部基槽长 90 厘米，宽 26～28 厘米，深 8～10 厘米。填灰褐土，内夹少量红烧土颗粒，土质较紧。

房内有隔墙 1 处，位于 F73 中部偏北，大致呈东西向，仅保留基槽。基槽西部较深，东部较浅，宽 28～30 厘米，深 6～13 厘米。槽内填灰褐土，土质较紧。

居住面为黄土，隔墙以北地面黄土较纯较黄，隔墙以南地面黄土微发白，土质也较纯。整个居住面较平，土质较硬。

共发现 21 个柱洞，除门道部分外，大多沿基槽分布。柱洞多为圆形直壁平底，少部分壁斜收，如 D3、D5、D7、D8、D12、D17。口径 14～29 厘米不等，但多数在 20～25 厘米之间；深 5～49 厘米不等，一般以 10～16 厘米为多。绝大多数填灰褐土，内夹少量红烧土颗粒，土质松紧不一（表一八）。

表一八	F73 柱洞登记表		单位：厘米
编号	直径	深度	填土
D1	16	8	灰褐土
D2	16	10	灰褐土
D3	14	10	灰褐土
D4	14	10	灰褐土
D5	20	18	灰褐土
D6	29	49	灰褐土夹红烧土块
D7	23	20	灰褐土夹红烧土块
D8	27	20	灰褐土夹红烧土块
D9	16	18	灰褐土
D10	20	30	灰褐土夹红烧土块
D11	25	32	灰褐土夹红烧土块
D12	15	18	灰褐土
D13	15	18	灰褐土
D14	20	30	灰褐土夹红烧土块
D15	15	18	灰褐土
D16	22	23	灰褐土夹红烧土块
D17	20	30	灰褐土夹红烧土块
D18	20	30	灰褐土夹红烧土块
D19	29	32	灰褐土夹红烧土块
D20	17	18	灰褐土
D21	14	12	灰褐土

门向为 200°，门外有两组柱洞组成的门道。D1、D3、D5 位于西面，D2、D4、D6 位于东面，其排列较为对称。两排柱洞之间距离约 1.1 米，门道长 2.2 米。

基槽、柱洞内及居住面上出土陶片较少，以红衣黑陶为主，也有极少量泥质灰陶，未发现较完整的遗物。在同一层位下，未发现其他房屋遗迹。

根据层位关系和出土陶片等分析，F73 的年代为大溪文化三期。

F75

F75 位于第七发掘区 T3079、T3129 内，并往南延伸至 T3179 北部，往西延伸出本次发掘区外。F75 压在 9A 层下，打破 9B 层。平面为圆形，但有一半延伸出发掘区外，故本次发掘的平面似为半圆形。直径 9.95 米。方向为 90°（图一一三；彩版二〇，2）。

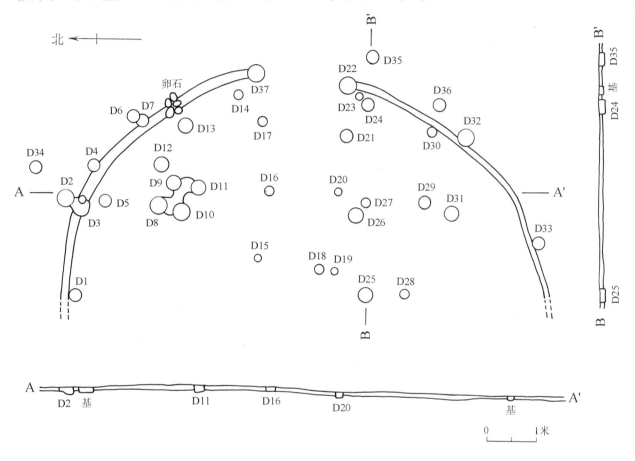

图一一三 大溪文化二期房址 F75 平、剖面图

F75 为地面建筑。有弧形基槽，基槽内填灰褐土，内夹细沙，土质较纯较紧。门道以北部分基槽保存较好，壁直，较整齐，宽 16～22 厘米，深 6～12 厘米，基槽底部较平较规整。门道以南基槽保存不很完整，部分迹象甚至很不明显。此段基槽宽 8～18 厘米，深 7～12 厘米，其壁、底均不如门道以北部分规整。未发现隔墙遗迹。F75 的居住面较平，为一层灰褐土堆积，内含少量红烧颗粒和灰末，土质较硬。厚 6～13 厘米。出土陶片很少。

在门北侧基槽上发现一处卵石。共 5 个，大小尺寸相差不多，长 10～14 厘米，宽 6～9 厘米，厚 4～6 厘米。其意义不明。

共发现 37 个柱洞，大多分布于 F75 室内或沿基槽排列。形状多为圆形直壁平底，少量为斜壁或尖底。柱洞内填黄土的土质较纯较黏密；填黄褐土的土质较疏松，内多夹有红烧土或炭末。详见表一九。

表一九　　　　　　　　　　　F75 柱洞登记表　　　　　　　　　　　单位：厘米

编号	直径	深度	填 土
D1	22	12	黄 土
D2	30	18	黄 土
D3	38	25	黄 土
D4	20	7	黄褐土
D5	24	7	黄 土
D6	24	9	黄 土
D7	17	17	黄褐土
D8	35	12	黄 土
D9	30	13	黄 土
D10	32	12	黄 土
D11	32	14	黄 土
D12	30	11	黄褐土
D13	30	12	黄 土
D14	20	9	黄 土
D15	15	9	黄 土
D16	18	8	黄 土
D17	17	7	黄褐土
D18	20	10	黄褐土
D19	15	9	黄褐土
D20	15	8	黄褐土
D21	28	10	黄褐土
D22	38	11	黄 土
D23	17	9	黄褐土
D24	30	10	黄褐土
D25	30	12	黄 土
D26	26	12	黄褐土
D27	20	8	黄褐土
D28	16	6	黄 土
D29	26	20	黄褐土
D30	20	10	黄褐土
D31	30	11	黄褐土

续表一九

编号	直径	深度	填　土
D32	35	15	黄褐土
D33	26	8	黄褐土
D34	16	11	黄　土
D35	27	7	黄褐土
D36	25	7	黄褐土
D37	34	16	黄　土

推测 D22 和 D37 为南、北二个门柱。由 D19、D20、D21 和 D15、D16、D17 南北两组柱洞组成门道。门道地面较平，东西长 3.75 米，南北宽 1.25～1.6 米。

屋内堆积为灰褐土，内夹少量红烧土颗粒和炭末，土质较紧。堆积中未发现较完整的遗物，仅在居住面、基槽、柱洞内采集到少量红陶片。

根据层位关系和出土陶片等分析，F75 的年代为大溪文化二期。

F78

F78 位于第七发掘区 T3180。开口于 11 层下，打破 12A 层（11 层为 II 期城墙）。F78 为长方形地面建筑，地面高低不平且稍有坡度。现存两条平行基槽方向为 0°（图一一四）。西边基槽宽约 36～54 厘米，深 10 厘米。东边基槽宽约 20～50 厘米，深约 6 厘米。两者间距约 110～140 厘米，基槽内均填红烧土颗粒夹草木灰。未清理出南、北基槽。居住面为浅红褐色土，内夹红烧土。居住面上有墙体倒塌的红烧土堆积。

共发现 10 个柱洞，柱洞内的填土均为浅褐土夹红烧土颗粒。详见表二〇。

表二〇　　　　　　　　　　F78 柱洞登记表　　　　　　　　　　单位：厘米

编号	柱洞直径	柱洞深度	填土
D1	16	8	浅褐土夹红烧土块
D2	26	8	浅褐土夹红烧土块
D3	20	6	浅褐土夹红烧土块
D4	14	5	浅褐土夹红烧土块
D5	20	5	浅褐土夹红烧土块
D6	20	8	浅褐土夹红烧土块
D7	15	6	浅褐土夹红烧土块
D8	7	4	浅褐土夹红烧土块
D9	16	4	浅褐土夹红烧土块
D10	22	32	浅褐土夹红烧土块

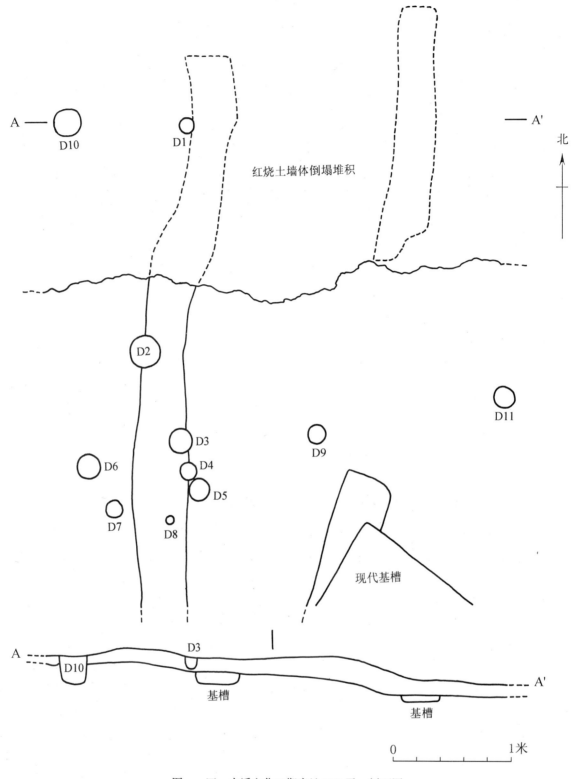

图一一四　大溪文化二期房址 F78 平、剖面图

根据层位关系判断，F78 为大溪文化二期建筑。

F83

F83 位于第七发掘区 T1178、T1128、T1129、T1179、T1180、T1130 等探方（图一一五，彩版二一，1）。压在 7A 层下，打破 8A 层。

F83 仅保存了部分红烧土居住面。F83 平面略近长方形，残长 9.5 米，残宽 9 米。方向约 25°。因墙体倒塌不辨结构。仅发现柱洞 62 个，分布有一定的规律。其中，以 D19～D21、D23、D28、D34 最大，且东西呈一直线。详见表二一。

表二一 F83 柱洞登记表 单位：厘米

编号	柱洞直径	柱洞深度	填土
D1	22	20	灰土
D2	22	14	灰土
D3	22	21	灰土
D4	26	20	灰土
D5	14	10	灰土
D6	27	32	灰土
D7	28	12	黄土
D8	13	18	黄土
D9	18	12	黄土
D10	26	15	黄土
D11	15	10	黄土
D12	25	15	黄土
D13	28	10	黄土
D14	34	12	黄土
D15	22	25	黄土
D16	23	25	黄土
D17	30	10	黄土
D18	16	13	黄土
D19	47	22	红烧土
D20	60	30	红烧土
D21	48	20	红烧土
D22	26	20	青灰土
D23	48	30	红烧土
D24	24	13	黄土
D25	28	19	黄土

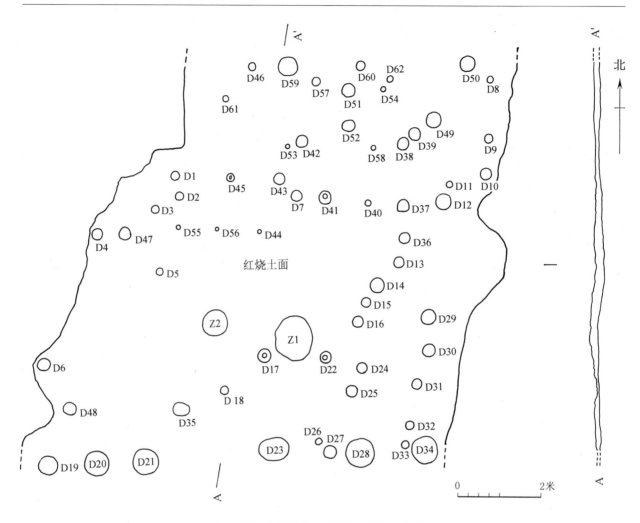

图一一五　大溪文化二期房址 F83 平、剖面图

续表二一

编号	柱洞直径	柱洞深度	填土
D26	16	14	黄土
D27	32	30	红烧土
D28	70	28	红烧土
D29	38	30	红烧土
D30	30	30	红烧土
D31	25	13	黄土
D32	18	12	黄土
D33	15	18	黄土
D34	60	30	红烧土
D35	50	30	红烧土

续表二一

编号	柱洞直径	柱洞深度	填土
D36	28	27	黄土
D37	26	20	黄土
D38	26	20	黄土
D39	27	13	黄土
D40	15	10	黄土
D41	16	10	黄土
D42	30	16	黄土
D43	30	17	黄土
D44	10	12	黄土
D45	18	18	黄土
D46	16	16	黄土
D47	20	20	黄土
D48	30	20	红烧土
D49	36	30	黄土
D50	28	22	红烧土
D51	28	16	黄土
D52	30	20	黄土
D53	12	15	黄土
D54	12	10	黄土
D55	14	22	黄土
D56	68	18	黄土
D57	32	29	黄土
D58	15	18	黄土
D59	50	40	黄土
D60	28	12	黄土
D61	18	10	黄土
D62	18	10	黄土

　　灶2座。Z1位于残存房基中部偏东南处，平面呈椭圆形，直径1米，深0.3米，周围用红烧土垒筑，坑壁光滑。坑内多为烧过的红烧土颗粒和草木灰，并出土零星兽骨及大溪文化陶片。打破8A层。Z2位于残存房基中部偏西南处，与Z1相距1.2米。坑口平面呈圆形，直径65厘米，深20厘米。坑内堆满草灰。出土少量大溪文化陶片。Z2打破红烧土。

从层位关系及出土遗物看，F83属大溪文化二期建筑。

F27

F27位于第三发掘区南侧 T5055、T5054、T5004、T5005 四个探方，主要部分在 T5055、T5044 两个探方。开口于 6 层下，打破第 7 层。经清理无包含物（F27 向东继续扩展部分，未发掘）。平面近方形，东西长 6.15 米、宽 5.6 米。方向 96°（图一一六）。房基槽深 20～40 厘米，宽 50 厘米，直壁，平底。居住面较平，中部铺有一层灰白土，紧密而坚硬，两侧均有 1 米宽的原生

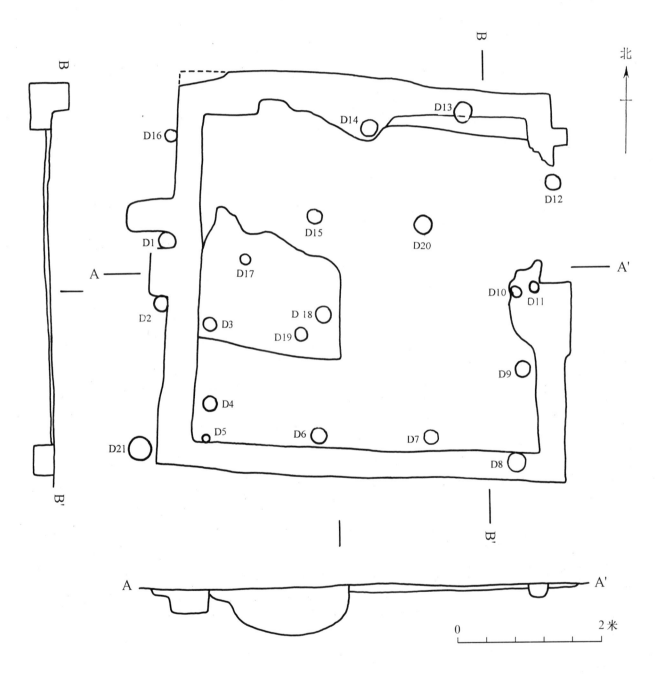

图一一六　大溪文化三期房址 F27 平、剖面图

土即室外地层土，有可能是当时隔墙的走向。室内西墙下有一宽 2.2、长 2.5 米的红烧土地面，可能是睡觉的部位，以起隔潮作用。另在红烧土面上发现了陶簋、碗等器物，应是当时的室内遗弃物。

东、西两侧各有一个门，东门宽 1.7 米，西门宽 0.85 米。发现柱洞 21 个（表二二），D8、D14 在基槽内，D3～D10、D13 在基槽内侧，D16、D21 在基槽外侧，D15、D17～D20 在室内的其他部位。柱洞直径 10～25 厘米，深 10～25 厘米。D12 和 D11 为东门道柱洞，D1、D2 为西门道柱洞。墙壁见于东北角，厚 0.3 米，残存高 0.3 米，直接立于基槽上，墙面无加工痕迹。

表二二　　　　　　　　　　　　　　　　F27 柱洞登记表　　　　　　　　　　　　　单位：厘米

编号	柱洞直径	柱洞深度	填土
D1	22	20	灰褐土
D2	18	20	灰褐土
D3	16	16	灰褐土
D4	16	10	灰褐土
D5	10	12	灰褐土
D6	18	16	灰褐土
D7	16	16	灰褐土
D8	22	20	灰褐土
D9	21	15	灰褐土
D10	14	15	灰褐土
D11	14	18	灰褐土
D12	16	20	灰褐土
D13	20	20	灰褐土
D14	20	20	灰褐土
D15	18	14	灰褐土
D16	16	14	灰褐土
D17	15	12	灰褐土
D18	21	12	灰褐土
D19	16	12	灰褐土
D20	21	25	灰褐土
D21	25	20	灰褐土

叠压 F27 的第 6 层出土物中多见黑色陶片，器形有簋、豆、曲腹杯等。从层位关系和出土物看，F27 的年代为大溪文化三期。

F28

F28 位于第三发掘区 T7055 南部和 T7005 北部。压在 6 层下，打破第 8 层，部分被 H40 打破。平面为不规则长方形，长 4 米、宽 3.8 米（图一一七）。有红烧土面，厚 35 厘米。但红烧土面的周围没有墙基和门道，无法确定房子的方向。发现柱洞 15 个。排列不成形。柱洞直径和深度见表二三。柱洞内均填灰褐土。房子周围有陶窑及拌料坑，因此推测房子可能是制陶作坊的工棚。

根据层位关系及出土陶片，F28 的年代为大溪文化三期。

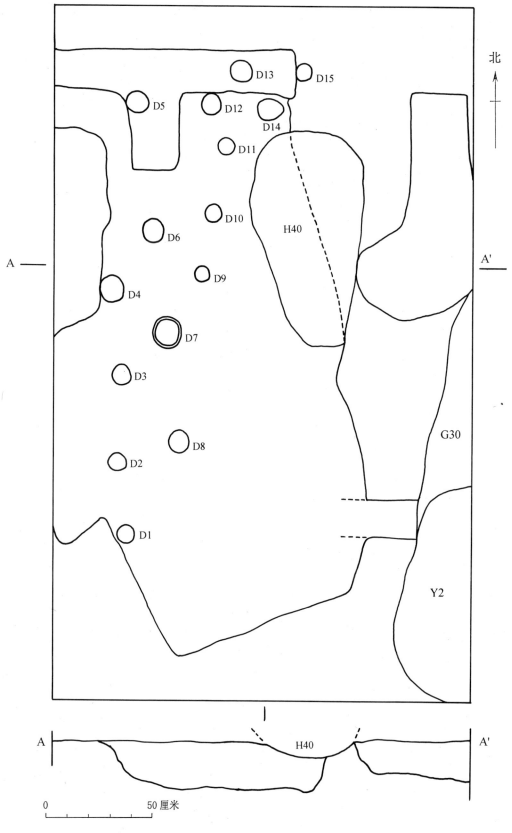

图一一七　大溪文化三期房址 F28 平、剖面图

F28 柱洞登记表　　　　　　　　单位：厘米

编号	柱洞直径	柱洞深度	填土
D1	18	5	灰褐土
D2	18	7	灰褐土
D3	18	10	灰褐土
D4	20	10	灰褐土
D5	20	11	灰褐土
D6	20	10	灰褐土
D7	28	11	灰褐土
D8	20	9	灰褐土
D9	14	10	灰褐土
D10	16	10	灰褐土
D11	16	8	灰褐土
D12	20	5	灰褐土
D13	22	9	灰褐土
D14	20	7	灰褐土
D15	16	10	灰褐土

F56

F56 位于第三发掘区 T5004、T7004 探方内。露头于 7 层下，打破第 8 层（图一一八）。平面略呈椭圆形，方向推定为南北向。长径 4 米，短径 3.1 米。居住面为红烧土加黄黏土筑成，厚 25～40 厘米。共发现 45 个柱洞，可分为大、中、小三类。大柱洞共 5 个（D17、D22、D43～D45），直径 20～30 厘米，深 15～20 厘米；中柱洞 4 个（D1、D16、D31、D32），直径 10～15 厘米，深 15～20 厘米。另一组为小柱洞，共 36 个。直径 5～8 厘米，深 8～10 厘米。各类柱洞分布无规律可循。柱洞内均填灰褐土夹少量红烧土颗粒。

从层位和填土中出土的夹砂红陶鼎和碗分析，F56 应为大溪文化三期建筑遗存。

F71

F71 位于第六发掘区 T3325 探方内，压在 6 层下，打破第 7 层（图一一九）。平面呈方形。边长为 3.3 米。南北向。未发现房基，居住面为黄土，土质纯。

发现柱洞 12 个。柱洞内皆填灰土，内含少量红烧土颗粒。详见表二四。

F71 柱洞登记表　　　　　　　　单位：厘米

编号	柱洞直径	柱洞深度	填土
D1	24	12	灰土夹红烧土
D2	23	12	灰土夹红烧土
D3	24	10	灰土夹红烧土
D4	24	16	灰土夹红烧土
D5	24	14	灰土夹红烧土

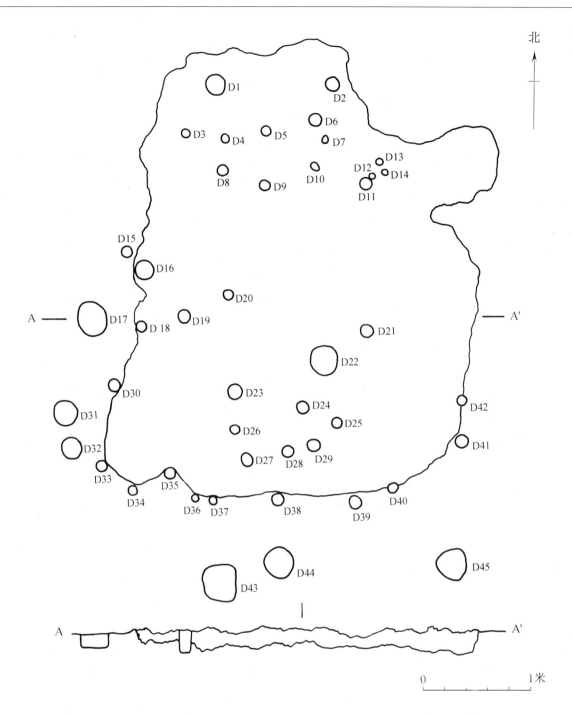

图一一八　大溪文化三期房址 F56 平、剖面图

续表二四

编号	柱洞直径	柱洞深度	填土
D6	24	14	灰土夹红烧土
D7	27	14	灰土夹红烧土
D8	13	6	灰土夹红烧土

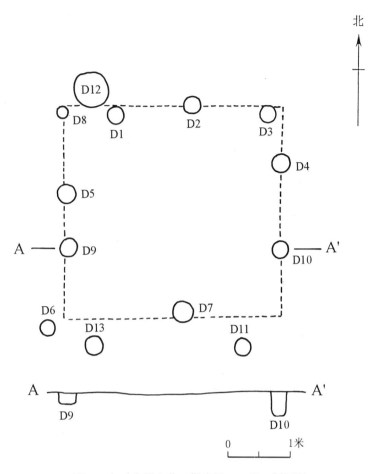

图一一九 大溪文化三期房址 F71 平、剖面图

续表二四

编号	柱洞直径	柱洞深度	填土
D9	27	16	灰土夹红烧土
D10	24	9	灰土夹红烧土
D11	25	8	灰土夹红烧土
D12	60	36	灰土夹红烧土

根据柱洞分析，此房应为一座房屋或一栋房屋中的一间。如果 D5 和 D9 为门洞柱洞的话，则门的方向为 270°。如果所揭露的部分为一栋房屋中的一间，则此房屋可能向南延伸（依其南部有数个柱洞判断）。

根据地层和包含物，F71 应为大溪文化三期的建筑。

F99

F99 位于第六发掘区 T3223、T3224、T3273、T3274、T3323、T3324 探方内，往东已超出发掘区东界。开口在 5 层下，打破 6A 层。残存红烧土地面呈不规则形，东西长度超过 10 米，南北最宽处超过 7 米。厚约 20～40 厘米。在西半部有二条平行的东北—西南走向的浅沟，宽 20～30

厘米，深 15～20 厘米，内填褐色土夹红烧土颗粒。发现柱洞 13 个，柱洞内填灰褐土夹少量红烧土颗粒和粉末，柱洞直径和深度见表二五。

D2、D4 和 D6 分别在西、东两条基槽内，如以基槽确定 F99 方向，应为 120°。在室内还有一拐角形的沟槽，拐角为 90°，两边分别长 1.1 米和 1 米，宽 35 厘米，深 15 厘米，不知是何遗迹（图一二〇）。

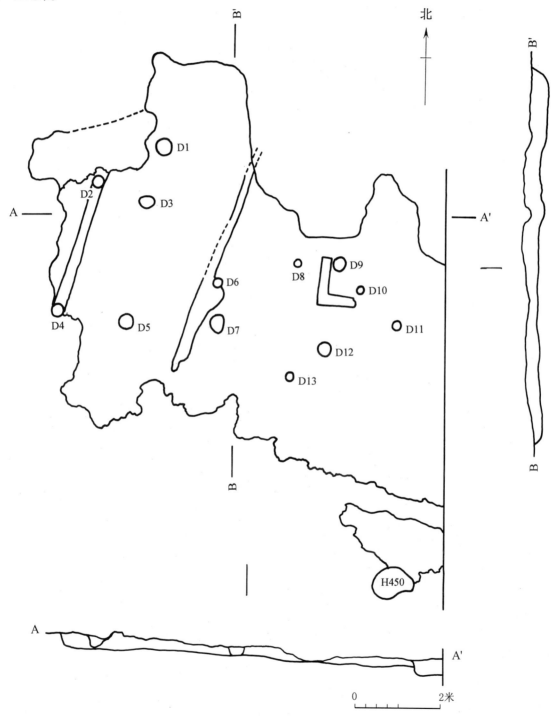

图一二〇　大溪文化三期房址 F99 平、剖面图

灶坑位于西北部，呈曲尺形，长约95厘米，宽约80厘米，深约45厘米。

F99与H466、H506、H467、H504、H505、H275、H463基本上为同一时期，年代为大溪文化三期。

表二五 F99柱洞登记表 单位：厘米

编号	直径	深度	填土
D1	36-40	20	灰褐土夹少量红烧土颗粒
D2	28	18	灰褐土夹少量红烧土颗粒
D3	25-33	19	灰褐土夹少量红烧土颗粒
D4	28-33	16	灰褐土夹少量红烧土颗粒
D5	35	31	灰褐土夹少量红烧土颗粒
D6	20	15	灰褐土夹少量红烧土颗粒
D7	30-40	20	灰褐土夹少量红烧土颗粒
D8	18	12	灰褐土夹少量红烧土颗粒
D9	30	15	灰褐土夹少量红烧土颗粒
D10	18	14	灰褐土夹少量红烧土颗粒
D11	20	15	灰褐土夹少量红烧土颗粒
D12	30	17	灰褐土夹少量红烧土颗粒
D13	20	15	灰褐土夹少量红烧土颗粒

F104

F104分布于第八发掘区T1773、T1774、T1723、T1724、T1673、T1674、T1623~T1625等探方，并向南、向西扩展至发掘区外。压于5B层下，下压第6层和H488（图一二一；彩版二一，2，3）。

红烧土面略呈长方形。在发掘区内的红烧土面南北长16.9米，东西宽12米。由南、北两端向中间坡下，形成南北向凹陷沟状地带。这一区域几乎不见红烧土，以此将红烧土面分隔成南北两片。而红烧土的南北纵剖面似两片对接的叶状，中间厚，两端薄。如将红烧土东西横断，则大段为水平面，至东头翘起，整体呈不规整窝状。红烧土面上有11个柱洞，其中D1、D4~D7、D9在从西至东的一条线上，D9与D8如连成南北线则与由上述六个柱洞组成的东西线近于直角相交，疑为墙体柱洞，但既不见基槽也不见墙体（表二六）。这些柱洞全出于凹陷带以南的烧土面和其东不远的部位。而凹陷带以北的烧土面上未见一个柱洞，但见到有两个推定为灶的遗迹。灶1呈圆形，东西长65、南北宽45、深26厘米，红烧土底，灶壁烧结，东南有一条火道，宽34、长26、深12厘米，呈缓坡状。灶内堆积大量炭末。灶2在灶1东4米处，仅残留底部，呈椭圆形，东西长100、南北宽80厘米，因灶开口被破坏，因此深度不明。底部平坦，厚8厘米的烧结层。居住面距地表深135~185厘米，南北高中间低，高差达50厘米。黄褐土，土质紧密，内夹大量红烧

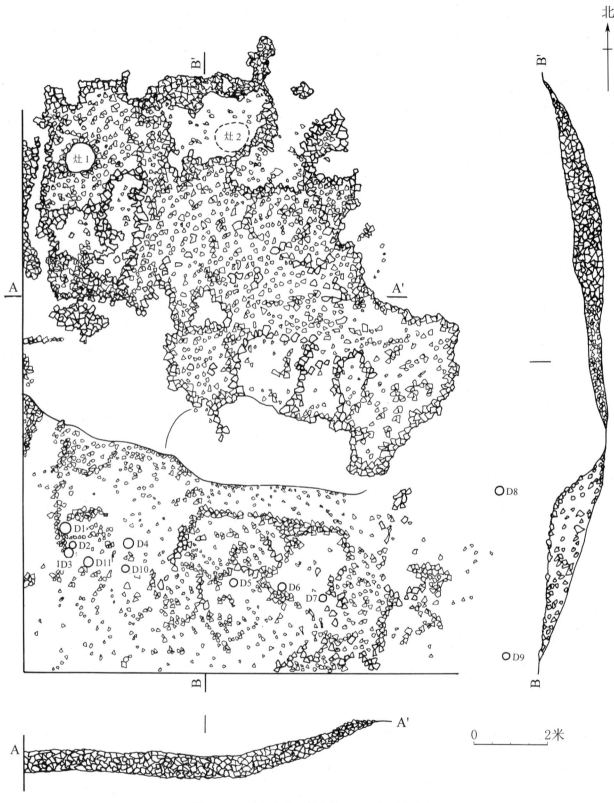

北

灶 1

灶 2

B'

A

A'

D8

D1
D2
D3　D11
D4
D10
D5　D6
D7

D9

B

B

A

A'

0　　　　2米

图一二一　大溪文化三期房址 F104 平、剖面图

土块和颗粒，似为人工搅拌后铺垫并捶紧的。居住面上的堆积中所出陶片以红陶为主，有陶衣。可辨器形以圈足盘较多，另有釜、罐。

F104 因为既未见墙体，又未见明确的基槽，虽判断为房址，但尚不能排除是其他性质的大型建筑基址的可能。凹陷沟状地带南、北是同一遗迹还是两处时代相同、地层相同的遗迹，也存在着疑问。

表二六　　　　　　　　　　　　F104 柱洞登记表　　　　　　　　　　单位：厘米

编号	直径	深	填土
D1	30	20	灰褐土夹大量红烧土颗粒
D2	15	15	灰褐土夹大量红烧土颗粒
D3	20	15	灰褐土夹大量红烧土颗粒
D4	30	20	灰褐土夹大量红烧土颗粒
D5	20	15	灰褐土夹大量红烧土颗粒
D6	20	15	灰褐土夹大量红烧土颗粒
D7	20	15	灰褐土夹大量红烧土颗粒
D8	30	20	灰褐土
D9	20	15	灰褐土
D10	18	15	灰褐土夹大量红烧土颗粒
D11	30	20	灰褐土夹大量红烧土颗粒

根据层位关系以及出土陶片判断，F104 的年代应属大溪文化三期。

二　屈家岭文化房址

（一）概况

共发现房屋遗迹 19 座。较为集中地分布在城址中心附近，特别是第二、三、五发掘区内（附表三）。其中规模较大、规格较高、保存较好的几座，如 F23、F57、F86～F88 均在中心点偏西南的第二发掘区，分布在其他发掘区的另外 14 座均破坏严重。发掘表明，第二发掘区应为屈家岭文化时期的建筑中心区，分布于该区的 F88，部分被后期水沟和红烧土路面破坏，部分被计划保存的 F87 所压而未能揭露，因而有诸多细节尚未弄清。

这一时期规格较高的房址，如 F23、F57、F86、F87，均筑有四面坡下的黄土台基，而后再在台基面上挖基槽，修整居住面，然后起建。平面形状为方形或长方形，多间较为普遍。房间的室内面积由于功能不同而有较大差别。作为公共活动场所的房屋，室内面积有达到 63 平方米的（F87），而有的单个居室面积仅 3～5 平方米（F57）。房屋因使用功能不同而出现的结构上的分化，是这一时期房屋建筑的一大特点。

第二发掘区所揭露的房屋遗迹，代表了屈家岭文化时期三次大的建筑过程，其中建筑于屈家岭文化早期的 F88、F87、F23、F57 及相关遗迹提供了屈家岭文化早期聚落的珍贵资料。

房址的墙体多已不存，但均保存有墙基槽，剖面为长方形，少量为锅底形。基槽内一般有柱洞。

室内居住面平整，普遍夹杂有红烧土颗粒。

柱洞分为二类，一类分布在墙基槽内，以立柱构筑木骨泥墙；一类分布在室内，用为树立支撑屋顶的立柱。柱洞多为直壁平底，未见柱础，直径大小不等，但以 20 厘米左右的为最普遍。

（二）举例

F88

· F88 位于第二发掘区内，在 F23、F57、F87 和 6B 层之下，压着黄土层（未发掘）（图一二二）。

在清除 F23、F57 的房屋继续下挖时，发现了 F88。F88 的居住面与 F23、F57 共同的台基底齐平，显示 F88 是平地起建，未筑台基。现已揭露的部分所在探方包括 T5258～T5261、T5308～T5311、T5358～T5361。其间因被南北向的灰沟 G32、G28 和一条红烧土路面（因破损严重未编号）所破坏，分隔成东西两部分。西半部因其上所压 F87 是城头山城址内保存最好、规格最高的房址，计划长期保护，因此未往下挖。这样西半部仅在 G28 西揭露了房基的部分基槽。由于未能全面揭露，加上又被 G32、G28 和红烧土路面破坏，因此对其规模、结构和性质都存在争议。该区发掘主持人认为 F88 并非某座单独的房屋建筑，而是指整个二区屈家岭文化早期前段的一组完整的房屋群体。据目前情况看，F88 往东、往西都应有较长的延伸。其范围约为 21 米×14 米。根据基槽和柱洞平面分布分析，大致可认定为五个单间，并分别编号为 F88-01～F88-05，其余不成形的基槽共 13 条。发掘记录描述："所有基槽除 F88-01 的南基槽和西基槽为浅灰褐色填土，含一定数量的红烧土及少量黄土外，其余基槽为灰褐色填土，土质较紧。基槽内的柱洞填灰褐土，土质较纯。F88 内形成单间的平面形状均为横置长方形，门道方向不一致，但整个房屋为 4°左右，最大间面积为 44 平方米，最小间面积为 7.2 平方米。F88 为地面式建筑，具体筑法是：先平整红烧土面，而后往下挖槽立柱，再往槽内填土、筑墙，估计为木骨泥墙。其居住面为广泛分布的红烧土，并未特别加工。由于后期的破坏，部分红烧土面比较残破。其密度不如其北的道路（L1）和广场的红烧土分布密集。G94、G95 为红烧土面下的两条沟，沟底为灰黑土，上部皆填加很厚的红烧土，推测就是修筑 F88 时，出于平整地面的需要而填平的。"（G95 因不成形，未列入灰沟一览表和登记表）

2000 年 12 月，日本东北艺术工科大学研究建筑史的宫本长二郎教授到城头山古城址发掘现场考察，在其撰写的《城头山遗址建筑遗构之复原考察》一文（见《澧县城头山——中日合作澧阳平原环境考古与有关综合研究》）中将 F88 分解为东、西两处建筑遗构，并以 SB1 和 SB2 命名，SB2 为由 G32、G28 和残破红烧土组成的南北向道路东侧的部分，SB1 为其西侧的部分。并认为：SB1"现清理出来的遗构可分为两组共五小间。北面一组三间为主室，西侧为长度不同的两间长方形小间，东侧为向东突出的拐角房。南面一组为长、宽相近的并列长方形两小间"。文

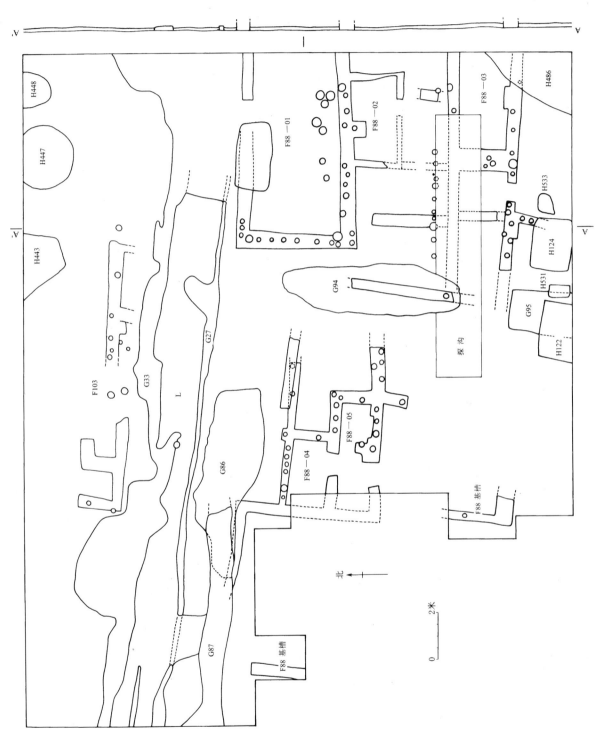

图一二二 屈家岭文化一期房址 F88 与石家河文化一期房址 F103 的平面关系及 F88 剖面图

章还依其平面形式、基槽和柱间的情况推论其为"一座以分割主室的中央壁柱为脊柱的四坡顶建筑"。而 SB2 为大基槽（由 G28、G32 和残破红烧土路面共同构成）东面的遗构，仅存东侧基槽的南段和向南基槽的转角、基槽的东南段和处于屋内的一条南北向隔墙基槽的残段，另外室内还有众多零乱的小柱洞，门道似在南墙偏西。遗构南北 4.7 米，东西近 7 米。

SB1 西侧基槽南北两端拐角处已获清理，长达 10 米，现存最长一条东西向基槽约 7 米。未发现南小间和北小间拐角房的东侧基槽与南侧基槽，但主室北向东的 L 形基槽暗示在南室存在过主室东正面入口，可以推定拐角房南面和主室东北角也曾有入口。室内主柱洞依屋脊分割，以进深 2.5 米的间距并列于东西侧，东侧 6 个，西侧 5 个，其中西侧的 5 个和东侧的 3 个为主柱洞。主柱的面宽间距因分割需要非等距离。从小间的主距与建筑物四间的关系看，此建筑屋顶呈歇山顶或四坡顶形式。由于 F88，即宫本先生所称的 SB1 和 SB2 未得到全面清理，原拟第二年接着发掘，但后来发掘计划终止，因此对其已露出部分，发掘主持人和宫本先生的观察与记述有明显的差异。宫本先生是研究古代建筑的出名专家，为了将两种描述互相对勘，发掘报告仍不嫌重复将宫本先生在本书第四册即《中日合作澧阳平原环境考古以及有关综合研究》所载上文中的大段描述在这里转抄，以便读者相互对照判读，而宫本先生通过观察所描绘的图，也请参照第四册中先生的文章。

F88 以北是红烧土路 L（当时尚无两侧排水沟）和红烧土铺成的广场。

F88 的年代　1993 年在第二发掘区开挖探沟，探沟打破了 F88。在发掘清理 F88 时，对探沟剖面略加清理，露出了大溪文化三、四期的墓葬，所出陶器有强烈的时代特点，但未发掘。这些墓葬压在 F88 之下，表明 F88 晚于大溪文化四期。但其上压着属于屈家岭文化一期的 F23，其居住面上又有多件较为完整的屈家岭文化一期的典型陶器。此外在构筑台基的堆积中，也发现了属于大溪文化四期的篾、罐、盆等陶片以及米字纹篦点陶球和少量大溪文化四期陶片。因此我们确定 F88 建造于屈家岭文化一期前段。

F88 废弃后，在当时已经存在的 G28 两侧筑起了高 30～40 厘米的土台，分别成为屈家岭文化第二次大的建筑过程中 F23、F57 和 F87 等重要建筑的台基。

F23

F23 分布于第三发掘区 T5260、T5259、T5258、T5310、T5309、T5308 方内。为东西相连的两间房，方向为 94°（图一二三，彩版二二，1、2）。东西长 11.8 米，南北宽 5.8 米。F23 西侧与东侧的两间房分别定为 F23-1、F23-2，其中 F23-1 主要分布于 T5260、T5259 大部与 T5310、T5309 北部，其东北角遭后期局部破坏，其他部分保存完好。F23-2 分布于 T5258 南部与 T5308 大部，南墙西侧被 1993 年发掘探沟打破。本报告中房址墙体长度的计标方法为，南北墙包括西端与东西墙共同的部分，而东西墙长度则不计入与南北墙共同的部分。

F23-1 北墙：东段已残，剩余部分保存完好，并略高于地面。残长 5.8、宽 0.44～0.54、残高 0～0.18 米。东段中部一段长约 1 米多的墙体烧结成整块，其余部分的红烧土呈大颗粒及块状。墙体内有一排柱洞，共 7 个（D1～D7），紧靠红烧土墙基外侧。另有一条宽约 20 厘米左右的浅槽，应为修筑墙基时的基槽。

F23-1 西墙：由于墙基被后期破坏，仅残存墙基底部，残存墙基为红烧土颗粒与泥土混合建

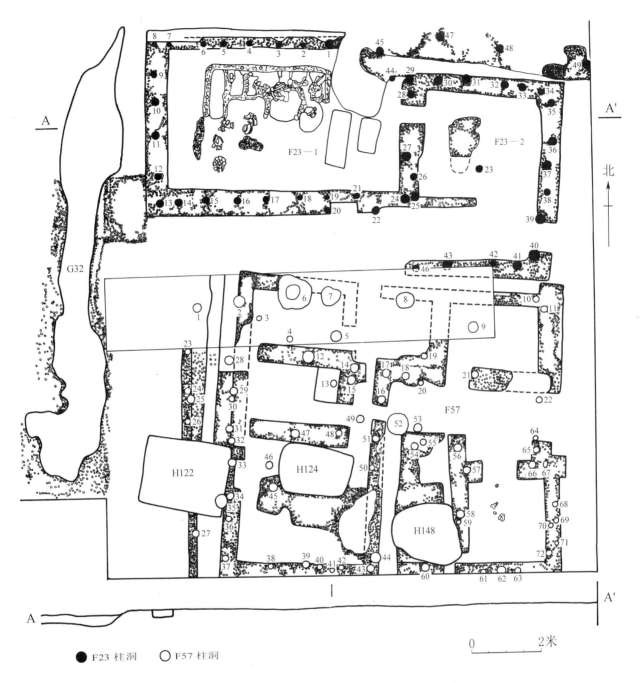

图一二三　屈家岭文化一期房址 F23、F57 平、剖面关系图

成，其中红烧土含量较少，土呈棕色，土质较硬。西南一角残存一段墙体，为夯筑墙。西墙长 3.8、宽 0.58～0.64、残高 0～20 厘米，墙中间有 6 个柱洞（D8～D13）。

F23－1 南墙：保存完好，为大块红烧土拌泥筑造，烧土偏深红色，红烧土块较大。长 7.3（从西端　隔墙始）、宽 0.44～0.73、残高 0～0.2 米。墙中间有 11 个柱洞（D14～D24）。墙东部有一门道。

F23－1 东墙：即 F23－1 与 F23－2 之间的隔墙，墙中间有宽 0.4 米的门道与 F23－2 相通。

红烧土墙体为整块烧成，呈黄色。门道两侧墙体（包括门道）共长 28、宽 0.5~0.7、残高 0~0.6 米，东墙中间有 5 个柱洞（D25~D29）。

F23-2 北墙：保存完整，略高于地面，用红烧土颗粒和黄土混合筑成，西段红烧土含量稍多。长 4.1、宽 0.48~0.51、残高 0~0.05 米。墙中间有一排柱洞，共 5 个（D30~D34）。北墙外在同一台基上还有一道基本平行但已严重残损的墙体，墙体内和北侧柱洞 5 个（D44、D45、D47~D49）。

F23-2 东墙：墙基因后期破坏较严重，仅残存底部痕迹，红烧土含量较少。墙近南端有一门道。长 4.2、宽 0.52~0.72、残高 0~0.02 米。墙中间有 6 个柱洞（D35~D40）。

F23-2 南墙：仅存东段，为较密的红烧土。残长 4、宽 0.46~0.5、残高 0~0.04 米，其上有 4 个柱洞（D41~D43、D46）。

F23-2 南隔墙：为松散的红烧土颗粒拌泥筑成。长 1.9、厚 0.26、残高 0~0.01 米，不见墙中柱洞。

F23-2 的西南墙角结构不清。

F23-1 有两个门。南门位于南墙东侧，墙基在此变成凹形，两侧各有柱洞作为门柱（D20、D22），因此推定其为门道。门道宽 0.78 米。东门位于东墙中部，门道较窄，门道面与 F23-1 室内居住面的土质土色一致，皆为平整的灰棕色夹细小红烧土颗粒的黏土。门道宽 0.54 米。F23-2 有一门道，位于东墙南侧，门两侧各有 1 个柱洞（D39、D40）。门道宽 0.8 米。

柱洞的用途分为两类，一类用以固定墙体，这类柱洞共 45 个（表二七）。另一类为支撑建筑顶部所用木柱，在房子内，仅见 F23-2 中部一个（D23）。D47~D49 所在的倒塌墙体，不能确定是否属 F23，故柱洞登记表仅列入柱洞 D1~D46。

表二七　　　　　　　　　　　　　　F23 柱洞登记表　　　　　　　　　　单位：厘米

编号	直径	深	填土
D1	22	6	灰色土
D2	12	8	灰色土
D3	13	4	灰色土
D4	12	5	灰色土
D5	20	4	灰色土
D6	18	4	灰色土
D7	14	6	棕色土
D8	16	10	棕色土
D9	16	6	棕色土
D10	18	10	红烧土
D11	18	10	棕色土
D12	18	9	棕色土
D13	18	20	棕色土
D14	19	3	褐色土

续表二七

编号	直径	深	填土
D15	20	12	褐色土
D16	18	6	棕色土
D17	16	8	棕色土
D18	12	6	棕色土
D19	12	6	棕色土
D20	18	14	棕色土
D21	13	5	棕色土
D22	20	18	棕色土
D23	25	10	深黄色土
D24	25	10	深黄色土
D25	20	6	深黄色土
D26	18	11	深黄色土
D27	28	14	深黄色土
D28	24	12	深黄色土
D29	20	18	深黄色土
D30	28	10	深黄色土
D31	26	20	深黄色土
D32	19	6	深黄色土
D33	22	8	深黄色土
D34	18	6	深黄色土
D35	20	7	深黄色土
D36	21	10	深黄色土
D37	24	10	深黄色土
D38	18	10	深黄色土
D39	25	10	深黄色土
D40	32	14	深黄色土
D41	26	20	灰土
D42	20	28	灰土
D43	24	34	深黄色土
D44	23	14	深黄色土
D45	26	20	深黄色土
D46	24	11	深黄色土

台基为浅黄土，较紧密，土质较硬较纯，内含少量红烧土颗粒。台基底面较墙体外伸出 20 厘

米，高 40 厘米，形成一盝顶形高台。这是在 F88 废弃堆积基础上人工铺垫而成的。铺垫层可分为二个自然层，土质土色无明显区别，皆为浅黄土，内夹密集的红烧土颗粒。出土 1 片大溪文化白陶片以及屈家岭文化早期黑陶器盖，此外还出土了米字篦点陶球和纺轮。

居住面地面平整，未见明显的铺垫或夯打痕迹。

F23-1 由东到西并列四座方形灶，灶的北壁与 F23-1 北墙平行，两者相距 0.5 米。灶全长 3.4 米。排灶西端距西壁 1 米，东端距东壁 2 米。由西向东第一座较长较窄，第二座较短较窄，第三、四座较宽。第一、三、四座可见灶口。灶壁为红烧土垒筑，残存高度为 20~30 厘米。在灶前发现弦纹高领罐、折沿罐、簋，均是屈家岭文化一期典型器物，原应为黑陶，但出土时均被烧成了砖红色，由此可推测 F23 的废弃当与失火有关。

根据地层和出土物分析，F23 的建筑与使用年代为屈家岭文化一期晚段。

F57

F57 位于第二发掘区东南部的 T5358~T5360、T5408~T5410 内，北墙西端距 F23-1 南墙 2.6 米，东端距 F23-2 南墙仅 0.5 米。台基较 F23 台基略低。东西长 10.5 米，南北宽 7.9 米，面积约 82.95 平方米，方向为 5°（图一二三；彩版二二，1、2）。压在 6A 层下，并被 H124、H122、H148 打破，下压 F88。从设在东墙正中的门道入内，有一条用隔墙构成的通道，通道两侧及顶头有七个门洞通向各个分间，有的分间可能系套间，但因地面和部分隔墙被后代灰坑 H148 破坏，因此分间数是否比七个更多，尚难认定。一般房间内空在 4~4.5 平方米之间，但南排分别被 H124、H148 打破的两间房似为套间，室内面积超过 10 平方米。

墙体已不存，尚留有墙基槽。基槽剖面呈长方形，内夹较多的红烧土。共有柱洞 72 个，多数在基槽之内，在基槽外（主要在室内）的仅有 D1、D3~D5、D9、D22、D46、D49、D52、D53、D64 等 11 个，大部分直径为 10~20 厘米，D1、D2 直径达 30 厘米，而 D3、D10、D11、D13~D33、D36~D51、D53~D72 等直径则不足 10 厘米。柱洞最深的达 26 厘米，最浅的仅 3 厘米。填土为灰色或褐色土，内夹红烧土颗粒（因柱洞太多，因此仅作简略说明，而不另附柱洞登记表）。从基槽内密布的柱洞来看，墙体可能为木骨泥墙。居住面系用黄黏土筑成，内夹红烧土颗粒，较平整。F57 的废弃堆积在东南较厚，约 10~20 厘米。所见陶片多为薄胎细凹弦纹黑陶片，可辨罐、釜、碗等器形，还出土了篦点纹陶球。

F57 与 F23 为同时期建筑，共同组成一个建筑整体。从功能上看，F57 为生活居室，F23 似为公共活动场所。建筑时代为屈家岭文化一期晚段。

F87

F87 位于第二发掘区，主体部分在 T5212~T5214、T5261~T5263、T5311~T5314、T5362~T5364 等方内。压于 F86 下，与 F23、F57 共同下压 F88。

F87 属台基式建筑，其东与属于另一组台基式建筑的 F23、F57 隔着 G32、G28 两条水沟和一条红烧土路面相望。台基北边与基脚相平为红烧土路。

F87 坐北朝南，门道系从南墙中间南折，伸出长 1.95 米、宽 1.15 米的突出形入口。方向 184°。平面呈方形，室内宽 7.7 米，进深 8.2 米，面积 63 平方米（图一二四，彩版二二，1、2）。

经多处解剖得知，基槽均为直壁、平底。东基槽长约9米，宽1米，深0.35米，其上有柱洞12个。北基槽长约10米，宽0.5米，深0.35米，其上有柱洞5个。西基槽长约9.6米，宽0.95米，深约0.35米，其上有柱洞17个。南基槽东段长约4.6米，宽约0.6米，深约0.23米，其上有柱洞5个。南基槽西段长4.18米，宽0.5～0.75米，未解剖，有柱洞2个。基槽内共有柱洞41个。

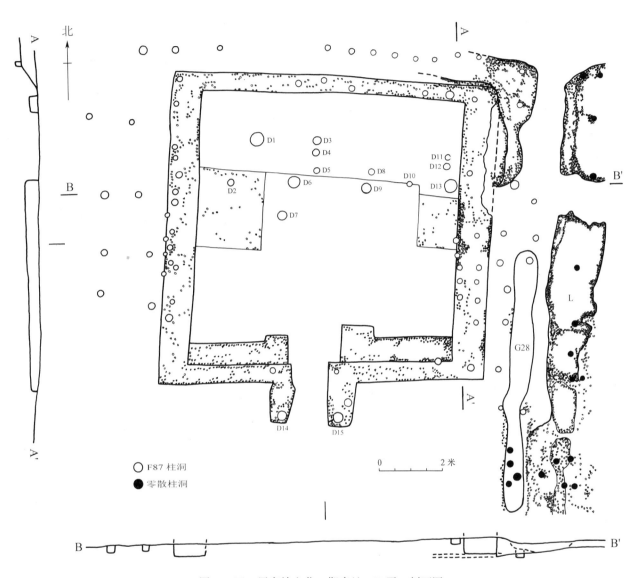

图一二四　屈家岭文化一期房址F87平、剖面图

台基高50厘米。基脚东边即为G28，南边为低下的平地（与基脚齐平），东边在基槽外0.6～0.9米和1.5米处各有一排柱洞，共14个。北边在基槽外1米处有一排柱洞，共12个，柱洞在台基的斜坡上。西边在基槽外0.5～1.2和1.8～2.2米处各有一排柱洞，共8个。南边基槽外未见柱洞。这些基槽外成排柱洞的存在，表明F87设有廊檐。台基四周基脚和基槽外台面上有柱洞34个。

占室内面积三分之一左右的后部，有宽2.6米、用红烧土筑造的土台。在后部土台两端向南拐角，沿东、西墙各有一宽1米和1.5米的红烧土筑造土台，均高0.8米。东、西两段南墙内，

也各有一红烧土台，宽 0.7～0.9 米，高 0.8 米。室内其余部分为低一级的平地。后部土台上有 9
个柱洞，其中 D1 和 D13 直径达 40～45 厘米，而其余柱洞的直径仅 20 厘米左右。在西边土台上有
1 个柱洞，在低一级空间的后部有 3 个柱洞。这样，室内共计有 13 个柱洞。F87 总计有柱洞 88
个，而作了解剖的仅有门道两侧的 D14、D15 和室内的 D1～D13。基槽内和基槽外的柱洞既未编
号也未解剖（原计划 2001 年还要继续清理，后因计划改变，未能继续工作）。表二八仅包括已解
剖的 15 个柱洞的数据和填土情况。这些经解剖的柱洞均为直壁，平底。

表二八   F87 柱洞登记表   单位：厘米

编号	直径	深度	填土
1	40	8	浅黄土夹红烧土
2	20	12	浅黄土夹红烧土
3	24	18	浅黄土夹红烧土
4	20	20	浅黄土夹红烧土
5	20	20	浅黄土夹红烧土
6	40	8	浅黄土夹红烧土
7	30	18	浅黄土夹红烧土
8	20	24	浅黄土夹红烧土
9	32	10	浅黄土夹红烧土
10	16	14	浅黄土夹红烧土
11	18	10	浅黄土夹红烧土
12	25×23	20	浅黄土夹红烧土
13	45×37	16	浅黄土夹红烧土
14	30	18	深褐色土
15	32	18	深褐色土

　　室内的红烧土土台筑造紧密，可能是置放具有特殊意义物品的处所。其南的凸字形空间，面
积约 35 平方米。综合 F87 宽大的墙体规模、单独的封闭型建筑风格、外有廊檐的特殊设置、东西
高度对称性和室内大面积无隔墙等一系列特征，我们推断其应是一处"礼仪"性质的建筑。

　　从地层上可以确定 F87 与 F23、F57 为同一时期。由于未发现确切的使用堆积的标本，而为了
保存遗迹，又没有进一步下挖，因而其年代依据则借助于 F23，堆断其建筑和使用年代为屈家岭
文化一期晚段。

　　F87、F23、F57 均为屈家岭文化一期晚段的建筑，开口层位一致，均为台基式建筑。在功能
上，F23 为带有四个联体灶的大房屋，F57 为整齐排列的小间居室，而 F87 则为礼仪性质的中心
建筑。它们共用北面的红烧土路和红烧土颗粒铺成的广场。F23 和 F87 之间还有南北向红烧土路
与北面的红烧土路（L）连接，显示出它们之间紧密的联系和各自作用上的分工。

F86

F86 为多居室建筑。直接压在屈家岭文化早期房址 F87 之上，沿袭利用 F87 的台基。其保存较好的部分分布于第二发掘区西部的 T5213、T5212、T5263、T5262、T5313、T5212、T5362 探方内，残长 12.8 米，宽 12 米。方向 4°（图一二五）。这批探方的东部在发掘时，因发现很零星，未作为统一的建筑遗迹处理，现根据原始记录，仍可把对应地层的柱洞和局部墙基检索出来。

F86 压在 5B 层下，被 H412、M789、H394 等打破。现将所发现的 F86 基槽按编号分别介绍（表二九）。

表二九　　　　　　　　　　　F86 基槽和基槽内柱洞登记表　　　　　　　　单位：厘米

基槽编号	长度	宽度	深度	基槽中柱洞		
				个数	直径	填土
1	残 200	82	26			青灰色填土，较紧密，纯
2	470	60	16~26	5	14~20	青灰色填土，较紧密，纯
3	185、500	91.5	35			青灰色填土，较紧密，纯
4	636	70	17	5	12~20	浅黄色土，纯
5	残 284	35	未解剖	5	16~28	青灰色填土，较紧密，纯
6	残 350	32	未解剖	1	18	青灰色填土，较紧密，纯
7	334	35	10~15	3	12~18	青灰色填土，较紧密，纯
8	残 188	30	10	5	12~20	青灰色填土，较紧密，纯
9	320	72	40			青灰色填土，较紧密，纯

基槽的剖面呈锅底状，少部分为直壁平底。墙体除基 4 局部保存外，其他部分皆被后期破坏。基槽 1~4 为主墙基槽，5~8 为隔墙基槽。9 有可能是另一建筑的基槽，但未能最后确定。

柱洞共 47 个。在墙体基槽中的 24 个，用于固定墙体。另一部分是室内的支撑立柱。直径多在 20 厘米左右，深度多为 10~20 厘米。柱洞内的填土颜色较为一致，绝大多数为疏松的灰白土，少数几个柱洞填黄白土。室内柱洞 7 个，其中可能有支撑立柱。室外台基上柱洞 16 个，与 F86 关系不明确。

比较明显的门道有二处，分别位于基槽 1 与基槽 2 之间和基槽 3 北部。宽度分别为 1.8 米和 0.75 米。

在基槽 2、基槽 3、基槽 5 组成的居室内有一片密集的红烧土，上部已被破坏，推测是一个灶坑的残迹。在基槽 6 东部居室和基槽 3、基槽 9 之间，有两处纯黄土面，应是房内设施的遗迹。

居住面仅在基槽 3~基槽 6 组成的居室内有局部保存。土色为浅黄色，较平整，土质较纯较紧密，厚度也较均匀，约 12 厘米。

F86 建筑在 F87 所使用的土台上，从西部情况看，在原来 F87 土台的基础上，分别向北、向南略有扩大，但在总体上仍保持原来土台的格局。F86 以北，继续沿用红烧土路（L）和毗连的广场。在 F86 与 L 之间，有一条当时使用的长沟（G87）。

F86 的废弃堆积由于受晚期地层的严重破坏，已所剩不多，从仅有的一些堆积中发现有 B 型

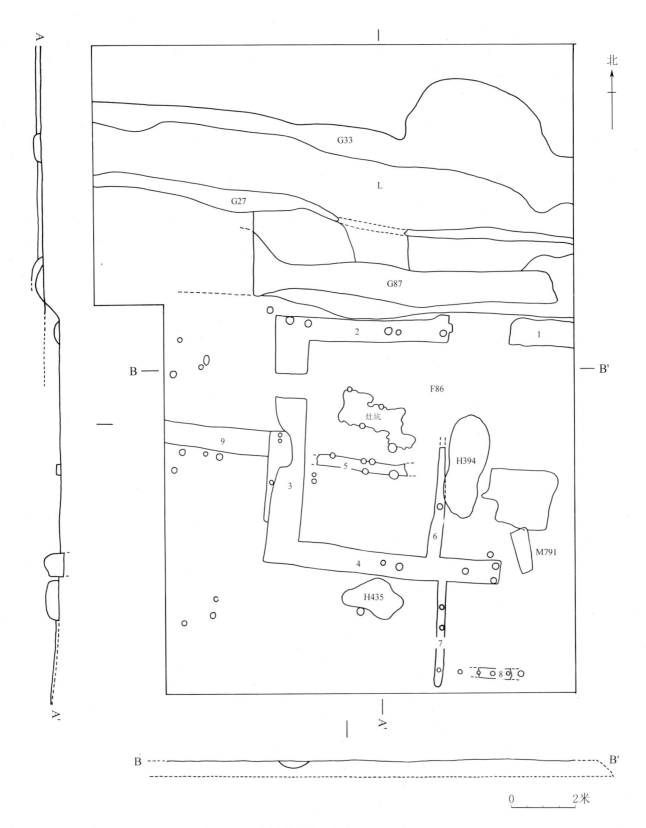

图一二五　屈家岭文化三期房址 F86 平、剖面图

Ⅱ式高圈足杯、A型Ⅱ式盆、D型鼎足、纺轮等陶器残片。居住面上还零星分布了一些灰黑色土，土质疏松，内含少量陶片，可辨器形有夹砂陶盆、细柄高足小杯等。F86西部房基的大部分是沿用F87所使用的土台，但土台北部有建筑F86时人工筑成土台的扩大部分，在此发现了屈家岭文化早期和中期陶片，如A型Ⅰ式簋、A型Ⅱ式折沿大口罐、单耳罐、C型Ⅰ式豆、A型Ⅰ式盆等等。结合打破F86的M789及其他遗迹情况，推测F86的使用期延续到屈家岭文化三期，建筑年代也不会早于屈家岭文化二期。因此，将F86定为屈家岭文化三期的建筑。

F79

位于第七发掘区T1127中部和东部。压在5层下，下压6A层。长方形，长约3.4米，宽约2.4米，面积约8平方米，方向为3°（图一二六）。

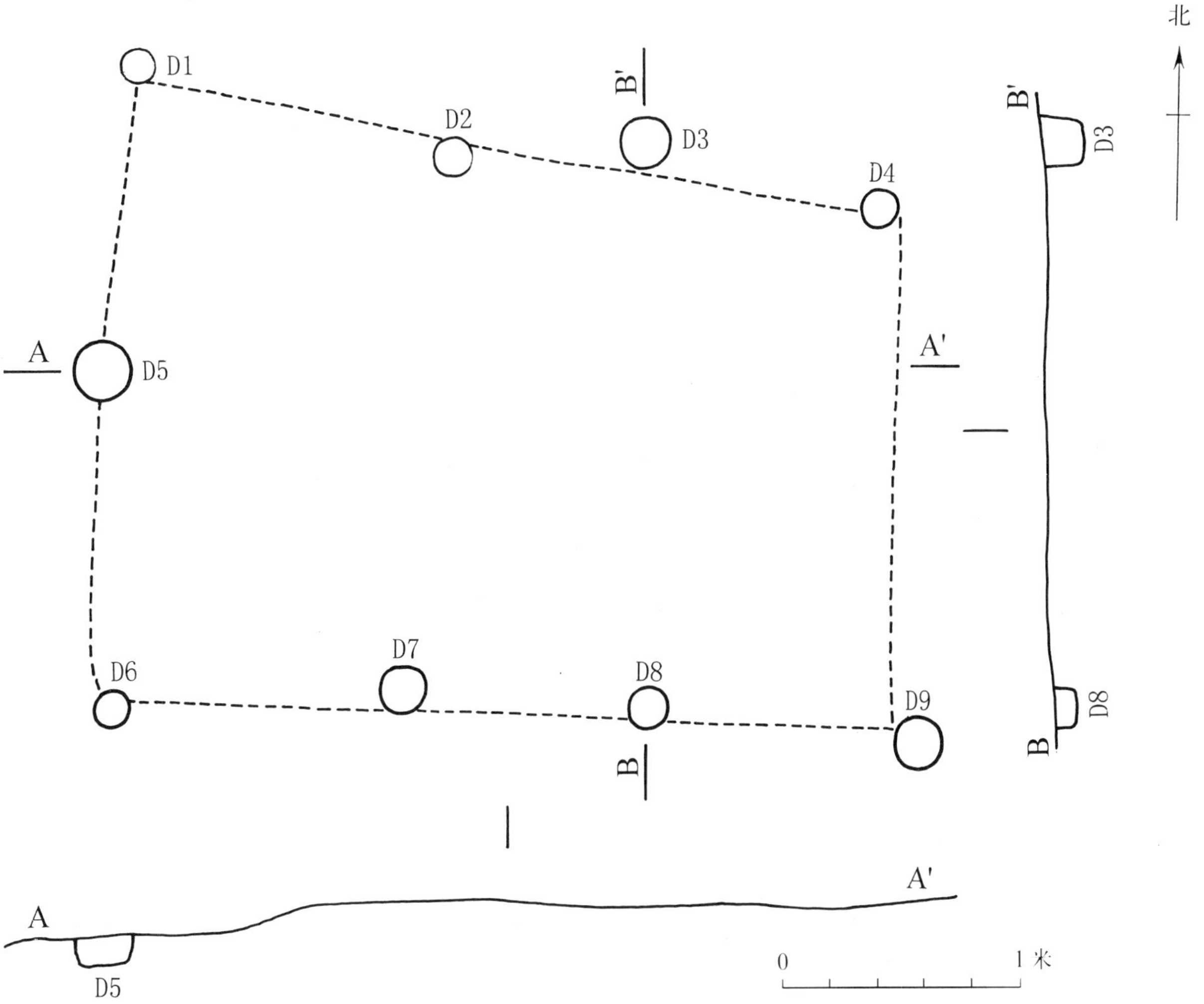

图一二六　屈家岭文化一期房址F79平、剖面图

房基面为棕褐土夹红烧土颗粒筑成。西部应为一条基槽的局部，基槽沟深24厘米，宽8厘米，呈“L”形，南北长约1.5米，东西长约0.6米，并向西壁外延伸。柱洞D1～D9以及基槽沟内均填灰褐土，土质较纯净，没有包含物（表三〇）。

表三〇　　　　　　　　　　　　F79 柱洞登记表　　　　　　　　　　　　单位：厘米

编号	直径	深	填土
D1	12	11	灰褐土
D2	16	13	灰褐土
D3	20	18	灰褐土
D4	16	10	灰褐土
D5	24	11	灰褐土
D6	13	11	灰褐土
D7	18	12	灰褐土
D8	14	10	灰褐土
D9	20	13	灰褐土

根据层位关系，F79 的年代为屈家岭文化一期。

三　石家河文化房址

（一）概况

共发现房址 28 座，分为二期，其中保存较好的有 F25、F55、F103、F33、F70、F72 等 6 座，其他 22 座破坏较为严重（附表四）。

这一时期未见较为集中的居住区，房屋分布都较零散。房屋建筑形式多为平地起建，平面以长方形为主，一般房屋规模都较小。

墙体已不存，墙基槽也发现不多，多数遗迹只有柱洞和夹有红烧土颗粒的居住面。柱洞多为直壁，平底，直径大小不一。一般房屋遗迹中的柱洞少则数个，多则十数个。

（二）举例

F25

F25 在第三发掘区，跨 T5055、T5054、T5004、T5005 四个探方。压于 5 层下，下压第 6 层。平面呈梯形（图一二七）。保存了四边基槽，基槽深 25 厘米。北基槽长 7 米，宽 0.9 米。西基槽长 6 米，宽 0.6 米。南基槽长 5.3 米，宽 0.5 米。东基槽不规整，长 4.7 米，宽 0.6~1 米（西北、西南、东南拐角长度重复计算）。门道在东墙北端，宽 1 米，方向 93°。墙体已不存，但室内地面可见侧塌的红烧土筑成的墙体残块，一面光滑，一面凹凸不平，墙体显然为编竹夹泥焙烧形成。共发现 10 个柱洞，全部在基槽内（表三一），其中 D1、D2 为门柱。此外，室内的偏西部位有一道南北向的基槽，长 2.3 米，宽 0.4 米，与西墙基槽不平行，两端也未与南、北墙基槽连接，并非隔墙基槽，其作用不明。

从地层关系和居住面上发现的少量陶片判断，F25 的时代为石家河文化一期。

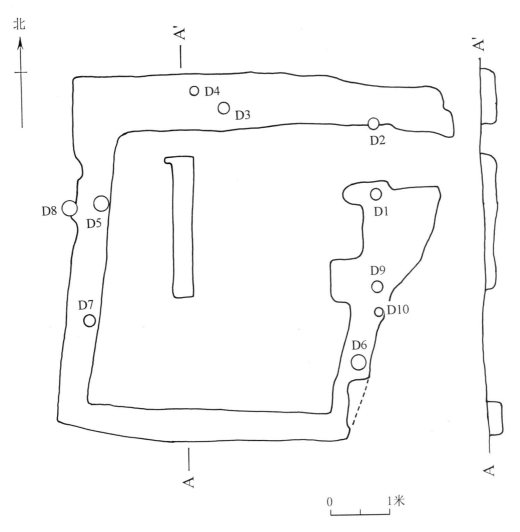

图一二七 石家河文化一期房址 F25 平、剖面图

表三一 F25 柱洞登记表 单位：厘米

编号	直径	深	填土
D1	16	25	灰褐土
D2	16	25	灰褐土
D3	18	25	灰褐土
D4	12	20	灰褐土
D5	25	25	灰褐土
D6	25	25	灰褐土
D7	16	20	灰褐土
D8	25	25	灰褐土
D9	16	20	灰褐土
D10	12	20	灰褐土

F55

F55 在第二发掘区，位于 T5209、T5259、T5258、T5208 四个探方内。压在 4C 层下，直接叠压着 L。北边被 G37、南部被 H123 打破。平面呈不规整方形，长 3.8 米，宽 3.3 米（残）（图一二八）。发现 5 个柱洞。直径 20～25 厘米。解剖 D1、D4。D1 直径 25、深 30 厘米，D4 径 20、深 20 厘米，填土为黄褐土，土质较松软。柱洞 D1、D2 大体与 D4、D5 对称。房基面以红烧土铺垫，厚 3～10 厘米，较平。出土遗物有方格纹和绳纹陶片。

根据层位关系和出土遗物推测，F55 为石家河文化一期建筑。

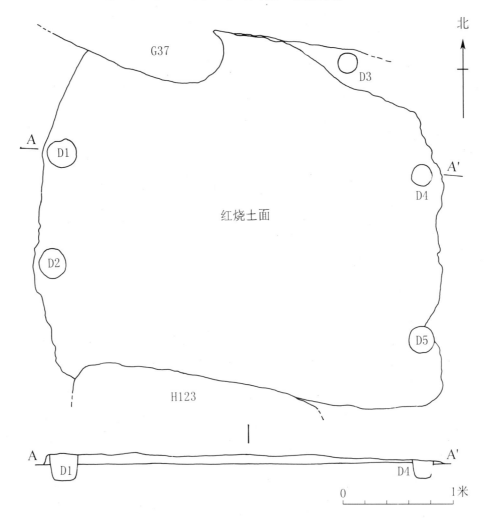

图一二八　石家河文化一期房址 F55 平、剖面图

F33

F33 在第四发掘区，位于 T1403 东部和 T1404 西部。露头在 10 层下，下压 16 层。局部被同属石家河文化一期，但较房址略晚的 H156 打破。F33 为半地穴式建筑，平面略呈椭圆形，长径约 2.5 米，短径约 2.15 米（图一二九）。建筑方法是在地面挖一个稍凹的坑，再在周缘立柱搭架。房

子使用时期的堆积有一个较薄的炭灰面，估计是燃烧之后留存下来的。室内周缘有大小不等的 8 个柱洞（表三二）。房子内部没有其他遗迹，包含物较少，出土陶片不多。房子废弃之后有一个黄褐色的淤土堆积，包含物亦极少，偶出石家河文化时期的陶片。

房内无灶，门道可能朝南，但已被 H156 破坏，因此无法确定其门向。

在 F33 同层平面上有较多的房屋遗迹，根据层位关系和出土物，F33 可能与 F34、F35、F36、F37 等同属于石家河文化一期建筑。

表三二　　　　　　　　　　　　　F33 柱洞登记表　　　　　　　　　　单位：厘米

编号	直径	深	填土
D1	13	20	灰褐土，有红烧土颗粒
D2	12	19	灰褐土，有红烧土颗粒
D3	17	20	灰褐土，有红烧土颗粒
D4	17	20	灰褐土，有红烧土颗粒
D5	16	20	灰褐土，有红烧土颗粒
D6	13	19	灰褐土，有红烧土颗粒
D7	16	20	灰褐土，有红烧土颗粒
D8	18	20	灰褐土，有红烧土颗粒

F70

F70 分布在第六发掘区的 T3226、T3227、T3276、T3277 四个探方内。压在 5A 层下，西南部分被 F72 打破，下压第 6 层。平面呈长方形，长 6 米、宽 4.4 米，为地面式建筑（图一三〇）。居住面为一层纯净的黄色黏土层，厚 5～40 厘米。基槽宽 50 厘米、深 45 厘米；基槽内填黄褐土，内夹红烧土颗粒。

共发现 12 个柱洞，呈长方形排列，D1～D5 组成东壁，D5～D7 组成南壁，D7～D9 组成西壁，D9、D10 及 D1 组成北壁。D11、D12 在房子的东南角构成门道。门道宽 95 厘米、长 50 厘米。F70 所压第 6 层出土陶片均为石家河文化早期的陶片，故 F70 的年代为石家河文化一期。详见表三三。

表三三　　　　　　　　　　　　　F70 柱洞登记表　　　　　　　　　　单位：厘米

编号	直径	深度	填土
D1	30	12	灰土夹红烧土颗粒
D2	30	50	灰土
D3	40	36	红烧土块

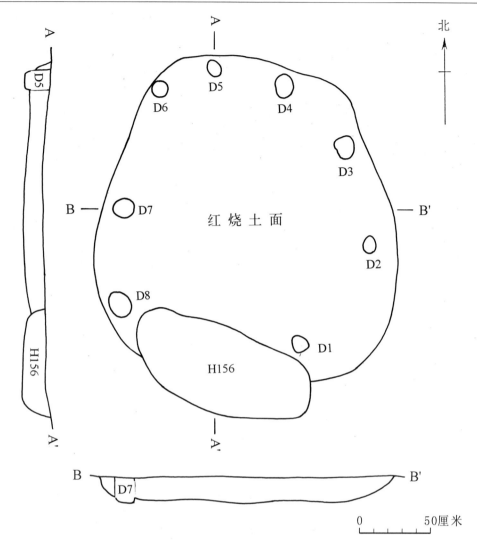

图一二九　石家河文化一期房址 F33 平、剖面图

续表三三

编号	直径	深度	填土
D4	40	50	灰土夹红烧土块
D5	36	52	灰土夹少量红烧土块
D6	50	40	灰褐土夹红烧土块
D7	44	63	红烧土块
D8	36	44	灰土夹红烧土块
D9	24	42	灰土
D10	50	40	灰土
D11	26	40	灰褐土
D12	20	40	红烧土末

F72

　　F72 在第六发掘区，跨越 T3276、T3277、T3226、T3227 四个探方。压在 4 层下，下压 5A 层。平面为长方形，长 5.3 米，宽 3.9 米。方向 15°（图一三〇）。房基槽宽 30 厘米、深 44 厘米，

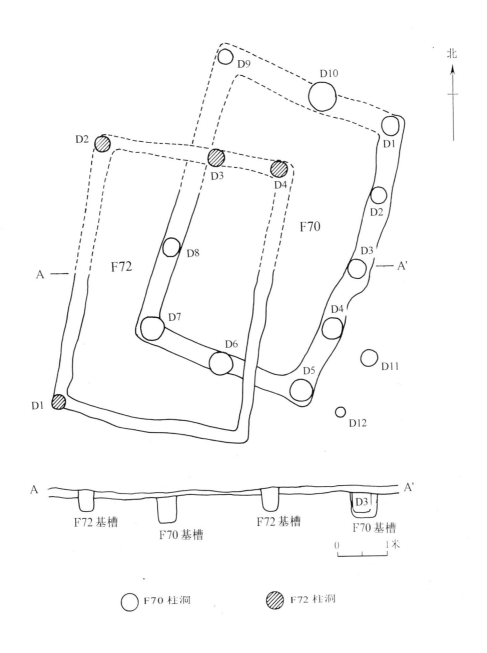

图一三〇　石家河文化一期房址 F70、F72 平、剖面关系图

基槽剖面为长方形，内填灰褐土，夹有红烧土颗粒，土质密而坚实。在基槽内发现 4 个柱洞。柱洞均为圆形，直壁，平底（表三四）。居住面为深褐土，内夹红烧土颗粒，墙壁及门道情况不明。

　　根据层位关系和出土陶片，F72 的年代为石家河文化一期。

表三四		F72 柱洞登记表	单位：厘米
编号	直径	深	填土
D1	20	30	灰土夹烧土颗粒
D2	30	39	灰土
D3	37	32	红烧土块
D4	36	26	灰土

第四章　灰坑

灰坑共编为 621 号，除去因技术原因出现的空号实际为 449 号，其中汤家岗文化时期的灰坑 30 个、大溪文化时期的灰坑 306 个、屈家岭文化时期的灰坑 32 个、石家河文化时期的灰坑 81 个（附表五）。根据灰坑的形状、结构、坑内堆积、出土遗物等情况，推测其性质主要有窖藏坑、祭祀坑、陶料坑和垃圾坑，另有少量系废弃的陶窑、半地穴式房屋等。但是由于多数灰坑的性质很难确定，本报告仅据灰坑本身的形制对灰坑进行分类。首先按坑口平面形状分为圆形（A）；椭圆形（B）；方形，包括长方形、正方形、圆角方形（C）；长条形（D）；不规则形（E）五大类，再按坑壁和坑底形状分为直壁平底（a）、斜壁内收平底（b）、弧壁圜底（c）、复合底（d）四大类。这样依据坑口平面形状和坑壁、坑底形状的不同组合，可以确定 20 种基本型式（表三五）。而在实际分类中，汤家岗文化时期的灰坑只有其中的十类，大溪文化时期的灰坑有十六类，屈家岭文化时期的灰坑有六类，石家河文化时期的灰坑有九类。各时期灰坑均依其类型举例说明。

表三五　　　　　　　　　　灰坑型式分类表

坑口平面 / 坑壁、底形状	A 圆形	B 椭圆形	C 方形（含长方形、圆角方形）	D 长条形	E 不规则形
直壁，平底（a）	Aa	Ba	Ca	Da	Ea
斜壁内收，平底（b）	Ab	Bb	Cb	Db	Eb
弧壁，圜底（c）	Ac	Bc	Cc	Dc	Ec
复底（d）（双底或重底）	Ad	Bd	Cd	Dd	Ed

一 汤家岗文化灰坑

共 30 个，分十类（附表六）。

Ab 型 2 个。圆形口，斜壁内收，平底。

H597 位于第六发掘区 T3174 北部，开口于 7 层下，打破 8 层。口径 100、底径 86、深 150 厘米，坑口距地表 197 厘米。坑内堆积为深褐色黏土，质地松软。出土遗物主要为陶器残片，可辨器形有釜、钵、碗等，另出土石器 2 件（图一三一）。

H602 位于第六发掘区 T3123 西部，开口于 8 层下，打破生土层。口径 78、底径 66、深 35 厘米，坑口距地表 220 厘米。坑内堆积为黄褐色黏土，质地松软。出土遗物为陶器残片，可辨器形有钵、支座等（图一三二）。

Ac 型 6 个。圆形口，弧壁，圜底。

H588 位于第六发掘区 T3324 北部，开口于 8 层下，打破生土层。口径 150、深 25 厘米，坑口距地表 220 厘米。坑内堆积为深褐色黏土夹红烧土颗粒，质地松软。出土遗物主要为陶器残片，可辨器形有釜、碗、支座等。另出土兽骨 2 件（图一三三）。

Ba 型 2 个。椭圆形口，直壁，平底。

H582 位于第六发掘区 T3224 北部，开口于 8 层下，打破生土层。口长径 130、短径 96、深 60 厘米，坑口距地表 200 厘米。坑内堆积为灰褐色黏土夹红烧土颗粒，质地松软。出土遗物均为陶器，可修复釜 1 件，另有钵、碗等残片（图一三四）。

Bb 型 4 个。椭圆形口，斜壁内收，平底。

H592 位于第六发掘区 T3074 东南部，开口于 8 层下，打破生土层。口长径 105、短径 85 厘米，底长径 90、短径 76、深 22 厘米，坑口距地表 220 厘米。坑内堆积为浅褐色黏土夹红烧土颗粒，质地松软。出土遗物为 2 件陶釜的残片（图一三五）。

H595 位于第六发掘区 T3023 南部，开口于 8 层下，打破生土层。口长径 270、短径 210 厘米，底长径 240、短径 190 厘米，深 50 厘米，坑口距地表 290 厘米。坑内堆积分为两层：上层为黑灰色黏土夹草木灰，质地松软，厚 35 厘米。有兽骨残迹，陶片极少。下层为红烧土块堆积，厚 15～20 厘米，无出土遗物（图一三六）。

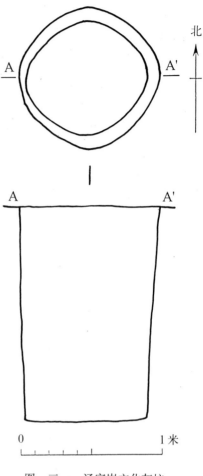

图一三一 汤家岗文化灰坑
H597 平、剖面图

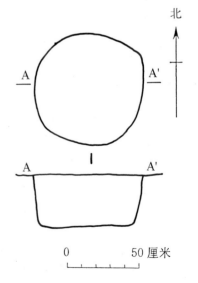

图一三二 汤家岗文化灰坑
H602 平、剖面图

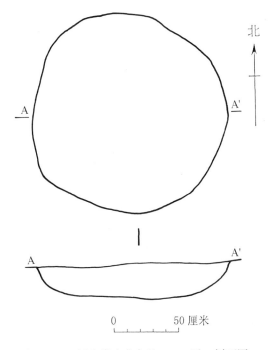

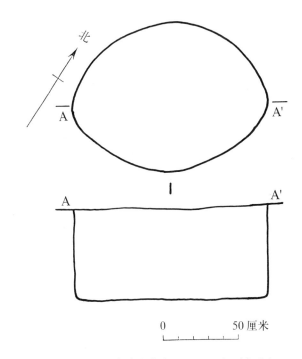

图一三三　汤家岗文化灰坑 H588 平、剖面图　　　　　　图一三四　汤家岗文化灰坑 H582 平、剖面图

Ca 型　4 个。长方形口，直壁，平底。

H549　位于第六发掘区 T3122 北部，开口于 7 层下，打破 8 层。口长 125、宽 90、深 105 厘米，坑口距地表 185 厘米，方向 20°。坑内堆积为黄褐色黏土夹红烧土颗粒，质地稍硬。出土遗物均为陶器，修复有釜、碗、支座（图一三七）。

Cb 型　4 个。长方形口，斜壁内收，平底。

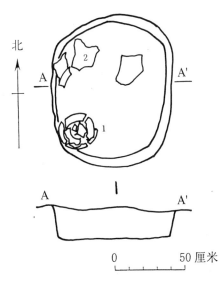

图一三五　汤家岗文化灰坑
H592 平、剖面图
1、2. 陶釜

H571　位于第六发掘区 T3022 南部，开口于 7 层下，打破 8 层。底部有一椭圆形小坑。口长 148、宽 110 厘米，底长 130、宽 88 厘米，深 90 厘米，坑口距地表 210 厘米。方向 135°。坑内堆积为黑褐色黏土夹红烧土颗粒，质地松软。出土遗物有釜、钵等陶器残片（图一三八）。

H562　正方形。位于第六发掘区 T3122 西部，开口于 7 层下，打破 8 层。口边长 60、底边长 40、深 120 厘米，坑口距地表 175 厘米。方向 5°。坑内堆积为黑褐色黏土夹红烧土颗粒，质地松软。出土少量陶片，均不可复原（图一三九）。

Ea 型　2 个。不规则形口，直壁，平底。

H580　位于第六发掘区 T3124 南部，开口于 7 层下，打破 8 层。口长 186、宽 152、残深 26 厘米，坑口距地表 245 厘米。坑内堆积为黄褐色黏土夹黑色锰结核和红烧土颗粒，质地较硬。出土遗物有陶釜等（图一四〇）。

Eb 型　2 个。不规则形口，斜壁内收，平底。

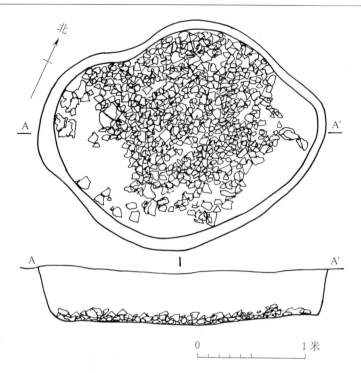

图一三六　汤家岗文化灰坑 H595 平、剖面图

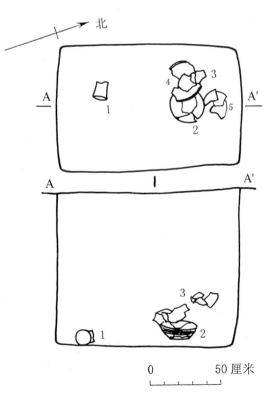

图一三七　汤家岗文化灰坑 H549 平、剖面图

1. 陶支座　2、3. 陶碗　4、5. 陶釜

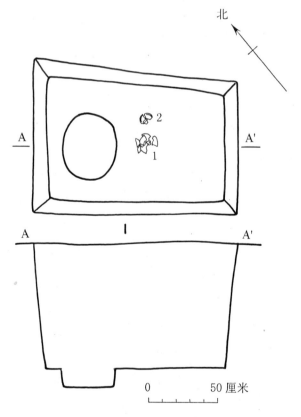

图一三八　汤家岗文化灰坑 H571 平、剖面图

1. 陶釜　2. 陶钵

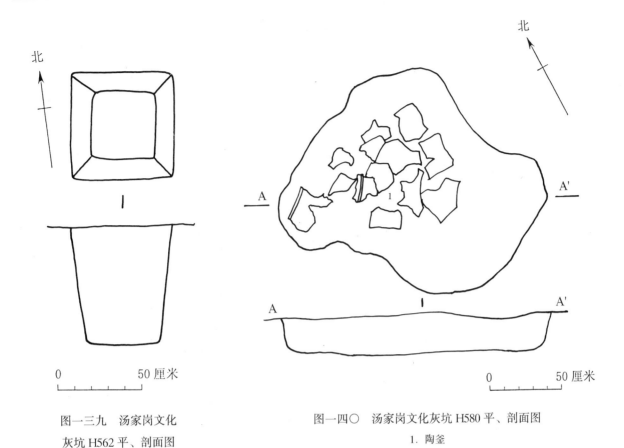

图一三九 汤家岗文化
灰坑 H562 平、剖面图

图一四〇 汤家岗文化灰坑 H580 平、剖面图
1. 陶釜

　　H598　位于第六发掘区 T3123 南部，开口于 8 层下，打破生土层。口长 145、宽 75 厘米，底长 130、宽 55 厘米，残深 15 厘米，坑口距地表 220 厘米。坑内堆积为黄褐色黏土夹黑色锰结核和红烧土颗粒，质地较硬。出土遗物均为陶器残片，可辨器形有釜、钵、盆等（图一四一）。

　　Ec 型　1 个。不规则形口，弧壁，圜底。

　　H594　位于第六发掘区 T3074 东北部，部分压在东、北隔梁下未发掘。开口于 8 层下，打破生土。东西残长 250、南北残宽 235、深 45 厘米，坑口距地表深 265 厘米。坑内堆积为浅褐色黏土夹红烧土颗粒，质地松软，坑底有一层厚约 10 厘米的草木灰。出土遗物有陶釜、支座残片和 1 件石斧（图一四二）。

　　Ed 型　3 个。不规则形口，复底。

　　H587　位于第六发掘区 T3322 西南部，开口于 8 层下，打破生土层。该坑整体形状像一个葫芦，由前后两部分构成。东端为主体部分，形状为圆形口，弧壁，圜底，口部直径 140 厘米，深 58 厘米。西端为附属部分，可能是出入口，平面形状为梯形，直壁，平底，长 60、宽 80、深 45 厘米。坑口距地表 230 厘米。坑内堆

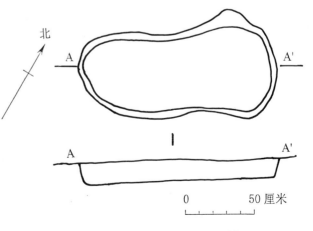

图一四一 汤家岗文化灰坑 H598 平、剖面图

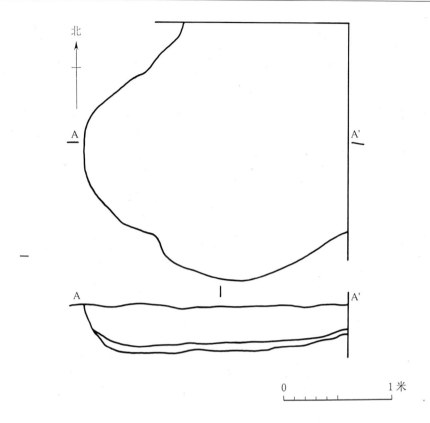

图一四二　汤家岗文化灰坑 H594 平、剖面图

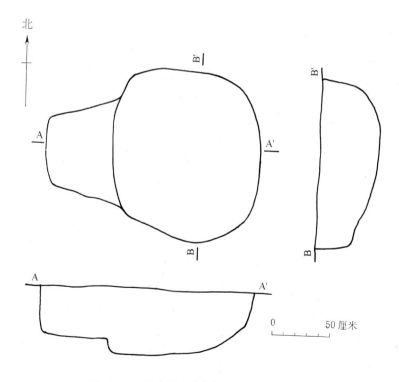

图一四三　汤家岗文化灰坑 H587 平、剖面图

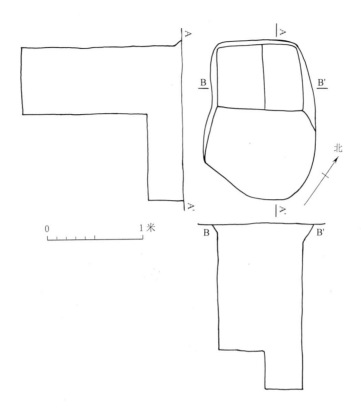

图一四四　汤家岗文化灰坑 H585 平、剖面图

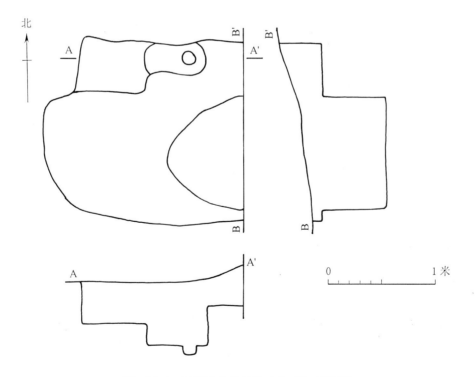

图一四五　汤家岗文化灰坑 H574 平、剖面图

积为黄褐色黏土夹大量草木灰和烧土颗粒，质地松软。出土遗物均
为陶器，器类有釜、钵等（图一四三）。

　　H585　位于第六发掘区 T3272 东南部，开口于 8 层下，打破生
土层。该坑开口平面前圆后方，开口下约 40 厘米开始前半部分停止
发掘，仅后半部分继续下挖，至开口下 130 厘米处，又留下西部一
半，仅东部一半继续下挖 40 厘米，直壁，平底。坑口全长 165 厘
米，前部长 93、宽 120 厘米，后部长 72、宽 90～110 厘米，总深
170 厘米，坑口距地表 230 厘米。坑内堆积为浅黄色黏土夹灰色砂
土，质地较硬。出土遗物均为陶片，可辨器形有釜、钵、碗等（图
一四四）。

　　H574　位于第六发掘区 T3224 东南角，部分压在东隔梁下未发
掘。开口于 7 层下，打破 H590 和第 8 层。该坑大略呈东西向，直
壁，于开口下约 40 厘米左右开始，分别于坑底的东部继续下挖一口
部平面呈椭圆形、直壁、平底、短径 100、深 60 厘米的坑，西北部
沿西壁和北壁下挖一长约 60、宽 45、深 15 厘米的方形坑，紧贴方
形坑的东壁还有一长 56、深 35 厘米的腰形坑，腰形坑的底部有一个
小圆洞。该坑总长已知长 185、宽 165 厘米，最深处 80 厘米，坑口
距地表 160 厘米。坑内堆积为浅褐色黏土夹红烧土颗粒，质地较硬。
出土遗物有陶釜、碗残片和石斧等（图一四五）。

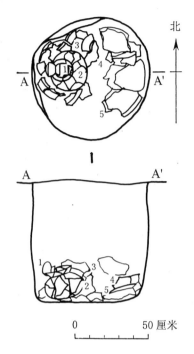

图一四六　大溪文化三期
灰坑 H470 平、剖面图
1、2. 陶釜　3. 陶鼎　4、5. 陶缸

二　大溪文化灰坑

　　共 306 个，其中型式不明者 37 个，共分十六类（附表七）。

　　Aa 型　18 个。圆形口，直壁，平底。

　　H470　位于第六发掘区 T3173 东北部，开口于 5 层下，打破 6A 层。口径 80、深 80 厘米，坑
口距地表 135 厘米。坑内堆积为灰褐色黏土夹大量草木灰，质地较硬。出土遗物均为陶器，可修
复陶釜、盘、碗、鼎、曲腹杯、缸、器座和器盖等（图一四六；彩版二三，1）。

　　H508　位于第六发掘区 T3172 东南角，开口于 6A 层下，打破 7 层。口径 120、深 100 厘米，
坑口距地表 150 厘米。坑内堆积为黑褐色黏土，质地松软，坑底有一层草木灰。出土遗物均为陶
器，可修复碗、缸、器盖，另有釜、盘残片和陶球（图一四七）。

　　H514　位于第六发掘区 T3023 西南部，开口于 5 层下，打破 H515、6A 层。口径 90、深 95
厘米，坑口距地表 170 厘米。坑内堆积为黄灰色黏土，质地较硬，包含物较少，底部有一堆烧土。
出土遗物均为陶片，可辨器形有釜、钵、器座等（图一四八）。

　　Ab 型　25 个。圆形口，斜壁内收，平底。

　　H310　位于第六发掘区 T3275 北部，开口于 8C 层下，打破 9 层。口径 80、底径 70、深 50 厘
米，坑口距地表 185 厘米。坑内堆积为黑褐色黏土，土质较硬。出土遗物有陶釜、钵等残片（图

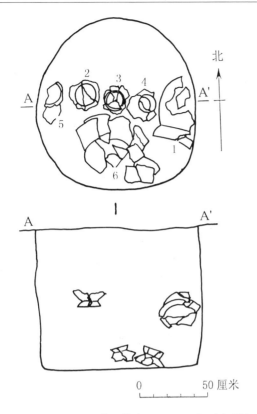

图一四七 大溪文化二期灰坑 H508 平、剖面图

1. 陶缸 2. 陶碗 3. 陶盘 4~6. 陶釜

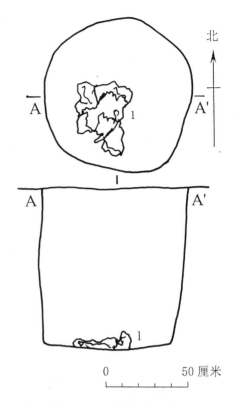

图一四八 大溪文化三期

灰坑 H514 平、剖面图

1. 红烧土

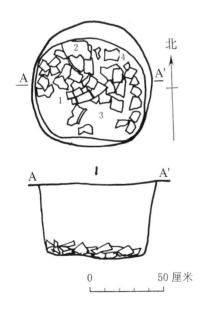

图一四九 大溪文化二期

灰坑 H310 平、剖面图

1. 陶釜 2~4. 陶钵

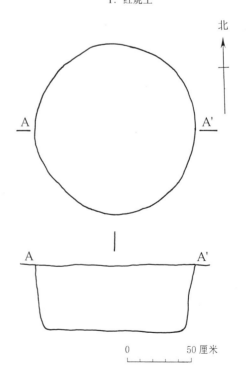

图一五〇 大溪文化三期灰坑 H309 平、剖面图

一四九）。

H309 位于第七发掘区 T3130 北部，部分为北隔梁所压。开口在 4B 层下，打破 6 层。口径 126、底径 110、深 50 厘米，坑口距地表 104 厘米。壁微斜收，平底。坑内填灰黄土，内夹少量红烧土块。出土陶片多见红褐胎黑皮陶和夹砂红陶（图一五〇）。

H513 位于第六发掘区 T3073 东部，开口于 6A 层下，打破 7 层。口径 110、底径 60、深 90 厘米，坑口距地表 180 厘米。坑内堆积为灰褐色黏土，质地较硬。出土遗物为陶片，可辨器类有釜、锅、盘、缸等（图一五一）。

Ac 型 20 个。圆形口，弧壁，圜底。

H409 位于第七发掘区 T1127 中部，开口于 6C 层下，打破 H416。口径 140、深 70 厘米，坑口距地表 130 厘米。坑内堆积为灰褐色黏土夹大量红烧土块，质地较松，坑壁和坑底有草木灰痕迹。出土遗物均为陶片，可辨器类有鼎、豆、碗、缸等（图一五二）。

H428 位于第七发掘区 T1178 东北部，开口于 8A 层下，打破 H425、10 层。口径 102、深 60 厘米，坑口距地表 165 厘米。坑内堆积为黑灰色黏土夹大量草木灰，质地疏松。出土遗物中可修复的有陶釜、豆，另有碗、盘、瓮、缸、器盖、器座等残片（图一五三）。

H489 位于第八发掘区 T1625 南部，叠压在 F104 下。坑口为规整的圆形，壁为双腹形，底为锅底形。口部径 115 厘米，中部径 60 厘米，坑深 40 厘米。坑内填深灰黑色土，内含大量红烧土颗粒。坑内无文化遗物（图一五四）。

Ad 型 2 个。圆形口，复底。

H557 位于第六发掘区 T3224 西南角，延伸至邻近三个探方中。开口于 6A 层下，打破 H558、7 层。口径 290、深 50 厘米，坑口距地表 130 厘米。坑底东半部深 10～15 厘米处，中间有一宽约 40 厘米的隔墙，使这一部分分为两个椭圆形坑。坑内堆积为灰黑色黏土夹大量红烧土颗粒。两个椭圆形坑底有一层较纯的黄灰色黏土，质地较松而且细腻。出土陶器中可修复碗、甑，可辨器形有釜、豆、盘、钵、器盖等（图一五五）。

Ba 型 11 个。椭圆形口，直壁，平底。

H553 位于第六发掘区 T3324 南部，开口于 6A 层下，打破 7 层。口长径 105、短径 75、深 68 厘米，坑口距地表 155 厘米。坑内堆积为深褐色黏土夹少量红烧土颗粒，质地较硬。出土遗物较少，有陶釜、钵等残片（图一五六）。

H558 位于第六发掘区 T3223 东部，开口于 6A 层下，打破 7 层，并被 H557 打破。口长径 125、短径 98、深 50 厘米，坑口距地表 145 厘米。坑内堆积为黑灰色黏土夹少量红烧土颗粒和炭末，质地松软。出土陶片较少，器类有罐、钵等（图一五七）。

Bb 型 15 个。椭圆形口，斜壁内收，平底。

H477 位于第六发掘区 T3023 中部，开口于 4B 层下，打破 6A 层。口长径 80、短径 60 厘米，底长径 70、短径 50 厘米，深 90 厘米，坑口距地表 130 厘米。坑内堆积为灰褐色黏土夹少量红烧土颗粒，质地较硬。出土遗物均为陶器，可修复陶罐 1 件，可辨器类有釜、豆、钵、器盖等（图一五八）。

H506 位于第六发掘区 T3222 东部，开口于 4A 层下，打破 H544、6A 层。口长径 375、短径 265 厘米，底长径 300、短径 160 厘米，残深 45 厘米，坑口距地表 150 厘米。坑内堆积为灰褐色黏

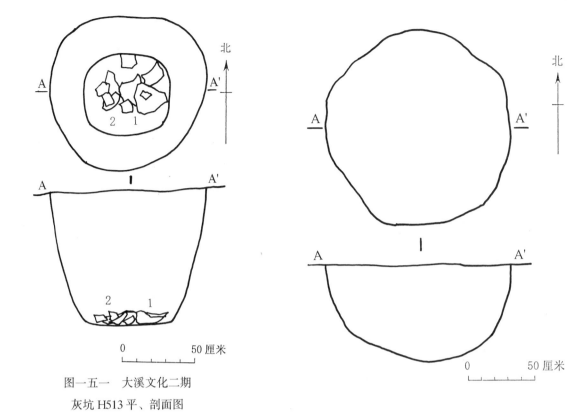

图一五一 大溪文化二期
灰坑 H513 平、剖面图
1. 陶缸 2. 釜

图一五二 大溪文化三期灰坑 H409 平、剖面图

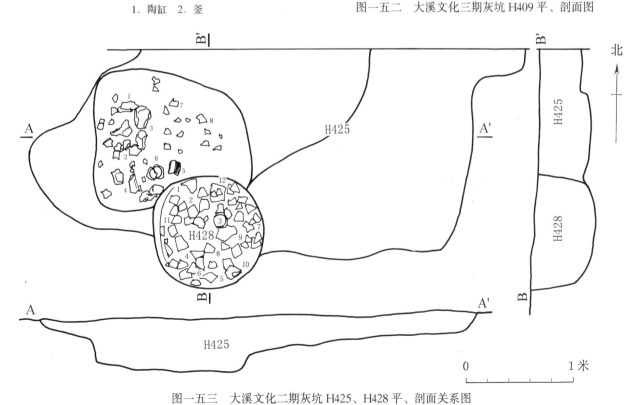

图一五三 大溪文化二期灰坑 H425、H428 平、剖面关系图

H425：1、3、4. 陶釜 2. 陶盘 5. 陶鼎 6. 陶碗 7、8. 陶器盖   H428：1、7. 陶釜 2. 陶盘

3. 陶碗 4. 陶缸 5、12. 陶罐 6、11. 陶豆 7. 陶釜 8. 陶器盖 9. 陶器座 10. 陶瓮

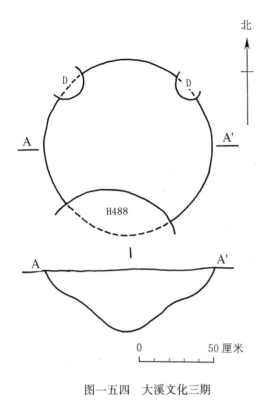

图一五四　大溪文化三期
灰坑 H489 平、剖面图

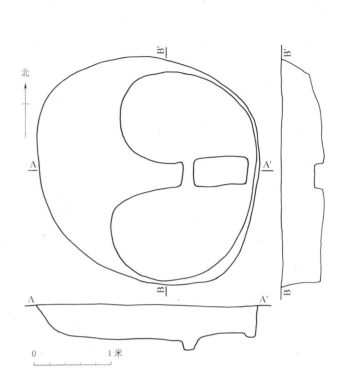

图一五五　大溪文化二期灰坑 H557 平、剖面图

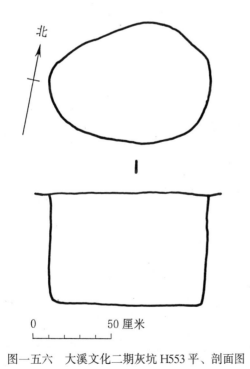

图一五六　大溪文化二期灰坑 H553 平、剖面图

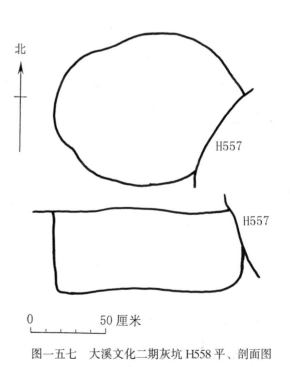

图一五七　大溪文化二期灰坑 H558 平、剖面图

图一五八　大溪文化三期
灰坑 H477 平、剖面图

土夹大量红烧土。出土遗物均为陶片，可辨器类有釜、盘、锅、碗等（图一五九）。

H527　位于第六发掘区 T3123 南部，开口于 5 层下，打破 6A 层，并被 H465 打破。口长径 140、短径 120 厘米，底长径 125、短径 110 厘米，残深 50 厘米，坑口距地表 135 厘米。坑内堆积为黑褐色黏土夹大量草木灰，质地松软。出土遗物均为陶器，可辨器类有锅、盘、罐、甑、器盖，均不能复原（图一六〇）。

Bc 型　24 个。椭圆形口，弧壁，圜底。

H303　位于第七发掘区 T3081 西北角，延伸至 T3080 东隔梁中。开口于 7 层下，打破 II 期城墙。口长径 175、短径 145、深 45 厘米，坑口距地表 160 厘米。坑内堆积为灰黑色黏土夹少量草木灰。出土遗物均为陶片，可辨器类有釜、盘、器盖等（图一六一）。

H463　位于第六发掘区 T3322 东南角，少部分压在南壁下未发掘。开口于 5 层下，打破 6A 层。口长径残长 260、短径 245 厘米，底长径残长 250、短径 205 厘米，深 80 厘米，坑口距地表 120 厘米。坑内堆积可分为 8 层，出土遗物中可修复器盖 1 件，其余有釜、鼎、盘、碗、豆、锅、缸的残片。各层堆积情况如下：

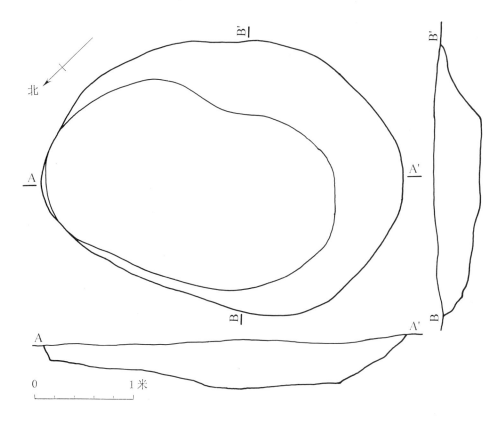

图一五九　大溪文化三期灰坑 H506 平、剖面图

第1层　黑褐色黏土夹大量草木灰，质地较松软。厚约10厘米。出土陶片较多。

第2层　灰色黏土夹红烧土颗粒，质地较松软。厚6～20厘米。出土陶片较多。

第3层　黄褐色黏土夹少量铁锰结核颗粒，质地较硬。厚约20厘米。出土陶片较少。

第4层　灰褐色黏土夹少量草木灰、炭末，质地较松软。厚5～15厘米。出土陶片较少。

第5层　黄色黏土，质地较硬。厚约20厘米。出土陶片较少。

第6层　灰色黏土夹大量烧土颗粒，质地较松软。厚20～30厘米。出土陶片较多。

第7层　黑色草木灰夹少量黄色土，质地较松软。厚约10厘米。出土大量陶片，许多可复原。

第8层　黄灰色黏土，质地较松软。厚25～28厘米。出土陶片很少（图一六二，彩版二三，2）。

Bd型　3个。椭圆形口，复底。

H454　位于第六发掘区T3122东北部，开口于4A层下，打破5层。斜壁内收，平底，坑底平面形状不规则，南端有一长225、宽150、深40厘米的不规则形坑。口长径360、短径270、深100厘米，坑口距地表95厘米。坑内堆积明显有三层，出土陶片中可辨器类有釜、鼎、碗、盘、豆、锅、缸、瓮以及陶球等，各层堆积情况如下：

第1层　灰褐色黏土，质地较硬。厚30～50厘米。出土陶片较少。

第2层　灰色黏土夹大量红烧土，质地较硬。厚10～30厘米。出土陶片较多。

第3层　黑灰色黏土夹少量红烧土颗粒和草木灰，质地较松软。厚约30厘米。出土陶片较多（图一六三）。

H541　位于第六发掘区T3274东部，少部压在东隔梁下未发掘。开口于7层下，打破8层，同时被H275打破。上部斜壁内收，开口下约40厘米处，坑口平面形状演变为东西向的长方形，坑壁继续斜收，在距坑口约75厘米处形成更加规整的长方形底平面，然后西端部分不动，东端继续垂直向下35厘米左右并形成平底。口残长径为230、残短径130、深110厘米，坑口距地表175厘米。方向10°。坑内堆积分为两层：第1层，深灰褐色黏土夹红烧土颗粒、炭末，质地较硬。厚约40厘米。出土陶片较少。第2层，黑灰色黏土夹大量红烧土，质地松软，厚约70厘米。出土陶片较多。出土陶片可辨器形者有钵、器盖、釜、罐、盘、器座等（图一六四）。

Ca型　34个。方形口，直壁，平底。

H516　在第六发掘区T3023南部。开口在5层下，打破6层，被H515打破。呈不规则方形。坑口长82、宽80、深108厘米，坑口距地表深180厘米。填土上层为红烧土，中、下层为灰黄土。出土有红陶、红褐胎黑皮陶片，可辨器形有釜。从位置和形状及时代推测，其与相邻的H477、H514、H515同为一组，可能为祭祀坑，但所属祭台在发掘区北壁外，未能揭露（图一六五）。

H551　位于第六发掘区T3273东部。开口在7层下，打破8层和生土。平面形状介于长方形和椭圆形之间。坑口长120、宽85、深80厘米，坑口距地表175厘米。西壁和北壁笔直到底，而东壁和南壁上部斜收，下部直，形成二层台。在二层台上挖了两个大小不一的圆坑，打破生土层。坑底平。坑内堆积为灰褐色土夹红烧土。出土有夹砂红陶、夹砂陶和黑衣陶，可辨器形有釜、罐、

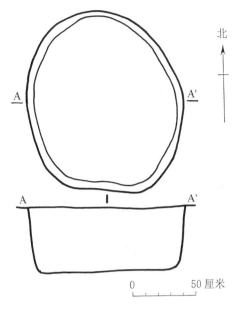

图一六〇 大溪文化二期
灰坑 H527 平、剖面图

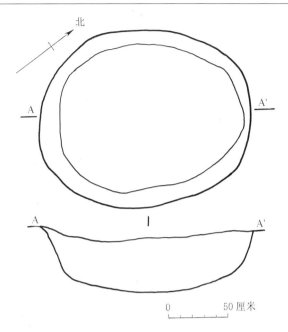

图一六一 大溪文化二期灰坑 H303 平、剖面图

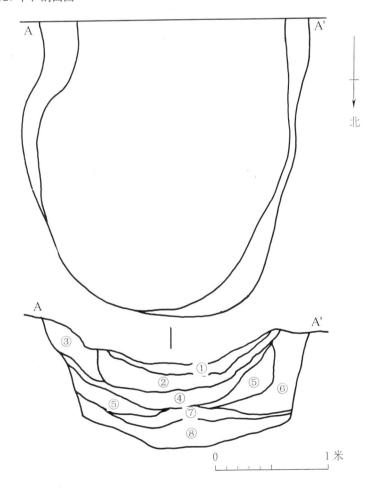

图一六二 大溪文化三期灰坑 H463 平、剖面图

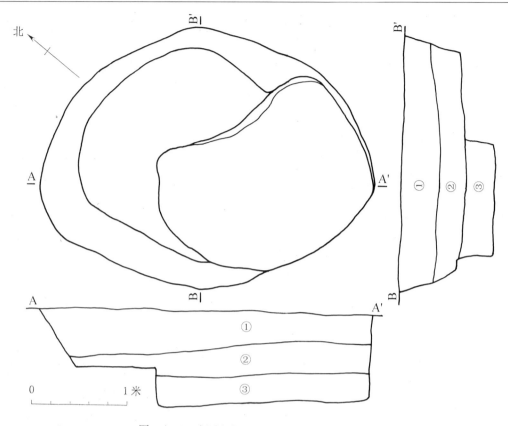

图一六三　大溪文化四期灰坑 H454 平、剖面图

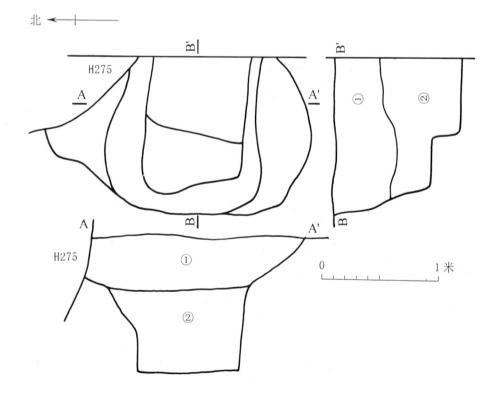

图一六四　大溪文化一期灰坑 H541 平、剖面图

碗等（图一六六；彩版二三，3）。

H563 位于第六发掘区 T3074 中部。开口于 6B 层下，打破 7 层。口部为方形。边长 80、深 80 厘米，坑口距地表 145 厘米。方向 20°。坑内堆积分两层：上层为灰褐色黏土夹草木灰、红烧土块和残骨渣，质地松软。出土陶片较多，可辨器类有釜、锅等。下层为黄褐色黏土夹红烧土颗粒，质地较硬。出土陶片很少（图一六七）。

Cb 型 11 个。方形口，斜壁内收，平底。

H195 位于第七发掘区 T3029 中部，开口于 6 层下，打破 7 层，同时被 M653 打破。口部为长方形，长 130、宽 100 厘米，底长 90、宽 60、深 70 厘米，坑口距地表 210 厘米。方向 90°。坑内堆积为黑灰色黏土夹草木灰、残骨渣，质地松软。出土陶片较少，可辨器类有釜、锅、盘等（图一六八）。

H528 位于第六发掘区 T3073 东北角，开口在 6A 层下，打破 7 层和 8 层。为规整的圆角长方形，直壁斜收。坑口长 140、宽 104 厘米，坑底长 114、宽 60 厘米，深 100 厘米，坑口距地表深 210 厘米。方向 90°。坑内有大量红烧土块，伴出红陶和红褐胎黑皮陶片，可辨器形有盆、钵、盘、釜等，并有少量动物骨骼（图一六九）。

H471 位于第六发掘区 T3122 西部，开口在 6A 层下，打破 7 层。灰坑略呈方形，但一壁稍外弧。坑口长 90、宽 70 厘米，底长 78、宽 60 厘米，深 64 厘米，距地表深 143 厘米。方向 10°。坑内填黑灰土，土质松软，内夹少量红烧土颗粒。出土少量夹炭红衣陶，可辨器形有釜、锅等。坑底部置放两块大红烧土（图一七〇）。

Db 型 3 个。长条形口，斜壁内收，平底。

H295 位于第六发掘区 T3275 南部，开口于 6 层下，打破 7 层。口长 380、宽 140 厘米，底长 328、宽 120 厘米，深 120 厘米，坑口距地表 90 厘米。方向 100°。坑内堆积为大量的红烧土块夹灰褐色黏土，质地较硬。出土少量陶片，可辨器形有釜、罐、盘、环等（图一七一）。

H496 位于第四发掘区 T7452 东南部，开口于 4 层下，打破 5 层。口长 380、宽 100 厘米，底长 363、宽 86 厘米，残深 40 厘米，坑口距地表 85 厘米。方向 150°。坑内堆积为黑褐色黏土夹少量红烧土颗粒、动物骨渣等，质地松软。出土少量陶片，可辨器形有釜、器盖等（图一七二）。

Dc 型 5 个。长条形口，弧壁，圜底。

H411 位于第七发掘区 T1180 中部，开口于 Ⅱ 期城墙下，打破 8A 层，并被 G75 打破。口长 205、宽 80、深 50 厘米，坑口距地表 110 厘米。方向 90°。坑内堆积为两层：第 1 层，黄灰色黏土夹少量红烧土颗粒，质地较硬，遗物很少，厚约 20 厘米。第 2 层，黑灰色黏土夹大量草木灰和红烧土，质地松软，厚约 30 厘米。出土少量陶片，可辨器形有釜、罐、碗等（图一七三）。

H500 位于第六发掘区 T3323 北部，东端延伸至 T3324 西部。开口于 5 层下，打破 6A 层。口长 590、宽 210 厘米，底长 560、宽 185 厘米，深 120 厘米，坑口距地表 135 厘米。方向 108°。坑内堆积异常复杂，发掘中共分了十多层，不少层的分布范围很小且不厚。我们根据各小层的颜色、土质和包含物将其归并为 5 层，各层堆积情况如下：第 1 层，灰褐色黏土夹大量红烧土块，质地较硬。厚约 35 厘米。出土陶片较少。第 2 层，黑褐色黏土夹大量草木灰、少量卵石等，质地较松软。厚 10～25 厘米。出土陶片较多。第 3 层，深灰色黏土夹少量红烧土颗粒，质地较软。厚约 20 厘米。出土陶片较少。该层下灰坑西端有一东西长 180、南北宽 65 厘米的椭圆形烧土堆。第

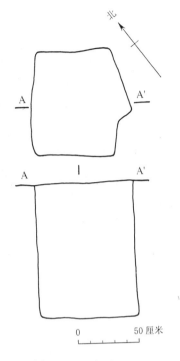

图一六五　大溪文化三期
灰坑 H516 平、剖面图

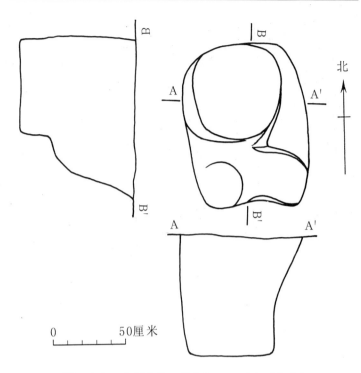

图一六六　大溪文化一期灰坑 H551 平、剖面图

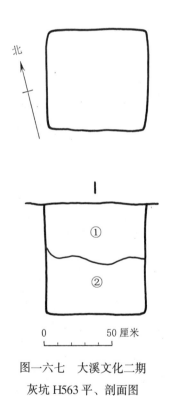

图一六七　大溪文化二期
灰坑 H563 平、剖面图

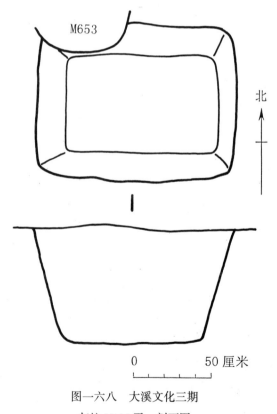

图一六八　大溪文化三期
灰坑 H195 平、剖面图

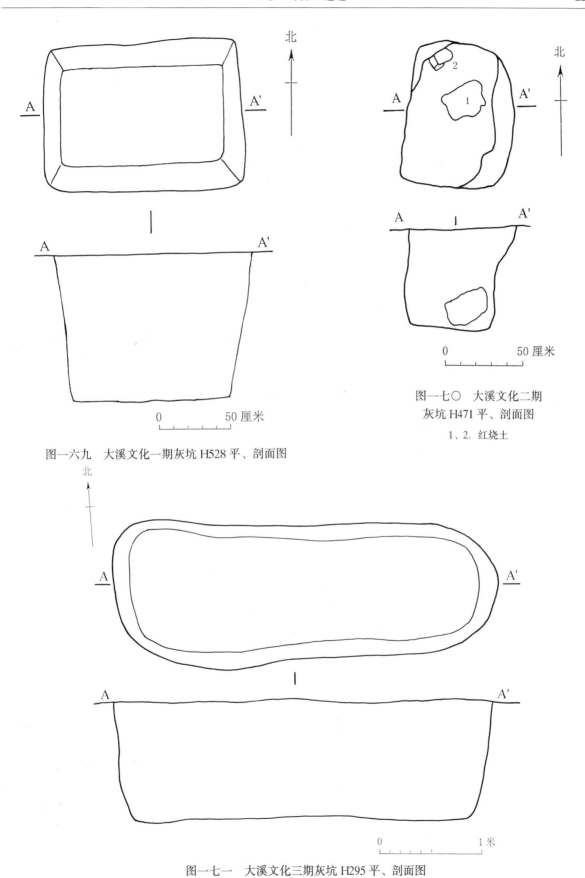

北

A ——————— A'

图一六九　大溪文化一期灰坑 H528 平、剖面图

北

A ——— A'

0　　　　　50 厘米

图一七〇　大溪文化二期
灰坑 H471 平、剖面图
1、2. 红烧土

北

A ——————— A'

0　　　　　1 米

图一七一　大溪文化三期灰坑 H295 平、剖面图

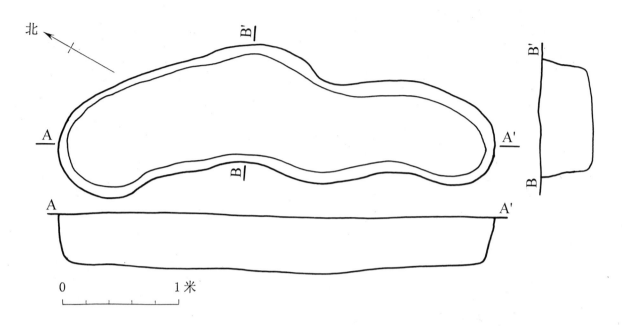

图一七二　大溪文化四期灰坑 H496 平、剖面图

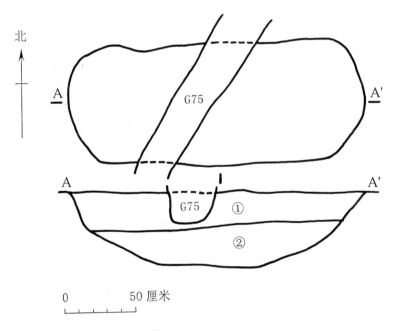

图一七三　大溪文化三期灰坑 H411 平、剖面图

4层，黑灰色黏土夹大量草木灰、炭末、骨渣等，质地松软，厚25～50厘米。出土陶片较多。该层下中部南侧第5层高出一个土台，台上集中出土了大量陶器，推测是有意摆放的。第5层，黄褐色黏土夹少量红烧土颗粒，质地较硬。厚15～20厘米。出土陶片较少，同时出土了2件兽骨。陶器残片主要出土于第2、4层，可辨器类有釜、鼎、锅、盘、罐、碗、豆、缸、器盖等，修复缸1件。根据上述迹象，我们认为该灰坑是一个大的祭祀坑（图一七四）。

Ea型　13个。不规则形口，直壁，平底。

H287　位于第六发掘区T3326西部，大部分在T3325东隔梁中。开口于6层下，打破7层。口长170、宽92、深50厘米，坑口距地表130厘米。坑内堆积为黑灰色黏土夹少量红烧土块。出土少量陶片，可辨器形有碗、钵、罐等，修复碗1件（图一七五）。

H397　位于第七发掘区T1178东部，开口于6A层下，打破F80和6B层。口长120、宽90、深28厘米，坑口距地表80厘米。坑内堆积为黑褐色黏土夹大量草木灰，质地松软。出土少量陶片，可辨器类有釜、罐、豆等（图一七六）。

Eb型　32个。不规则形口，平底。

H503　位于第六发掘区T3173西南角，部分被T3223北隔梁和T3173东隔梁所压，仅揭露了在T3173方内部分。开口在6A层下，打破7、8层。口长240、宽200厘米，底长200、宽160厘米，深70厘米，坑口距地表150厘米。底不规整，南端底低下10厘米。坑内堆积上部为黑灰土，往下为褐土夹红烧土块，底部为灰褐土。从上至下均出有陶片。所出陶片有红衣夹炭陶、褐陶和白陶，可辨器形有釜、钵、器盖、盘等，可修复釜1件（图一七七）。

H426　位于第七发掘区T1128西北角，延伸至T1127东隔梁中。开口于6C层下，打破H419和8A层。口长180、宽145厘米，底长170、残宽118厘米，深37厘米，坑口距地表135厘米。坑内堆积为深褐色黏土夹草木灰、红烧土颗粒等，质地松软。出土物均为陶器和陶片，器类有釜、盘、豆、罐、缸等（图一七八）。

H507　位于第六发掘区T3222西北部，开口于5层下，打破6A层。并被H466打破。口长365、宽210厘米，底长350、宽180厘米，深120厘米，坑口距地表115厘米。坑内堆积为黄褐色黏土，质地松软，坑底有一层灰白色淤泥。出土物多为陶器，器类有釜、碗、盘、钵、鼎、罐、锅、器盖、器座等，修复有盘、锅等陶器，另有1件石饼形器（图一七九）。

Ec型　42个。不规则形口，弧壁，圜底。

H299　位于第七发掘区T3180北部，部分延伸至T3130东南角。开口于4B层下，打破5层。口长265、宽170、残深40厘米，坑口距地表85厘米。坑内堆积为灰褐色黏土夹大量红烧土、黄土块、卵石等，质地较硬。出土物均为陶片，可辨器类有釜、缸、器盖等（图一八〇）。

H465　位于第六发掘区T3123中部，西端延伸至T3122东隔梁中。开口于5层下，打破H527和6A层。口长548、宽295、深50厘米，坑口距地表120厘米。坑内堆积为灰褐色黏土夹大量红烧土块，质地较硬。出土物均为陶片，可辨器类有釜、锅、碗、盘、缸、器盖等（图一八一）。

Ed型　11个。不规则形口，复底。

H467　位于第六发掘区T3224北部，开口于5层下，打破6A层。此灰坑的最大特点就是东西两端有两个底，两底之间有隔墙，隔墙上有从两端向中间逐级往下的台阶，很明显是为了便

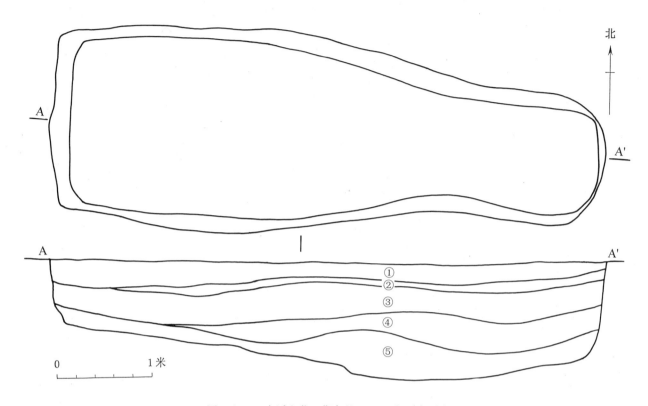

图一七四　大溪文化三期灰坑 H500 平、剖面图

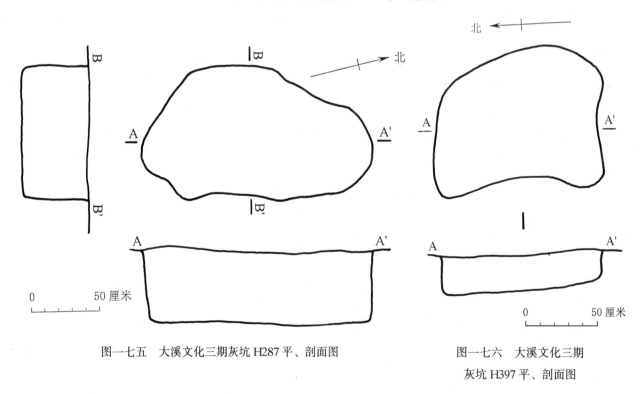

图一七五　大溪文化三期灰坑 H287 平、剖面图

图一七六　大溪文化三期
灰坑 H397 平、剖面图

北 ←—+

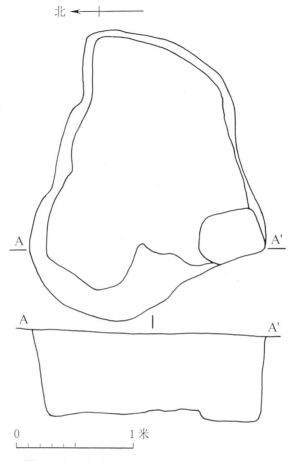

0   1 米

图一七七　大溪文化一期灰坑 H503 平、剖面图

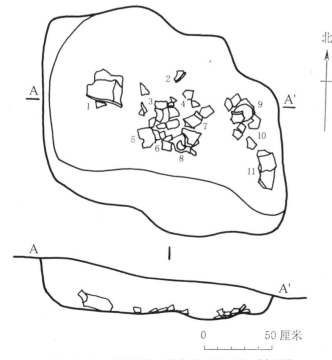

0   50 厘米

图一七八　大溪文化三期灰坑 H426 平、剖面图

1.陶缸　2、8.陶豆　3、7、10.陶釜　4～6、11.陶盘　9.陶罐

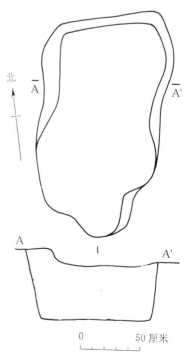

0   50 厘米

图一七九　大溪文化二期
灰坑 H507 平、剖面图

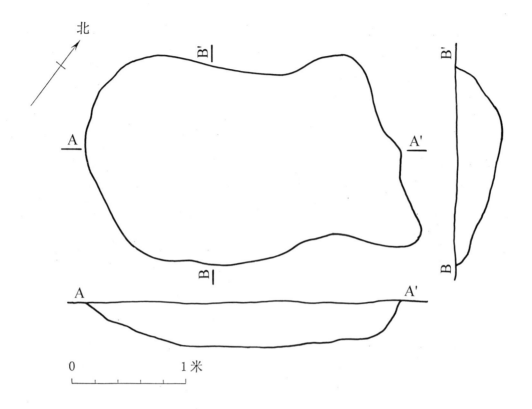

图一八〇　大溪文化三期灰坑 H299 平、剖面图

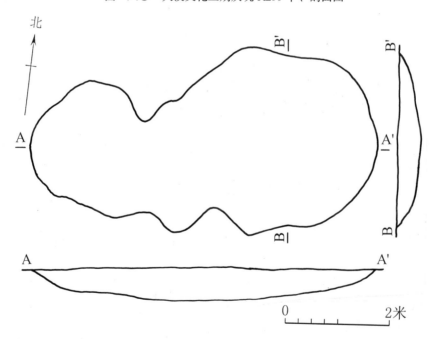

图一八一　大溪文化三期灰坑 H465 平、剖面图

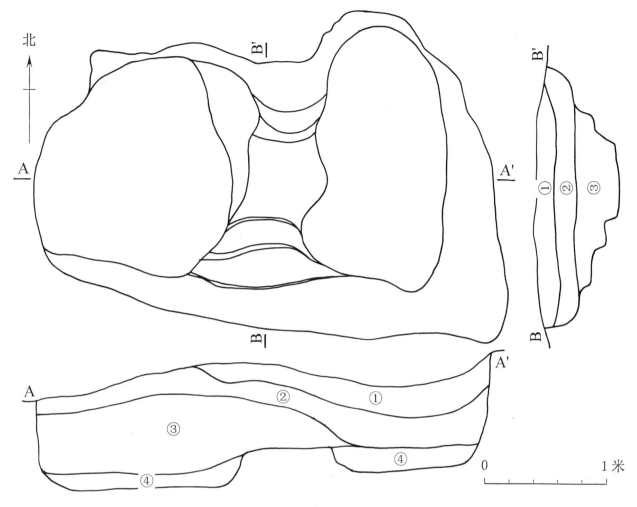

图一八二 大溪文化三期灰坑 H467 平、剖面图

于人的上下活动。坑口东西总长 400、宽 260 厘米，坑口距地表深 110 厘米。两底坑形状均不规则，东坑长 215、宽 95～115、深 80 厘米。西坑长 180、宽 165、深 70 厘米。坑内堆积可分为四层：其中 1～3 层均为深褐色黏土夹大量红烧土块，质地较硬，堆积的分层比较明显，从土质和包含物特点分析，基本属于短时间内形成。第 4 层只分布在两个底坑的底部，厚 10 厘米，为质地细腻、纯净的灰色黏土，发掘者现场推测为制陶的料土，那么该坑的性质应为拌料坑（图一八二）。

H497 位于第四发掘区 T7402 西部，开口在 5 层下，打破 6、7、8 层。不规则椭圆形，口大底小，壁整齐。口径 140 厘米（南北），深 65 厘米，坑口距地表 80 厘米。土质松软。出土红衣黑彩陶片，可辨器形有鼎足、杯、盘、碗等（图一八三）。

三 屈家岭文化灰坑

共 32 个（其中 4 个形制不明），分六类（附表八）。

Ac 型　4 个。圆形口，弧壁，圜底。

H187　位于第七发掘区 T1080 北部，开口于 4 层下，打破 5 层。口径 140、深 75 厘米，坑口距地表深 56 厘米。坑内堆积为灰褐色黏土夹红烧土颗粒，土质较硬。出土遗物很少，为釜、罐等陶器残片（图一八四）。

Ca 型　5 个。方形口，直壁，平底。

H487　位于第二发掘区 T5360 南部，部分压在 T5310 北隔梁下。开口于 6A 层和 F57 下，打破 F88 和 6B 层。长方形，口长 95、宽 70、深 50 厘米，坑口距地表深 155 厘米。方向 175°。坑内堆积为灰黑色黏土夹红烧土颗粒、草木灰等，土质松软。出土遗物均为陶片，可辨器类有釜、罐、豆等（图一八五）。

H531　位于第二发掘区 T5360 东南，开口于 6A 层和 F57 下，打破 F88、6B 层。长方形，口长 76、宽 60、深 25 厘米，坑口距地表深 130 厘米。方向 10°。坑内堆积为灰黑色黏土夹红烧土颗粒，土质松软。出土遗物均为陶片，可辨器类有罐、豆等（图一八六；彩版二三，4）。

Db 型　1 个。长条形口，斜壁内收，平底。

H412　分布于第二发掘区 T5362、T5363 两探方。开口于 5B 层下，打破 F86。口长 450、宽 160 厘米，底长 438、宽 140 厘米，残深 45 厘米，坑口距地表深 110 厘米。方向 90°。坑内堆积为黄褐色黏土夹少量红烧土颗粒，质地较硬。出土陶片较多，器类有鼎、豆、盘、盆、高圈足杯、器盖等，另出土 1 件石斧（图一八七）。

Dc 型　2 个。长条形口，弧壁，圜底。

H385　位于第七发掘区 T1129 东部，部分延伸至 T1130 西部。开口于 3C 层下，打破 4A 层。口长 405、宽 100、深 30 厘米，坑口距地表深 85 厘米。方向约 100°。坑内堆积为灰褐色黏土夹草木灰，土质松软。出土遗物为少量鼎、簋、缸、罐等陶器残片，均不可复原（图一八八）。

Eb 型　8 个。不规则形口，斜壁内收，平底。

H382　位于第七发掘区 T1178 西南角，部分延伸至 T1177 东隔梁中。开口于 3B 层下，打破 5 层。口长 245、宽 210 厘米，底长 205、宽 185 厘米，深 40 厘米，坑口距地表深 50 厘米。坑内堆积为黑灰色黏土夹少量黄土、炭末、草木灰等，土质松软。出土遗物均为陶器残片，可辨器类有罐、碗、盘、豆等（图一八九）。

Ec 型　8 个。不规则形口，弧壁，圜底。

H104　位于第一发掘区 T6403 西部。开口于 1 层下，打破 3 层。由两个圆坑套接呈猪腰形。口长 195、宽 130、深 45 厘米，坑口距地表深 22 厘米。坑内堆积为灰褐色黏土，土质松软。出土遗物为少量陶器残片，可辨器类有泥质灰陶盘、豆等（图一九〇）。

H386　位于第七发掘区 T1180 西北部，开口于 3C 层下，打破 4A 层。口长 155、宽 70、深 40 厘米，坑口距地表深 70 厘米。坑内堆积为大量的红烧土块夹少量黑灰色黏土。未出土遗物（图一九一）。

四　石家河文化灰坑

共 81 个（其中八个形制不明），分九类（附表九）。

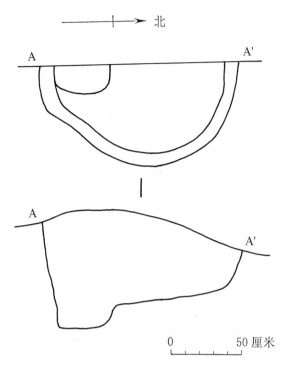

图一八三 大溪文化三期灰坑 H497 平、剖面图

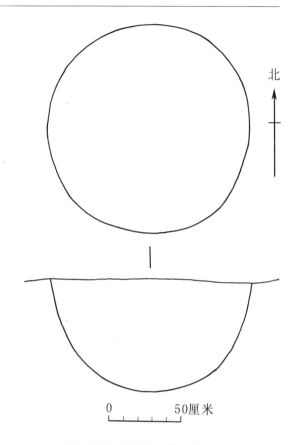

图一八四 屈家岭文化二期
灰坑 H187 平、剖面图

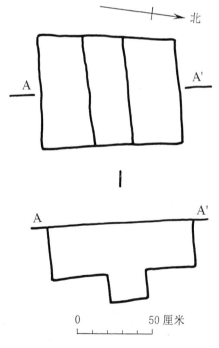

图一八五 屈家岭文化一期
灰坑 H487 平、剖面图

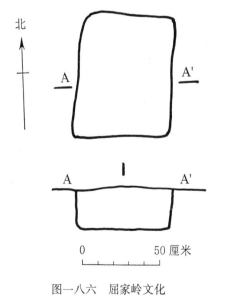

图一八六 屈家岭文化
一期灰坑 H531 平、剖面图

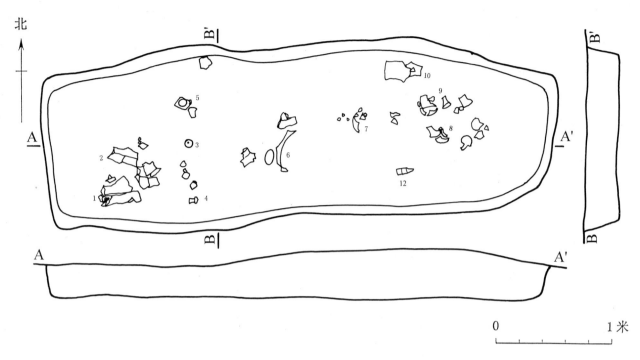

图一八七　屈家岭文化三期灰坑 H412 平、剖面图

1、10. 陶豆　2、8. 陶盘　3、5. 陶器盖　4. 陶杯　6. 陶盆　7、9. 陶鼎足　12. 石斧

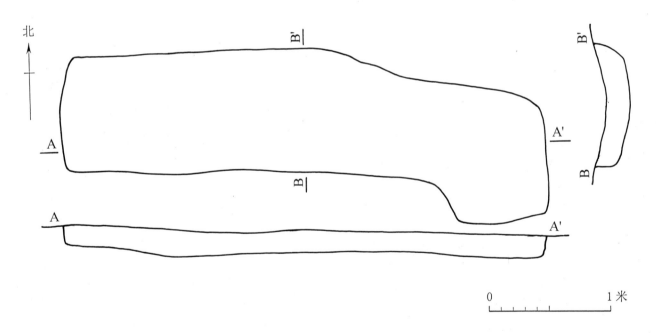

图一八八　屈家岭文化二期灰坑 H385 平、剖面图

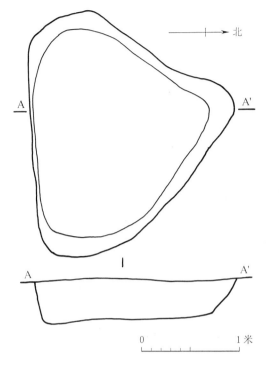

图一八九 屈家岭文化三期灰坑 H382 平、剖面图

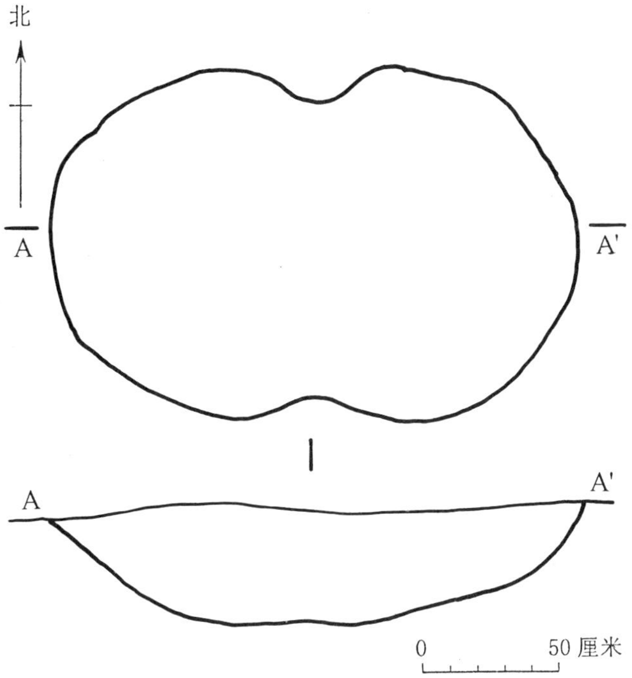

图一九〇 屈家岭文化二期灰坑 H104 平、剖面图

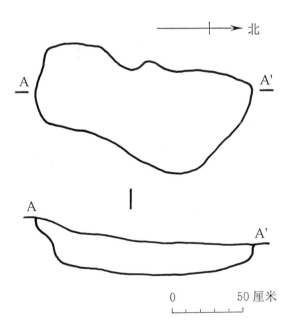

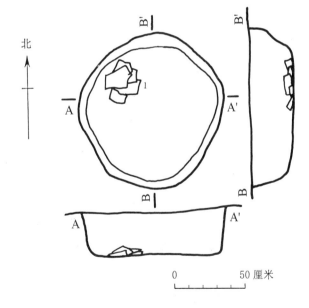

图一九一 屈家岭文化二期灰坑 H386 平、剖面图

图一九二 石家河文化一期灰坑 H289 平、剖面图

1. 陶器座

　　Ab型　2个。圆形口，斜壁内收，平底。

　　H289　位于第七发掘区T3179东部，开口于1层下，打破4A层。口径105、底径90、残深30厘米，坑口距地表深80厘米。坑内堆积为深灰色黏土夹大量红烧土块，质地较硬。出土陶片较多，以夹砂红陶为主，可辨器类有釜、罐、器座等，另有2件残砺石（图一九二）。

　　Ac型　8个。圆形口，弧壁，圜底。

　　H447　位于第二发掘区T5159东部，部分延伸至T5158西部。开口于3B层下，打破4B层。口径280、深45厘米，坑口距地表深100厘米。坑内堆积为黑灰色黏土夹红烧土颗粒，质地松软。出土陶片较多，可辨器类有鼎、釜、罐、豆、碗、盆、缸、高圈足杯等（图一九三）。

　　H449　位于第八发掘区T1675东部，部分压在东壁下未发掘。开口于4C层下，打破4D层。口径320、深55厘米，坑口距地表深110厘米。坑内堆积为深褐色黏土夹少量红烧土颗粒，土质松软。出土遗物仅少量陶片，可辨器类有釜、罐、盘等（图一九四）。

　　Ad型　1个。圆形口，复底。

　　H439　位于第八发掘区T1725东部，一半压在东壁下未发掘。开口于3D层下，打破4B层。口径305厘米，斜壁内收，开口下约180厘米底部为椭圆形平底，然后在底的南半部继续下挖30厘米，形成一个小的长椭圆形平底。总深210厘米，坑口距地表深60厘米。坑内堆积情况如下：第1层，浅灰色黏土夹少量红烧土颗粒，质地较松软。厚0～80厘米。出土陶片很少。第2层，灰褐色黏土夹红烧土颗粒，质地较松软。厚10～20厘米。出土陶片很少。第3层，黄褐色黏土夹少量红烧土颗粒，质地较松软。厚5～20厘米。出土陶片很少。第4层，灰褐色黏土夹少量草木灰、炭末，质地松软。厚5～25厘米。出土陶片较少。第5层，黑褐色黏土夹少量红烧土块，质地松软。厚10～30厘米。出土陶片较少。第6层，黑灰色黏土夹大量红烧土颗粒，质地松软。厚20～70厘米。出土陶片较多。第7层，黄黏土，质地较松软。厚约10厘米。包含物很少。各层出土陶片可辨器形有豆、鼎、釜、罐、残石器（图一九五）。

　　Bb型　7个。椭圆形口，斜壁内收，平底。

　　H452　位于第六发掘区T3023南部，部分延伸至T3073北隔梁中。开口于3B层下，打破H478、4A层。口长径94、短径70厘米，底长径65、短径45厘米，深85厘米，坑口距地表深80厘米。坑内堆积为灰褐色黏土夹大量红烧土，质地稍硬。出土陶片较少，器类有鼎、釜、钵等（图一九六）。

　　H480　位于第八发掘区T1675东部，部分压在东壁下未发掘。开口于4D层下，打破5B层。口长径325、短径194厘米，底长径310、短径175厘米，深50厘米（压在东壁下未发掘部分均未计入口、底短径），坑口距地表深150厘米。坑内堆积为灰褐色黏土夹少量红烧土颗粒、炭末等，土质松软。出土陶片可辨器类有豆、盘、碗、杯、钵、瓶等。除1件钵可修复外，余均残片（图一九七）。

　　Bc型　15个。椭圆形口，弧壁，圜底。

　　H430　位于第二发掘区T5163东南角，部分延伸至T5213北隔梁中。开口于4C层下，打破5A层。口长径250、短径115厘米，深50厘米，坑口距地表深85厘米。坑内堆积为黑灰色黏土夹大量红烧土颗粒、炭末，质地松软。出土陶片较多，可辨器类有鼎、釜、豆、盘、罐、盆等（图一九八）。

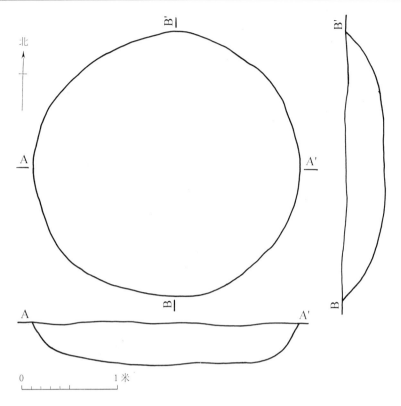

图一九三 石家河文化一期灰坑 H447 平、剖面图

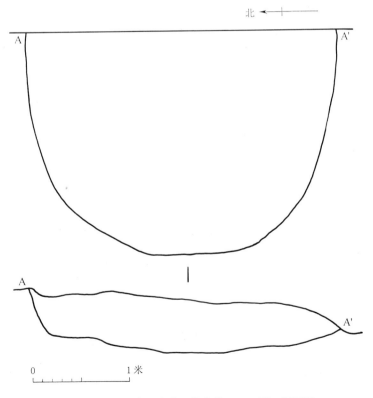

图一九四 石家河文化一期灰坑 H449 平、剖面图

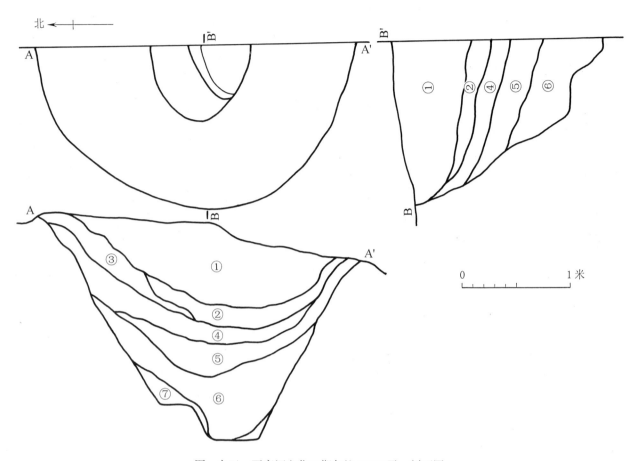

北←——

0　　　　　　　　　1 米

图一九五　石家河文化二期灰坑 H439 平、剖面图

H491　位于第四发掘区 T7453 东北部。开口于 1 层下，打破 2A 层。口长径 120、短径 80 厘米，深 30 厘米，坑口距地表深 40 厘米。坑内堆积为灰褐色黏土夹少量红烧土颗粒，质地稍硬。出土陶片较少，可辨器类有鼎、豆等（图一九九）。

H494　位于第四发掘区 T7403 西部，部分延伸至 T7404 东隔梁中。开口于 2A 层下，打破 2B 层。口长径 280、短径 160、深 45 厘米，坑口距地表深 48 厘米。坑内堆积为黑褐色黏土夹少量草木灰、炭末和红烧土颗粒，质地松软。出土陶片较少，可辨器类有鼎、高领罐、豆等（图二〇〇）。

Db 型　4 个。长条形口，斜壁内收，平底。

H485　分布于第二发掘区 T5214 北部。开口于 1 层下，打破 2A 层。口长 275、宽 80 厘米，底长 260、宽 68 厘米，深 55 厘米，坑口距地表深 50 厘米，方向 290°。坑内堆积为黑褐色黏土夹少量红烧土颗粒，质地较松软。出土陶片较多，可辨器类有鼎、豆、罐、瓮、钵、鬶等（图二〇一）。

H490　分布于第四发掘区 T7404 北部。开口于 1 层下，打破 2A 层。口长 236、宽 92 厘米，底长 225、宽 84 厘米，深 28 厘米，坑口距地表深 40 厘米。方向 30°。坑内堆积为黄灰色黏土夹少量红烧土颗粒，质地较硬。出土陶片较少，可辨器类有鼎、罐、碗等（图二〇二）。

Dc 型　4 个。长条形口，弧壁，圜底。

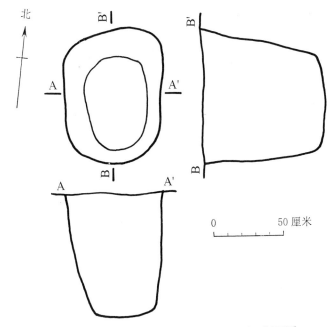

图一九六　石家河文化一期灰坑 H452 平、剖面图

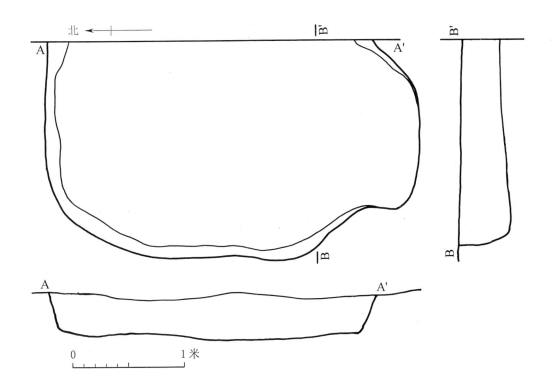

图一九七　石家河文化一期灰坑 H480 平、剖面图

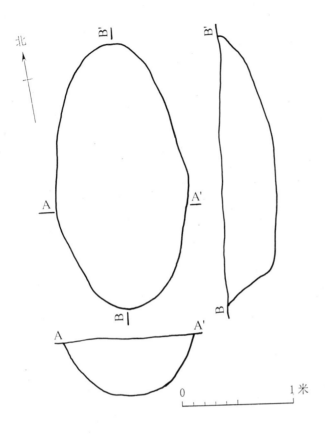

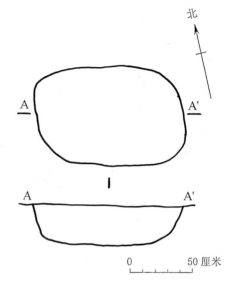

图一九九　石家河文化二期
灰坑 H491 平、剖面图

图一九八　石家河文化一期灰坑 H430 平、
剖面图

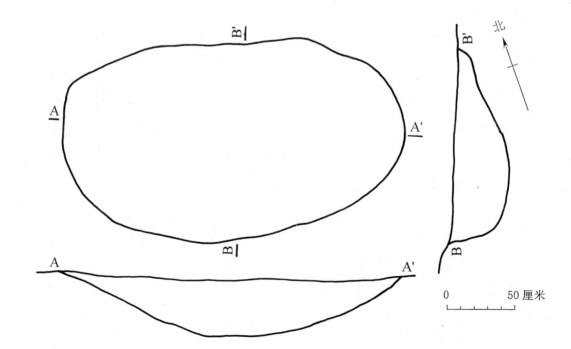

图二〇〇　石家河文化二期灰坑 H494 平、剖面图

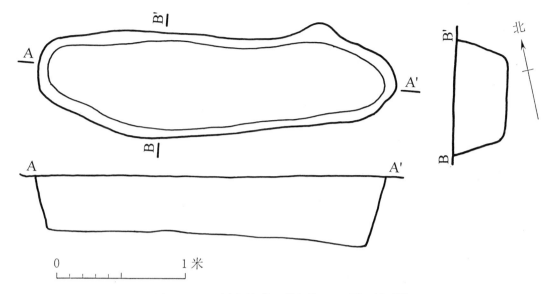

图二〇一　石家河文化二期灰坑 H485 平、剖面图

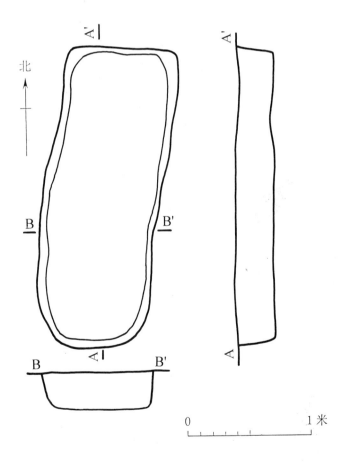

图二〇二　石家河文化二期灰坑 H490 平、剖面图

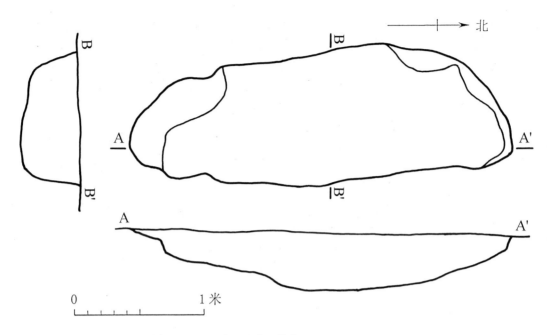

图二〇三　石家河文化二期灰坑 H139 平、剖面图

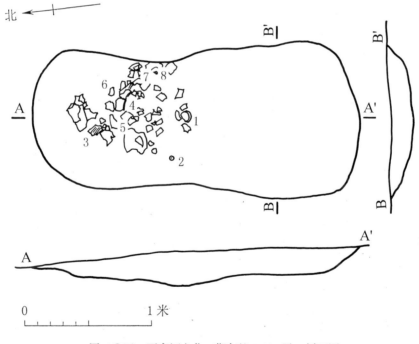

图二〇四　石家河文化二期灰坑 H394 平、剖面图

1. 陶釜　2. 陶纺轮　3. 陶鼎　4、8. 陶罐　5. 陶盘
6. 陶豆　7. 陶杯　9. 陶鬶

图二○五　石家河文化二期灰坑 H438 平、剖面图

H139　分布于第二发掘区 T5358 北部。开口于 3A 层下，打破 3B 层。口长 290、宽 100 厘米，深 50 厘米，坑口距地表深 75 厘米。方向 0°。坑内堆积为黑灰色黏土夹少量红烧土颗粒，质地稍硬。出土陶片较多，可辨器类有鼎、高领罐、鬶、缸等（图二○三）。

H394　分布于第二发掘区 T5262 南部。开口于 2B 层下，打破 3A 层。口长 258、宽 116、深 25 厘米，坑口距地表深 55 厘米。方向 8°。坑内堆积为黑灰色黏土夹少量红烧土颗粒，质地稍硬。出土陶片较多，可辨器类有鼎、釜、高领罐、圈足罐、豆、盘、实柄杯、钵、器盖、纺轮等（图二○四）。

Eb 型　11 个。不规则形口，斜壁内收，平底。

H438　分布于第八发掘区 T1673、T1674、1675、T1623、T1624、T1625 六个探方，面积很大。开口于 3D 层下，打破 4A 层。口长 1210、宽 860 厘米，深 55 厘米，坑口距地表深 40 厘米。坑内堆积为灰色淤土夹大量炭末，底部满铺卵石，并有多件残破石器。出土陶片较多，可辨器类有鼎、豆、罐、盘、瓮、盆、杯、缸、鬶等（图二○五）。

Ec 型　20 个。不规则形口，弧壁，圈底。

　　H125，位于第二发掘区 T5310 西南部，部分分布于 T5311 东南、T5361 和 T5360 北隔梁中。开口于 4A 层下，打破 4B 层。口长 320、宽 240、深 35 厘米，坑口距地表深 100 厘米。坑内堆积分两层：上层厚 20 厘米，为黑褐色黏土夹大量草木灰、炭末，质地松软。下层厚 10 厘米，黄色黏土夹红烧土块。坑内出土陶片较多，可辨器类有高领罐、豆、钵、盘、瓮、盆、大口缸、器盖等（图二〇六）。

　　H493　位于第四发掘区 T7402 西部，部分延伸至 T7403 东隔梁中。开口于 1 层下，打破 2A层。口长 310、宽 200、深 85 厘米，坑口距地表深 30 厘米。坑内堆积可分为三层：第 1 层，黄灰色黏土，质地较硬。出土陶片较少，器类有鼎、釜等。第 2 层，灰褐色黏土夹大量草木灰、炭末、红烧土颗粒，质地松软。出土陶片较多，器类有鼎、釜、碗、盆等。第 3 层，黑褐色黏土夹大量草木灰，质地松软。出土陶片较少，器类有鼎、釜、豆、罐等（图二〇七）。

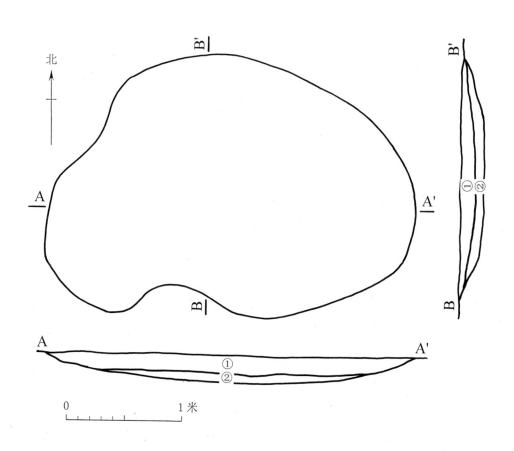

图二〇六　石家河文化一期灰坑 H125 平、剖面图

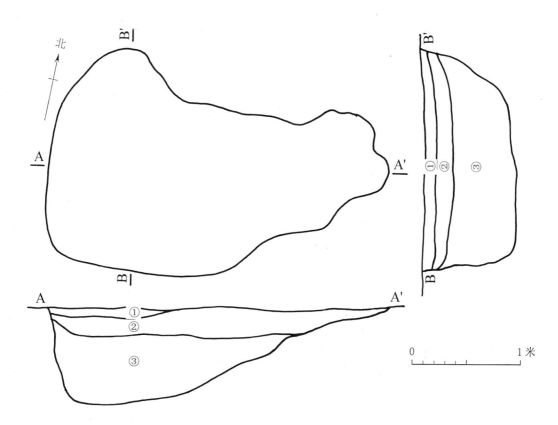

图二〇七　石家河文化二期灰坑 H493 平、剖面图

第五章　灰沟

灰沟共编 96 号，但最后认定为新石器时代的灰沟为 56 条。其余 40 个编号，或为后代沟道，或因界定困难而取消，或与邻近发掘区所发现的沟道实为同一条的不同段落而取消编号。

56 条灰沟按时代划分：汤家岗文化时期 1 条，大溪文化时期 18 条，屈家岭文化时期 22 条，石家河文化时期 15 条（附表一〇）。

灰沟绝大多数为长条形，少量呈一头宽一头窄的梯形、刀把形，还有弧带形、瓜形。最长的两条为 G27 和 G33，已揭露部分长达 28 米，且尚未清理到头。

从形状、位置、堆积和包含物分析这些灰沟，发现其多数为建筑物的排水沟，少数为废弃的房屋基槽，有的为屋檐的散水沟，个别为陶窑的出灰沟或取土坑道。

现按时代顺序，择其重要者举例于下。

一　汤家岗文化灰沟

1 条，G11（附表一一）。

位于第六发掘区 T3126。开口在 9 层下，打破生土。长 5、宽 0.4、深 0.2 米。长条形，向西有长 0.6、宽 0.4 米的支沟，主、支沟均非常规整，底平，出有汤家岗文化的印纹白陶片。推测此沟的用途为排水（图二〇八）。

二　大溪文化灰沟

18 条（附表一一）。举例如下。

G59　位于第六发掘区 T3227 和 T3277 方内，略呈东北—西南走向。北端开口于 10 层下，南

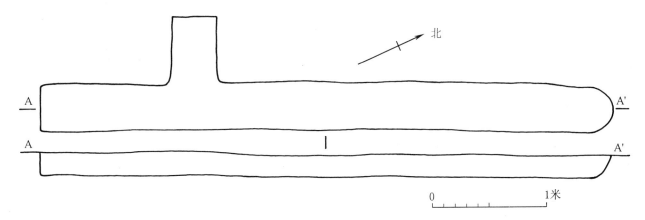

图二○八　汤家岗文化灰沟G11平、剖面图

端开口于11层下，打破12层。全长9.8米，北端宽40、深15厘米，南端宽50，深25厘米。长条形，北高南低，壁直底平。该沟处于红烧土堆积的坡地上，应是与居址F77有关的一条排水沟。沟边沟底均为红烧土块，而红烧土为F77的废弃及地面堆积。沟内为黑灰土，出土砖红色粗泥陶内弧壁圈底钵、红陶盘、曲沿高领罐、釜等，均为大溪文化一期遗物（图二○九）。

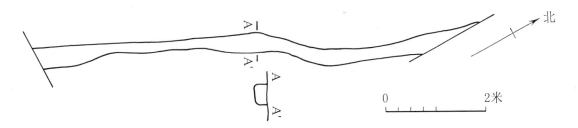

图二○九　大溪文化一期灰沟G59平、剖面图

G96　位于第八发掘区，因一端突破发掘区的西部边界，因此从T1673西北角开始揭露。灰沟向东南行，穿过T1674西南角，延伸至T1624，直至南壁，南端在发掘区外。揭露长度10米。宽长条形，宽1.4~1.7米，深0.6~0.7米，底平。开口在8层下，打破2号黄土台和9层。沟内堆积为青灰色淤泥，包含少量陶片和动物骨骼，为大溪文化二期水沟（图二一○）。

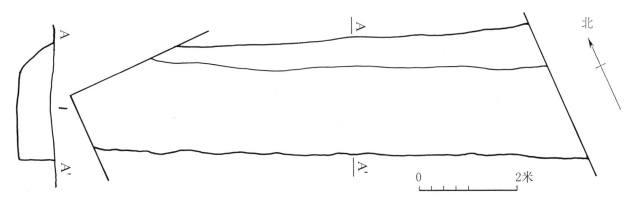

图二一○　大溪文化二期灰沟G96平、剖面图

　　G34　位于第三发掘区，始于T7056中部，纵贯T7006全方。开口于6层下，打破7层。长8米，开口宽1.16米，底宽1米，南端2米长一段深仅0.25米。底平。往北有一深约80厘米的低洼部分，圜底，形似打破沟的灰坑。但坑边未突出于沟边，且包含物与沟的其他部位相同，似可排除打破关系，可能系沟本身的低洼部分。沟的其他部位深约0.5米。沟内堆积疏松的黑土。底层出土大溪文化陶片，多为泥质红陶。上层出土屈家岭文化早期陶片，可能为废弃后的堆积。沟北端东侧被大灰坑H146打破。H146内填纯净的黄土，土质细腻，与沟、坑壁外原生土的颜色、质地相同，但经人工拌和。沟和坑附近为大溪文化三期的多座陶窑，因此推测坑和沟为烧制陶器的拌泥坑和取土坑道。烧陶所用土即取自开沟所出的土。这里地势较高，与城头山城址内其他部位不同的是这里的原生土上层为细腻的黄黏土，适合作制陶原料。从其上所压地层和它所打破的地层分析，G34应属大溪文化三期（图二一一）。

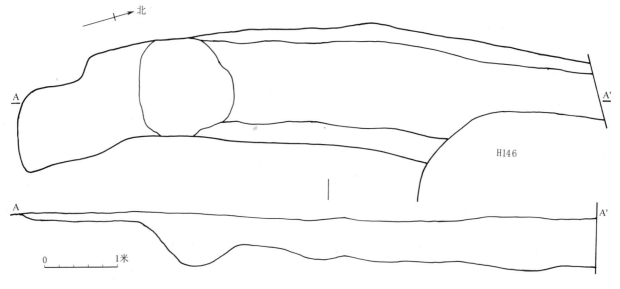

图二一一　大溪文化三期灰沟G34平、剖面图

　　G89　位于第八发掘区。由T1673、T1674，经T1624东北角，到T1625北隔梁，两端均超出发掘区范围。开口于5B层和F104下，打破第6层和大溪文化二期黄土台。已发掘部分长15米，开口宽2.2米，圜底深0.6~0.7米。西端略高于东端，且略宽于东端。沟内填灰褐色土夹红烧土颗粒，并可见大量草木灰，土色杂乱，土质疏松。出土陶片以泥质红陶为主，有少量灰陶。可见出檐小口瓶式纽器盖、大口深腹尖底绳纹缸、盘口釜等，还出有2件石斧。依地层关系判断，此沟属大溪文化三期。G89与G91平行，推测为建筑物的排水沟（图二一二）。

　　G91　位于第八发掘区。主沟从T1674西北角开始，向东南延伸，贯穿T1624、T1675，至T1625东南角。两端均未到头，基本上与G89平行，但开口层位在6层下，较G89略早。打破7层和8层。揭露长度14.3米，开口宽0.66~0.9米，底弧形，深0.35~0.6米。从距T1674西南角约4米处起，与主沟基本垂直有一条宽0.3米、长5.6米的支沟。主沟和支沟内的填土中均含大量红烧土。沟底的黄灰色土中有少量陶片。可辨器形有釜、盘、钵、器座，均为泥质红陶。另出土兽牙。推测其时代属大溪文化三期（图二一三）。

　　G67　位于第一发掘区，正南北向纵贯T6355、T6405、T6455东部。因T6355北隔梁及其北

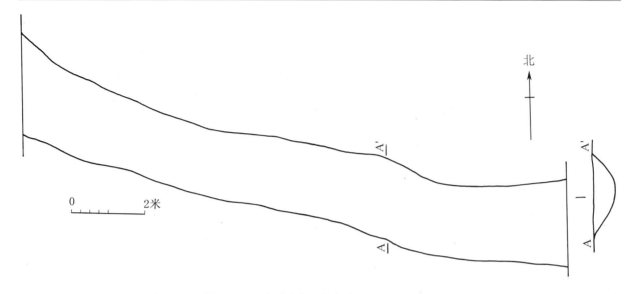

图二一二　大溪文化三期灰沟 G89 平、剖面图

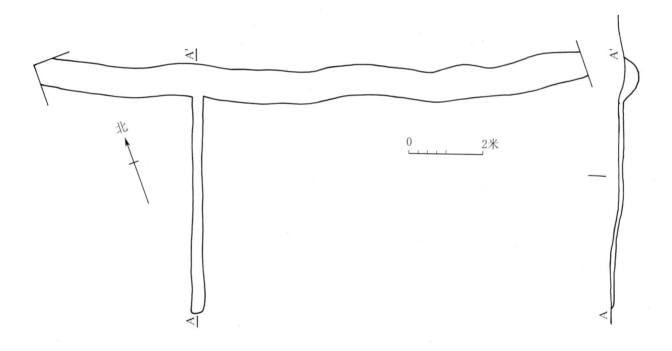

图二一三　大溪文化三期灰沟 G91 平、剖面图

未发掘，因此不知北端始于何处。南端被城头山古城址所在的徐家岗台地边缘的现代水沟和农田所截断，现揭露长度 14 米。开口在 T6355 的第 3 层和 T6405、T6455 的第 2 层下，打破 4、5、6A、6B、7、8 层和大溪文化二期环壕外的墙体。长条形，横切面梯形，开口宽 0.95～1.55 米，底宽 0.2～0.7 米。北端深 0.4、南端深 1.2 米，由北向南平缓跌落。北部开口较南部开口窄，略呈喇叭形。沟壁经过多次用棒拍打。沟内填土与沟壁可以自然脱落。出土陶片以夹砂红陶、灰陶、红褐胎泥质黑皮陶为主。多素面，少量粗绳纹。出土泥质红陶罐、红陶瓦棱纹小罐、釜、瓮、盘

等，均为大溪文化四期遗物。灰沟上层还出有黑陶盆，为屈家岭文化一期遗物。依地层关系，此沟的时代应为大溪文化四期。它似为城内向城外的排水沟（图二一四）。

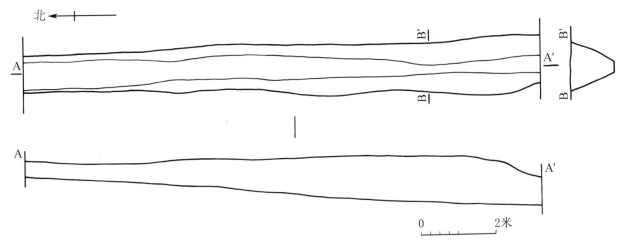

图二一四　大溪文化四期灰沟 G67 平、剖面图

G92　位于第八发掘区。始于 T1674，越过 T1674 东北角向 T1725 延伸。西南—东北走向，上压 F104，打破 8 层。为两头封闭的盲沟。长 7 米，宽 1 米，东北端深 1.5 米。因地表地势倾斜，至西南端仅深 0.25 米。壁直，西侧 0.4 米宽度加深 0.2 米。填土紧密，夹有红烧土颗粒。西侧较深的凹槽内为灰色淤泥。沟内出土陶片极少，为泥质红陶。依地层分析，此沟的年代为大溪文化三期，但用途不明（图二一五）。

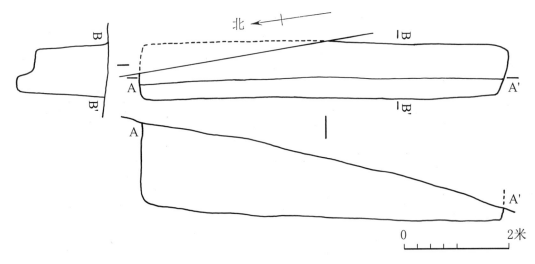

图二一五　大溪文化三期灰沟 G92 平、剖面图

三　屈家岭文化灰沟

22 条（附表一二）。举例如下。

G27　位于第二发掘区。西端在发掘区西壁之外，未能追寻到其起点。东端延伸至发掘区东壁外，也未能追寻到其终点。在发掘区内揭露长度达 34 米，横贯 T5214、T5213、T5212、T5211、T5210、T5209、T5208 等七个探方。但发掘区内最东一段约 6 米长度被石家河文化房屋遗迹 F55 破坏，因此表列其揭露长度为 28 米。略呈西北—东南走向，但偏角甚小。因被后代破坏，有些段落的沟展宽至 0.4 米，但多数保存好的段落沟宽为 0.2 米，深约 0.3 米。开口在 6A 层下，打破 6B 层，为非常规整峻直的长条形。其北即为宽 2 米余的红烧土道路（L）。沟内上层填灰褐土，土质松软，内含炭末和有极少的红烧土。出土少量陶片。其中较有时代特征的是冲天流红陶鬹的口、颈部，长方扁平起纵向棱脊的鼎足、泥质红陶杯。这些均属石家河文化早期遗物。下层填土含较多炭末及红烧土，所出陶片有红陶直壁高圈足杯、双腹豆盘、壶形器、篮纹大口缸、盘口高领罐等，均为屈家岭文化二、三期遗物。最底层的填土为浅灰土，内含极少的红烧土颗粒。出土有黑陶细弦纹高领罐、黑陶篮形器残片，均为屈家岭文化早期遗物，也偶见大溪文化红陶片。从地层和出土物分析，此沟始修于屈家岭文化早期，延续使用到石家河文化早期。它与 G33 分别为红烧土道路（L）南侧和北侧的排水沟，而道路和排水沟的始建年代与二区规格较高的台基式建筑群 F88、F87、F57、F23 基本同时，应为这一时期规格较高的建筑群落特设的道路及其附属设施（参见图一八）。

G33　与 G27 平行，西北—东南走向。发掘区内其东头在 T5208 方内，西头在 T5214 方内。其地层和长宽均与 G27 相同，但因后世破坏更甚，以致局部形成水塘。少数段落被拓宽至 0.6～1 米。所有被拓宽的段落，沟内均填灰褐土，内含炭末。所出包含物均为石家河文化早期陶片，如扁平长方形有刻划纹的鼎足、粗柄灰陶豆、厚圆唇灰陶钵等。未被拓宽的三个小段沟内可分上、下两层：上层为深灰土，既含石家河文化早期陶片，也含屈家岭文化早、中、晚期陶片。下层为含红烧土较多的硬灰土，所含陶片虽有屈家岭文化中晚期的直壁高圈足杯，而更多的为屈家岭文化早期的方唇细弦纹黑陶高领罐、浅凹沿黑陶盆、黑陶篮形器等。因此，其起始和废止年代均应与 G27 相近。两条沟分别为红烧土道路（L）南侧（G27）和北侧（G33）的排水沟，显示出当时的居址具有一定的规划水平。两条沟相距刚好 2 米，这也就是红烧土路面的宽度。红烧土路面均由烧成的红烧土块密集筑成，厚 16 厘米。路面西部略高，向东形成极小的缓坡。因城头山城址西城墙未设门，向城外的主要通道是东门和南门，在屈家岭文化时期，东门更为重要。此条道路向东正指向东门，因此应是城内最重要的交通设施。路的中脊略高，向两侧稍倾斜。道路之南为数群时代相同或相近的台基式建筑。其北也有众多的同时期房屋建筑，但规格稍低（参见图一八）。

G28　位于第二发掘区。现存沟道从 T5311 北部开始，直到 T5361 南壁，南北走向，与 G32 大体平行（参见图一八）。两沟相距约 2.6 米（G28 东壁与 G32 西壁之间距离）。沟北端被后世破坏，不知原始开端在何处，现长 13.8 米，北端外张。现存宽 1～1.6 米，深 0.1～0.3 米，呈不规则长条形。开口于 6A 层下，打破 7 层，时代早于 G32。沟东壁较清晰，部分倾斜，西壁不规整，沟底较平，分布有 8 个柱洞，可能为后代形成。沟内填黑灰土，土质较硬。出土陶片较多，其中以素面红陶为主，也有较多的网纹、弦纹、附加堆纹陶片。可辨器形有鼎、碗、钵、直壁高圈足杯、盘口高领罐、钵。从地层关系分析，此沟的修造时间为屈家岭文化一期，但填土中的陶片多为屈家岭文化二、三期遗物，表明它延续使用至屈家岭文化晚期。G28 与屈家岭文化一期房屋 F87 台基底部的东边平行，极可能是 F87 的廊檐排水沟，以后又成为 F86 的排水沟（图二一六）。

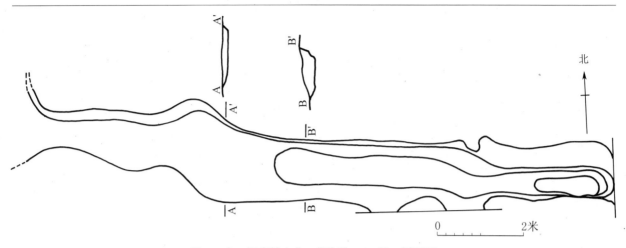

图二一六　屈家岭文化一期灰沟 G28 平、剖面图

G32　位于第二发掘区。从 T5261 近北隔梁处开始，经 T5311 直至 T5361 南壁，略呈东北一西南走向，但倾斜度极小。此沟与 G28 平行，均处于 F23、F57 等一组台基式建筑与 F86、G87 台基式房屋建筑之间的低平地带，与 G27、G33 大体垂直，但未相交。原为长带状，后遭破坏成不规则形（参见图一八）。开口于 4C 层下，打破 5A 层和下层红烧土房基。长 13.6 米，开口宽 0.8～2.16 米，深 0.4～0.8 米。底平。由北向南倾斜，高差达 1.9 米。上部堆积黑草木灰，厚 3～4 厘米；下部土色较灰，其间夹有部分黄色黏土，土质松软。出土陶片极丰，陶色以黑灰为主，可辨器形有壶形器、双腹豆、磨光黑陶折沿罐、贴弦纹灰陶高领罐、圈足碗、附加堆纹红陶缸片、红陶扁平鼎足、橙黄薄胎彩陶杯。均为屈家岭文化三期遗物。推测此沟为同时期房屋建筑的排水沟（图二一七）。

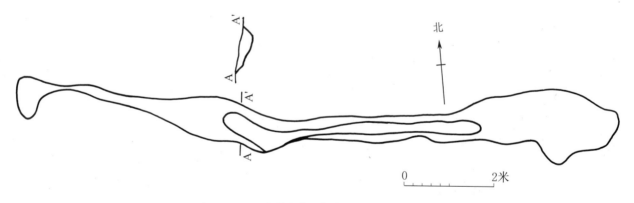

图二一七　屈家岭文化三期灰沟 G32 平、剖面图

G21　位于第一发掘区 T6405 和 T6455 范围内，沿东壁呈南北走向。开口在 2 层下，打破 3 层和黄土台。在 T6405 沟的中段被一从 T6404 延伸过来的近代墓打破。在 T6405 方内，G21 打破 3 层和其下的黄土台与 4 层，同时也打破了紧邻其两边呈南北走向的红烧土带。沟长 9 米，两头分别没入隔梁中。最宽处是现已揭露段落的中部，宽 0.5 米，最窄处在南端，即 T6455 南壁处，宽仅 0.3 米。沟壁斜直，底平，深 0.3 米。此沟自上而下只有一层灰土堆积，含有大溪文化的陶片。但第 4 层为屈家岭文化早期地层，因此判断 G21 的时代应为屈家岭文化中期。此沟与红烧土带平行，且在其边沿，很可能是红烧土带所体现的一处建筑物的排水沟（图二一八）。

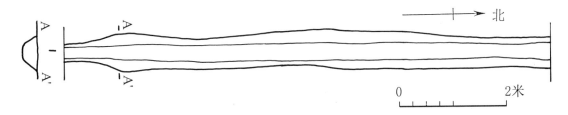

图二一八 屈家岭文化二期灰沟 G21 平、剖面图

四 石家河文化灰沟

15 条（附表一三）。举例如下。

G35 位于第四发掘区。揭露段落从 T1452 东南开始，通过 T1402 北隔梁，进入 T1402 探方，略呈东北—西南走向。其北端超出发掘区。开口在 10 层下，打破 15 层、G36、M366、M367。宽 1.5~1.7 米，深 0.4 米，现揭露长度 7.7 米。底平。其南端呈圆头形，东壁被 H159 打破一段。揭露段落整体平面呈圆头棒形。沟内填灰土夹红烧土，土质较硬。出土陶片较多，有黑衣红陶刻划纹陶片和较多的方格纹陶片。可辨器形有篮纹缸、粗柄豆、薄胎灰陶高圈足杯。推测此沟为石家河文化早期灰沟（图二一九）。

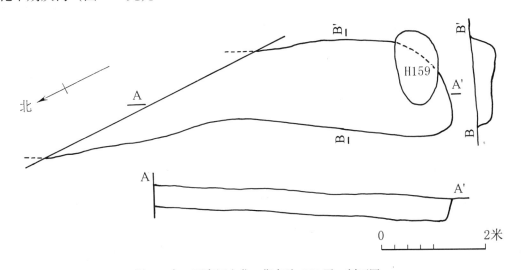

图二一九 石家河文化一期灰沟 G35 平、剖面图

G41 位于第二发掘区。主体在 T5360。南北走向，向南延伸至 T5410，直至南壁，往南已超出发掘区。开口在 4B 层下，打破 5B 层。北端被 1993 年发掘探沟截断，中间偏南被 H122 打破 2 米长度。长条形，全长 8.2 米，宽 0.6 米，深 0.2 米。沟壁规整，底平。由北向南略显缓坡。沟内填灰土夹少量炭末。出土陶片丰富。有红陶刻槽擂钵、灰胎黑衣圆唇平底高领罐、红胎饼形纽黑陶器盖、黑皮陶折沿罐、泥质红陶黑皮高领罐、粗泥红陶鼎、大口缸、豆、杯，还出有彩陶片和石斧。推测其为石家河文化早期灰沟（图二二〇）。

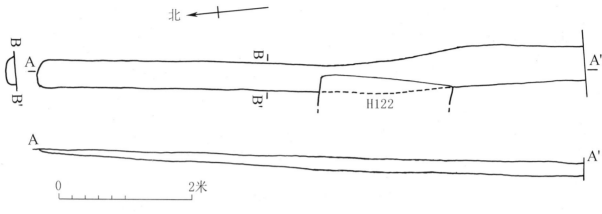

图二二〇　石家河文化一期灰沟 G41 平、剖面图

　　G69　位于第二发掘区。主要部分在 T5262，小部伸入 T5263、T5312、T5313。开口在 2 层下，打破 4A 层和 F86。东西走向。长条瓜形，弧壁。长 5.4 米，最宽处 1.2 米，最窄处 0.6 米。最深处 0.6 米。沟底由西向东逐渐加深，为两头封闭的盲沟。沟内填黑灰土，内含较多的红烧土。出土陶片中可辨器形者有高圈足杯、碗、长方扁平麻面鼎足、绳纹罐、方格纹鼎、细柄豆等。推测此沟为石家河文化晚期灰沟（图二二一）。

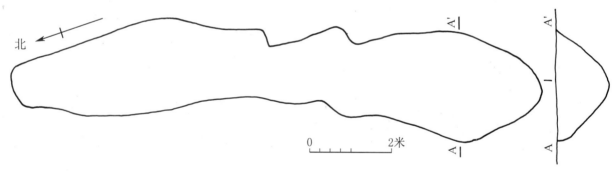

图二二一　石家河文化二期灰沟 G69 平、剖面图

第六章　陶窑

共发现新石器时代陶窑 10 座，编号从 Y1 至 Y10。其中属于大溪文化的陶窑 9 座，属于屈家岭文化的陶窑 1 座。

一　大溪文化陶窑

大溪文化的九座陶窑中 Y2、Y3、Y4、Y5、Y6、Y7 等六座位于 1994 年发掘的第三区，并且集中分布在相邻的 T7004、T5004～T5006、T5054、T5055 等探方内，即在三区的偏东部位。在其邻近，还发现与陶窑有密切关系的多个灰坑和灰沟，如 H128、H142、H146、H165、H168、H173 和 G26、G34 等。其中有的灰坑疑为烧制陶器的取土坑、泥坑或贮水坑，有的灰沟疑为取土坑道和出灰沟。另外，邻近还有多座仅见柱洞，不见基槽，有可能为简易工棚一类的建筑。它们与陶窑一道构成了一个完整的制陶区。这些陶窑、灰坑、灰沟和简易工棚性的建筑都属同一时期，即大溪文化第三期。这里原来有更多的陶窑，但有多座被平整成为屈家岭文化时期的房基。由于这些陶窑偏处于发掘区的东部，而 Y4、Y6、Y7 更已靠近发掘区的东壁，而 1994 年以后诸年的发掘，未能在三区扩大揭露面积，因此不排除在现有发掘区的东壁外还有同时期陶窑存在的可能。此外在发掘区的北壁也发现了一座陶窑，从中发现多件烧制的器座。但因未扩方，未能将陶窑全面揭露，因而未编号。

另有三座陶窑分散在第七发掘区，为 Y8、Y9、Y10。下面依次介绍。

Y2　位于第三发掘区的 T7004 和 T7005，跨两个方之间的隔梁。压在 6 层下，打破 7 层。顶及窑壁均已无存。现存部分南北径 2.3、东西径 1.8 米，火膛残深 0.32 米。下部呈锅底形。西北向底部形成斜坡，应是指向窑门。火膛周壁有宽 20 厘米、高 15 厘米左右的土台，应是放置陶坯以备焙烧的地方，作用类似于后代的窑床。火膛底部为黄土，膛内堆满红烧土，可能是窑壁坍塌的堆积。红烧土中夹杂有大溪文化时期的红陶片，还有极少量的白陶片。窑门有长约 0.4 米的灰沟与 H165 相通（参见图二一）。H165 内积满黑灰土，内夹数量甚多的陶片，可辨器形最多的是盘、釜、鼎，其次是豆、碗、罐等，均为大溪文化三期遗物，可能是窑内掏出的废弃物。火膛底部和北边沿有四个深 15、径 20～35 厘米的圆洞，可能是其上房址的柱洞，或无法明确其准确的归属（图二二二）。

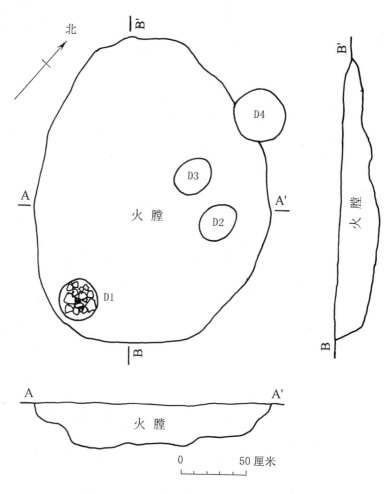

图二二二　大溪文化三期陶窑 Y2 平、剖面图

　　Y3　位于第三发掘区的 T5006。窑东壁在 T5006 东隔梁附近，北壁为 G26 打破（参见图二一），西壁最为清楚。压在 7 层下，打破 8 层。呈不规则长方形。残长 1.3～1.5 米，宽 0.68～0.8 米。有火膛和烟道。窑壁由大块红烧土排列有序地垒成，窑壁内烧成焦结，底部有较多的红烧土和灰烬。傍西壁有一规则的内凹小平台。在南壁的东、西两角各有一个椭圆形洞孔，似用于排烟。火膛内出土一些夹炭红衣陶片。依地层和出土物分析，应为大溪文化三期（图二二三）。

　　Y4　位于第三发掘区的 T5055、T5054，北与 Y5、Y6 相邻。压在 7 层下，打破 8 层。平面似两个错动相接的半圆形，分火膛、窑室、烟道、退灰坑四部分。火膛在东端，为长 1.3 米、宽 3 米的坑道。在红烧土堆积下可见 0.1 米厚的纯草木灰，经清理，包含物均为大溪文化红陶片，可辨器形有碗圈足、鼎足，纹饰可见戳印纹、刻划纹。火膛与窑室之间有宽 0.5 米、长 0.6 米的火道。窑室大体呈被切去顶部的椭圆形，长 2.4、宽 2 米。窑室内全为红烧土堆积，靠近火膛处的红

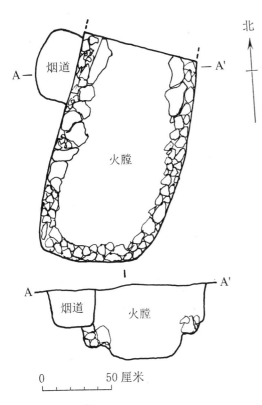

图二二三 大溪文化三期陶窑 Y3 平、剖面图

烧土颜色较深，呈紫红色，而稍远处则为红褐色。红烧土排列层次分明，无其他包含物，且无火烧现象，推测曾经专门烧制过红烧土（用作建筑材料）。烟道有两个，一个在西南侧，一个在西侧。前者宽 0.4 米、长 0.5 米，后者宽 0.8 米、长 1.25 米，均呈斜坡状。H168 在火膛西南，因火膛壁已大多破坏，无法确认 Y4 与 H168 是否存在打破关系。但 H168 的地层关系与 Y4 相同，也是压在 7 层下，打破 8 层，因此推断它是 Y4 的一个组成部分，即是 Y4 的退灰坑。H168 为一长方形，长 2 米、宽 2.8 米、深 0.84 米的大型灰坑（参见图二一）。坑口下堆积为黑炭灰夹红烧土块，坑底铺有一层均匀的红烧土。灰黑土层中的出土物均为夹炭夹砂红陶。可辨器形最多的是釜，其次有碗、鼎、豆、盘等，均为大溪文化三期的器形，与 Y4 的时代吻合。最上层出土了多件石器和动物牙齿及碎骨，推测作为 Y4 退灰坑的作用消失后，H168 成为一般的灰坑（图二二四，彩版二四，1）。

Y5 位于第三发掘区 T5005 东北部，向北、东两个隔梁延伸。压在 6 层下，打破 7 层。开始清理时只见一大堆红烧土，中间有凹陷，红烧土上还出现一些柱洞，因而疑为房屋倒塌的墙体。其西有一条灰沟 G26 与之相连，且一直向西延伸至 T5006，其西端更发现了 Y3，因而又误将 G26 认作窑的火膛，将凹陷部分和 G26 西端的 Y3 认作以 G26 为主体的这座窑的东、西两个烟道（参见图二一）。后经进一步解剖，才发现这一大堆红烧土下的黄土即呈凹陷形，加之原认作的两个烟道并无烟熏痕迹，这样排除了原先的推论，从而确认 Y3 与 Y5 分别是两座窑，而 G26 可能同时作为 Y3 和 Y5 的退灰沟。Y5 修筑在一个黄土台上，向下挖一个椭圆形的坑作为火膛，火膛内径长 2.1、宽 1.8、深 0.7 米，底近平。窑门西偏北，G26 与窑门相接，宽 1.5 米。火膛周壁有宽 0.2、高 0.2 米的平台。烟道在其东北角，直径 0.3 米，深近 0.4 米，周边和底均烧成焦结状。因火膛上壁不存，如何与烟道连接已无从查考。在火膛壁外东南角，有一高出火膛底部 0.6 米、呈不规则圆形的黄土台，东西径 1.2 米，可能是烧窑之前置放和最后修整陶坯的工作台面。退灰沟 G26 长 4.9 米，由东往西逐步加深，至最西端深达 1.6 米。沟底为红烧土，其上为较厚的黑灰层，内出陶片中可见出檐瓶口式纽器盖，还出有极少彩陶片，均为大溪文化三期遗物（图二二五）。

Y6 位于第三发掘区的 T5004，压在 7 层下，打破 8 层。部分被 F27 所打破（参见图二一）。平面呈不规则圆形，南、北、西和东南方向处各伸出一个长方形的封闭沟道，其底略高于不规则圆坑的底，使整个窑体形似海星状。火膛略呈洼陷，但底近平，有零星烧土铺底。其东面有一呈橄榄形的圜底坑，因上部破坏，与火膛不相连接，推测其原与火膛应是连通一体的。在火膛内发现 10 个直径 5 厘米的小洞，无法判断是上层深入的洞还是窑膛底部自身的洞。窑整体东西长 3.3 米（包括东边橄榄形坑），南北宽 2.6 米（包括两边沟道和北边沟东侧伸出部分）。火膛内堆积物

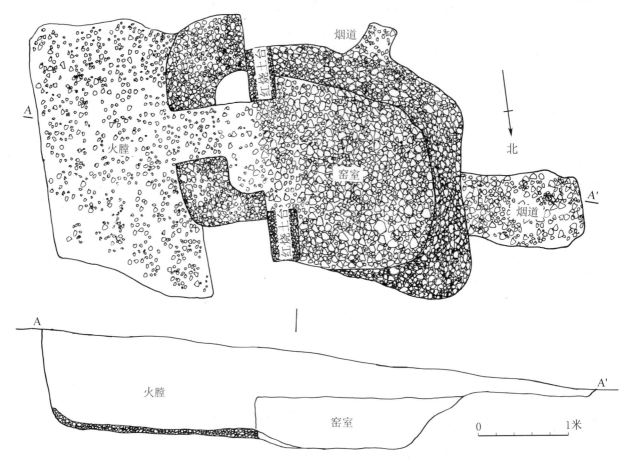

北

A

A'

火膛

窑室

0　　　　　　　1米

图二二四　大溪文化三期陶窑 Y4 平、剖面图

为碎红烧土块和黑炭灰，内有零星陶片，多为泥质红陶。从地层和出土物分析，应为大溪文化三期。但从揭露的遗迹现象，无法对窑体原来的面貌做更准确的推定（图二二六）。

　　Y7　位于第三发掘区 T7004，小面积伸入 T5004 北隔梁。南邻 Y6，西邻 Y2，西南与 Y5 相距仅 2 米。压在 7 层和 F56 下，打破 8 层。残存部分平面似土豆形（参见图二一）。西南和西北角各伸出一块，并有洞，洞深分别为 0.3、0.2 米，可能为通风口。窑门向西偏北，宽 1.2 米，被后代沟 G30 切断。整个窑体长 4.1、最宽处 2.3 米（通风口未计算在内），火膛深 0.75 米，火膛东部为高于膛底 0.3 米、宽 1.1 米的平台，类似于后代的窑床，应是放置陶坯施行焙烧的处所。火膛其他部分的周边也有高出膛底 0.3 米、宽 0.6 米的平台。火膛壁未烧成焦结，窑底为原生土，看来烧的次数不多。火膛底部有很厚的黑灰层，出土有大溪文化三期的夹砂夹炭陶，可辨器形有缸的口沿（图二二七）。

　　Y8　位于第七发掘区 T1080、T1030 方内。压在 6 层下，打破 7、8 层，底压 13 层，西南部被 H193 打破，为厚约 40 厘米的红烧土堆积（参见图三八）。密集部分东西长 2.5 米，南北宽 3 米。总体看来南部堆积厚且密集，北部仅分布有零星红烧土，中间部位形成凹陷。凹下部分径 1.3 米。因残破太甚，无法推断其确切形状和构成。依其地层关系，确定此窑的年代为大溪文化二期（图二二八）。

　　Y9　位于第七发掘区 T3130 东北部，部分在东隔梁内（参见图四〇）。压在 6 层下，因本探

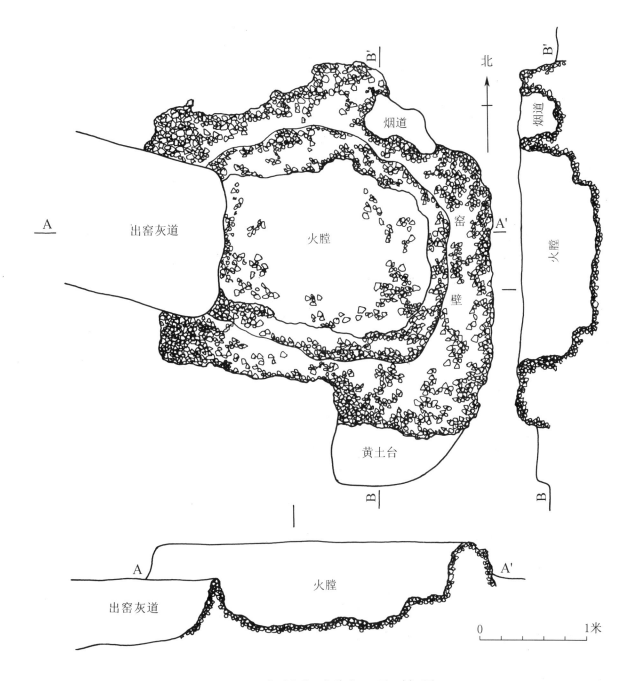

图二二五 大溪文化三期陶窑 Y5 平、剖面图

方东部无 8、9、10 层分布，所以窑体直接打破 11 层。该遗迹被严重破坏，现在剩下的只是窑的小部分，长 1.4 米、宽 1.2 米、最深处 0.3 米，平面形似一细颈扁鼓腹平底壶。窑壁尚清楚，最高保存 0.3 米。窑底烧成红烧土板块，但部分被破坏。总体为东高西低，窑壁和底部红烧土焦结厚 2～4 厘米。窑内有一层废弃堆积，出土 1 件小石锛和少量陶片。依地层关系和出土物分析，此窑的年代应为大溪文化三期（图二二九，彩版二四，2）。

Y10 位于第七发掘区 T1128、T1129、T1178、T1179 四个探方内，压在 8 层下，打破 9 层

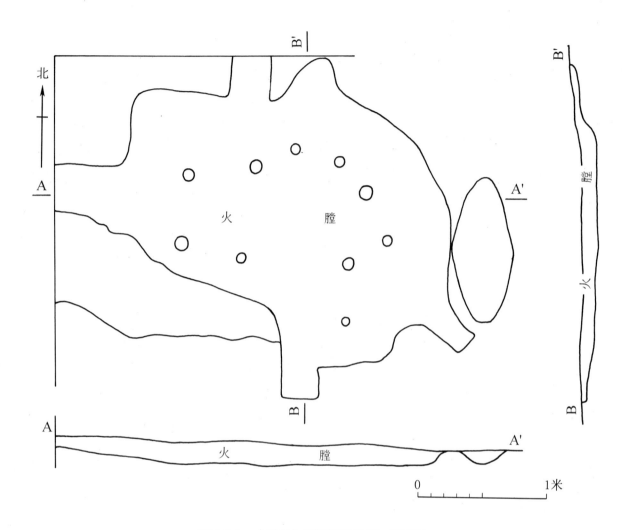

图二二六　大溪文化三期陶窑 Y6 平、剖面图

（参见图四三）。平面呈不规则长方形，分烧火坑、火膛、窑床和烟道几部分，全长 6.2 米，主体
部分宽 3.5 米。烧火坑在西端，为南北长的椭圆形，南北径 4 米，东西径 2 米，深 0.7 米，底平。
烧火坑与火膛之间有长 0.9 米、宽 0.6 米，与火膛底平的窑门将烧火坑与火膛连接，形似烧土坑
中的一条坑道。火膛为椭圆形，南北径 1.5～2.3 米，东西径 3 米，中间部位从北至南有一宽 0.2、
高 0.05～0.1 米的黄土隔断，将窑膛分成两部分，但隔断中间有一宽 0.1 米的缺口，形似火道。
除与烧火坑相接的一方外，火膛其他部位的周边均有高于膛底 0.5～0.6 米、宽 0.8～1.1 米的平
台，应为窑床。在北侧窑床上还发现 1 件未经焙烧陶罐的坯胎。烟道在窑体东侧南部，两个圆形
浅坑相连通，直径 0.6～0.8 米，深 0.3 米。窑顶已不存。在发掘过程中，发现火膛内有一层压一
层的散碎红烧土，每层之下均有较为纯净的草木灰，可以看出燃料主要为竹。推测在烧窑前临时
用泥土封堆，烧成后揭顶取器物。窑内堆积从上至下可分为十三层，观察分析该窑废弃前曾烧过
五次：第 1、2、3 层为窑废弃后的堆积，主要为大溪文化红陶片及少量白陶。第 4、5 层为该窑最
后一次烧造，出土物均为大溪文化三期的釜、碗。第 6、7 层为该窑第四次烧造，遗物与第 4、5

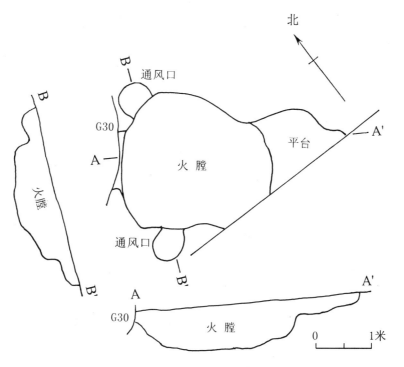

图二二七　大溪文化三期陶窑 Y7 平、剖面图

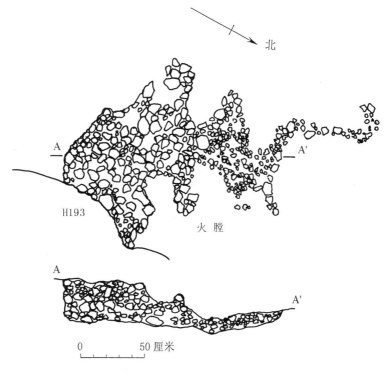

图二二八　大溪文化二期陶窑 Y8 平、剖面图

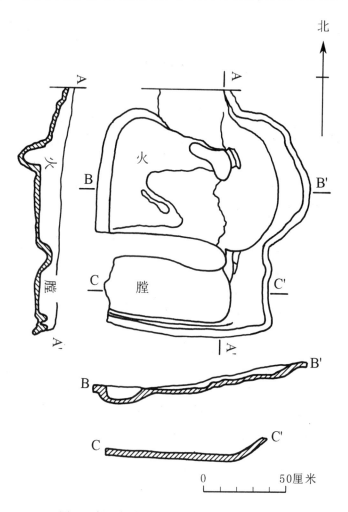

图二二九　大溪文化三期陶窑 Y9 平、剖面图

层相同，以陶釜最多。第 8、9 层为第三次烧造，出土物有碗、罐、釜，均为大溪文化二期遗物。第 10、11 层为第二次烧造，第 12、13 层为第一次烧造，所出遗物均与 8、9 层所出相近。因此推断该窑建造于大溪文化二期（图二三〇；彩版二四，3）。

二　屈家岭文化陶窑

　　Y1　位于第四发掘区 T1451 和 T1452（参见图二四）。露头在 10 层下，因所处部位无 11～15 层，所以直接打破 16 层。由火膛与烟道组成，总长 1.2 米，最宽处 0.78 米，整体呈瓢形，火门可能朝西，但因上部破坏，不能最后确定。四周有厚 5 厘米的红烧土壁。烟道在火膛东南，但已遭破坏，径 0.36 米，残深约 0.2 米。火膛内上层为红烧土及灰褐土，推断是窑壁上部坍塌形成；下层为较纯的黑灰层，灰层西高东低。火膛北部被屈家岭文化三期瓮棺葬 M293 所打破，南部为一现代坑打破。从地层关系判断 Y1 的时代为屈家岭文化二期，是所发现的十座窑中最小的一座（图二三一）。

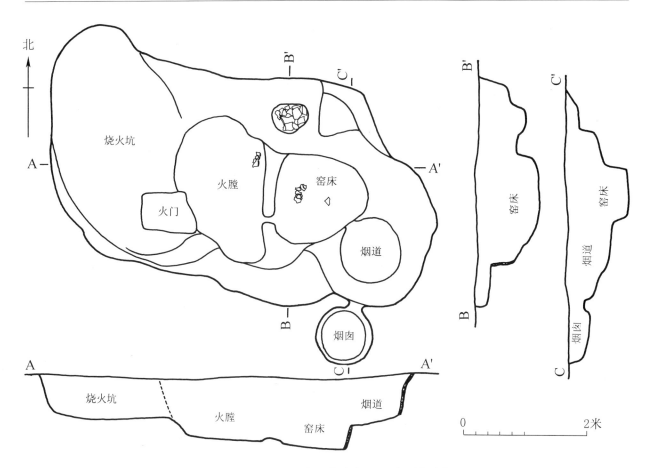

图二三〇 大溪文化二期陶窑 Y10 平、剖面图

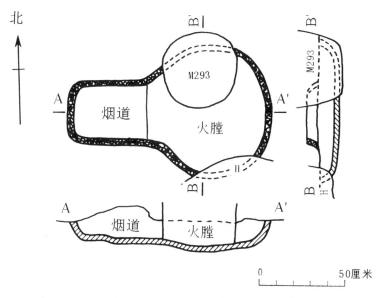

图二三一 屈家岭文化二期陶窑 Y1 平、剖面图

第七章　祭台

城头山城址内共发现祭台 3 个，编号为祭台 1、祭台 2 和祭台 3。

一　祭台 1

1997 年冬，在第七发掘区揭露古稻田和第一、二期东城墙时，于发掘区西南部 T3029 的 14、15 层（以 1998 年发掘所编层次重新划定）下，暴露出用纯净黄土夯筑的土台（彩版二五，1、2；二六，1）。北部被历年解剖城墙所开探沟破坏，依剖面观察到的倾斜度判断，其北面坡脚可能延伸至 T3029 和 T1029 交接处，向东延伸至 T3030 西南、T3080 东北、T3081 西南和 T3131 大部分，应即古稻田的最西一道田埂。在西部，本年度发掘的范围内未找到其边，而再往西，越过一条隔梁即是 1992 年已发掘的 T3028、T3078、T3128、T3178 等探方，当年也曾发现一层薄薄的纯净黄土，但未能意识到是祭台，而误认作筑城时在城墙内坡铺洒的余土（当时尚无四次筑城的概念和认识）。据当时的记录，可以大体确定其范围。1998 年，为追寻黄土台的范围，在七区开 T3079～T3082、T3129～T3131、T3179、T3180 等九个探方，基本上把黄土台全部揭露。在这些探方之南，因有众多现代墓葬和道路而未能进一步扩大发掘。但直至发掘区南壁，仍可见众多与祭台配套的祭坑。在发掘区东部，由于历年平整土地和现代建墓，地层被严重破坏和扰乱，T3081、T3082、T3131 探方内仅保留了原生土的一个或二三个层次。好在这几个探方均已超出了祭台的范围，对祭台及其上下地层关系未造成严重影响。被揭露出的祭台大体呈不规整的椭圆形，呈西北—东南走向。中间部位最高，向周边倾斜。如将 1992 年发掘时被破坏的部分包括在内，南北长径约 16 米，东西短径约 15 米，面积超过 200 平方米，最高处 0.8 米（图四〇、一〇九）。

以 T3129～T3131 南壁剖面为例，对与祭台所在部位相关的地层略作说明（图二三二）。

祭台之上共有 15 层堆积，由上往下依次为：

第 1 层　耕土层。

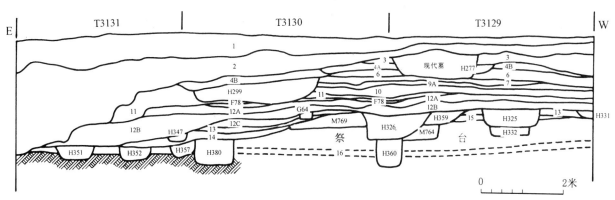

图二三二 T3129~T3131南壁和祭台1剖面图

第2层 扰土层。浅灰土。

第3层 历史时期堆积。红褐土，土质松软。

第4层 大溪文化四期堆积。灰褐土。分为4A、4B两小层。

第5层 大溪文化三期堆积。卵石层。T3129~T3131南部无此层分布，因此剖面图不见反映。

第6层 大溪文化三期堆积。黄褐色粉状土。

第7层 大溪文化二期堆积。棕褐土。包含物极少。

第8层 黄灰土。在T3129~T3131南壁剖面图上无法反映；

第9层 大溪文化二期堆积。棕黄土。

第10层 大溪文化二期堆积。灰黄土，内含草木灰和红烧土。

第11层 黄棕土。为二期城墙残留。

第12层 大溪文化二期堆积。可分为12A、12B、12C三小层。

12A层 浅红褐土。

12B层 深红褐土。

12C层 灰黑土。

第13层 大溪文化一期堆积。灰黄土。在T3129~T3131南壁剖面无法反映。

第14层 大溪文化一期堆积。分布在T3030、T3080、T3081、T3131等四个探方。草木灰，坡积在祭台东坡15层上。内含大量陶片，绝大多数为红衣黑彩陶片。

第15层 红烧土层，仅分布在祭台的台面、东坡、西坡和南坡。

第7至15层为大溪文化二期和一期地层，祭台所在范围缺屈家岭文化堆积。

从12B层往下，包括13~15层，均为祭台使用过程的堆积，跨越大溪文化一期至大溪文化二期前段。

祭台作为单独的遗迹，未编层次。

原生土之上为第16层，是直接压在祭台底下的原生文化层。因要将祭台保留，未将此层揭露。从祭台边沿、祭台附近的祭坑壁观察到16层基本是平整的厚20~25厘米的一层黄褐色土，下压第二期的水稻田或直接压着原生土，从剖面上采取的陶片标本分析，此层当属大溪文化一期早段。此层之下为原生土。各地层的详细情况在本书第一部分《地层堆积和文化分期》有关1998

年七区发掘各探方（T3079、T3129、T3179 西壁剖面）地层堆积的章节中已详细介绍，故此处从简。祭台 1 上各类遗迹的平面分布情况可参见图三八、四○、一○九。

祭台上的遗迹有四类。

（1）圆形浅坑

H011、H343～H346。H011 在 T3029 西南部，1997 年冬即已发现，当时临时编号为 H011，以后沿袭使用（参见图三八）。其时已揭露出 40 平方米的黄土台，而 H011 的发现，引起我们极大的注意，并开始考虑黄土台的特殊性质。H011 是一个极为规整的浅平圆坑，直径近 1 米，深仅 0.25 米，边直底平，最令人费解的是正中置一长径近 30 厘米的椭圆卵石（彩版三三，2）。从其形制分析，绝非一般房屋的柱洞，而是另有特殊作用，因此开始怀疑黄土台有可能是祭台，从而作出了 1998 年扩大发掘的决定。H346 在 T3079 偏东部，直径 1.03～1.1 米，深 0.16 米（图二三五）。H345 在 T3130 偏北，直径 82～90 厘米，也几近正圆形，深 22 厘米。这两个坑中心也各置一砾石。这三个较大的直壁平底圆形浅坑恰好分布在一条直线上，且正处于祭台西北—东南最高脊背上。以圆坑中心点计量，H011 至 H346 为 4.4 米，而 H346 至 H345 为 4.6 米，距离几乎相等。另外两个直壁平底浅圆坑 H343 和 H344 略小，前者直径 70～76 厘米（图二三三），后者直径 75～90 厘米（图二三四），分别深 16 和 28 厘米。这两个坑在 H346 的西北和西南，与 H346 的距离分别为 1.5 和 1.4 米，三个坑中心点的连接线几近于等腰三角形（彩版二六，1）。

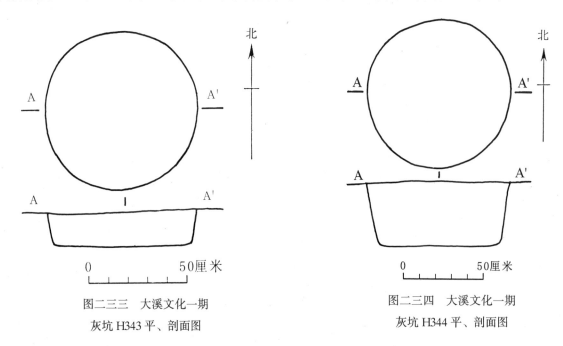

图二三三　大溪文化一期　　　　　　　　图二三四　大溪文化一期
灰坑 H343 平、剖面图　　　　　　　　　灰坑 H344 平、剖面图

这五个形制特殊的坑，应是一组与祭台密切关系的遗迹，但其功能尚不能最后认定。

（2）屈肢葬和瓮棺葬墓

1992 年在相邻的 T3028、T3078、T3077、T3076、T3128、T3127、T3177、T3176 范围内，清理出屈肢葬墓 13 座、瓮棺葬墓 33 座。这批墓葬绝大部分属大溪文化一期，少数属大溪文化二期前段，其分布地域正与祭台 1 的西部和西北部边缘邻近，极有可能是祭台 1 的相关遗迹。1997 年在七区发掘时，在 T1028～T1030、T1078、T1081、T1029 也清理出屈肢葬墓 8 座、瓮棺葬墓 4

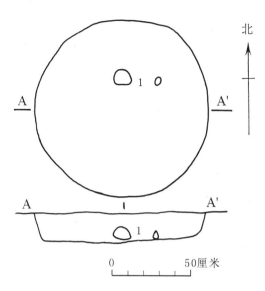

图二三五　大溪文化一期灰坑 H346 平、剖面图
1. 卵石

座，其分布地域正处于祭台北面坡上，时代为大溪文化一期和二期前段，显然属于祭台上的祭祀遗迹的一部分。而 1998 年对祭台的全面揭露，更是在祭台范围内清理出祭台使用时间范围内的屈肢葬墓和瓮棺葬墓 15 座，它们是 M751、M757、M770、M774（以上在 T3079）、M765、M767、M773（以上在 T3080）、M758、M763（以上在 T3129）、M764、M772、M775（以上在 T3179）、M769、M771、M766（分别在 T3180、T3081、T3029）。其中 M763、M767 为瓮棺葬。这十五座墓就开口层位来看，开口在 12B 层下的有 M758、M764、M765、M775 等 4 座，开口在 12C 层下的有 M767。开口在 13 层下的有 M763、M769、M770、M772～M774 等 6 座。按时代期别划分属于大溪文化一期的有 M751、M763、M766、M767、M769～M774 等 10 座，属于大溪文化二期前段的有 M758、M764、M765、M775 等 4 座。二期后段有 M757，因为 13、14、15 层仅在祭台范围内局部有分布，所以开口在 12C 层下的墓与开口在 13 层下的墓处于同一期别。瓮棺葬 M763 出土 3 个釜和 1 个罐，应是两个有盖（以釜或罐为盖）的瓮棺合葬在一个坑内。M767 仅见 1 个红陶釜，因墓坑现仅存 17 厘米深，推测其盖被所压地层破坏了。在 12 座土坑墓中有 M751、M765、M766、M770、M773、M774 等六座墓的骨架保存较好，除 M751 人骨架为仰身直肢外，其余五座墓的人骨架均为仰身屈肢。M766 为仰身屈肢，但缺左上肢和右下肢，似是下葬前即已被截断。M774 处于祭台最高部位，墓坑为正方形竖穴，长、宽均为 120 厘米，深 40 厘米。墓坑中间有隔梁将其分为两半，北半部葬尸骨，仰身屈肢，头向东南。左侧下肢骨上有 1 颗鹿牙，尸骨下有板灰，疑是葬具腐朽后留下的痕迹。墓坑南半部随葬 1 件牛下颌骨。此墓墓坑最大，且有随葬品和葬具，地位应比较显赫，或许是巫师一类人物（彩版二七，1）。其余四座保存了骨架的大溪文化一期屈肢葬墓 M751、M766、M770、M773 均围绕在其周边。M773 在其东北，M770 在其西南，M766 在其西，M751 在其西北。M751 头向正东，M766、M770、M773 头向东南。这几座墓均不见任何随葬器物，极可能是作为 M774 的牺牲入葬。大溪文化二期屈肢葬墓 M765 随葬有 3 件石斧。为慎重起见，1992 年和 1997 年清理的可能与祭台 1 有关联的墓葬未绘入祭台 1 图中（彩版二七，1、2；彩版二八，1、2）。

（3）祭坑

共清理了 49 个。开口在 12A 或 12B 层下，属于大溪文化二期前段的祭坑有 H326、H333、H328、H334、H347、H349 等 6 个。开口在 12B 层下，属于大溪文化一期的祭坑有 H325、H329、H331、H332、H350、H351、H358～H360 等 9 个。开口在 12C 层下的祭坑有 H336。开口在 13 层下的祭坑有 H337～H341、H348、H366、H369～H371 等 10 个。开口在 14 层下的祭坑有 H313～H315、H352、H354～H357、H363～H365、H367、H373、H374 等 14 个。开口在 15 层下的祭坑有 H368、H372、H374、H375、H376、H377、H378、H379、H380 等 9 个。除 H313～H315 在祭

台北边外的 T1079、T1080，H336 在祭台东坡，H326、H358、H360 在祭台南坡，其余均分布在祭台东南、南和西南三个方向与祭台邻近的较低平处，集中在 T3131、T3180、T3179 等三个方内（参见图四〇、一〇九）。按推论，T3131 之南和 T3180 之东、T3180 与 T3179 之南均应有祭坑，但因各种原因未能扩大发掘面积。

这些祭坑的深度多在 1 米以上，边直底平。平面大多为长方形，也有圆形、方形和不规则形等几种（彩版二九，1）。

祭坑中的堆积和出土物可分为六种情况：一种为积满草木灰，或一层黄土夹一层草木灰，属于这种情况的有 H334、H356、H373 等三个祭坑。二是坑内出土较完整的陶器或可复原的陶器，少则 1 件，多则十余件。属于这种情况的有 H314、H315、H326、H336、H347、H348、H373、H375、H376 等九个祭坑。三是坑底满铺红烧土块或坑内积满红烧土块或置放大块红烧土块。属于这种情况的有 H313、H337、H340、H341、H351、H352、H355、H357、H363、H369 等十个祭坑。四是坑底置放大块砾石。属于这种情况的有 H349、H358、H359、H366、H368 等五个祭坑。五是坑底或台阶上置放大块兽骨。属于这种情况的有 H326、H349、H350、H360、H365、H367、H368、H377 等八个祭坑。其中 H349、H368 同时置有大砾石，H377 同时铺满红烧土，H326 同时置放有完整陶器。这五种祭坑与祭祀的关系是显而易见的。而第六种，包括 H325、H328、H329、H331、H332、H338、H339、H354、H364、H370～H373、H378、H379、H380 等十六个祭坑，坑内堆积虽不如以上五种祭坑具有鲜明的特点，但依据其所在位置、地层和形式判断，均应是祭坑。特别是其中的 H338、H339、H354、H364、H372、H379、H380 等均为规整的方形和长方形，H325、H331、H332 均为规整的圆形或椭圆形，更毫无疑问是与祭台联系在一起的祭祀遗迹。

现将前五种具有鲜明祭祀特点的祭坑略加介绍。

H334　位于 T3180 西南角，发掘区内仅露出四分之一面积，其南半部在整个发掘区的南壁外，另外四分之一在 T3180 东隔梁内。开口在 12B 层下，其上被 H333 打破。坑口圆形，根据已发掘部分推算其直径达 260 厘米，深 135 厘米，直壁略斜。距坑底 62 厘米高度有台阶，台阶宽约 8～10 厘米。坑内满积松软的黑色草木灰，无其他包含物（图二三六）。

H356　位于 T3180 中部偏东，开口在 14 层下，打破 16 层和生土层。为规整的长方坑，直壁，平底。坑口长 70、宽 60、深 60 厘米。坑底为黄褐土，厚 20 厘米，其上直至坑口为疏松的草木灰，厚约 40 厘米（图二三七）。

H373　位于 T3081 东南角并向东延伸至隔梁，开口在 14 层下，打破 16 层和 H374。坑口大致呈圆形。东壁向内斜收，西壁直，近底部外张，平底。口径 122～128 厘米，底径 45 厘米，坑深 76 厘米。填土为一层草木灰之下为一层黄褐土。黑色草木灰每层厚 1～2 厘米，黄褐土每层厚 5～5.5 厘米，共有十余层，但起伏不平。在黄褐土层中出土陶釜、罐各 1 件（图二三八；彩版二九，2）。

H314　位于 T1080 西北部，开口于 14 层下，打破一期城墙内坡。圆形。口径 76、底径 66、深 104 厘米。坑内堆积为黑褐色黏土夹大量草木灰，质地松软。出土釜、盘等陶器，并有一大块砾石（图二三九；彩版二九，3；彩版三〇，1）。

H315　位于 T1079 东北部，开口于 14 层下，打破第一期城墙内坡。长方形，长 95、宽 66、

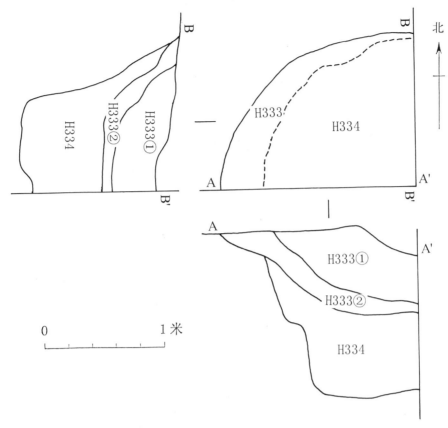

图二三六　大溪文化二期灰坑 H334 平、剖面图

深 110 厘米。方向 45°。坑内堆积分两层：上层为黑褐色黏土夹草灰，质地松软。出土陶器 12 件，有釜、钵、罐、碗、器盖等。另有大烧土块 5 块，上有压槽。下层为黑灰色黏土夹草木灰、稻叶、米粒、竹片等炭化物，质地松软。出土陶器仅 1 件釜（图二四〇；彩版三〇，3）。

　　H326　位于 T3130 西南角，部分延伸至 T3129 东隔梁和 T3180 北隔梁中。开口于 12B 层下，打破 H359（彩版三一，2）。坑壁斜缓内收，中央为一个直壁平底、深约 35 厘米的不规则形坑。坑口长 335、宽 260 厘米，底长 210、宽 100 厘米，深 70 厘米，坑口距地表 175 厘米。坑内堆积为黑灰色黏土夹大量红烧土、草木灰等，质地松软。出土陶器较多，可辨器形有釜、钵、罐、碗、器盖等。其中有数件釜和罐可复原。另外在坑底边沿发现经火烧过的牛的残肢骨（图二四一；彩版一九；彩版三一，1）。

　　H347　位于 T3131 西南角和 T3130 东南角。开口在 12B 层下，打破 12C、13 层和祭坛 1。坑口椭圆形，斜壁内收，平底。长径 110、短径 98、深 34 厘米，坑口距地表深 208 厘米。坑内填红褐土，内夹红烧土颗粒，土质紧密。出土陶罐 3 件，釜、圈足盘、器盖、豆各 1 件，另出石斧 1 件（图二四二；彩版三二，1）。

　　H348　位于 T3179 北部，并延伸到 T3129。开口在 13 层下，打破 16 层和生土，同时打破 H366、H367、H369 和 M775。口部似圆角三角形。上部东、北两壁近直，西壁圆弧，至下部均为

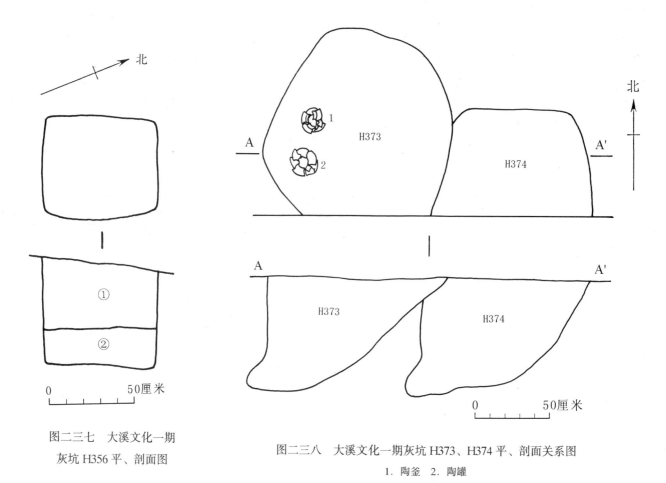

图二三七　大溪文化一期
灰坑 H356 平、剖面图

图二三八　大溪文化一期灰坑 H373、H374 平、剖面关系图
1. 陶釜　2. 陶罐

直壁，底平。口长 212、宽 154 厘米，底长、宽均为 110 厘米，深 155 厘米，坑口距地表 155 厘米。M775 的墓底成为 H348 的一级台阶。坑内填土有两层，器物按四层摆放：第 1 层，黄褐色黏土，局部夹黑褐土，厚 125 厘米。第 2 层，浅灰色土，夹杂黄色颗粒，结构紧密，厚 30 厘米。该层壁上有一圈黑色印痕。坑内器物摆放情况为：第 1 层出土陶釜、钵，兽骨和砾石。陶釜倒扣在坑内。第 2 层放 2 件陶釜、1 件陶钵，另有兽骨。第 3 层放陶釜、罐共 4 件。第 4 层在坑底放残陶釜 2 件（图二四三）。

H376　位于 T3180 中部偏西。开口于 15 层下，打破 16 层。为不规则五边形，圆转角，直壁，平底。坑口最长 160、最宽 120 厘米；底部略有收缩，深 130 厘米；坑口距地表 215 厘米。填土为黄褐色土，接近底部有一层灰白淤泥。出土红陶曲沿罐 3 件、钵 1 件，均倒扣或侧置在坑内，且不在同一深度，另出土石斧 1 件（图二四四）。

H313　位于 T1079 东北部，开口于 14 层下，打破Ⅱ期水稻田。长方形，长 100、宽 65、深 30 厘米，坑口距地表 350 厘米。方向 40°。坑内堆积为灰黑色黏土夹大量草木灰，质地松软。坑底有 5 大块红烧土，上有墙骨痕迹。露出残破的陶釜、钵等（图二四五；彩版二九，3；彩版三二，2）。

H341　位于 T3179 西南部，开口在 13 层下，打破 16 层和生土，被 H371 打破。坑口为方形，长 120、宽 108 厘米，直壁略斜，底部长 108、宽 100、深 110 厘米，坑口距地表 166 厘米。坑壁为黄土，光滑规整。坑内堆积可分两层：第 1 层为黑褐土，厚 100 厘米，结构疏松，出土夹

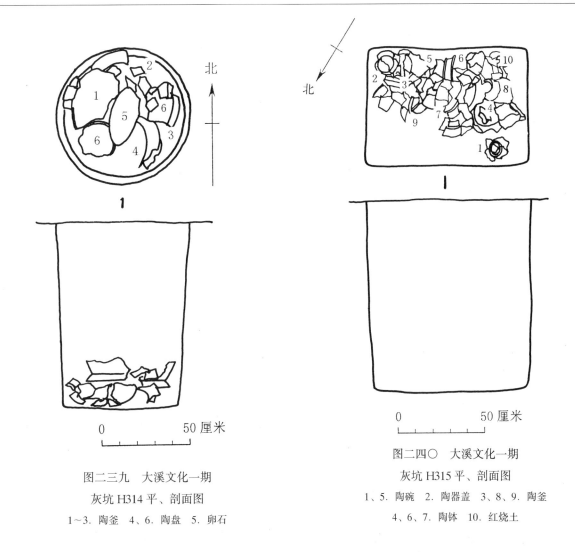

图二三九　大溪文化一期

灰坑 H314 平、剖面图

1~3. 陶釜　4、6. 陶盘　5. 卵石

图二四〇　大溪文化一期

灰坑 H315 平、剖面图

1、5. 陶碗　2. 陶器盖　3、8、9. 陶釜

4、6、7. 陶钵　10. 红烧土

砂红陶和褐陶陶片，其中 1 件褐陶罐可复原。第二层平铺一层大块红烧土，厚达 20 厘米（图二四六）。

H351　位于 T3131 南部，部分压在发掘区外。开口于 12B 层下，打破生土。坑口圆形，斜壁内收，平底。直径 90、深 28 厘米，坑口距地表 276 厘米。坑内填深红褐色土，出土红陶片和 1 件石斧，坑底铺大块红烧土（图二四七；彩版三三，1）。

H369　位于 T3179 中部，开口在 13 层下，打破 M775、16 层和生土，并被 H348 打破。口部为不规则形（方形坑连接转折的长条形坑）。直壁，平底。坑口长 120、宽 86 厘米，坑深 66 厘米。坑内填疏松的黄褐土，出土夹砂红陶片。方形坑底部平铺一层红烧土（图二四八）。

H366 与 H367　位于 T3179 北部，H366 有极小部分进入北隔梁，同时被 H348 打破，H366 又打破 H367。两个祭坑均开口在 13 层下，打破 16 层和生土。坑口距地表均为 265 厘米。H366 坑口长方形，长 80、宽 76、深 98 厘米，坑底为正方形。坑壁为较光滑平整的黄土壁。坑底形成高、低二级，高差约 10 厘米。在东北角置放一圆形大砾石，无其他出土物。坑内填灰褐土，出土少量夹砂褐陶片。H367 西北部被 H366 打破，东北角被 H348 打破。坑口为长方形，直壁，平底。除去被 H366 打破的部分，残长 70、宽 60、深 30 厘米。坑内堆积同样为灰褐色土，坑底近中间部分

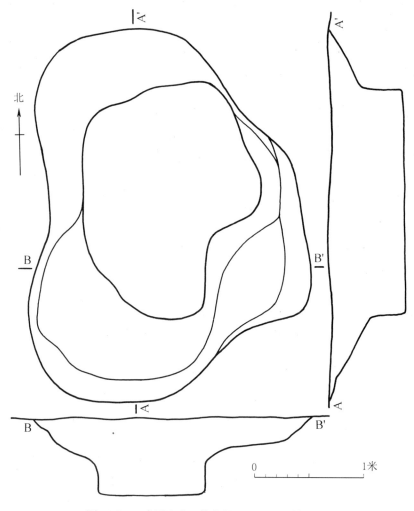

图二四一　大溪文化二期灰坑 H326 平、剖面图

置一牛的肢骨（图二四九）。

　　H358　位于 T3130 西部，部分压在 T3129 东隔梁下。开口于 12B 层下，打破 13 层和祭坛。呈不规则椭圆形。直壁，平底，坑壁规整，加工精细。坑口长 128、宽 80、深 50 厘米。坑内填土为疏松的深灰色土，出土较多陶片，在坑底置放一块大砾石（图二五〇）。

　　H368　位于 T3179 东隔梁北部和 T3180 西北角。开口于 15 层下，打破 16 层和生土。平面为长方形，直壁，平底。坑底较坑口四周略有收缩。坑口长 112、宽 66、深 90 厘米，坑口距地表 225 厘米。坑内堆积灰褐土夹少量黄色颗粒，出土陶片少。坑底置放两块大砾石和兽骨（图二五一）。

　　H350　位于 T3131 中部偏南，开口于 12B 层下，打破生土。平面呈椭圆形，斜壁内收，平底。长径 133、短径 84、深 18 厘米，坑口距地表 256 厘米。坑内填深红褐色土，出土红陶罐口沿及陶片，另出土大块砾石和 2 根兽骨（图二五二）。

　　H349　位于 T3180 西北角，开口于 12B 层下，被 H328 所压，打破 16 层和原生土。坑口为不规则的亚腰椭圆形，最长 136、最宽 108、深 100 厘米。深入原生土后成为方形坑，再往下则向外扩出。坑内填土为黄褐色土夹少量红烧土，接近底部时为纯净的灰褐土，出土陶片可辨器形有红

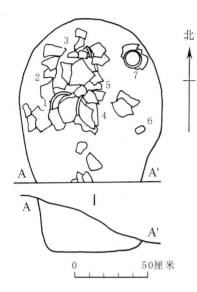

图二四二　大溪文化二期
灰坑 H347 平、剖面图
1. 陶盘　2. 陶釜　3～5. 陶罐
6. 陶器盖　7. 石斧

陶釜、罐。坑底有兽骨（图二五三）。

H377　位于 T3180 东北角，部分压在北隔梁和东隔梁下，开口于 15 层下，打破 16 层和生土层。平面为不规则长方形，斜直壁，平底。坑口长 167、宽 97 厘米，坑底长 97、宽 77 厘米，深 130 厘米。坑内填黄褐土，底部有一层厚约 20～25 厘米的灰白色淤泥土，可能系长期沉积形成，土质细嫩，淤泥中有几块大兽骨，其中有肩胛骨和肢骨（图二五四）。

（4）红烧土堆积（图一〇九；彩版二五，1、2；彩版三〇，2）

共 3 处。一处在祭台东坡，即 T3030 和 T3080 方内，东边基本上与祭坛东坡坡底平齐，红烧土堆积实即 15 层。对此片红烧土进行了解剖，发现基脚直接压在 16 层或 Ⅱ 期稻田上。红烧土层厚 15～20 厘米，既有大块也有小块，但红烧土上不见编竹和木柱印痕，因此判断不是房屋墙体倒塌形成。且红烧土层上部和底部颜色均纯正，因此也并非就地堆烧，推测最大的可能是从他处烧成后铺垫而成，面比较平整，当然不排除铺成后其上曾有燎祭一类的祭祀活动，从而形成 14 层厚 5～10 厘米的草木灰层。但红烧土面上不见柱洞，又可排除其上有建筑的可能。此处红烧土层从西北向东南伸展，最长处近 8 米，其南部较宽，最宽处约 2.5 米。第二处在祭台的西南部位，未解剖，一部分压在发掘区西壁外。所在探方有 T3079、T3129 和 T3179。现揭露部分南北长 11.5 米，东西最宽处 4 米，其构成情况与东坡红烧土层相同，其上也有一层草木灰，但未发现彩陶片。此片红烧土性质应与东坡片相同。第三处在 T3080 东南角、T3081 西南角、T3130 东北角和 T3131 西半部，是先挖成一形状不规则的坑，然后填入满坑红烧土，直至略高于坑口，其面积也略大于坑口。此坑当时编为 H324，开口在 12B 层下。清理出了坑口。坑口距地表深 203 厘米，南北长 90 厘米，东西宽 390 厘米，北壁和东壁为直线，其他几面不规整，深度不明。红烧土面比较平整，向东稍有倾斜，同样系大块堆成，红烧土上不见建筑构件印痕，也无柱洞。红烧土面上有 5 厘米左右厚的草木灰，灰中有零星碎陶片，均系红陶。似亦应为进行祭祀的场所。

祭台 1 下压着 16 层，而 16 层从出土物可以确认属于大溪文化一期前段，因此，祭台 1 的始建时代上限为大溪文化一期前段，而在其上（T3080）有大溪文化二期后段的大墓 M739 叠压。M739 出有釜、钵、碗、盘、杯、器盖、纺轮等陶器 14 件，与祭台 1 东北 T3030 出土三十余件陶器、并出有玉器的土坑墓 M678 和 M680 等相邻，表明此时包括祭台所在区域均已成为等级较高的墓区。因此，将祭台 1 的废止时代定为大溪文化二期前段，并将与祭台有关的遗迹以开口于 12B 层下至 16 层上作为地层的上下界限。

与祭台 1 相关联的祭祀活动的对象很难准确确定，从其设置于城的东部来看，似有可能与祭祀天地、太阳有关。但从 H011、H345、H346 三个大的浅平坑中均置放大块砾石分析，又有可能为祭祀祖先。这种大砾石，或许就是后来"祖"的象征物。

史前人类相信万物均有灵魂，亦即相信任何事物和现象都是由一种超自然的力量所操纵的，因而普遍存在过对动植物精灵及某些自然现象的顶礼膜拜，这样就出现了原始宗教，它是人类最

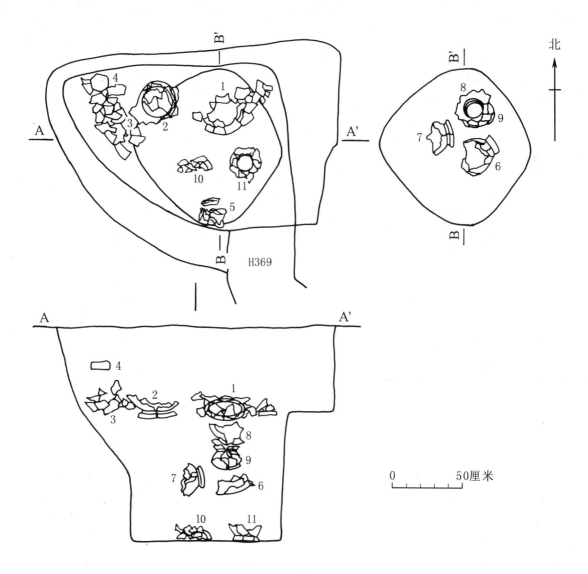

图二四三　大溪文化一期灰坑 H348 平、剖面图

1. 陶罐　2、6~9、11 陶釜　3、5. 陶钵　4. 石斧　10. 兽骨

早的宗教。最初这种宗教仪式也许并无固定场所，宗教活动的目的完全只关系到个人的休戚，崇拜仪式或基本上由本人执行，而没有形成专职的宗教人员——巫师、法师或祭师。从各地，也包括湖南高庙、征溪口、大塘、坟山堡等遗址出土的艺术神器看，当时祭祀的最主要对象为太阳。发展到大溪文化时期，人们的定居更加稳定，原始农业得到较大发展，氏族和家族规模扩大，社会分层现象产生，这时也就出现了社团的祭祀行为，宗教活动的目的关系到一个社团（氏族、家族、村社）的祸福，因此，祭祀由团体成员集体执行。仪式的主持者或是氏族、家族的首领，或是与常人不同的专职宗教人员，与此相应的是出现了固定的宗教活动场所。城头山祭台1这样连续使用了数百年的大型祭祀场所的出现就是这种转变的明证。

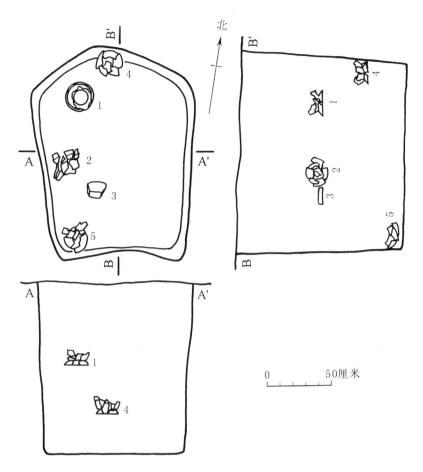

图二四四 大溪文化一期灰坑 H376 平、剖面图

1、2、4. 陶罐 3. 石斧 5. 陶钵

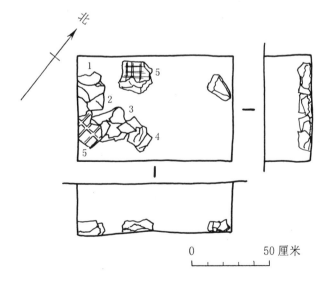

图二四五 大溪文化一期灰坑 H313 平、剖面图

1、2. 陶釜 3、4. 陶钵 5. 有板筑印痕的红烧土

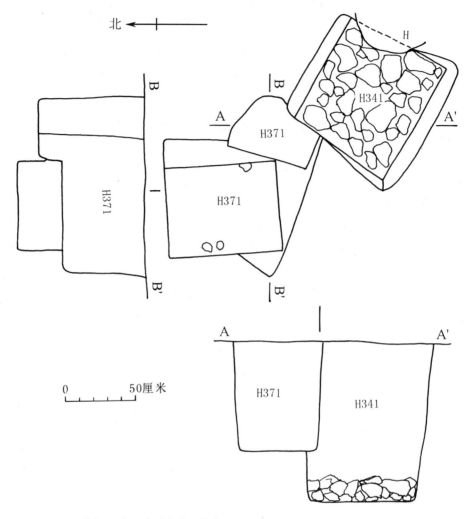

图二四六　大溪文化一期灰坑 H341、H371 平、剖面关系图

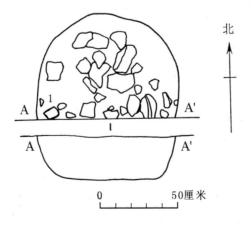

图二四七　大溪文化一期灰坑 H351 平、剖面图

1. 石斧　余为红烧土

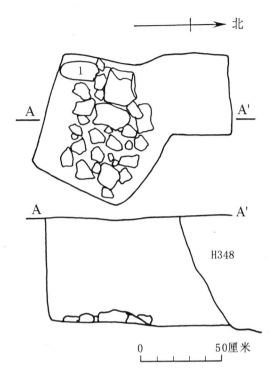

图二四八　大溪文化一期灰坑 H369 平、剖面图

1. 卵石　余为红烧土

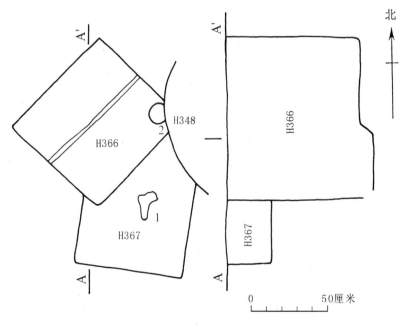

图二四九　大溪文化一期灰坑 H366、H367 平、剖面关系图

1. 牛肢骨　2. 砾石

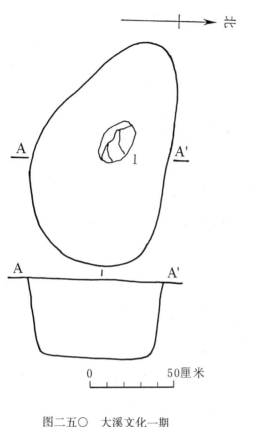

图二五〇　大溪文化一期
灰坑 H358 平、剖面图
1. 砾石

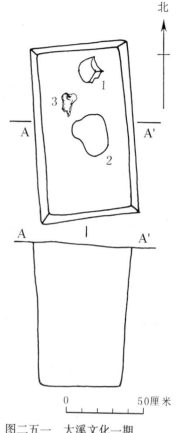

图二五一　大溪文化一期
灰坑 H368 平、剖面图
1、2. 砾石　3. 兽骨

二　祭台 2

位于 T3226 西南部、T3276 西北部以及 T3275 东北角、T3225 东南角，跨 T3226、T3276、T3275、T3225 四个探方（图三六）。开口在 9 层下，H274 压在其上并打破其西边一部分，下压第 11 层。发掘时误认为是房屋遗迹，编为 F76，现确认为一处小型祭台。祭台 2 为圆形，直径 350 厘米，面积约 10 平方米。用红烧土块垒成圆圈，因西部被 H274 打破，无法确定是有门道还是完全封闭。用红烧土块垒成的圆形墙体宽 30 厘米，残高 30 厘米，在墙体和内部及墙外附近均未发现柱洞。红烧土圈内下部为一层灰黑色土，其上有墙体倒塌堆积的红烧土块，无其他遗

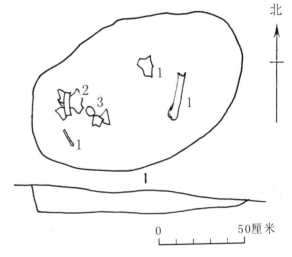

图二五二　大溪文化一期灰坑 H350 平、剖面图
1. 兽骨　2. 陶罐　3. 砾石

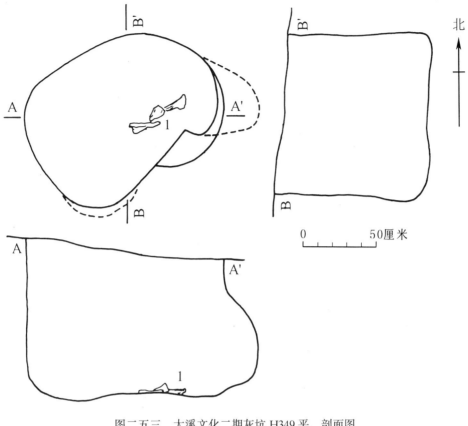

图二五三 大溪文化二期灰坑 H349 平、剖面图
1. 兽骨

迹和遗物（图二五五；彩版三四，1）。

根据地层判断，祭台 2 的年代为大溪文化二期。这种形式的祭台在甘肃省永靖县大何庄齐家文化遗址中也曾发现。

三 祭台 3

位于第一发掘区 T6502 方内。T6502 为一南北长 5 米、东西宽 3.6 米的探方，开方的目的是为了解剖二期环壕外位于通道处的一段墙体的外坡，以通过其地层关系进而确定其时代和性质。祭台 3 是在墙体外坡之下发现的（图七六、七七）。它的台面压在 8 层下，而坡下部分被 9 层所压。因为要保存墙体，未能清理出祭台 3 的全部，其北部和西部仍被墙体所压，其原貌可能接近于椭圆形，但现在揭露出的部分近似半月形。中心部分为灰黄色土台，系用带黏性的灰黄土堆筑而成，土质纯净，不含红烧土和炭末。南北长 2.8 米，东西宽约 2.25 米，厚 0.2 米。土台边缘呈坡状，靠近西壁似被 8 层下的沟部分破坏。土台四周在 9 层上有一个红烧土围绕的圈带。土台南部及西壁附近的红烧土较稀疏，似分别被 8 层下的沟和徐家岗台地边沿的现代水沟所破坏。土台上稍靠西壁处（实应是整个土台的中心部位）有一个直径 25 厘米、深 20 厘米的洞，中间填大块

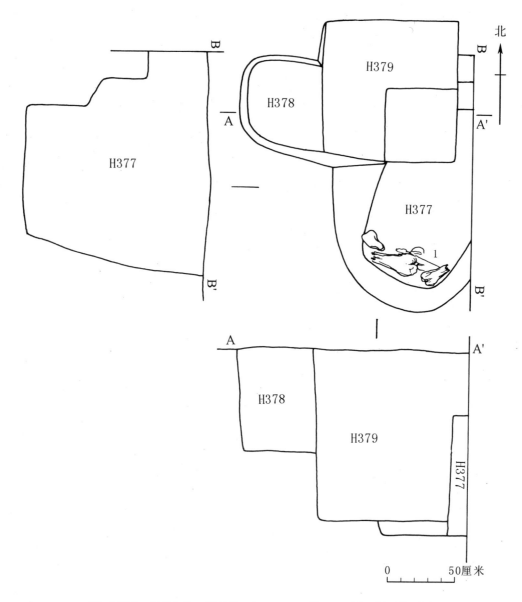

图二五四 大溪文化一期灰坑 H377、H378 及 H379 平、剖面关系图
1. 兽骨

红烧土。另在探方东壁处发掘灰坑，编号 H415，开口于 8 层下，打破 9 层和生土层，从地层关系分析，应与祭台同时。坑口形状应为圆形，但一半压在探方外，露出部分直径 90 厘米，坑深 40 厘米，坑口距地表 165 厘米。内填青灰土。未见陶片，仅发现大块红烧土，极可能是附属于祭台的祭坑（H415 未列入灰坑一览表和登记表）。祭台 3 的时代为大溪文化一期（图二五六；彩版三四，2）。

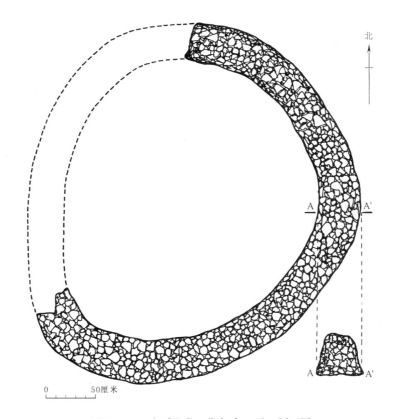

图二五五 大溪文化二期祭台 2 平、剖面图

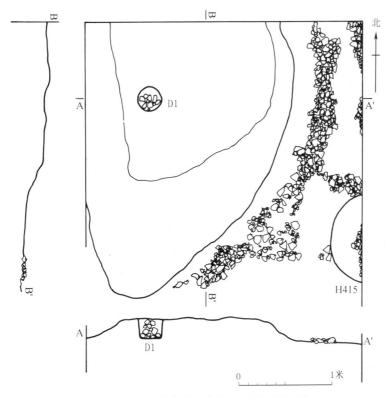

图二五六 大溪文化一期祭台 3 平、剖面图

第八章　墓葬

一　墓葬概况

墓葬共编 907 号，属于新石器时代的墓葬为 790 座，包括土坑墓 405 座、瓮棺葬 385 座（附表一四）。汤家岗文化墓葬 2 座，均为土坑墓（附表一五）。大溪文化墓葬 310 座，其中土坑墓 215 座、瓮棺葬 95 座（附表一六、一七）。按期别分，一期 69 座，其中土坑墓 40 座、瓮棺葬 29 座；二期 93 座，其中土坑墓 52 座、瓮棺葬 41 座；三期 26 座，其中土坑墓 6 座、瓮棺葬 20 座；四期 122 座，其中土坑墓 117 座、瓮棺葬 5 座。屈家岭文化墓葬 461 座，其中土坑墓 183 座、瓮棺葬 278 座（附表一八、一九）。按期别分，一期 68 座，其中土坑墓 41 座、瓮棺葬 27 座；二期 64 座，其中土坑墓 42 座、瓮棺葬 22 座；三期 329 座，其中土坑墓 100 座、瓮棺葬 229 座。石家河文化墓葬 17 座，其中土坑墓 5 座、瓮棺葬 12 座（附表二〇、二一）。按期别分，一期 13 座，其中土坑墓 4 座、瓮棺葬 9 座；二期 4 座，其中土坑墓 1 座、瓮棺葬 3 座。从不同时代观察，屈家岭文化时期瓮棺葬所占比例最大。特别是屈家岭文化三期，瓮棺葬占到整个墓葬数的三分之二以上。

汤家岗文化的二座土坑墓均位于第六区的 T3123。从钻探和探沟资料分析，此处正是城头山古城始建之前汤家岗文化时期聚落的偏西部位。大溪文化墓葬集中在六、七区和四区。六、七区在城址的东部，四区在城址中部偏西北。大溪一、二、三期墓葬除二期的土坑墓 M906 在一区 T4305，大溪文化三期的瓮棺葬 M794、M798、M799 三座在八区 T1673、T1674，其余全部分布在六、七两区，且特别集中地分布于六区的 T3176、T3128、T3028、T3226 和 T3029、T3030、T3080 等探方。六区的上述几个探方几乎集中了大溪文化一期土坑墓的半数和绝大多数瓮棺葬。这些土坑墓保存了部分人骨架，或可见骨架痕迹。均为屈肢葬。七区的上述探方则分布着密集的大溪文化二期土坑墓，且多有随葬品，随葬品达 32 件的 M678 和同样有众多随葬品的 M680 即在七区的 T3030。其周围还有数十座具有多件随葬品的土坑墓。这里应是等级身份较高的人的墓地。其中也夹杂有无任何随葬品的同时期的屈肢葬墓。大溪文化三期墓葬出土仅 26 座（其中瓮棺葬 20 座，土坑墓 6 座），可能未挖到当时集中的墓地。2000 年在城址中间偏西的二区揭露屈家岭文化早中期的房屋遗迹时，在数个灰坑边出土了大溪文化三期较完整的陶器，疑是墓葬随葬品，也许大溪文化三期墓葬集中在这一区域。但因为长期保护成片屈家岭文化早中期房屋遗迹的需要，未能继续下挖，对这里的墓葬也未能清理。大溪文化四期土坑墓仅 M708 一座位于六区的 T3226，其余全在四区，且集中分布于四区西南部的几个探方，即 T7404、T7403 和 T7454、T7453、T7452。而其北其东的 T7502、T1451、T1401、T1351 等方仅有零星分布。屈家岭文化的墓葬除 19 座土坑墓出自七区和二区，8 座瓮棺葬出自六、七、八区外，其余均出自四区。屈家岭文化一期土坑墓分布最为集中的探方是 T7401、T7351、T7451，其次是 T1351、T1451、T1401，较之大溪文化四期墓明显向东南推移。而屈家岭文化二期墓葬分布最密集的是 T1451、T1401、T1351 一线，其东和其西仅有零星分布。屈家岭文化三期墓葬则密集地分布于 T1352、T1402、T1452 一线，其密集区进一步东移。瓮棺葬的分布情况是：一期最多出土于 T7351、T7401、T7451 和 T7501 一线，与土坑墓的分布大体一致；二期全在 T7401、T1401、T1451；而三期最集中于 T1401，一个方内即达 74 座，其次是 T1451、T1452 和 T1351，较之二期稍往东北推移，同时在 T1402、T1403 也有较多分布。出现这种逐步向东推移分布的情况，表明墓地有一定规划。石家河文化的墓葬发现较少，且分布十分零散，可能在城址内无集中墓地。

二　汤家岗文化墓葬

M904　位于 T3123，开口于第 7 层下，打破第 8 层。长方形竖穴。方向 270°。墓坑长 170、宽 90～110、深 20 厘米。填土为黄灰色黏土夹少量红烧土颗粒。人骨架大部分已腐朽，仅存少量肢骨。随葬品共 4 件，其中陶碗 1 件、盘 1 件、釜 2 件。放置于腹部及腿部（图二五七、二五八；彩版三五，1）。

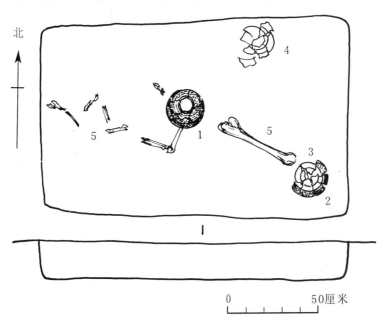

图二五七　汤家岗文化墓葬 M904 平、剖面图

1. 陶盘　2. 陶碗　3、4. 陶釜　5. 骨头

图二五八　汤家岗文化墓葬 M904 随葬陶器组合图

1. A 型 I 式碗（2）　　2. C 型 II 式釜（4）　　3. A 型 I 式盘（1）　　4. A 型 I 式釜（3）

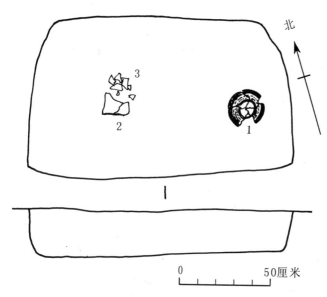

图二五九　汤家岗文化墓葬 M905 平、剖面图

1. 陶盘　2. 砺石　3. 陶片

M905　位于 T3123，开口于第 7 层下，打破第 8 层。长方形竖穴，方向 275°。墓坑长 150、宽 70~80、深 24 厘米。填土为黄灰色黏土夹少量红烧土颗粒。人骨架已朽。随葬品共 2 件，其中陶盘 1 件、砺石 1 件，放置于头端和足端（图二五九、二六〇；彩版三五，2）。

三　大溪文化墓葬

（一）土坑墓

1. 概况

墓坑多为长方形竖穴，少数为正方形。小部分坑口不规整，呈圆角方形。一般来说有随葬品的墓葬墓坑都较为规整，无随葬品而只有人骨架的墓葬墓坑大多不太整齐。有的在墓主人的一侧另挖一大小相仿的土坑用以盛放随葬品。

墓坑大多数四壁较直，底部平整。似经修理加工。个别墓葬的墓坑特意挖成斜坡状，所以人骨架也成倾斜状。没有发现设置二层台的情况。

墓坑大小不统一。可能有成人和小孩的区别，也可能有地位等级的区别。较大的墓葬墓坑长度达 3 米，小的墓葬墓坑长不到 1 米。小墓葬的埋葬深度也不够，仅在 0.1~0.3 米之间。由于墓葬填土往往是用原文化层土回填，墓边辨认困难，需要多次铲刮

图二六〇　汤家岗文化墓葬
M905 随葬 A 型 II 式陶盘

平面，所以做出来的墓坑深度要比实际深度浅。

绝大多数墓葬没有发现明显的葬具痕迹，但个别墓的坑底发现有一层薄薄的黑灰，且分布均匀，应是一种板灰印痕。从这一点来说，不排除少数墓葬使用葬具的可能。

方向不一致。从整体情况来看，头向以东南向者居多，也有一部分朝其他方向的。

绝大多数人骨架均已腐烂。从保存略为清楚的墓葬来看，多为单人一次葬，合葬墓很少。有数座墓为二次葬，因为这批墓葬中的人骨架往往大部分缺失或散乱。人骨架葬式有仰身直肢、仰身屈肢、仰身折肢、仰身截肢、侧身屈肢、侧身折肢等几种。因保存状况甚差，除极少墓外，无法鉴定性别和年龄。

215座土坑墓中168座墓有随葬品。随葬品的位置以墓坑两侧及坑底足端为主，少数墓的随葬品布满整个墓坑，有的随葬品是随墓主人一起置放的。如M678，墓主人右手持一小鼎，颈部系二玉璜。有的随葬品则分层放置。随葬品多寡悬殊，多的达三十余件，少的仅一二件，有的根本没有随葬品。此种情况当反映了死者生前地位的差异。

第一期墓葬的随葬品比较单调，主要为夹砂、夹炭的红褐陶，大多数器物有深红色陶衣，器形以釜、碗为主要器物组合。第二期墓葬的随葬品在种类、器形和组合等方面有较大的变化，多为泥质陶，颜色外红内黑。釜继续沿用，主要的器物组合为釜、盘、豆、碗、钵、器盖，此外还有石器、玉器等。第三期与第二期相比显然有明显变化，器物组合及形式复趋简化，仅有盘、碗为主要组合的少数器物。第四期的变化则是在继承原来泥质红陶的基础上，增加了大量的细泥黑陶，器物组合为鼎、壶、豆、罐、曲腹杯、簋等，随葬器物出现了小型化、明器化的趋势。其形态上的差别更大异于第三期。

2. 举例

M58 位于T3028。开口于第7层下，打破第9层。长方形竖穴，墓坑长120、宽52、深10厘米。方向125°。坑内填褐色土。人骨架保存一般，葬式为仰身屈肢葬。无随葬品（图二六一）。

M59 位于T3028。开口于第7层下，打破第9层和M67。长方形竖穴，墓坑长130、宽68、深17厘米。方向120°。坑内填褐色土。人骨架仅见头和部分肢骨，为侧身屈肢葬式。无随葬品（图二六二）。

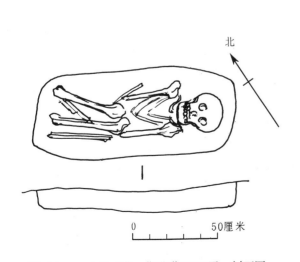

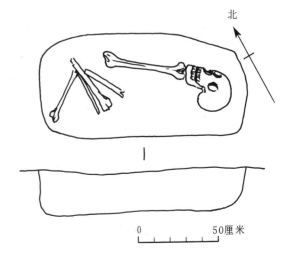

图二六一　大溪文化一期墓葬M58平、剖面图　　　　图二六二　大溪文化一期墓葬M59平、剖面图

　　M60　位于 T3028。开口于第 7 层下，打破第 9 层。长方形竖穴，墓坑长 110、宽 50、深 20 厘米。方向 101°。坑内填褐色土。人骨架保存一般，葬式为仰身屈肢葬。无随葬品（图二六三）。

　　M62　位于 T3028。开口于第 7 层下，打破第 9 层。长方形竖穴，墓坑长 110、宽 48、深 21 厘米。方向 120°。坑内填褐色土。人骨架保存一般，葬式为仰身屈肢葬。无随葬品（图二六四）。

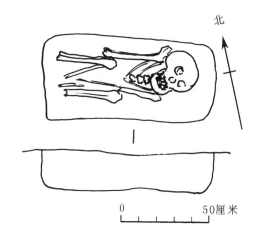

图二六三　大溪文化一期墓葬 M60 平、剖面图

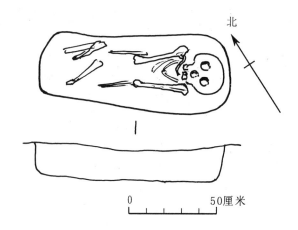

图二六四　大溪文化一期墓葬 M62 平、剖面图

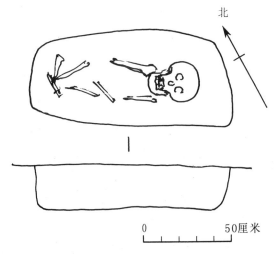

图二六五　大溪文化一期墓葬 M67 平、剖面图

　　M67　位于 T3028。开口于第 7 层下，打破第 9 层，同时被 M59 所打破。长方形竖穴，墓坑长 120、宽 52、深 17 厘米。方向 125°。坑内填褐色土。人骨架保存一般，葬式为仰身屈肢葬。无随葬品（图二六五）。

　　M73　位于 T3127、T3128，开口于第 8 层下，打破生土。长方形竖穴，墓坑长 120、宽 52、深 12 厘米。方向 270°。坑内填灰褐色黏土。人骨架已腐朽。随葬品共 3 件，其中陶釜、碗、器盖各 1 件（图二六六、二六七）。

　　M74　位于 T3176。开口于第 8 层下，打破生土。长方形竖穴，墓坑长 100、宽 54、深 20 厘米。方向 105°。坑内填褐色土，人骨架保存一般，葬式为屈肢葬。无随葬品（图二六八）。

　　M75　位于 T3176。开口于第 8 层下，打破生土。长方形竖穴，墓坑长 122、宽 60、深 25 厘米。方向 100°。坑内填褐色土，人骨架保存一般，葬式为屈肢葬。无随葬品（图二六九）。

　　M76　位于 T3176。开口于第 8 层下，打破生土。长方形竖穴，墓坑长 108、宽 42、深 20 厘米。方向 100°。坑内填褐色土，人骨架保存一般，葬式为屈肢葬。无随葬品（图二七〇）。

　　M77　位于 T3176。开口于第 8 层下，打破生土。长方形竖穴，墓坑长 118、宽 48、深 22 厘米。方向 100°。坑内填褐色土，人骨架保存一般，葬式为屈肢葬。随葬陶罐 1 件（图二七一）。

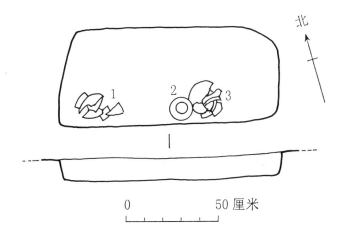

图二六六　大溪文化一期墓葬 M73 平、剖面图

1. J 型 I 式陶碗　2. A 型 I 式陶器盖　3. C 型 II 式陶釜

　　M79　位于 T3127。开口于第 8 层下，打破生土。长方形竖穴，墓坑长 98、宽 51、深 27 厘米。方向 100°。坑内填褐色土，人骨架保存一般，葬式为仰身屈肢葬。无随葬品（图二七二）。

　　M80　位于 T3127。开口于第 8 层下，打破生土。长方形竖穴，墓坑长 98、宽 50、深 21 厘米。方向 110°。坑内填褐色土，人骨架保存一般，葬式为仰身屈肢葬。无随葬品（图二七三）。

图二六七　大溪文化一期墓葬 M73 随葬陶器组合图

1. J 型 I 式碗（2）　2. A 型 I 式器盖（1）

3. C 型 II 式釜（3）

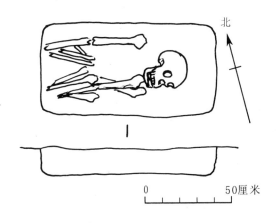

图二六八　大溪文化一期
墓葬 M74 平、剖面图

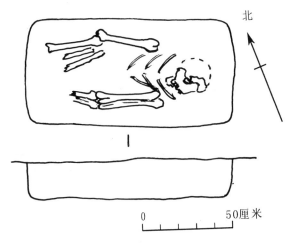

图二六九　大溪文化一期墓葬 M75 平、剖面图

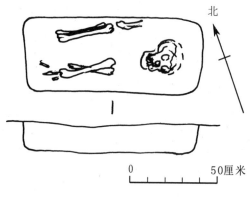

图二七〇　大溪文化一期墓葬 M76 平、剖面图

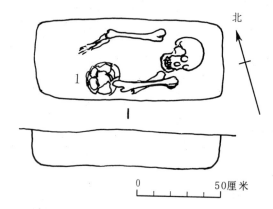

图二七一　大溪文化一期墓葬 M77 平、剖面图
1. 陶罐

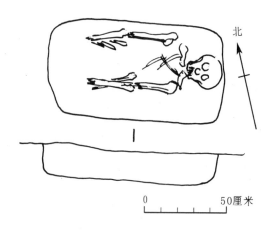

图二七二　大溪文化一期墓葬 M79 平、剖面图

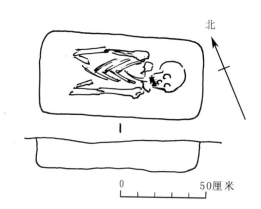

图二七三　大溪文化一期
墓葬 M80 平、剖面图

　　M706　位于 T1081，开口于 I 期城墙第 1 层筑土下，打破 I 期城墙第 2 层筑土。葫芦形土坑，墓坑最大长径为 198、宽 120、深 50 厘米。四壁略斜，底部倾斜，头部略高，至髋部倾斜，髋部以下略平。方向 328°。坑内填灰褐色黏土。人骨架保存完整，身高 1.75 米左右，判断为成年男性。葬式为仰身直肢葬。无随葬品。此人很可能为城墙奠基时的牺牲（图二七四）。

　　M766　位于 T3079，开口于第 12B 层下，打破第 15 层。长方形竖穴，墓坑长 100、宽 50、深 14 厘米。方向 100°。坑内填灰土，土质疏松。人骨架缺左上肢骨及右下肢骨，葬式为仰身屈肢葬。无随葬品（图二七五）。

　　M770　位于 T3079，开口于第 13 层下，打破祭坛。长方形竖穴，墓坑长 114、宽 48、深 14 厘米。方向 122°。坑内填灰褐土，土质疏松。人骨架保存尚可，葬式为仰身屈肢葬。无随葬品（图二七六）。

　　M773　位于 T3080，开口于第 13 层下，打破祭坛。长方形竖穴，方向 135°。墓坑长 106、宽 66、深 30 厘米。填土为浅灰色土。人骨架保存一般，可辨葬式为仰身屈肢葬。无随葬品（图二七七）。

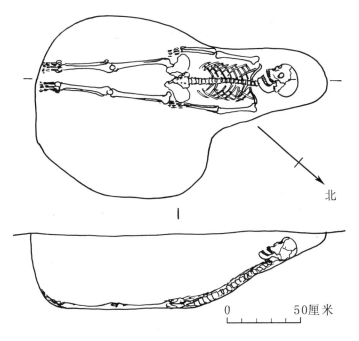

图二七四 大溪文化一期墓葬 M706 平、剖面图

　　M774　位于 T3079，叠压于 H329 下，打破祭坛。方形竖穴，墓坑长 124、宽 120、深 10 厘米。方向 122°。坑内填灰褐色疏松土。人骨架保存尚可，根据骨架推出其身高在 1.7 米左右，判断可能为成年男性。葬式为仰身屈肢葬。左侧下肢骨上有鹿牙 1 颗，骨架左侧随葬 1 件牛下颌骨。骨架下发现木板痕迹，疑为葬具（图二七八）。

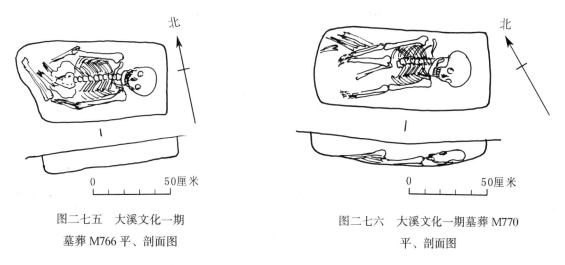

图二七五 大溪文化一期
墓葬 M766 平、剖面图

图二七六 大溪文化一期墓葬 M770
平、剖面图

　　M649　位于 T1030，开口于第 8B 层下，打破第 9 层。长方形竖穴，墓坑长 210、宽 120、深 21 厘米。方向 151°。坑内填灰褐色黏土。人骨架仅保存了头骨及部分脊椎骨，其他无存。随葬品共 5 件，其中陶釜 2 件、鼎 1 件、盘 1 件、碗 1 件。放置于胸部及腿部（图二七九、二八〇）。

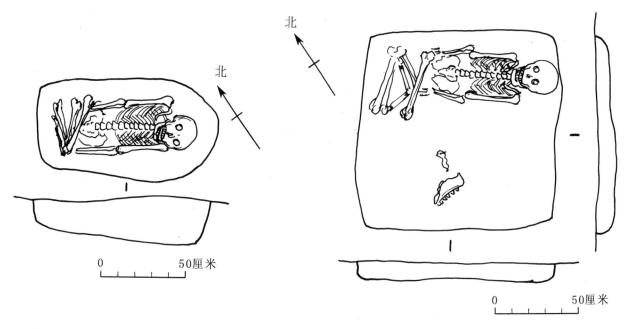

图二七七　大溪文化一期墓葬 M773 平、剖面图　　　　图二七八　大溪文化一期墓葬 M774 平、剖面图

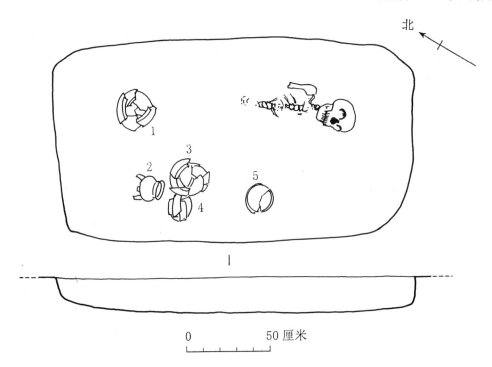

图二七九　大溪文化二期墓葬 M649 平、剖面图

1. D型Ⅲ式陶釜　2. D型Ⅰ式陶鼎　3. D型Ⅲ式陶釜　4. Q型Ⅱ式陶盘　5. F型Ⅱ式陶碗

　　M671　位于 T3030。开口于第 7 层下，打破第 8B 层。长方形竖穴，墓坑长 90、宽 50、深 20 厘米。方向 90°。坑内填褐色土，人骨架保存一般，葬式为侧身屈肢葬。随葬陶釜 1 件（图二八一）。

　　M669　位于 T3030，开口于第 7 层下，打破 8B 层。长方形竖穴，墓坑长 206、宽 80、深 20

图二八〇　大溪文化二期墓葬 M649 随葬陶器组合图

1. Ⅰ型Ⅱ式釜（5）　　2. D型Ⅰ式鼎（6）　　3. D型Ⅲ式釜（1）
4. Q型Ⅱ式盘（2）　　5. F型Ⅱ式碗（4）

厘米。方向 90°。坑内填浅灰土夹细红烧土。人骨架已
朽，但可辨痕迹。随葬品共 11 件，其中釜 1 件、盆 1
件、豆 3 件、碗 1 件、盘 1 件、器盖 4 件，另有猪牙 1
件，放置于两侧及头部（图二八二、二八三）。

　　M678　位于 T3030，开口于第 7 层下，打破第 8B
层。长方形竖穴，墓坑长 250、宽 110、深 20 厘米。方
向 90°。坑底分布有零星朱砂，填土为浅黑灰土夹黄土
粒。人骨架保存较好，葬式为仰身直肢葬。身高约 1.75
米，为成年男性。随葬品共 27 件，其中陶豆 7 件（其中
带盖豆 3 件）、圈足盘 4 件、器盖 10 件、鼎 1 件、釜 1
件、碗 2 件、玉璜 2 件。二件玉璜置于颈部，左手上置
一小鼎，其他放置于人骨架两侧。人骨架左侧有一小孩

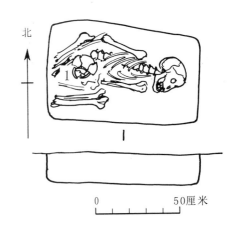

图二八一　大溪文化二期墓葬 M671 平、剖面图
1. 陶釜

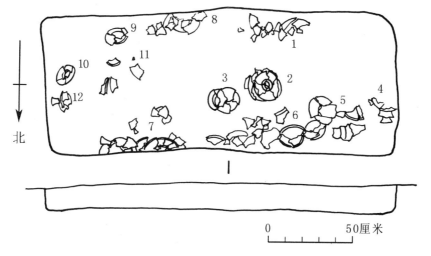

图二八二　大溪文化二期墓葬 M669 平、剖面图

1. 陶盘　2、4、7. 陶豆　3. 陶釜　5. 陶盆　6. 陶碗　8～10、12. 陶器盖　11. 猪牙

图二八三　大溪文化二期墓葬 M669 随葬陶器组合图

1. K型Ⅰ式盘（1）　2. C型Ⅱ式盆（5）　3. B型豆（7）　4. G型Ⅲ式碗（6）　5. G型Ⅱ式器盖（10）
6. C型Ⅱ式豆（4）　7. O型器盖（9）　8. Ⅰ型Ⅰ式器盖（8）　9. M型釜（3）　10. G型Ⅱ式器盖（12）

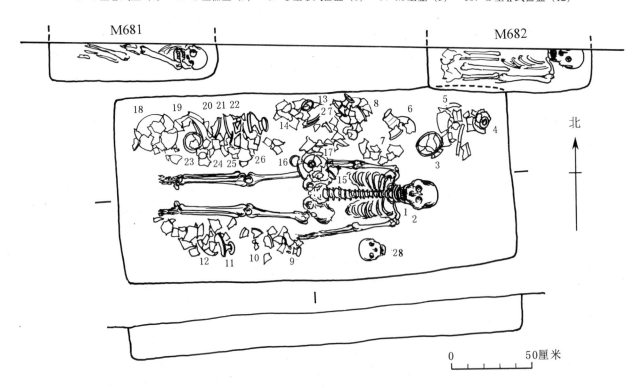

图二八四　大溪文化二期墓葬 M678 平、剖面及与殉葬墓 M681、M682 平面关系图

1、2. 玉璜　3、9、11、12、17、20、22、24、26、27. 陶器盖　4、6~8、10、13、14. 陶豆

5、15、19、25. 陶盘　16. 陶鼎　18、21. 陶碗　23. 陶釜　28. 小孩头骨

头骨（图二八四、二八五；彩版三六，1、2）。

M679　位于 T3030。开口于第 7 层下，打破 8B 层。长方形竖穴，墓坑长 240、宽 94、深 23 厘米。方向 90°。坑内填深灰色黄土。人骨架已腐朽。随葬品共 12 件，其中陶杯 2 件、豆 1 件、器盖 1 件、盘 3 件、罐 4 件、砺石 1 件。随葬品放置于坑内各处（图二八六、二八七；彩版三六，2）。

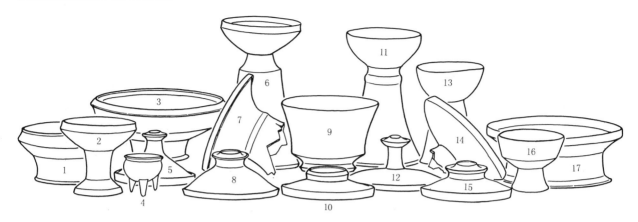

图二八五　大溪文化二期墓葬 M678 随葬陶器组合图

1. E 型Ⅲ式盘（19）　2. C 型Ⅱ式豆（7）　3. E 型Ⅱ式盘（25）　4. C 型Ⅰ式鼎（16）　5、12. F 型Ⅰ式器盖（3、27）　6、14. A 型Ⅱ式豆（13、8）　7. B 型豆（10）　8. G 型Ⅲ式器盖（17）　9. D 型Ⅱ式碗（18）　10. G 型Ⅰ式器盖（24）　11、13. A 型Ⅰ式豆（4、14）　15. G 型Ⅱ式器盖（26）　16. R 型碗（21）　17. D 型Ⅱ式盘（15）

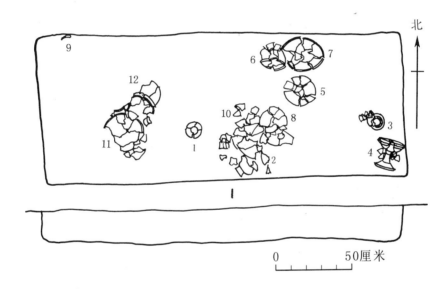

图二八六　大溪文化二期墓葬 M679 平、剖面图

1、3. 陶杯　2、6、7. 陶盘　4. 陶豆　5. 陶器盖　8、10~12. 陶罐　9. 砺石

图二八七　大溪文化二期墓葬 M679 随葬陶器组合图

1. C 型Ⅱ式杯（3）　2. E 型Ⅱ式盘（6）　3. D 型Ⅱ式豆（4）　4. B 型杯（1）　5. H 型Ⅰ式器盖（5）　6. A 型Ⅱ式盘（2）　7. Ⅰ型Ⅰ式盘（7）

M680　位于 T3030。开口于第 7 层下，打破第 8B 层。长方形竖穴，墓坑长 224、宽 80、深 24 厘米。方向 90°。坑内填深灰土。人骨架已腐朽。随葬品共 13 件，其中陶盘 3 件、豆 3 件、器盖 2 件、杯 2 件，玉玦 1 件，石片和燧石器各 1 件。随葬品放置于坑内各处（图二八八）。

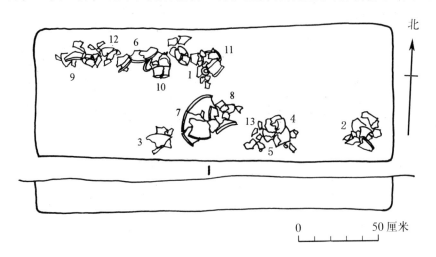

图二八八　大溪文化二期墓葬 M680 平、剖面图

1. 玉玦　2、4、11. 陶豆　3、6、7. 陶盘　5、10. 陶杯　8、9. 陶器盖　12. 燧石片　13. 石片

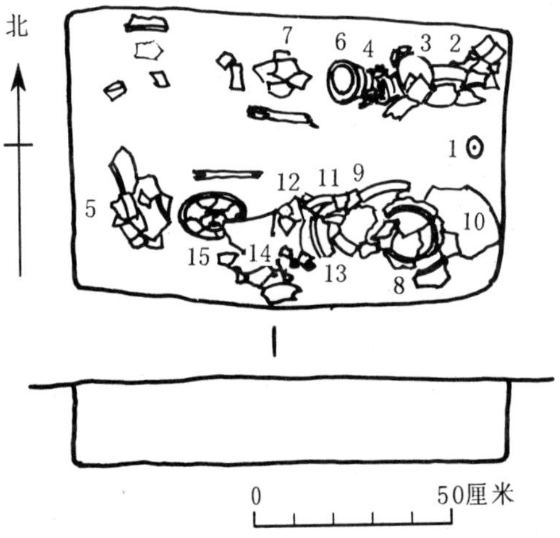

M739　位于 T3080。开口于第 10 层下，打破第 11 层。长方形竖穴，墓坑长 110、宽 70、深 20 厘米。方向 95°。坑内填灰黑土。人骨架多已朽，仅见小段肢骨。随葬品共 15 件，其中陶圈足盘 3 件、釜 2 件、杯 2 件、器盖 4 件、钵 1 件、碗 1 件、纺轮 1 件，另有一堆陶片，放置于坑底两侧（图二八九、二九〇）。

M668　位于 T3029，开口于第 7 层下，打破 8A 层。不规则长方形竖穴，墓坑长 78、宽 40、深 20 厘米。方向 45°。坑内填黄灰色黏土夹黑色淤土。人骨架保存尚可，葬式为仰身直肢葬。无随葬品（图二九一）。

M723　位于 T3226，开口第 9 层下，打破第 10 层。长方形竖穴，墓坑长 130、宽 40、深 45 厘米。方向 105°。坑内填灰褐土。人骨架保存了头骨及部分肢骨，可辨葬式为仰身屈肢葬。无随葬品（图二九二）。

图二八九　大溪文化二期墓葬 M739 平、剖面图

1. 陶纺轮　2、3. 陶釜　4、6. 陶杯　5. 陶碗　7. 残陶器　8、11、12. 陶盘　9、13~15. 陶器盖　10. 陶钵

M724　位于 T3275，压在 F74 下，打破第 8C 层，北部被 H283 所打破。长方形竖穴，墓坑残长 120、宽 78、深 10 厘米。方向 100°。坑内填灰褐色黏土。人骨保存一般，可辨葬式为侧身屈肢葬，出有陶釜残片（图二九三）。

M725　位于 T3226，开口于第 9 层下，打破第 10 层。长方形竖穴，墓坑长 106、宽 54、深 14 厘米。方向 110°。填土为灰褐色黏土。人骨架部分保存，可辨葬式为仰身屈肢葬，随葬陶钵 1 件（图二九四）。

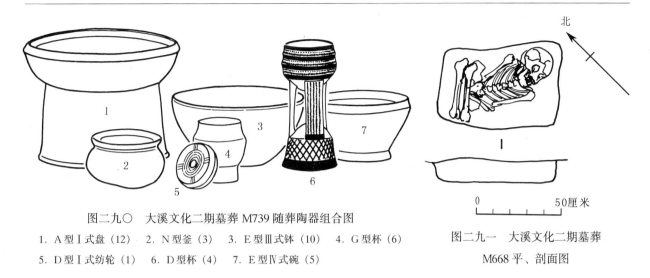

图二九〇　大溪文化二期墓葬 M739 随葬陶器组合图

1. A 型 I 式盘（12）　2. N 型釜（3）　3. E 型 III 式钵（10）　4. G 型杯（6）

5. D 型 I 式纺轮（1）　6. D 型杯（4）　7. E 型 IV 式碗（5）

图二九一　大溪文化二期墓葬

M668 平、剖面图

M736　位于 T3080，开口于第 10 层下，打破第 11 层，同时打破 M738。长方形竖穴，墓坑长104、宽53、深10 厘米。方向 90°。坑内填黑色黏土。人骨架保存一般，可辨葬式为侧身屈肢葬。随葬品共 2 件，其中石斧 1 件、砺石 1 件，放置于骨架左侧（图二九五；彩版三七，2）。

M741　位于 T3079，开口于第 10 层下，打破第 11 层。长方形竖穴，墓坑长 112、宽 70、深10 厘米。方向 90°。坑内填黑灰色土，土质疏松。人骨架保存较好，葬式为侧身屈肢葬。无随葬品（图二九六）。

M742　位于 T3080，开口于第 10 层下，打破第 11 层。长方形竖穴，墓坑长 108、宽 30、深30 厘米。方向 90°。坑内填黑灰土。人骨架保存一般，可辨葬式为侧身屈肢葬。随葬品仅陶鼎 1件，放置于胸部（图二九七）。

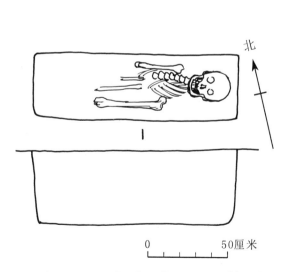

图二九二　大溪文化二期墓葬 M723 平、剖面图

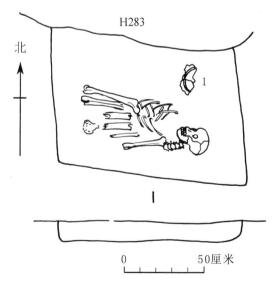

图二九三　大溪文化二期墓葬 M724 平、剖面图

1. 陶釜

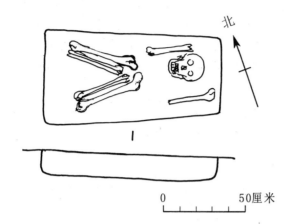

图二九四　大溪文化二期墓葬 M725 平、剖面图

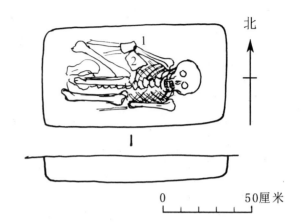

图二九五　大溪文化二期墓葬 M736 平、剖面图
1. 石斧　2. 砺石

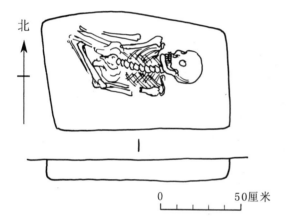

图二九六　大溪文化二期墓葬 M741 平、剖面图

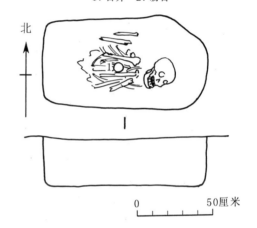

图二九七　大溪文化二期墓葬 M742 平、剖面图
1. C 型 II 式陶鼎

　　M906　位于 T4305，开口于第 7 层下，打破第 10 层。墓坑边不明显，亦不规整，有可能是器物坑。坑残长 83、宽 83、深 20 厘米。坑内填黄褐土。出土陶器 22 件，其中豆 6 件，另有盘 5 件、钵 1 件、器座 3 件、器盖 6 件，另有石斧 1 件（图二九八）。

　　M666　位于 T3030。开口于第 6 层下，打破第 8 层。长方形竖穴，墓坑长 120、宽 76、深 20 厘米。方向 89°。坑内填褐色土，人骨架保存一般，葬式为仰身屈肢葬。无随葬品（图二九九）。

　　M722　位于 T3180，开口于第 4B 层下，打破第 8 层。长方形竖穴，墓坑长 165、宽 85、深 22 厘米。方向 350°。坑内填浅灰白土。人骨架已朽。随葬品共 6 件，其中陶碗 3 件、圈足盘 1 件、器盖 1 件，另有打砸痕迹的卵石 1 件，放置于人骨架两侧（图三〇〇、三〇一）。

　　M623　位于 T7401。开口于第 16 层下，打破第 17 层。长方形竖穴，墓坑长 124、宽 69、深 30 厘米。方向 122°。坑内填浅褐色黏土。人骨架已朽。随葬品共 9 件，其中陶壶 1 件、罐 2 件、碗 1 件、鼎 1 件、器盖 2 件、杯 1 件，另有石锛 1 件，兽骨一段，放置于人骨架两侧（图三〇二、三〇三）。

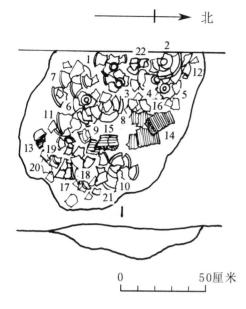

北

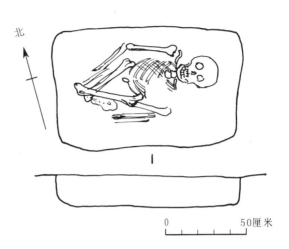

北

图二九八　大溪文化二期
墓葬 M906 平、剖面图

图二九九　大溪文化三期墓葬 M666 平、剖面图

1、8、11、16、20. 陶盘　2～7. 陶器盖

9. 陶钵　10、12、17～19、22. 陶豆

13～15. 陶器座　21. 石斧

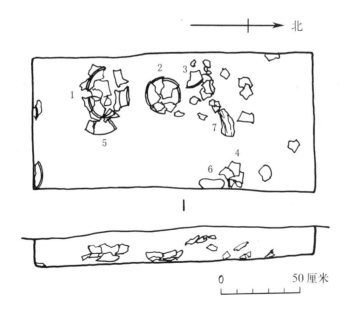

北

图三〇〇　大溪文化三期墓葬 M722 平、剖面图

1. 陶盘　2. 陶器盖　3～5. 陶碗　6. 卵石　7. 骨头

图三〇一　大溪文化三期墓葬 M722 随葬陶器组合图

1. C 型盘（1）　2. F 型 IV 式碗（5）　3. A 型 V 式器盖（2）

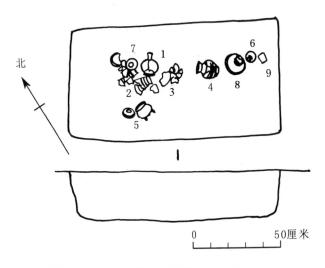

图三〇二　大溪文化四期墓葬 M623 平、剖面图

1. 陶壶　2、4. 陶罐　3、6. 陶器盖

5. 陶鼎　7. 陶杯　8. 陶碗　9. 石锛

图三〇三　大溪文化四期墓葬 M623 随葬陶器组合图

1. P 型 IV 式碗（8）　2. H 型 V 式壶（1）　3、7. L 型 IV 式罐（4、2）

4. J 型 III 式器盖（6）　5. G 型 II 式鼎（5）　6. D 型 II 式杯（7）

M802　位于 T7454。开口于第 4A 层下，打破第 5 层。长方形竖穴，墓坑长 105、宽 70、深 20 厘米。方向 98°。坑内填灰褐色黏土夹红烧土颗粒。人骨架已朽。随葬品 8 件，其中陶壶 1 件、鼎 1 件、碗 1 件、器盖 1 件、豆 1 件、三联罐 1 件，还有石锛和石凿各 1 件，放置于人骨架两侧（图三〇四、三〇五；彩版三七，1）。

M846　位于 T7452。开口于第 2B 层下，打破第 3 层。长方形竖穴，墓坑长 146、宽 70、深 26 厘米。方向 135°。坑内填灰褐色黏土夹红烧土颗粒。人骨架已朽。随葬品 8 件，其中陶壶 1 件、瓶 3 件、碗 2 件、豆 1 件，石凿 1 件，放置于墓坑头足两端（图三〇六）。

M869　位于 T7454。开口于 2A 层下，被 H490

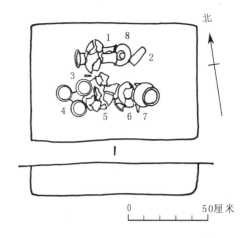

图三〇四　大溪文化四期墓葬 M802 平、剖面图

1. 陶壶　2. 石锛　3. 石凿　4. 陶罐

5. 陶豆　6. 陶碗　7. 陶鼎　8. 陶器盖

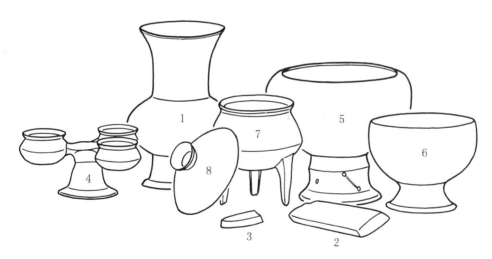

图三〇五　大溪文化四期墓葬 M802 随葬器物组合图

1. A 型 II 式陶壶（1）　2. G 型 II 式石锛（2）　3. B 型 II 式石凿（3）　4. 异形陶罐（4）　5. L 型 III 式陶豆（5）　6. M 型 II 式陶碗（6）　7. G 型 I 式陶鼎（7）　8. M 型 I 式陶器盖（8）

所打破，同时打破第 3 层。长方形竖穴，墓坑长 94、宽 58、深 40 厘米。方向 10°。坑内填灰褐色黏土夹红烧土。人骨架已朽。随葬品 14 件，其中陶壶 1 件、簋 1 件、瓶 1 件、罐 1 件、豆 1 件、碗 1 件、器盖 3 件、鼎 1 件、曲腹杯 2 件，另有石锛及石网坠各 1 件，放置于墓主人左侧（图三〇七、三〇八）。

M871　位于 T7452。开口于第 2A 层下，打破第 3 层。长方形竖穴，墓坑长 166、宽 66、深 32 厘米。方向 97°。坑内填灰褐色黏土，含较多红烧土颗粒。人骨架已朽。随葬品共 18 件。其中陶豆 1 件、纺轮 3 件、器盖 2 件、碗 3 件、壶 1 件、罐 4 件、瓶 2 件、簋 2 件。放置于头、足部及左侧（图三〇九、三一〇；彩版三八，1）。

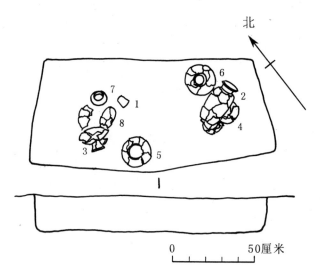

图三〇六　大溪文化四期墓葬 M846 平、剖面图

1. 石凿　2、7、8. 陶瓶　3. 陶豆　4. 陶壶　5、6. 陶碗

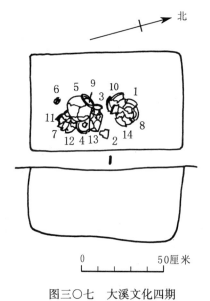

图三〇七　大溪文化四期
墓葬 M869 平、剖面图

1. 陶鼎　2. 石锛　3. 陶瓶　4. 陶罐　5. 陶壶
6. 石网坠　7、12. 陶曲腹杯　8. 陶碗　9. 陶豆
10. 陶簋　11、13、14. 陶器盖

M885　位于 T7402。开口于第 3 层下，打破 4A 层。长方形竖穴，墓坑长 95、宽 60、深 20 厘米。方向 90°。坑内填灰褐色黏土夹红烧土颗粒。人骨架已朽。随葬品共 6 件，其中陶罐 1 件、瓶 1 件、簋 1 件、碗 1 件、豆 1 件，石锛 1 件；均放置于人骨架两侧（图三一一）。

M888　位于 T7403。开口于第 3 层下，打破第 4A 层。长方形竖穴，墓坑长 160、宽 74、深 18 厘米。方向 108°。坑内填灰褐色黏土。人骨架尚存腿骨及头骨、肋骨等部分。从残存的骨架来看，葬式为仰身直肢葬。随葬品共 13 件，其中陶壶 1 件、盆 1 件、豆 4 件、釜 1 件、曲腹杯 1 件，另有石斧 2 件、锛 1 件、钺 1 件、凿 1 件；放置于头及胸部（图三一二、三一三；彩版三八，2）。

M894　位于 T7404。开口于第 3 层下，打破第 4A 层。长方形竖穴，墓坑长 176、宽 70、深 30 厘米。方向 110°。坑内填灰褐色黏土含大量红烧土颗粒及陶片。人骨架已朽，仅残留数颗牙齿。随葬品共 8 件，其中陶鼎 2 件、豆 2 件、曲腹杯 1 件、器盖 1 件，另有石钺、石斧、石凿各 1 件；放置于头、足及腹部（图三一四、三一五；彩版三九，1）。

M900　位于 T7454，开口于第 4A 层下，打破第 5 层。长方形竖穴，墓坑长 165、宽 76、深 25 厘米。方向 113°。坑内填灰褐色土夹红烧土颗粒及陶片。残留部分肢骨及头骨，葬式可判断为仰身屈肢葬。随葬品共 7 件，其中陶壶 1 件、豆 2 件、鼎 1 件、器盖 2 件，另有石锛 1 件，放置于头、胸部及足底（图三一六、三一七；彩版三九，2）。

图三〇八　大溪文化四期墓葬 M869 随葬器物组合图

1. H 型Ⅲ式陶壶（5）　2. Q 型Ⅱ式陶碗（8）　3. H 型陶鼎（1）　4. B 型Ⅰ
式陶簋（10）　5. F 型Ⅰ式石锛（2）　6. V 型陶罐（4）　7. B 型Ⅰ式陶瓶
（3）　8. C 型石网坠（6）　9. T 型陶豆（9）　10. C 型Ⅰ式陶曲腹杯（7）

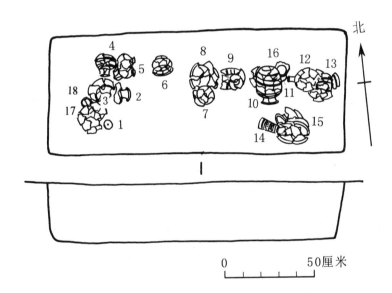

图三〇九　大溪文化四期墓葬 M871 平、剖面图

1、11、18. 陶纺轮　2. 陶豆　3～5、13. 陶罐　6、7、16. 陶碗
8、15. 陶簋　9、17. 陶器盖　10、14. 陶瓶　12. 陶壶

（二）瓮棺葬

1. 概况

按平面形状可分为圆形、椭圆形两种。均为土坑竖穴。坑壁有斜弧和直壁两种。有的较为粗
糙，有的经过加工。底分为平底和圜底两种。

没有单独的墓区，往往是和土坑墓处于同一墓地，混杂其间。不过也有若干座瓮棺葬集中埋
在一起的现象。

图三一〇　大溪文化四期墓葬 M871 随葬陶器组合图

1. H 型 I 式壶（12）　2. C 型 III 式瓶（14）　3. D 型 II 式瓶（10）　4. Q 型 IV 式碗（6）　5. B 型 III 式纺轮（1）　6. B 型 VI 式纺轮（11）　7. K 型 II 式篦（8）　8. I 型 IV 式篦（15）　9. T 型豆（2）　10. K 型 VI 式罐（13）

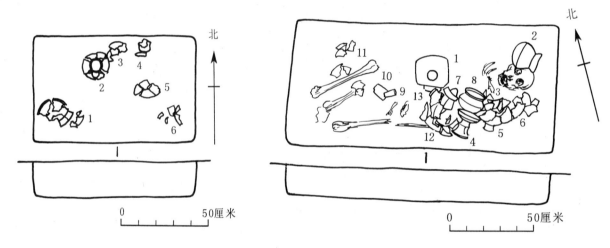

图三一一　大溪文化四期墓葬 M885 平、剖面图

1. 陶碗　2. 陶篦　3. 陶罐
4. 石锛　5. 陶瓶　6. 陶豆

图三一二　大溪文化四期墓葬 M888 平、剖面图

1. 石钺　2. 陶釜　3、4、6、11. 陶豆　5. 陶壶　7、10. 石斧
8. 陶盆　9. 石凿　12. 陶曲腹杯　13. 石锛

　　葬具以陶釜为主，也有以陶罐为葬具的。大多数在釜或罐上扣以碗或钵，也有扣盆或者盘、豆的。均为实用器，保存一般都不太好。人骨架多已腐朽。

　　由于人骨多已腐朽，葬式不清。但从葬具的大小来看，埋葬的可能是小孩，但这仅是一种推测。

　　2. 举例

　　M677　位于 T3029，开口于第 7 层下，打破第 8A 层。斜直壁，平底。坑口径 60、深 36 厘米。葬具为侈口折沿圜底釜，釜口朝上，立置，扣钵 1 件。无随葬品（图三一八）。

　　M694　位于 T3029，开口于第 8B 层下，打破第 9 层。斜直壁，平底。坑口径 56、深 30 厘

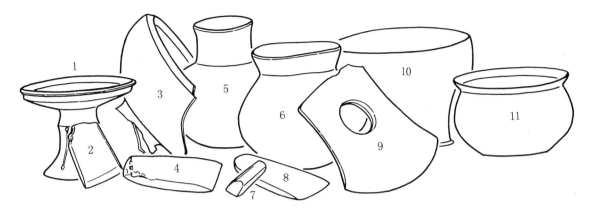

图三一三　大溪文化四期墓葬 M888 随葬器物组合图

1. R 型 V 式陶豆（4）　2. H 型石锛（13）　3. L 型 III 式陶豆（6）　4、8. A 型 V 式石斧（10、7）　5. K 型 I 式陶壶（5）
6. G 型 IV 式陶釜（2）　7. D 型 II 式石凿（9）　9. A 型石钺（1）　10. B 型 I 式陶曲腹杯（12）　11. B 型 III 式陶盆（8）

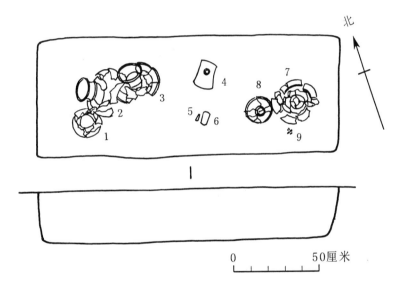

图三一四　大溪文化四期墓葬 M894 平、剖面图
1. 陶鼎　2、3. 陶豆　4. 石钺　5. 石凿　6. 石钺　7. 陶曲腹杯　8. 陶器盖　9. 人牙

米。葬具为侈口折沿圜底釜和敞口折壁碗，釜口朝上，钵口朝下扣于釜上，立置。无随葬品（图三一九）。

　　M695　位于 T3029，开口于第 8A 层下，打破第 9 层。斜直壁，平底。坑口径 61、深 34 厘米。葬具为侈口折沿圜底釜相扣，立置。无随葬品（图三二〇）。

　　M697　位于 T3030，开口于第 8B 层下，打破第 9 层。斜直壁，平底。坑口径 62.5、深 25 厘米。葬具为侈口折沿圜底釜，立置。无随葬品（图三二一）。

　　M698　位于 T3030，开口于第 8B 层下，打破第 9 层。斜直壁，平底。坑口径 60、深 45 厘米。葬具为侈口折沿圜底釜，立置。无随葬品（图三二二）。

　　M719　位于 T3276，开口于第 8C 层下，打破第 10 层。直壁，平底。坑口径 44、深 36 厘米。葬具为二件侈口折沿圜底釜上下相扣，立置。无随葬品（图三二三）。

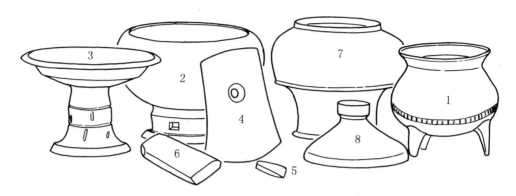

图三一五　大溪文化四期墓葬 M894 随葬器物组合图

1. D 型Ⅴ式陶鼎（1）　2. L 型Ⅲ式陶豆（2）　3. R 型Ⅱ式陶豆（3）　4. B 型Ⅲ式石钺（4）

5. F 型石凿（5）　6. H 型石锛（6）　7. A 型陶曲腹杯（7）　8. A 型Ⅵ式陶器盖（8）

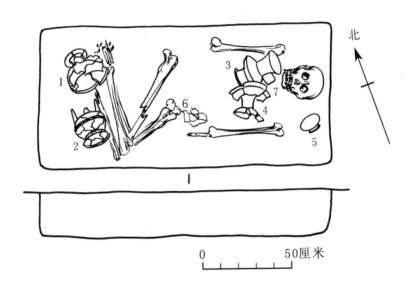

图三一六　大溪文化四期墓葬 M900 平、剖面图

1、4. 陶豆　2. 陶鼎　3. 陶壶　5、6. 陶器盖　7. 石锛

　　M733　位于 T3275，开口于第 8C 层下，打破第 10 层。直壁，平底。坑口径 58、深 31 厘米。葬具为褐胎红衣陶釜，立置。无随葬品（图三二四）。

　　M782　位于 T1127，叠压于 F82 下，打破第 6C 层。直壁，平底。坑口径 70、深 35 厘米。葬具为陶罐，口朝上，反扣 1 件陶鼎。无随葬品（图三二五）。

图三一七　大溪文化四期墓葬 M900 随葬器物组合图

1. L 型Ⅲ式陶豆（1）　2. D 型Ⅳ式陶鼎（2）　3. A 型Ⅱ式陶壶（3）
4. R 型Ⅱ式陶豆（4）　5. C 型Ⅴ式陶器盖（5）　6. G 型Ⅱ式石锛（7）

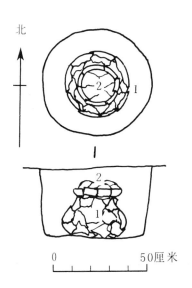

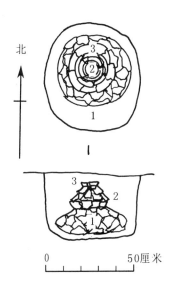

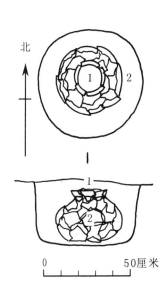

图三一八　大溪文化二期
瓮棺墓 M677 平、剖面图

1. 陶釜　2. 陶钵

图三一九　大溪文化二期
瓮棺墓 M694 平、剖面图

1. 陶釜　2、3. 陶碗

图三二○　大溪文化二期
瓮棺墓 M695 平、剖面图

1、2. 陶釜

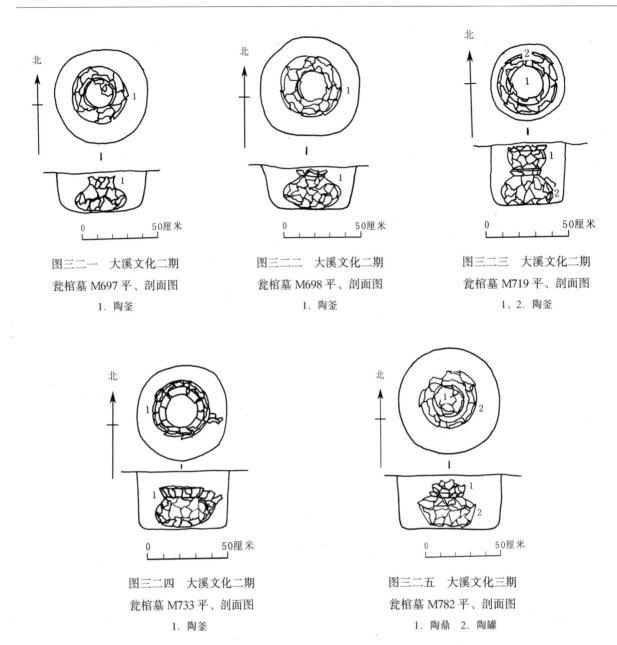

图三二一　大溪文化二期
瓮棺墓 M697 平、剖面图
1. 陶釜

图三二二　大溪文化二期
瓮棺墓 M698 平、剖面图
1. 陶釜

图三二三　大溪文化二期
瓮棺墓 M719 平、剖面图
1、2. 陶釜

图三二四　大溪文化二期
瓮棺墓 M733 平、剖面图
1. 陶釜

图三二五　大溪文化三期
瓮棺墓 M782 平、剖面图
1. 陶鼎　2. 陶罐

四　屈家岭文化墓葬

（一）土坑墓

1. 概况

均为竖穴土坑。以长方形占绝大多数，也有略呈正方形和圆角方形的。四壁较直，平底。墓坑大小不等，一般说来，随葬品较多的墓葬的墓坑也较大。一般墓的墓坑长度在 150～200 厘米之间，宽度在50~100厘米之间，深度在10~30厘米之间。有的墓坑的长度在200厘米以上。而深度由于多次铲刮平面，故做出来的墓坑深度比实际深度要浅。

没有发现明显的葬具痕迹。个别较大的墓葬不排除使用葬具的可能。

没有固定的方向，从整体来看，以东西向居多，头多朝东，也有头向朝南的。其他方向的也有。有的成组的墓葬在5~10座之间，这种成组墓的方向大多朝东。

屈家岭文化土坑墓的人骨保存都不好，仅M351、M473等极少墓残存几段肢骨。从随葬品的情况来看，应多为单人二次葬。但不排除个别墓葬为单人一次葬。

随葬品大多分布在墓坑的两侧或两端，少数墓放置于墓坑中部。以陶器占绝大多数，也有少量石器和玉器。一般比较重要的或珍贵的器物往往放在推定为人骨架处的近旁，如石环、陶环、玉璜、玉坠等。随葬品较多的墓还将器物分层放置。

第一期器物的整体风格明显继承了大溪文化第四期器物的许多特点，主要的器物为细泥黑陶，也有少数泥质红陶。器物组合为鼎、壶、豆、碗、罐、簋等。此外还有瓶、曲腹杯等，但明器化的特点更明显。第二期器物的陶质陶色没有大的变化，但出现了灰陶，器物组合方面则少见簋和曲腹杯。鼎、壶、豆等的形式也有了变化，豆、碗等出现双腹。第三期器物除泥质黑陶外，泥质灰陶的比例有了增加，不见红陶。豆的形态变化较大。陶杯也有了多种形式。但器物组合方面不见簋与曲腹杯。

2．举例

M160 位于T7351，开口于第3B层下，打破第4层。长方形竖穴，墓坑长108、宽50、深24厘米。方向274°。坑内填灰褐色黏土夹红烧土。人骨已朽。随葬品共9件，其中陶鼎3件、豆2件、壶1件、器盖1件、簋1件、甑1件，放置于坑内左侧及足端（图三二六、三二七）。

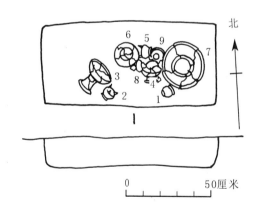

图三二六 屈家岭文化一期
墓葬M160平、剖面图
1．陶甑 2、4、5．陶鼎 3、6．陶豆
7．陶簋 8．陶器盖 9．陶壶

图三二七 屈家岭文化一期墓葬M160随葬陶器组合图
1．C型I式壶（9） 2、5．B型II式鼎（5、2） 3．A型III式
豆（3） 4．A型I式甑（1） 6．A型II式簋（7）

M356 位于T1451，开口于第16层下，打破第17层。长方形竖穴，墓坑长116、宽54、深18厘米。方向90°。坑内填黑褐土。人骨已朽。随葬品共13件，其中陶鼎3件、瓶3件、壶1件、

器盖1件、簋3件、曲腹杯1件、甑1件，放置于坑内左侧（图三二八、三二九）。

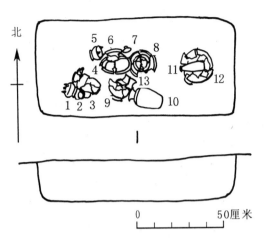

图三二八　屈家岭文化一期墓葬M356平、剖面图

1、3、5. 陶鼎　2. 陶甑　4、10、11. 陶瓶　6、8、
12. 陶簋　7. 陶器盖　9. 陶壶　13. 陶曲腹杯

M390　位于T7401，开口于第10层下，打破第17层。长方形竖穴，墓口长88、宽60、深13厘米。方向88°。坑内填黑褐土。人骨已朽。随葬品共8件，其中陶壶1件、瓶1件、鼎2件、豆1件、簋1件、器盖2件，放置于墓坑中部（图三三〇、三三一）。

M395　位于T1451，开口于第16层下，打破第17层。长方形竖穴，墓坑长104、宽58、深18厘米。方向107°。坑内填黑褐土。人骨已朽。随葬品共10件，其中陶簋2件、鼎2件、碗2件、瓶1件、豆1件、壶1件、纺轮1件，放置于墓主人左侧及足端（图三三二、三三三）。

M456　位于T7451，开口于第16层下，打破第17层。长方形竖穴，墓坑残长70、宽70、深32厘米。方向90°。坑内填黑褐土。人骨已朽。随葬品共7件，其中

图三二九　屈家岭文化一期墓葬M356随葬陶器组合图

1. B型Ⅰ式簋（12）　2. A型Ⅰ式甑（2）　3. G型瓶（11）

4. B型Ⅰ式瓶（10）　5. C型Ⅰ式壶（9）　6. C型Ⅰ式瓶

（4）　7. B型Ⅰ式曲腹杯（13）　8. A型Ⅰ式鼎（1）

陶鼎1件、豆2件、壶1件、罐1件、碗1件、器盖1件，放置于头端及左侧（图三三四、三三五）。

M812　位于T7402，开口于第2层下，打破第3层。长方形竖穴，墓坑长76、宽54、深26厘米。方向124°。坑内填灰褐色黏土。人骨已朽。随葬品共8件，其中陶鼎1件、簋2件、器盖1件、壶1件、罐1件、曲腹杯1件、甑1件，放置于头端及其两侧（图三三六、三三七）。

M813　位于T7403，开口于第2B层下，打破第3层。长方形竖穴，墓坑长100、宽60、深16厘米。方向282°。坑内填灰褐色黏土。人骨已朽。随葬品共14件，其中陶鼎3件、瓶3件、簋

2 件、器盖 1 件、壶 1 件、碗 1 件、甑 1 件，另有石环及砺石各
1 件。一件瓶放置于右侧，其余放置于左侧（图三三八、三三
九）。

    M836　位于 T7452，开口于第 2A 下，打破第 3 层。长方
形竖穴，墓坑一部分深入隔梁内，残长 85、宽 50、深 15 厘米。
方向 0°。坑内填灰色黏土。人骨无存。随葬品共 8 件，其中陶
篡 2 件、壶 2 件、鼎 1 件、豆 1 件、瓶 1 件、器盖 1 件，放置于
左侧（图三四〇、三四一；彩版四〇，1）。

    M845　位于 T7452，开口于第 2A 层下，打破第 3 层及
M846。长方形竖穴，墓坑长 124、宽 66、深 20 厘米。方向
115°。坑内填灰褐土。人骨无存。随葬品共 6 件，其中陶鼎 3
件，篡、瓶、甑各 1 件；放置于头端及足端（图三四二、三四
三）。

    M461　位于 T7351，开口于第 16 层下，打破第 17 层。长
方形竖穴，墓坑长 108、宽 60、深 13 厘米。方向 99°。坑内填

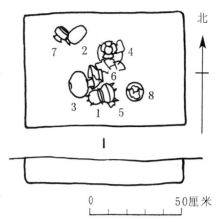

图三三〇　屈家岭文化一期
墓葬 M390 平、剖面图

1、5. 陶鼎　2. 陶瓶　3. 陶壶　4、6. 陶
器盖　7. 陶豆　8. 陶篡

图三三一　屈家岭文化一期墓葬 M390 随葬陶器组合图

1. B 型Ⅲ式鼎（1）　2. A 型Ⅱ式壶（3）　3. A 型Ⅰ式豆（7）
4. Ⅰ型篡（8）　5. B 型Ⅰ式瓶（2）　6. B 型Ⅰ式鼎（5）
7. A 型Ⅰ式器盖（6）

黑褐土。人骨架已朽。随葬品共 7 件，其中陶篡 2 件，鼎、豆、瓶、曲腹杯、器盖各 1 件；放置
于墓坑两侧（图三四四、三四五）。

    M491　位于 T7351，开口于第 16 层下，打破第 17 层，同时被 M490 所打破。长方形竖穴，
墓坑长 148、宽 63、深 21 厘米。方向 105°。坑内填深黑褐土。人骨已朽。随葬品共 8 件，其中陶
鼎 2 件、器盖 2 件、甑 2 件、壶 1 件、罐 1 件，放置于墓坑两侧（图三四六、三四七）。

    M569　位于 T1401，开口于第 16 层下，打破第 17 层，同时被 M341 所打破。长方形竖穴，
墓坑长 60、宽 42、深 14 厘米。方向 90°。坑内填深黑褐土。人骨已朽。随葬品共 10 件，其中陶
豆 2 件、鼎 2 件、器盖 2 件、罐 1 件、篡 1 件、甑 1 件，另有石斧 1 件；放置于整个墓坑（图三四
八、三四九）。

    M574　位于 T7401，开口于第 10 层下，打破第 16 层。长方形竖穴，墓坑长 89、宽 56、深 20
厘米。方向 90°。坑内填灰褐色黏土。人骨架已朽。随葬品共 5 件，其中陶壶 2 件、豆 1 件、篡 1

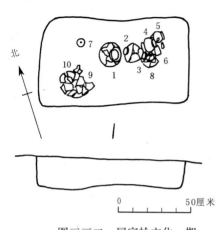

图三三二　屈家岭文化一期
墓葬 M395 平、剖面图

1. 陶豆　2. 陶壶　3、10. 陶碗　4、9.
陶簋　5、8. 陶鼎　6. 陶瓶　7. 陶纺轮

件、罐 1 件，放置于墓坑左侧（图三五〇、三五一）。

M584　位于 T1451，开口于第 16 层下，打破第 17 层。长方形竖穴，墓坑长 138、宽 80、深 30 厘米。方向 90°。坑内填黑褐土。人骨架无存。随葬品共 8 件，其中陶鼎 1 件、豆 1 件、壶 1 件、罐 3 件、器盖 1 件、甑 1 件，放置于墓坑左侧（图三五二、三五三）。

M591　位于 T1351，开口于第 16 层下，打破第 17 层。长方形竖穴，墓坑长 160、宽 90、深 30 厘米。方向 90°。坑内填黑褐土。人骨架已朽。随葬品共 21 件，其中陶豆 6 件、罐 5 件、小罐 2 件、壶 1 件、碗 3 件、器盖 1 件、纺轮 2 件，玉环 1 件；布满整个墓坑（图三五四、三五五）。

M600　位于 T7351，开口于第 16 层下，打破第 17 层。长方形竖穴，墓坑长 210、宽 63、深 29 厘米。方向 96°。坑内填黑褐土。人骨架已朽。随葬品共 22 件，其中陶鼎 1 件、豆 3 件、壶 5

图三三三　屈家岭文化一期墓葬 M395 随葬陶器组合图

1. A 型 I 式簋（9）　2. C 型 II 式壶（2）　3. E 型 I 式碗（3）　4. F 型 I 式簋（4）　5. A 型 I 式
鼎（5）　6. A 型 III 式瓶（6）　7. A 型纺轮（7）　8. F 型 I 式碗（10）　9. A 型 II 式豆（1）

件、罐 1 件、簋 1 件、器盖 4 件、碗 1 件、甑 1 件，另有石锛 2 件、石钺 1 件、石斧 1 件、石凿 1 件；放置于墓坑左侧（图三五六、三五七）。

M161　位于 T1351，开口于第 2B 层下，打破第 3A 层。长方形竖穴，墓坑残长 140、宽 75、深 24 厘米。方向 270°。坑内填灰褐黏土。人骨已朽。随葬品共 21 件，其中陶鼎 2 件、陶豆 7 件、杯 4 件、壶 2 件、罐 2 件、碗 2 件、器盖 2 件，放置于墓坑左侧。另有二堆陶片（图三五八、三五九）。

M335　位于 T1352，开口于第 4 层下，打破第 15 层。长方形竖穴，墓坑长 146、宽 76、深 12 厘米。方向 110°。坑内填灰褐色黏土。人骨已朽。随葬品共 18 件，其中陶豆 5 件、罐 4 件、壶 1 件、杯 4 件、器盖 4 件，另有陶片 2 堆；布满整个墓坑（图三六〇、三六一）。

M425　位于 T1352，开口于第 14 层下，打破第 15 层，同时被 M336、M424、M292 所叠压。长方形竖穴，墓坑长 200、宽 83、深 35 厘米。方向 100°。坑内填深红褐土。保留部分下肢骨与头骨。随葬品共 103 件，其中陶豆 29 件、壶 12 件、罐 10 件、鼎 15 件、盂形器 1 件、器盖 30 件、甑 3 件、杯 1 件、纺轮 1 件，另有石锛 1 件；布满整个墓坑（图三六二、三六三；彩版四〇，2）。

M453　位于 T1352，开口于第 4 层下，打破第 15 层。长方形竖穴，墓坑长 170、宽 58、深 12 厘米。方向 110°。坑内填黄色黏土夹红烧土。人骨无存。随葬品共 19 件，其中陶豆 5 件、壶 2 件、杯 2 件、罐 4 件、鼎 1 件、碗 1 件、器盖 3 件、纺轮 1 件，放置于足端（图三六四、三六五）。

M473　位于 T1452，开口于第 15 层下，打破第 16 层。长方形竖穴，墓坑长 142、宽 110、深 45 厘米。方向 95°。坑内填黑褐土。人骨无存。随葬品共 43 件，其中陶鼎 3 件、豆 8 件、壶 8 件、罐 12 件、器盖 7 件、碗 2 件、甑 1 件、纺轮 2 件，分两层。下层放置于墓坑右侧，上层遍布表坑（图三六六、三六七、三六八）。

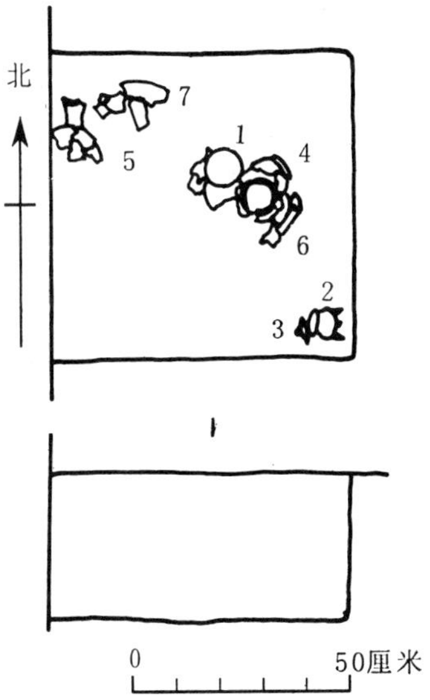

M480　位于 T1401，开口于第 15 层下，打破第 16 层。长方形竖穴，墓坑长 180、宽 94、深 40 厘米。方向 85°。坑内填深黑褐土。人骨架无存。随葬品共 25 件，其中陶鼎 3 件、豆 4 件、壶 3 件、罐 6 件、碗 4 件、器盖 3 件、钵 1 件、杯 1 件，放置于头端（图三六九、三七〇）。

图三三四　屈家岭文化一期墓葬 M456 平、剖面图
1. 陶罐　2. 陶鼎　3. 陶器盖
4. 陶壶　5、6. 陶豆　7. 陶碗

图三三五　屈家岭文化一期墓葬 M456 随葬陶器组合图
1. C 型 II 式鼎（2）　2、5. D 型 I 式豆（6、5）　3. E 型 I 式罐（1）
4. C 型 II 式壶（4）　6. F 型 II 式碗（7）

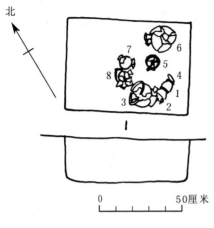

图三三六　屈家岭文化一期

墓葬 M812 平、剖面图

1. 陶甑　2. 陶鼎　3、6. 陶簋　4. 陶
器盖　5. 陶曲腹杯　7. 陶罐　8. 陶壶

M541　位于 T1351，开口于第 1 层下，打破第 16 层。长方形竖穴，墓坑长 158、宽 90、深 24 厘米。方向 90°。坑内填黄黏土夹红烧土。人骨架无存。随葬品共 15 件，其中陶豆 5 件、壶 2 件、罐 5 件、器盖 2 件，另有石锛 1 件，放置于坑中部及足端（图三七一、三七二）。

M542　位于 T1352，开口于第 14 层下，打破第 15 层，同时被 G36 所打破。长方形竖穴，墓坑长 150、宽 80、深 40 厘米。方向 90°。坑内填灰褐土。人骨架无存。随葬品共 21 件，其中陶豆 8 件、壶 3 件、罐 3 件、杯 1 件、器盖 3 件、甑 2 件，石斧 1 件；均放置于墓坑两侧及足端（图三七三、三七四）。

M545　位于 T1401，开口于第 15 层下，打破第 16 层。长方形竖穴，墓坑长 136、宽 68、深 22 厘米。方向 228°。坑内填深红褐色黏土。人骨无存。随葬品共 11 件，其中陶鼎 1 件、豆 2 件、壶 1 件、杯 1 件、器盖 1 件、盆 1 件、瓶 1 件、罐 2 件、甑 1 件，放置于坑中部及足端（图三七五、三七六）。

图三三七　屈家岭文化一期墓葬 M812 随葬陶器组合图

1. B 型Ⅲ式鼎（2）　2. B 型Ⅲ式簋（6）　3. A 型曲腹杯（5）
4. A 型Ⅰ式器盖（4）　5. E 型Ⅱ式罐（7）　6. A 型Ⅰ式壶（8）
7. C 型Ⅰ式甑（1）　8. F 型Ⅰ式簋（3）

（二）瓮棺葬

1. 概况

墓坑按平面形状可分为圆形、椭圆形、不规则形几种，均为竖穴。坑壁可分为斜弧壁、斜直壁两种。坑底加工成平底或圜底。坑壁大小与葬具有密切关系。以釜为葬具者，墓坑较大；以缸为葬具者，墓坑较深。坑口直径大多在 20～50 厘米之间。

屈家岭文化的瓮棺葬没有统一的墓地，都是与土坑墓杂处，并与土坑墓存在叠压与打破关系。一批屈家岭文化三期瓮棺葬则集中分布于四区墓地的东北边，当属于整个屈家岭文化时期墓地由西至东的延伸部分（彩版四一）。

葬具以陶釜、陶罐、陶缸为主。多为实用器。用作盖的器物有陶碗、钵、盆、圈足盘、豆、器盖等。葬具口大多朝上，也有少数斜置。有的在盖底部特意打一小洞，当是反映了某种丧葬意识。

一般没有随葬品，也有个别的在葬具内随葬小件陶器。

从葬具的情况来看，应为二次葬。

2. 举例

M463 位于 T7351，开口于第 16 层下，打破第 17 层。圆形竖穴，斜直壁，平底。坑口直径 78、深 32 厘米。葬具为圜底釜。口朝上，扣一盆。坑内有随葬品共 3 件，其中陶

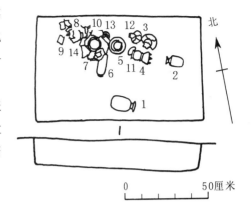

图三三八 屈家岭文化一期
墓葬 M813 平、剖面图

1、2、6. 陶瓶 3、7. 陶簋 4、5、14.
陶鼎 8. 陶碗 9. 砺石 10. 陶壶
11. 陶甑 12. 陶器盖 13. 石环

图三三九 屈家岭文化一期墓葬 M813 随葬器物组合图

1. C 型 I 式陶壶（10） 2、7. B 型 I 式陶鼎（5、4） 3. B 型 II 式陶簋（3） 4. A
型 I 式陶碗（8） 5. D 型 I 式陶瓶（6） 6. 砺石（9） 8. A 型 III 式陶簋（7） 9.
A 型 I 式陶瓶（2） 10. 石环（13） 11. A 型 I 式陶甑（11）

壶 1 件、瓶 1 件、纺轮 1 件（图三七七）。

M483 位于 T1401，开口于第 16 层下，打破第 17 层。圆形竖穴，斜弧壁，圜底。坑口直径 50、深 48 厘米。葬具为侈口折沿圜底釜。口朝上，其上扣 1 件器盖。无随葬品（图三七八）。

M490 位于 T7351，开口于第 16 层下，打破第 17 层。圆形竖穴，斜直壁，平底。坑口直径 53、深 32 厘米。葬具为侈口折沿圜底釜。口朝上。其上扣 1 件器盖。无随葬品（图三七九）。

M416 位于 T7351，开口于第 15 层下，打破第 17 层。圆形竖穴，直壁，平底。坑口直径 56、深 31 厘米。葬具为折沿侈口圜底釜。口朝上，上盖 1 件陶盆（图三八〇）。

图三四〇 屈家岭文化一期
墓葬 M836 平、剖面图

1、3. 陶簋 2. 陶瓶 4. 陶
豆 5. 陶器盖 6、8. 陶壶
7. 陶鼎

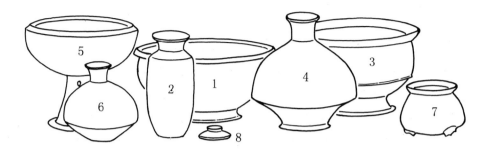

图三四一　屈家岭文化一期墓葬 M836 随葬陶器组合图

1. A 型Ⅳ式簋（3）　2. C 型Ⅰ式瓶（2）　3. B 型Ⅱ式簋（1）　4、6. C 型Ⅱ式壶
（6、8）　5. A 型Ⅰ式豆（4）　7. 鼎（7）　8. B 型Ⅰ式器盖（5）

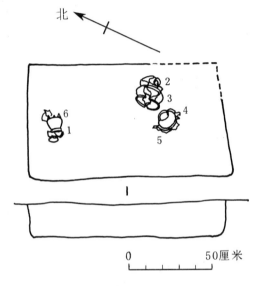

图三四二　屈家岭文化一期墓葬 M845 平、剖面图

1. 陶甑　2. 陶瓶　3. 陶簋　4~6. 陶鼎

M243　位于 T1403，开口于第 10 层下，打破第 16 层。圆形竖穴，斜直壁，平底。坑口直径 44、深 70 厘米。葬具为侈口折沿深腹缸，缸口朝上。无随葬品（图三八一）。

M446　位于 T7401，开口于第 10 层下，打破第 16 层。圆形竖穴，斜直壁，平底。坑口直径 45、深 24 厘米。葬具为侈口折沿圜底瓮。口斜置。无随葬品（图三八二）。

M617　位于 T1401，开口于第 15 层下，打破第 16 层，并打破 M618。圆形竖穴，斜直壁，平底。坑口直径 71、深 60 厘米。葬具为圜底瓮，口朝上，其上扣 1 件器盖。无随葬品（图三八三）。

M244　位于 T1403，开口于第 10 层下，打破第

图三四三　屈家岭文化一期墓葬 M845 随葬陶器组合图

1. A 型Ⅰ式甑（1）　2. A 型Ⅰ式瓶（2）　3. B 型Ⅱ式簋（3）
4. C 型Ⅰ式鼎（4）　5、6. B 型Ⅰ式鼎（5、6）

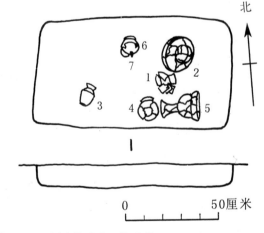

图三四四　屈家岭文化二期墓葬 M461 平、剖面图

1. 陶曲腹杯　2、4. 陶簋　3. 陶瓶　5. 陶豆　6. 陶鼎
7. 器盖

图三四五　屈家岭文化二期墓葬 M461 随葬陶器组合图
1. B 型Ⅴ式鼎（6）　2. D 型Ⅱ式簋（2）　3. B 型Ⅲ式瓶（3）　4. F 型Ⅱ式簋
（4）　5. D 型Ⅲ式豆（5）　6. B 型Ⅱ式曲腹杯（1）　7. A 型Ⅱ式器盖（7）

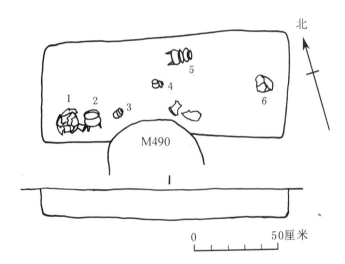

图三四六　屈家岭文化二期墓葬 M491 平、剖面图
1. 陶壶　2、5. 陶鼎　3、4. 陶甑　6. 残陶罐

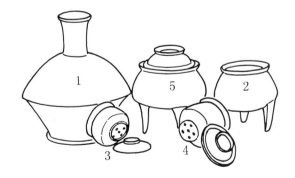

图三四七　屈家岭文化二期墓葬 M491 随葬陶器组合图
1. C 型Ⅲ式壶（1）　2. G 型Ⅰ式鼎（2）　3. A 型Ⅱ式甑
（4）　4. A 型Ⅲ式甑（3）　5. B 型Ⅴ式鼎（5）

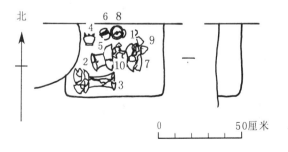

图三四八　屈家岭文化二期墓葬 M569 平、剖面图
1、5. 陶器盖　2、3. 陶豆　4、8. 陶鼎
6. 陶甑　7. 陶簋　9. 石斧　10. 陶罐

图三四九　屈家岭文化二期墓葬 M569 随葬器物组合图

1. N 型 I 式陶豆（2）　　2. A 型Ⅲ式陶罐（10）　　3. A 型Ⅲ式陶甑（6）
4. B 型Ⅱ式陶器盖（5）　　5. B 型Ⅴ式陶簋（7）　　6. B 型石斧（9）
7. A 型Ⅴ式陶豆（3）　　8. A 型Ⅵ式陶鼎（4）

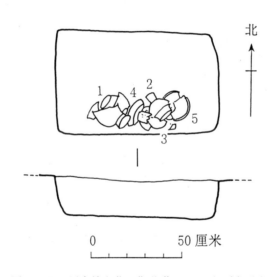

北

0　　　　　50 厘米

图三五〇　屈家岭文化二期墓葬 M574 平、剖面图

1. 陶罐　2. 陶壶　3. 陶壶　4. 陶豆　5. B 型Ⅴ式陶盘

16 层。圆坑竖穴，斜直壁，平底。坑口直径 37、深 30 厘米。葬具为侈口折沿圜底瓮。瓮口朝上。有 1 件器盖置于瓮内（图三八四）

　　M252　位于 T1451，叠压于 H150 之下，打破第 15 层。圆形竖穴，斜直壁，平底。坑口直径 49、深 50 厘米。葬具为侈口深腹缸。缸口朝上。无随葬品（图三八五）。

　　M305　位于 T1401，开口于第 15 层下，打破第 16 层。圆形竖穴，斜直壁，平底。坑口直径 59、深 41 厘米。葬具为侈口三耳圜底内凹罐。罐口朝上，口上扣 1 件碗（图三八六；彩版四〇，3）。

图三五一　屈家岭文化二期墓葬 M574 随葬陶器组合图

1. F 型Ⅱ式罐（1）　2. C 型Ⅴ式壶（2）　3. Ⅰ型Ⅰ式壶（3）　4. 豆（4）　5. B 型Ⅴ式簋（5）

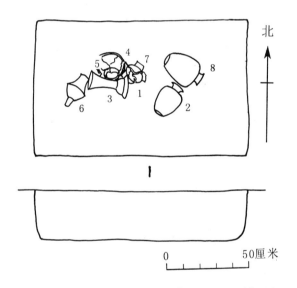

图三五二　屈家岭文化二期墓葬 M584 平、剖面图

1. 陶器盖　2、7、8. 陶罐　3. 陶豆
4. 陶甑　5. 陶鼎　6. 陶壶

　　M325　位于 T1451，开口于第 10 层下，打破第 15 层。圆形竖穴，直壁，平底。坑口直径约 50、深 48 厘米。葬具为直口尖底缸，缸口朝上。无随葬品（图三八七）。

　　M330　位于 T1451，开口于第 10 层下，打破第 15 层。圆形竖穴，斜直壁，圜底。坑口直径 50、深 38 厘米。葬具为侈口折沿圜底釜。釜口朝上，其上扣 1 件碗作盖。无随葬品（图三

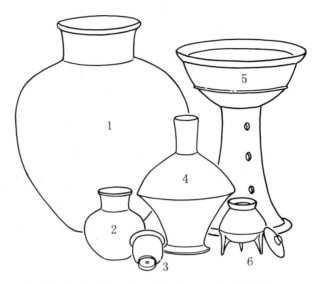

图三五三　屈家岭文化二期墓葬 M584 随葬陶器组合图

1. F 型 II 式罐（2）　2. A 型 IV 式罐（7）

3. C 型 IV 式瓶（4）　4. C 型 IV 式壶（6）

5. F 型 I 式豆（3）　6. B 型 V 式鼎（5）

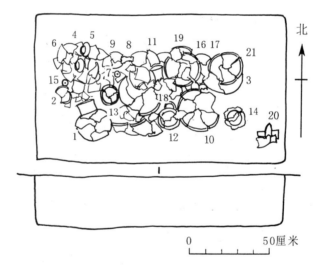

0　　　　　　　50厘米

图三五四　屈家岭文化二期墓葬 M591 平、剖面图

1、6、8、12、14. 陶罐　2. 陶器盖　3、16、17. 陶碗

4、5. 陶小罐　7、15. 陶纺轮　9~11、13、19、21. 陶

豆　18. 玉环　20. 陶壶

图三五五 屈家岭文化二期墓葬 M591 随葬陶器组合图

1. S型Ⅰ式豆（21） 2、5. F型Ⅲ式罐（1、12） 3. 豆（11） 4. O型Ⅰ式豆（9） 6. 纺轮（7）

7. B型Ⅲ式器盖（2） 8. B型Ⅱ式碗（17） 9. G型Ⅲ式碗（3）

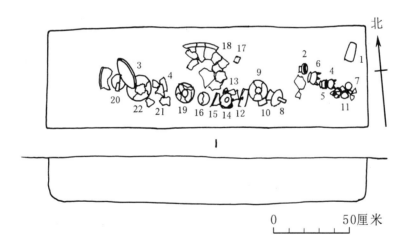

图三五六 屈家岭文化二期墓葬 M600 平、剖面图

1. 石斧 2. 陶罐 3、15、22. 陶豆 4、7、11、21. 陶器盖

5. 陶甑 6. 陶鼎 8、9、14、19、20. 陶壶 10、17. 石锛

12. 石凿 13. 石钺 16. 陶碗 18. 陶簋

图三五七　屈家岭文化二期墓葬 M600 随葬陶器组合图

1. D 型 I 式壶（14）　2. B 型 V 式鼎（6）　3. C 型 IV 式壶（19）　4. D 型 I 式器盖（11）　5. B 型 I 式碗（16）　6. C 型 IV 式甑（5）　7. B 型 I 式豆（22）　8. D 型 II 式壶（8）　9. J 型罐（2）　10. B 型 II 式壶（9）　11. C 型 III 式簋（18）　12. Q 型 II 式豆（15）

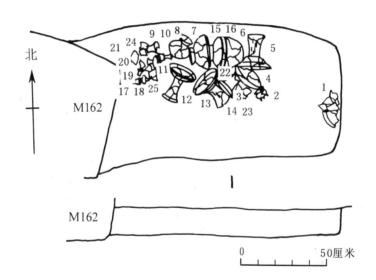

图三五八　屈家岭文化三期墓葬 M161 平、剖面图

1、3. 残陶器　2、14. 陶鼎　4、5、9、12、13、21、22. 陶豆　6、20. 陶壶　7、15. 陶碗　8、16. 陶罐　10、11. 陶器盖　17～19、23. 陶杯

八八）。

　　M331　位于 T1401，开口于第 15 层下，打破第 16 层。圆形竖穴，斜直壁，底近平。坑口直径 46、深 38 厘米。葬具为直口圜底瓮。口朝上，反扣 1 件碗作盖。无随葬品（图三八九）。

　　M374　位于 T1452，开口于第 12 层下，打破第 15 层。圆形竖穴，斜直壁，底近平。坑口直径 43、深 18 厘米。葬具为陶盆，口朝上，其上扣 1 件陶盘作盖。无随葬品（图三九〇）。

　　M375　位于 T1452，开口于第 12 层下，打破第 15 层。圆形竖穴，斜直壁，微圜底。坑口直

图三五九　屈家岭文化三期墓葬 M161 随葬陶器组合图

1、5. A 型 I 式杯（17、19）　2. E 型 II 式壶（6）　3. J 型 I 式豆（4）

4. L 型 I 式豆（22）　6. D 型 II 式碗（7）　7. F 型 V 式罐（8）　8. G 型

III 式豆（5）　9. A 型 VIII 式鼎（2）

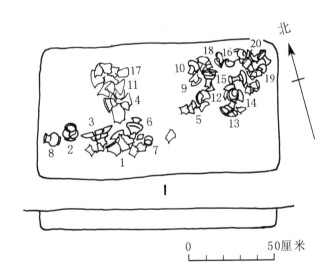

北

0　　　　　　50厘米

图三六○　屈家岭文化三期墓葬 M335 平、剖面图

1、2、8、10. 陶杯　3、12、13、15、20. 陶豆　4、11、18、

19. 陶器盖　5、7、14、16. 陶罐　6. 陶壶　9、17. 残陶器

径 50、深 40 厘米。葬具为侈口折沿圜底釜，口朝上。其上扣 1 件陶钵作盖。无随葬品（图三九一）。

M378　位于 T1452，叠压于 F32 之下，打破第 15 层。圆形竖穴，斜直壁，底近平。坑口直径 54、深 44 厘米。葬具为大口缸，口朝上，另有 1 件大口缸扣于其上。口沿外随葬 1 件灰陶杯（图三九二）。

图三六一　屈家岭文化三期墓葬 M335 随葬陶器组合图

1、8. G 型杯（10、1）　2. D 型杯（8）　3. L 型 I 式豆（20）　4. K 型Ⅲ式豆（12）

5、12. F 型Ⅲ式器盖（4、19）　6. A 型Ⅵ式罐（7）　7. F 型Ⅳ式豆（3）

9. 残器盖（18）　10. I 型Ⅷ式罐（16）　11. C 型Ⅲ式罐（5）　13. E 型Ⅳ式壶（6）

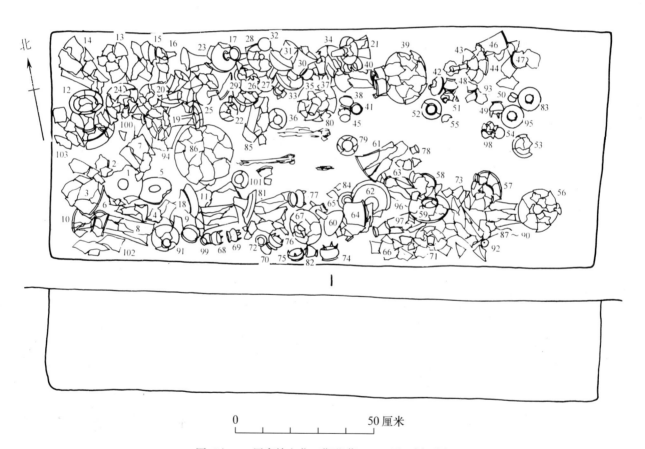

0　　　　　　　　　　50 厘米

图三六二　屈家岭文化三期墓葬 M425 平、剖面图

1、13、21、22、25、26、31、60、71、78、80、91. 陶壶　2～4、7、15～18、27、32、33、37、42～44、54、55、63、66、73、87～90、93、94、97、100、102、103. 陶器盖　5、8～12、14、19、20、23、28、30、46、47、53、56～59、61、62、64、67、72、81、83、85、86、95. 陶豆　6、24、34、39、52、79、98. 陶罐　29、35、36、45、48、49、65、68、69、74～77、99、101. 陶鼎　38、50、51. 陶甑　40、41、70. 陶小罐　82. 陶杯　84. 陶盂形器　92. 陶纺轮　96. 石锛

图三六三 屈家岭文化三期墓葬 M425 随葬陶器组合图

1、10、14. E 型 II 式壶（60、71、21） 2. B 型 II 式豆（28） 3. H 型 II 式器盖（87） 4. K 型罐（52） 5. N 型 II 式豆（86） 6. B 型 II 式罐（6） 7. C 型 II 式甑（50） 8. Q 型 IV 式豆（10） 9. M 型 I 式杯（82） 11. A 型 VI 式豆（72） 12. A 型 VIII 式鼎（69） 13、18. D 型 II 式器盖（55、18） 15、16. E 型 II 式豆（9、11） 17. B 型 III 式罐（24）

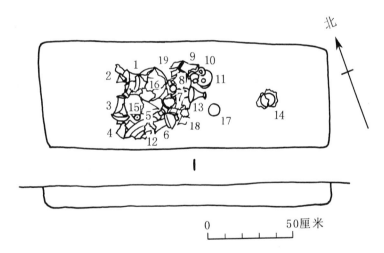

图三六四 屈家岭文化三期墓葬 M453 平、剖面图

1、7、8、16. 陶罐 2. 陶碗 3、6. 陶壶 4、11、12、14、18. 陶豆
5、9. 陶杯 10. 陶鼎 13、17、19. 陶器盖 15. 陶纺轮

　　M382 位于 T1451，开口于第 10 层下，打破第 16 层，同时打破 M492。圆形竖穴，斜直壁，底近平。坑口直径 78、深 76 厘米。葬具为大口缸，缸口朝上，其上扣 1 件圈足盘作盖。无随葬品（图三九三）。

　　M385 位于 T1403，开口于第 12 层下，打破第 16 层。圆形竖穴，直壁，圜底。坑口直径 60、深 45 厘米。葬具为大口缸，口朝上。随葬 2 件陶杯（图三九四）。

图三六五　屈家岭文化三期墓葬 M453 随葬陶器组合图

1. F 型 XI 式罐（1）　2. J 型 II 式豆（4）　3. E 型 VI 式壶（3）　4. E 型 IV 式壶（6）　5. L 型 III 式豆（18）
6. A 型 VI 式罐（16）　7. L 型 IV 式豆（11）　8、12. A 型 II 式杯（5、9）　9. F 型 V 式器盖（13）　10. D 型
II 式罐（7）　11. 器盖（17）　13. D 型鼎（10）　14. A 型 VI 式罐（8）　15. 碗（2）

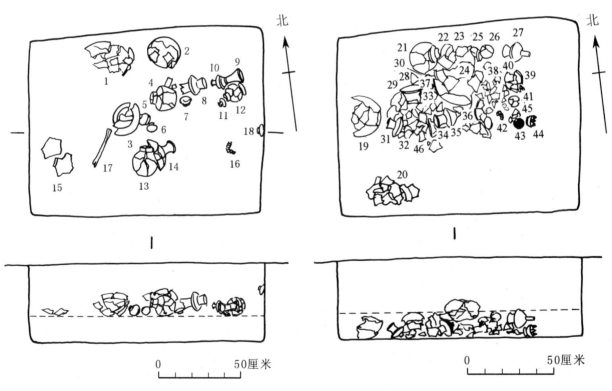

图三六六　屈家岭文化三期墓葬 M473 上层平、剖面图

1、2、4～6、13、15. 陶罐　3、9、14. 陶豆　7、10、11、
18. 陶器盖　8、12. 陶壶　16. 人下颌骨　17. 人肢骨

图三六七　屈家岭文化三期墓葬 M473 下层平、剖面图

19、20、24、32、46. 陶罐　21、27、31、34～36. 陶壶　22、
25、28、29、33. 陶豆　23、39. 陶碗　26、40、41. 陶器盖
30、37. 陶纺轮　38、44、45. 陶鼎　42. 人牙　43. 陶甑

图三六八 屈家岭文化三期墓葬 M473 随葬陶器组合图

1. J型Ⅲ式豆（3） 2. K型Ⅰ式壶（12） 3. B型Ⅲ式碗（39） 4、8. E型Ⅰ式豆（22、25） 5. C型Ⅴ式甑（43） 6. F型Ⅱ式器盖（10） 7. F型Ⅶ式罐（13） 9. A型Ⅵ式罐（6） 10. F型Ⅲ式器盖（18） 11、14. L型Ⅰ式豆（9、28） 12. B型Ⅲ式罐（5） 13. E型Ⅲ式壶（31） 15. Ⅰ型Ⅲ式罐（32） 16、17. C型Ⅱ式纺轮（30、37） 18. F型Ⅴ式豆（29）19. D型Ⅳ式罐（4） 20、21. A型Ⅷ式鼎（44、45）

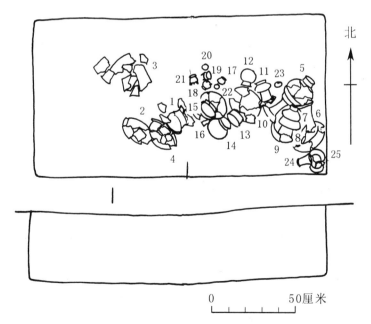

图三六九 屈家岭文化三期墓葬 M480 平、剖面图

1、6、10、11. 陶豆 2、4、7、9. 陶碗 3. 陶钵 5、12~15、17. 陶罐 8、16、25. 陶壶 18、19、21. 陶鼎 20、22、23. 陶器盖 24. 陶杯

图三七〇　屈家岭文化三期墓葬 M480 随葬陶器组合图

1、5. F 型Ⅸ式罐（14、17）　2. E 型Ⅳ式壶（25）　3、6. F 型Ⅴ式罐（13、5）　4. A 型Ⅰ式
杯（24）　7. E 型鼎（18）　8. A 型Ⅶ式鼎（19）　9. E 型Ⅱ式豆（11）　10. J 型Ⅱ式豆
（10）　11. A 型Ⅱ式钵（3）　12. P 型Ⅲ式豆（6）　13. B 型Ⅲ式碗（7）

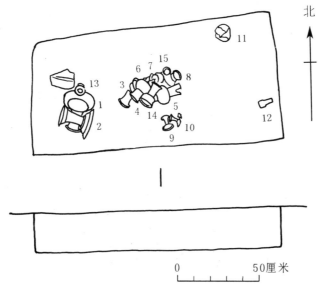

图三七一　屈家岭文化三期墓葬 M541 平、剖面图

1～3、6、14. 陶豆　4、5. 陶壶　7、8、11、13、15. 陶罐
9、10. 陶器盖　12. 石锛

　　M437　位于 T1401，开口于第 15 层下，打破第 16 层，同时打破 M438。圆形竖穴，斜直壁，底近平。坑口直径 46、深 29 厘米。葬具为侈口折沿圜底瓮。口斜置，其上扣 1 件陶钵作盖。瓮外随葬陶杯 1 件（图三九五）。

　　M439　位于 T1401，开口于第 15 层下，打破第 16 层，本身被 M440 所打破，并打破 M478。圆形竖穴，斜直壁，平底。坑口直径 78、深 60 厘米。葬具为大口缸。口朝上，上扣 1 件同样形态的大口缸作盖（图三九六）。

图三七二　屈家岭文化三期墓葬 M541 随葬陶器组合图

1. K 型Ⅱ式壶（5）　2. C 型Ⅱ式罐（13）　3. G 型Ⅱ式豆（2）　4. L 型Ⅳ式豆（14）　5. L 型Ⅰ式
豆（3）　6. K 型Ⅲ式壶（4）　7、8. B 型Ⅱ式罐（15、7）　9. J 型Ⅱ式豆（1）　10. 残罐（11）

图三七三　屈家岭文化三期墓葬 M542 平、剖面图

1、7、11. 陶器盖　2、3、10. 陶壶　4、9、21. 陶罐　5、20. 陶甑

6、13～19. 陶豆　8. 陶杯　12. 石斧

五　石家河文化墓葬

（一）土坑墓

分布较为零散。

图三七四　屈家岭文化三期墓葬 M542 随葬陶器组合图

1. C 型Ⅳ式罐（21）　2. B 型Ⅲ式豆（15）　3. A 型Ⅳ式甑（5）　4. C 型Ⅵ式甑（20）　5. C 型豆（19）　6、

7. B 型Ⅲ式罐（4、9）　8. E 型Ⅳ式壶（3）　9. K 型Ⅰ式豆（16）　10. L 型Ⅰ式豆（6）　11. F 型Ⅴ式器盖

（7）　12. H 型Ⅲ式豆（13）　13. F 型Ⅲ式器盖（11）　14. A 型Ⅲ式杯（8）　15. K 型Ⅱ式壶（10）

　　M214　位于 T5261，开口于第 4B 层下，被近现代遗迹打破，打破 F56。长方形土坑竖穴，长 148、宽 88、深 20 厘米。方向 133°。随葬陶鼎 2 件、釜 2 件、缸 2 件、盘 1 件，另有残陶片（图三九七）。

　　（二）瓮棺葬

　　分布较为零散。

　　M787　位于 T5413，开口于第 4B 层下，打破第 4C 层。圆形竖穴，斜直壁，底近平。坑口直径 55、深 16 厘米。葬具为陶鼎，口朝上。无随葬品（图三九八）。

　　M792　位于 T3072，开口于第 3 层下，打破第 7 层。圆形竖穴，直壁，底近平。口、底径均为 46 厘米，深 20 厘米。葬具为陶釜，口朝上。无盖，无随葬品（图三九九）。

　　M795　位于 T1725，开口于第 3 层下，打破第 4 层。圆形竖穴，斜弧壁，近圜底。坑口直径 55、深 30 厘米。葬具为陶釜，口朝上。无随葬品（图四〇〇）。

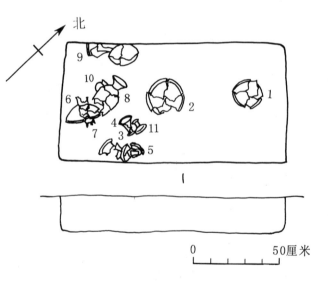

北

0　　　　　50 厘米

图三七五　屈家岭文化三期墓葬 M545 平、剖面图

1、10. 陶罐　2. 陶盆　3. 陶壶　4. 陶杯　5. 陶甑

6、9. 陶豆　7. 陶鼎　8. 陶瓶　11. 陶器盖

图三七六 屈家岭文化三期墓葬 M545 随葬陶器组合图

1. A 型Ⅲ式杯（4） 2. A 型Ⅳ式瓶（8） 3. E 型瓿（5） 4. F 型Ⅷ式罐（10）

5. A 型Ⅴ式盆（2） 6. D 型鼎（7） 7. D 型Ⅰ式器盖（11） 8. F 型Ⅻ式罐

（1） 9. E 型Ⅵ式壶（3） 10. M 型Ⅱ式豆（9） 11. J 型Ⅱ式豆（6）

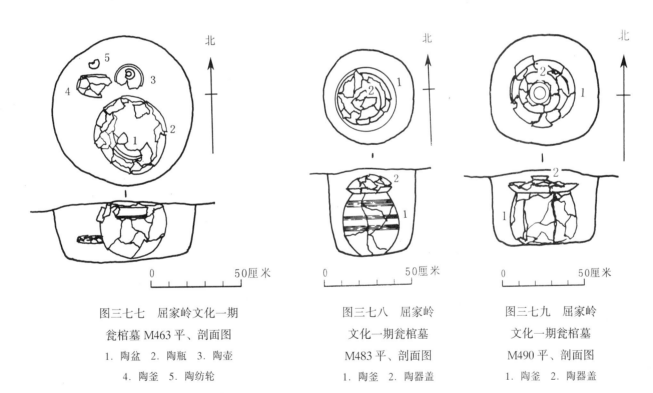

图三七七 屈家岭文化一期
瓮棺墓 M463 平、剖面图

1. 陶盆 2. 陶瓶 3. 陶壶
4. 陶釜 5. 陶纺轮

图三七八 屈家岭
文化一期瓮棺墓
M483 平、剖面图

1. 陶釜 2. 陶器盖

图三七九 屈家岭
文化一期瓮棺墓
M490 平、剖面图

1. 陶釜 2. 陶器盖

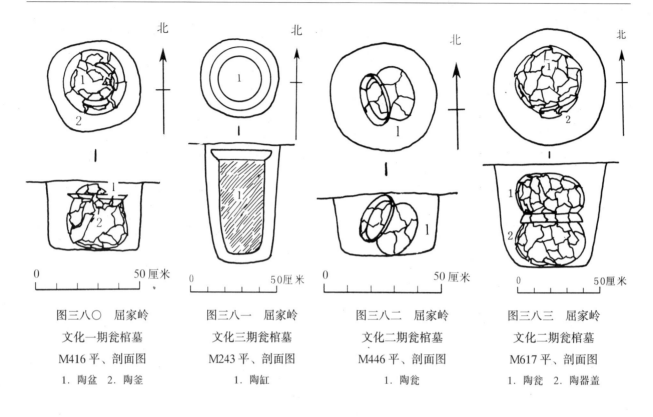

图三八○ 屈家岭
文化一期瓮棺墓
M416平、剖面图
1. 陶盆 2. 陶釜

图三八一 屈家岭
文化三期瓮棺墓
M243平、剖面图
1. 陶缸

图三八二 屈家岭
文化二期瓮棺墓
M446平、剖面图
1. 陶瓮

图三八三 屈家岭
文化二期瓮棺墓
M617平、剖面图
1. 陶瓮 2. 陶器盖

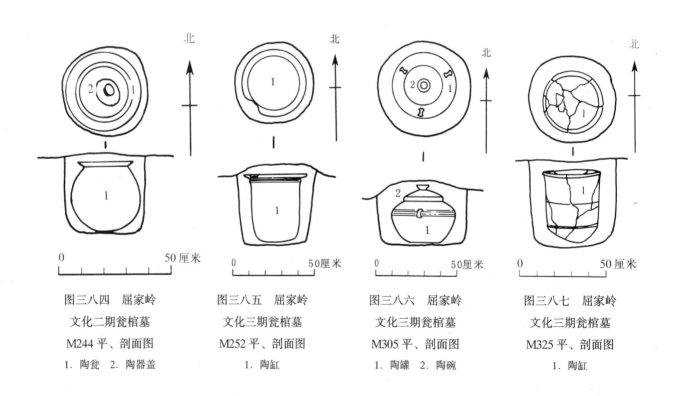

图三八四 屈家岭
文化二期瓮棺墓
M244平、剖面图
1. 陶瓮 2. 陶器盖

图三八五 屈家岭
文化三期瓮棺墓
M252平、剖面图
1. 陶缸

图三八六 屈家岭
文化三期瓮棺墓
M305平、剖面图
1. 陶罐 2. 陶碗

图三八七 屈家岭
文化三期瓮棺墓
M325平、剖面图
1. 陶缸

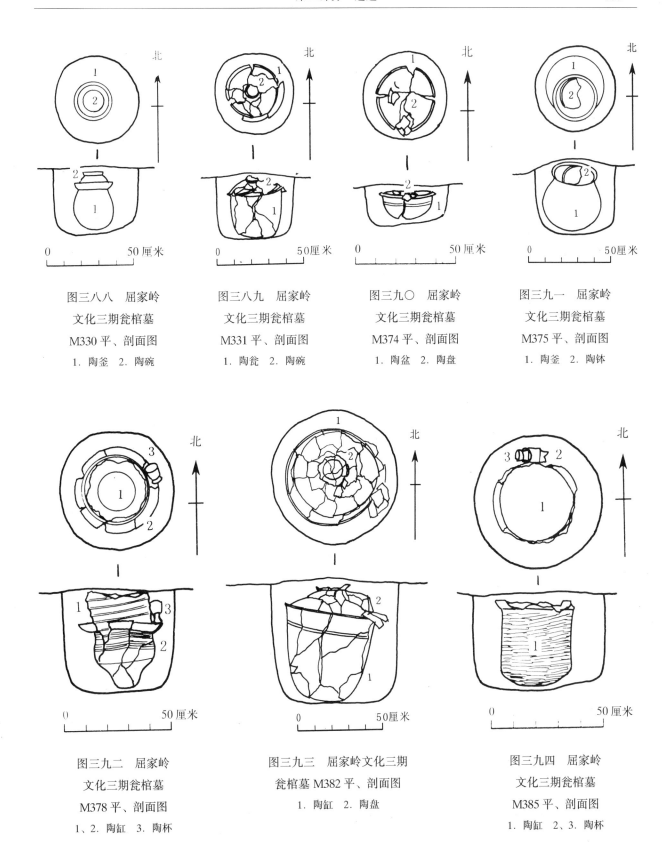

图三八八 屈家岭
文化三期瓮棺墓
M330 平、剖面图

1. 陶釜 2. 陶碗

图三八九 屈家岭
文化三期瓮棺墓
M331 平、剖面图

1. 陶瓮 2. 陶碗

图三九〇 屈家岭
文化三期瓮棺墓
M374 平、剖面图

1. 陶盆 2. 陶盘

图三九一 屈家岭
文化三期瓮棺墓
M375 平、剖面图

1. 陶釜 2. 陶钵

图三九二 屈家岭
文化三期瓮棺墓
M378 平、剖面图

1、2. 陶缸 3. 陶杯

图三九三 屈家岭文化三期
瓮棺墓 M382 平、剖面图

1. 陶缸 2. 陶盘

图三九四 屈家岭
文化三期瓮棺墓
M385 平、剖面图

1. 陶缸 2、3. 陶杯

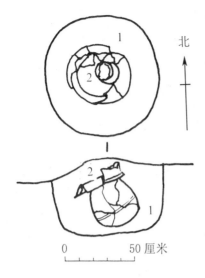

图三九五 屈家岭
文化三期瓮棺墓
M437平、剖面图
1. 陶瓮 2. 陶钵

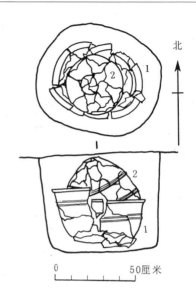

图三九六 屈家岭
文化三期瓮棺墓
M439平、剖面图
1、2. 陶缸

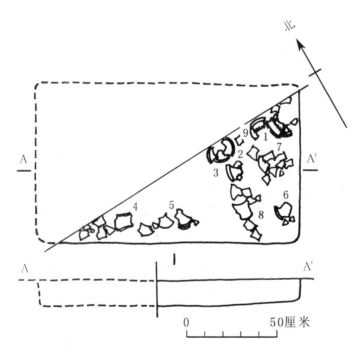

图三九七 石家河文化一期
墓葬 M214平、剖面图
1、2. 陶鼎 3、9. 陶釜 4、5. 陶缸
6. 陶盘 7、8. 陶器残片

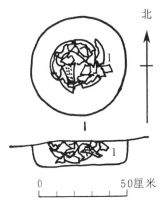

北

0　　　　　　50厘米

图三九八　石家河
文化一期瓮棺墓
M787 平、剖面图
1. 陶鼎

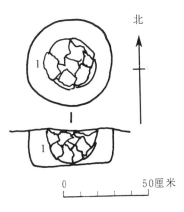

北

0　　　　　　50厘米

图三九九　石家河文化一期
瓮棺墓 M792 平、剖面图
1. 陶瓮

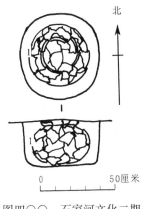

北

0　　　　　　50厘米

图四〇〇　石家河文化二期
瓮棺墓 M795 平、剖面图
1. 陶釜